Praktische Philosophie

2

Herausgeber/innen
Dr. Roland Wolfgang Henke, Bonn
Dr. Eva-Maria Sewing, Bonn
Dr. Brigitte Wiesen, Mönchengladbach

Autorinnen/Autoren
Manfred Berg, Kaiserslautern und Otterberg
Martina Denda, Berlin
Maria Eischeid, Köln
Gabriele Gärtner, Köln
Maria Greifenberg, Euskirchen und Köln
Dr. Matthias Hahn, Drübeck und Braunschweig
Dr. Roland Wolfgang Henke, Bonn
Dr. Helga Huber, Ainring-Mitterfelden
Petra Lenz, Potsdam und Linthe
Dr. Petra Moritz, Ludwigsfelde
Meike Roth-Beck, Eisenach
Heidrun Schliebner, Mahlow
Matthias Schulze, Bonn
Dr. Eva-Maria Sewing, Bonn
Dr. Brigitte Wiesen, Mönchengladbach
Dr. Ursula Wilke, Zeuthen
Andreas Ziemer, Drübeck und Wernigerode

Praktische Philosophie

Band 2

Cornelsen

Inhalt

Viertes Kapitel (Die Frage nach dem guten Handeln)

Fünftes Kapitel (Die Frage nach Recht, Staat und Wirtschaft)

Sechstes Kapitel (Die Frage nach Recht, Staat und Wirtschaft)

Inhalt

Siebtes Kapitel (Die Frage nach Ursprung, Zukunft und Sinn)

Achtes Kapitel (Die Frage nach Natur, Kultur und Technik)

Neuntes Kapitel (Die Frage nach Wahrheit, Wirklichkeit und Medien)

Zehntes Kapitel (Die Frage nach Wahrheit, Wirklichkeit und Medien)

Elftes Kapitel (Die Frage nach Ursprung, Zukunft und Sinn

Anhang

Manchmal reden die Erwachsenen davon, wie schön es war, ein Kind zu sein.
Sie träumen sogar davon, wieder eins zu sein.
Aber wovon haben sie geträumt, als sie Kinder waren?
Weißt du es?
Ich glaube, sie träumten davon, endlich erwachsen zu sein.
Cornelia Funke: Herr der Diebe

Ich werde erwachsen

Fallen dir noch andere Wörter zur Wortfamilie »wachsen« ein? Sie alle haben als gemeinsame Wurzel das altgermanische Wort »wahs« (Bienenwachs).
Was finden Erwachsene an ihrer Kindheit und Jugend anziehend – und ihr am Erwachsensein?

1 Stellt euch vor, ihr sitzt auf dem Zauberkarussell. Mit jeder Umdrehung werdet ihr einen Monat älter: Welche Phase(n) eures zukünftigen Lebens würdet ihr lieber auf diese Weise – im Zeitraffer – erleben? Erzählt, warum.

2 Wenn ihr die Wahl hättet: Wie würdet ihr eure nahe Zukunft – im Alter von 16 – erleben wollen: als Karussell-Passagiere »ohne Rückfahrschein«, als »normale« 16-Jährige oder als Zeitreisende, die mit einer Zeitmaschine in die eigene Zukunft reisen können?

3 Diskutiert, ob es auch gute Argumente dagegen gibt, das Zauberkarussell zu benutzen: Klärt in diesem Zusammenhang, was es für euch bedeutet, erwachsen zu werden.

Neugierig auf's Leben

Nicht aufgenommen

Tom ist begeisterter und talentierter Sportler. Viele Sportarten hat er schon ausprobiert. Seit kurzem ist er Stammspieler in der C-Jugendmannschaft des erfolgreichsten Fußballvereins im Kreis. Er träumt davon, an eine Sportschule zu wechseln – und wird tatsächlich zu einem Unterrichtstraining eingeladen. Alles läuft super.
Doch dann passiert etwas Unglaubliches. Trotz seiner sportlichen Leistungen nimmt ihn die Schule nicht auf: Sein letztes Zeugnis sei zu schlecht, heißt es. Tom kommt auf die Warteliste. Ihm wird angeboten, sich das nächste Jahr noch einmal zu bewerben. Tom ist wütend und enttäuscht. Er kann nicht verstehen, warum seine Vier in Mathe ihm alles vermasselt haben soll. Jetzt hat er erst Recht »keinen Bock mehr auf Schule«. Sogar das Fußball-Training erscheint ihm sinnlos.
Wochen später blättert Tom lustlos in einer Fußballzeitschrift und überfliegt ein Interview mit Oliver Bierhoff. Erstaunt bleibt er an einem Satz hängen:. »Bierhoff hat in seiner Zeit als Profispieler ein Studium der Betriebswirtschaft absolviert.«

»Beachte, dass große Liebe und großer Erfolg immer mit großem Risiko verbunden sind.«
Dalai Lama*

»Ob eine Sache gelingt, erfährst du nicht, wenn du darüber nachdenkst, sondern wenn du es ausprobierst.«
Werner Bethmann

Schillers »Empfehlungen«

- Vorhaben zu Ende bringen;
- Zusammenhänge verstehen;
- Fragen auf den Grund gehen.

An welchen Stellen hat SCHILLER diese »Tipps« in seinem Gedicht versteckt – vor mehr als 200 Jahren?

Würdet ihr SCHILLERS Lebensphilosophie in eurem Freundeskreis weiterempfehlen?

SCHILLER-Porträt (1800)

[…] Rastlos

vorwärts musst du streben,
Nie ermüdet stille stehn,
Willst du die Vollendung sehn,
Musst ins Weite dich entfalten,
Mit allfassendem Gefühl,
Soll sich dir die Welt gestalten,
In die Tiefe musst du steigen,
Soll sich dir das Wesen zeigen,
Nur Beharrung führt zum Ziel,
Nur die Fülle führt zur Klarheit
Und im Abgrund wohnt die Wahrheit.

Q FRIEDRICH SCHILLER: Spruch des Konfuzius

1 Denkt die Geschichte von Tom ein Jahr weiter: Wie könnte er seinen Misserfolg in einen Erfolg verwandeln? Berichtet über ähnliche Situationen und Erfahrungen.

2 Kann Erfolg in Misserfolg umschlagen? Überlegt, wie sich die Art und Weise des Umgangs mit (Miss-) Erfolgen auf das Alltagsleben auswirken kann.

3 Stellt euch einen 14-jährigen Jugendlichen vor, in dessen Leben es keinen Misserfolg gab: Versucht ihn oder sie zu beschreiben.

4 Erzähle: Was ist für dein Leben wichtig? Beziehe die Graffitis von Seite 10 ein.

Ein Leben ohne Anstrengungen erscheint auf den ersten Blick reizvoll. Aber ginge dabei nicht auch vieles verloren? Manchmal braucht man Glück, damit die Anstrengung belohnt wird.
Lebenswege verlaufen selten gradlinig. Hindernisse, die sich in den Weg stellen, zwingen zur Entscheidung: Will ich mich dem Problem stellen? Erkenne ich mich selbst als Teil des Problems? Menschen, die Misserfolge als Anreiz verstehen, etwas (auch über sich selbst) dazu zu lernen, sammeln wertvolle Erfahrungen. Nicht jedem gelingt es immer sofort, lieb gewonnene Überzeugungen aufzugeben, die Blickrichtung (Perspektive) zu wechseln oder unbequeme Wege einzuschlagen. Niemand kommt »fertig« auf die Welt.

Ich und meine Gefühle

Der folgende erste Teil einer bisweilen auch im Deutschunterricht behandelten Kurzgeschichte von 1964 schildert eine gefühlsgeladene Begegnung zwischen der 20-jährigen Elsa und ihrer offenbar alleinerziehenden Mutter.

»Man sieht nur mit dem Herzen gut. Das Wesentliche ist für die Augen unsichtbar.«
ANTOINE DE SAINT-EXUPÉRY, 1900–1944

»Wer sich allein auf das Gefühl beruft, ist gegen den, der nicht übereinstimmt, fertig; er muss erklären, dass er dem weiter nichts zu sagen habe, der nicht dasselbe in sich finde und fühle – mit anderen Worten: Er tritt die Wurzel der Humanität mit Füßen.«
Nach GEORG W. F. HEGEL, deutscher Philosoph, 1770–1831

Augenblicke

Kaum stand sie vor dem Spiegel im Badezimmer, um sich herzurichten, als ihre Mutter aus dem Zimmer nebenan zu ihr hereinkam, unter dem Vorwand, sie wolle sich nur die Hände waschen. Also doch! Wie immer, wie fast immer.
Elsas Mund krampfte sich zusammen. Ihre Finger spannten sich. Ihre Augen wurden schmal. Ruhig bleiben!
Sie hatte darauf gewartet, dass ihre Mutter auch dieses Mal hereinkommen würde, voller Behutsamkeit, mit jener scheinbaren Zurückhaltung, die durch ihre Aufdringlichkeit die Nerven freilegt. Sie hatte – behext, entsetzt, gepeinigt – darauf gewartet, weil sie sich davor fürchtete.
»Komm, ich mach' dir Platz«, sagte sie zu ihrer Mutter und lächelte ihr zu. »Nein, bleib nur hier, ich bin gleich soweit«, antwortete die Mutter.
»Aber es ist doch so eng«, sagte Elsa, und ging rasch hinaus, über den Flur, in ihr Zimmer. Sie behielt einige Augenblicke länger als nötig die Klinke in der Hand, wie um die Tür mit Gewalt zuzuhalten. Sie ging auf und ab, von der Tür zum Fenster, vom Fenster zur Tür. Vorsichtig öffnete ihre Mutter. »Ich bin schon fertig«, sagte sie. Elsa tat, als ob ihr inzwischen etwas anderes eingefallen wäre, und machte sich an ihrem Tisch zu schaffen.
»Du kannst weitermachen«, sagte die Mutter. »Ja gleich«.
Die Mutter nahm die Verzweiflung ihrer Tochter nicht einmal als Ungeduld wahr. Wenig später allerdings verließ Elsa das Haus, ohne ihrer Mutter adieu zu sagen. Mit der Tram [Straßenbahn] fuhr sie in die Stadt, in die Gegend der Post. Dort sollte es eine Wohnungsvermittlung geben, hatte sie einmal gehört. Sie hätte zu Hause im Telefonbuch eine Adresse nachsehen können. Sie hatte nicht daran gedacht, als sie die Treppen hinuntergeeilt war.
In einem Geschäft für Haushaltsgegenstände fragte sie, ob es in der Nähe eine Wohnungsvermittlung gäbe. Man bedauerte. Sie fragte in der Apotheke, bekam eine ungenaue Auskunft. Vielleicht im nächsten Haus. Dort läutete sie. Schilder einer Abendzeitung, einer Reisegesellschaft, einer Kohlenfirma. Sie läutete umsonst.
Es war später Nachmittag. Samstag, zweiundzwanzigster Dezember. Sie sah in eine Bar hinein. Sie sah den Menschen nach, die vorbeigingen. Sie trieb mit. Sie betrachtete Kinoreklamen. (...)
Q WALTER HELMUT FRITZ

Versucht die Gefühle der beiden Hauptpersonen mit passenden Adjektiven zu beschreiben und verfasst auf dieser Grundlage eine Fortsetzung der Kurzgeschichte – einmal aus der Sicht Elsas und das andere Mal aus der Sicht ihrer Mutter.

Alles Gefühl?

1 Schreibt Gefühle auf, die ihr in unterschiedlichen Situationen erlebt habt, und ordnet sie nach: negativ – neutral – positiv.

2 Gefühle lassen sich genauer unterscheiden in Stimmungen, Leidenschaften (Affekte), Emotionen (Gefühle im engeren Sinn), Empfindungen und Wünsche. Ordnet die gesammelten Gefühle den fünf genannten Gruppen zu (ggf. auch durch Mehrfachzuordnung) und versucht eine definitorische Unterscheidung der Oberbegriffe.

3 Angenommen du hättest die Möglichkeit, dich von drei Gefühlen zu trennen, die du dann niemals mehr hättest: Welche würdest du wählen? Würde sich deine Wahl ändern, wenn du sie für die gesamte Menschheit treffen müsstest?

4 Stellt euch vor, auf einem anderen Planeten lebten Wesen, die in allen äußeren und inneren Eigenschaften Menschen glichen – mit einem Unterschied: Sie haben keine Gefühle. Könnte man sie dennoch als Menschen ansehen?

Gefühl oder Verstand?

Merke dir: Du wirst mit deinem Leben unzufrieden sein, wenn du das, was eigentlich und von Natur aus unfrei und fremd ist, nämlich die Leidenschaften, für frei und für dein Eigenes hältst. Wenn du aber das, was wirklich dein ist, nämlich die Vernunft, für dein Eigenes hältst und das Fremde für fremd, so wird dich niemals jemand zwingen [...].
Wenn du irgend etwas vorhast, so vergegenwärtige dir, welcher Art die Angelegenheit ist. Willst du zum Baden gehen, so stelle dir die Vorgänge in einem Schwimmbad vor: wie die Leute sich spritzen, balgen und bestehlen? Und du wirst dann sicherer an dein Vorhaben herangehen, wenn du dir von Anfang an sagst: »Ich will baden und dabei meine naturgemäße Haltung bewahren.« Und so bei allem, was du tust. Dann nämlich wirst du, wenn sich beim Baden etwas Störendes einstellt, erwägen: »Ich wollte ja nicht nur dies tun (nämlich baden), sondern auch meine naturgemäße Haltung wahren; ich werde sie aber *nicht* wahren, wenn ich mich über das Geschehene ärgere. [...]«
Wenn jemand deinen Körper dem erstbesten auslieferte, so wärest du ungehalten. Dass du aber deine Seele dem erstbesten [d. h. dem spontan aufkommenden Affekt] auslieferst, so dass sie, wenn du beleidigt wirst, beunruhigt und entmutigt wirst, dessen schämst du dich nicht?

Q Nach Epiktet

»Es ist im Leben nützlich, den Verstand oder die Vernunft, soviel wir können, zu vervollkommnen. Eine Leidenschaft hört auf, eine Leidenschaft zu sein, sobald wir uns von ihr eine klare und deutliche Idee bilden. Ein Affekt ist also umso mehr in unserer Gewalt und die Seele leidet umso weniger von ihm, je bekannter er uns ist.«
(nach Benedikt de Spinoza, niederländischer Philosoph, 1632–1674)

Der antike Ethiker Epiktet und der neuzeitliche Philosoph Spinoza vertreten eine stoische* Lebenshaltung. Sie besteht darin, alle Leidenschaften oder Affekte zu überwinden, um so ein zufriedenes Leben in Gelassenheit zu führen. Dagegen wendet sich der schottische Philosoph David Hume:

Die Vernunft ist nur der Sklave der Affekte und soll es sein; sie darf niemals eine andere Funktion beanspruchen als die, denselben zu dienen und zu gehorchen. [...] Bin ich ärgerlich, so hat mich der Affekt tatsächlich ergriffen, und in dieser Gefühlserregung liegt so wenig eine Beziehung zu einem anderen Gegenstand [hier der Vernunft], als wenn ich durstig oder krank oder über fünf Fuß groß wäre. Es ist also unmöglich, dass dieser Affekt von der Vernunft bekämpft werden kann [...].

Q David Hume

»Es scheint klar zu sein, dass der Verstand über die letzten Ziele menschlichen Handelns niemals und in keinem Fall Rechenschaft ablegen kann, sondern dass sie gänzlich den Gefühlen und Neigungen der Menschen überlassen sind.«
(David Hume, schottischer Philosoph, 1711–1776)

Emotionale Intelligenz

»Über den Umgang mit Gefühlen hinaus zeigt sie [diese Übung] einen Weg zu wirksamerem Handeln. Und ist sie erst einmal zum gewohnten Weg geworden, mit dem ungestümen emotionalen Impuls umzugehen – zu denken, bevor man aus dem Gefühl heraus handelt –, kann sie sich zur grundlegenden Strategie der Auseinandersetzung mit den Risiken der Jugendzeit und darüber hinaus entwickeln.«
Daniel Golemann

Heutige Psychologen gehen mehrheitlich davon aus, dass dem Menschen mit Hilfe des Verstandes eine gewisse Kontrolle über das eigene Gefühlsleben möglich ist. Neben der Fähigkeit, die Gefühle anderer durch die richtige Deutung von deren Mimik und Gestik zu durchschauen, ist dies für den Umgang der Menschen miteinander wichtig. Dazu haben Psychologen speziell für Jugendliche eine »Ampel-Übung« entwickelt:

ROT 1. Halte an, beruhige dich und denke, bevor du handelst.
GELB 2. Benenne das Problem und sag, wie du dich fühlst.
3. Benenne ein positives Ziel.
4. Denke an viele Lösungen.
5. Bedenke im Voraus die Folgen.
GRÜN 6. Geh los und probiere es mit dem besten Plan.

Seite 239 ◄ Methode: (Philosophische Texte verstehen)

1 Erklärt die Auffassungen zum idealen Verhältnis von Gefühl und Verstand bei Epiktet, Spinoza und Hume in eigenen Worten und stellt dabei besonders den Gedanken der Freiheit bei Epiktet heraus.

2 Versucht Epiktets und Spinozas Auffassung ähnlich zu veranschaulichen, wie es die Abbildung mit Humes Position tut, und überlegt, inwiefern die vorgestellte Ampel-Übung auf Spinozas Auffassung zurückgeht.

Seite 12 ◄

3 Diskutiert, ob Epiktet oder Hume die richtige Empfehlung zur Lebensführung geben; bezieht dabei auch die Zitate von Saint-Exupéry und Hegel ein.

Seite 95, 204/205 ◄

4 Nehmt euch, jeder für sich, für einen in der Lerngruppe vereinbarten Zeitraum vor, die Ampel-Übung innerhalb und außerhalb der Schule durchzuführen und berichtet anschließend von euren Erfahrungen. Geben ihr eher Humes oder eher Epiktets bzw. Spinozas Auffassung Recht?

Bild eines indischen Asketen – ein erstrebenswertes Ideal?

»Wer jeglicher Begier entsagt,
Von Selbstsucht und Verlangen rein
Auf dieser Erde wandelt, geht
Zu ruhevollem Frieden ein.«

→← Der Mensch ist offenbar schon von seiner biologischen Ausstattung her stark durch Gefühle bestimmt. Diese Grundausstattung ist allerdings nicht bei jedem gleich ausgeprägt. Bei Jugendlichen ist das Gefühlsleben i. Allg. besonders intensiv. So sehr Gefühle zum Wesen des Menschen gehören und so unmöglich ihre ständige Unterdrückung ist, so ungünstig ist es für das Zusammenleben, sich von seinen Leidenschaften beherrschen zu lassen. Daher ist der vernünftige Umgang mit den eigenen Affekten eine wichtige soziale Fähigkeit, die eingeübt werden kann.

Große HipHop-Parties werden auch »Jams« genannt. Dort wird »gerapt«, getanzt, »gescratcht« und »gesampelt«. Das Publikum nimmt aktiv teil – alle können auf die Bühne kommen und mitmachen.

PETER L. wurde bei einer der Spray-Aktionen erwischt und zu zwei Monaten Sozialarbeit verurteilt. Nach dem Gesetz ist das Besprühen eines öffentlichen Gebäudes eine Straftat. Doch für Peter ist Graffiti Kunst. Ist die Strafe eurer Meinung nach angemessen? Wie hättet ihr entschieden?

»Jesus-Freaks« in Thüringen

Gotha. Das elfte »Freakstock«-Festival hat am Donnerstag auf der Pferderennbahn bei Gotha begonnen. Zu dem Treffen christlicher Punk-Bands und ihrer Fans rechnen die Veranstalter mit 8.000 Jugendlichen, die bis Sonntag Predigt und Abendmahl in ihre moderne Lebenswelt zu übertragen versuchen.

HipHop in Berlin: »Be real, stay original«

Vor zwei Jahren wurde ich von meinem Cousin Marvin zu einem total abgefahrenen Jam mitgenommen. Die Rap-Musik gefiel mir super gut. Tage später las ich einen Artikel in der Zeitung darüber. Interessant fand ich, dass die weiten Hosen, die Kapuzen-Pullis und Basecaps Erkennungszeichen der Szene waren. Komisch, mein Outfit unterschied sich von denen nicht sonderlich. Ich ging also in den Club, eine echte Szene-Location. Da kamen nur Breakdancer, Graffiti-Sprayer und HipHopper hinein. Andere, zum Beispiel Punks oder »Normalos«, hatten keinen Zutritt. Am Anfang wurde ich kaum beachtet. Manchmal musste ich auch blöde Sprüche über mich ergehen lassen und wurde nicht richtig akzeptiert. Das änderte sich später. Eine Reihe von Tags (Schriftzüge des eigenen Künstlernamens) platzierte ich an Stellen, die zuvor kein Sprayer erreichte.

PETER L., 15 Jahre

Dabei sein ist alles?

»Einige Leute betreiben Persönlichkeitsverstümmelung, nur um sich anzupassen, halt ›in‹ zu sein. Sie können nicht sie selber sein. Alle anderen sind Outsider, mit denen sie sich nicht abgeben.«
Ein Jugendlicher (männlich)
17 Jahre

Ist es nicht ein Alptraum, allein durch die Welt zu laufen? Stell dir vor, du gehst ins Kino, zur Disco oder zu einem Konzert. Um dich herum sitzen Pärchen oder Gruppen. Sie schwatzen über all die Dinge, die sie gern tun. Endlich mal vom Stress mit den Eltern oder Lehrern abschalten. Du hast aber niemanden zum Reden. Da kannst du froh sein, wenn du deine Szene hast:

• Aber was ist, wenn du als Punk oder Raver feststellst, dass dein bester Freund plötzlich auf Popmusik steht?
• Was machst du, wenn du in keine Clique so richtig hineinfindest und dich religiöse Fragen ohnehin mehr interessieren als Partys? Läufst du dann »irgendwo« mit?
• Wie würdest du reagieren, wenn für deine Clique etwas »normal« ist, was dich aber stört? Wo liegt deine Schmerzgrenze?
• Und welchen Rat würdest du einer (Punker-)Freundin geben, die als Praktikantin in einem Kindergarten arbeitet und von der Leiterin angewiesen wird, sich wie ein »Normalo« zu kleiden?

1 Beschreibt die Jugendszenen, die euch bekannt sind bzw. zu denen ihr selbst gehört (vgl. www.jugendkulturen.de).

2 Befragt einmal Skater, Punks, Jesusfreaks und andere Leute an eurer Schule oder in eurer Umgebung zu ihrer »Lebensphilosophie«: Inwieweit kann man die Ideale dieser Jugendlichen an ihrem Aussehen, ihrer Musik oder Freizeitgestaltung ablesen?

3 Welche Jugendszene interessiert dich, welche würdest du eher ablehnen? Begründe deine Meinung.

Seiten 70–79 ◄ (Kapitel 3: Ewige Gewalt?)

4 Untersucht und diskutiert die vier Situationen in »Dabei sein ist alles?« Berichtet von ähnlichen Konflikten, die ihr erlebt habt: Wie habt ihr reagiert? Überlegt Möglichkeiten der Konfliktlösung.

Und was ist Freiheit für euch?

Bekenntnisfreiheit ◂

»Nach der Vollendung des 14. Lebensjahres steht dem Kind die Entscheidung darüber offen, zu welchem religiösen Bekenntnis es sich halten will. Hat das Kind das 12. Lebensjahr vollendet, so kann es nicht gegen seinen Willen in einem anderen Bekenntnis als bisher erzogen werden.«
Gesetz über die religiöse Kindererziehung, § 5

– und was Verantwortung?

Je älter ihr werdet, umso mehr könnt ihr selbst entscheiden. Ihr übernehmt dabei schrittweise immer mehr Verantwortung für euch selbst und für euer Tun. Das heißt auch, dass ihr für eure Entscheidungen geradestehen müsst. Das meinen Erwachsene, wenn sie von euren Rechten und Pflichten sprechen. Das Recht, mehr und mehr wie ein Erwachsener frei zu entscheiden, bedeutet auch, mehr und mehr wie ein Erwachsener behandelt zu werden.

Es hat lange gedauert, bis ich Freunde in meiner neuen Klasse gefunden habe. Neuerdings hänge ich bis spät abends mit Jojo und Steff irgendwo herum. Wir hören Heavymetal und »kiffen« uns gelegentlich zu. Es tut gut, nicht ständig allein vor der Glotze zu warten, bis mein Vater von der Spätschicht kommt.
Jojo und Steff sind echte Kumpel, und ich bin irgendwie stolz, als sie mich bitten, ein paar Freunde morgen in der Pause mit den bestellten Joints zu versorgen – sozusagen als Freundschaftsdienst. Aber dann kommen mir doch Bedenken; es handelt sich ja immerhin um Dealen – und das ist verboten. Wenn ich erwischt werde, droht mir ein Schulverweis!
»Du sollst dich bloß nicht so haben und uns vertrauen!«, meinen die Freunde. »Das fliegt doch nie auf, das haben wir schon so oft gemacht, und nichts ist passiert. Und überhaupt: Wie kommst du bloß darauf …« Jojo und Steff lassen nicht locker: »Schließlich tust du den anderen bloß einen Gefallen.« Ich überwinde mich und stecke den Stoff ein. – Am nächsten Tag fliegt die ganze Aktion auf …
Tobi L., 15 Jahre

Sich immer so anziehen wie man will?
Handlungsfreiheit ergibt sich dort, wo du einen Spielraum hast und zwischen verschiedenen Handlungsmöglichkeiten auswählen kannst.

1 Versucht, »Freiheit« für euch persönlich zu definieren. Bezieht euch auf die Aussagen der Seite 18.

2 Stellt euch vor, auf einer Schulkonferenz wird über einen Schulverweis von Tobi und seinen Freunden diskutiert: Welche Entschuldigungen könnten die Drei vorbringen?

3 Spielt die Konferenz im Rollenspiel nach. Diskutiert anschließend, ob die möglichen Entschuldigungen Tobi und seine Freunde tatsächlich von ihrer eigenen Verantwortung freisprechen.

→← Endlich frei werden von Gängelei und Bevormundung – das ist für viele Jugendliche der Lebenssinn in der Wendezeit um das 14. Lebensjahr. Doch euch bleibt einiges zu tun, um diese Freiheit erwerben und mit ihr umgehen zu können. Denn Freiheit ist doppelsinnig: Freiheit von Einengungen, Freiheit zu Taten. Und für seine Taten hat sich der Freie zu verantworten – vor sich selbst, aber auch vor der Gemeinschaft.

Teilnehmer/innen an der Jugendfeier bereiten sich ein halbes Jahr lang vor. In Gruppentreffen werden den Jugendlichen Möglichkeiten aufgezeigt, sich zu engagieren und das eigene Leben selbstbewusst in die Hand zu nehmen.

Fragen der Lebenskunst

- Wie kann ich mein Leben führen?
- Wie kann ich Zusammenhänge herstellen, in denen es sich lohnt zu leben?
- Welches Verständnis vom Leben habe ich?
- Welche Wahl habe ich?
- Wer bin ich?
- Was kann ich konkret tun?

Auf die Frage nach dem Sinn des Lebens kann jeder nur eine persönliche Antwort geben. Dabei ist jeder Einzelne verantwortlich für sein Leben. Verantwortung und Wahrnehmung von Freiheiten sind zwei Seiten einer Medaille – und ein Bestandteil des Erwachsenwerdens.

Erwachsen werden – jetzt geht's los!

40 Mädchen und Jungen, alle um die 14 Jahre, haben sich am dritten Sonntag im April im hannoverschen »Theater am Aegi« versammelt. Auf den Stühlen sitzen etwa 500 Familienangehörige und Freunde. Der Raum ist geschmückt, die Stimmung feierlich. Alle Anwesenden lauschen dem stadtbekannten Politiker, der von Verantwortung, Selbstbestimmung und der Benutzung des eigenen Verstandes spricht. Als Symbol des Übergangs vom Kind zum Erwachsenen bekommen alle Jugendlichen eine Urkunde überreicht. Jugendfeier 2005, veranstaltet von den Freien Humanisten in Hannover, wo dieser Initiationsritus* seit 1986 Tradition hat.

Seiten 158/159 ◀

1852 wurde die Jugendweihe als Alternative zu Konfirmation* und Kommunion* in Nordhausen am Harz ins Leben gerufen. Organisationen, die sich Aufklärung* und Liberalismus verbunden sahen, sowie Teile der Arbeiterbewegung übernahmen diese Feierform.
In der DDR wurde die Jugendweihe ab 1955 offiziell: Jährlich wurden dabei etwa 97 % aller Achtklässler auf Sozialismus und Staat eingeschworen. Ab 1990 wandelte sich der Charakter der Feier und sie wird nun in einer entpolitisierten, humanistischen Form gefeiert. Neben der Jugendweihe, die vom Jugendweihe-Verband durchgeführt wird, hat sich die Jugendfeier, seit 1993 vom Humanistischen Verband ausgerichtet, durchgesetzt. Der Humanistische Verband will so nicht-religiöse Jugendliche bei ihrem Übertritt ins Erwachsenendasein begleiten.

Q Kerstin Wohne: Ersatzritual? Jugendweihe, Jugendfeier

Sich in Politik einmischen? Das ist bei vielen Teenies »out«, heißt es. Doch gesellschaftlich aktiv sind sie allemal – hauptsächlich in ihrer Lebenssphäre sowie beim sozialen Einsatz für bedürftige Menschen. Auch in Jugendorganisationen und Kirchen wirken sie, vor allem jedoch in Bildungseinrichtungen und Vereinen. Oft engagieren sich Jugendliche hier als Trainer oder Gruppenleiter. Immer wichtiger für soziale Aktivitäten wird das Internet. Jugendliche, die noch nicht wählen dürfen, können in Foren mitdiskutieren, ihre Meinung sagen und abstimmen. Nach 14. Shell Jugendstudie (2002)

Was bewegt dich, an der Jugendweihe/Jugendfeier teilzunehmen?

An Gott glaube ich nicht. Deswegen kommt für mich eine Konfirmation oder Kommunion nicht in Frage. Die Jugendfeier geht für mich weiter, weil sie den Schritt zum Erwachsensein bedeutet. Micha, 14 Jahre

Als ich gerade 14 wurde, habe ich meinen ersten Freund kennengelernt, der war da schon 18. Meine Eltern haben das ganz gut aufgenommen, aber seine haben totalen Stress gemacht. Von wegen, sie möchten nicht verantwortlich sein, wenn er mir ein Kind macht, und sie würden nicht zahlen. Ich war ziemlich schockiert. Ich habe mir dann eingebildet, dass ich durch die Jugendweihe von einem Tag auf den anderen erwachsen werde und sie mich dann vielleicht mehr akzeptieren. Das ist natürlich so nicht passiert. Katharina

Wir sind zu Hause drei Kinder. Meine beiden Geschwister sind allerdings noch Kleinkinder. Meine Eltern passen schon auf, dass sie uns gleich behandeln, aber im Alltag richtet sich doch meist alles nach den Kleinen. Das fängt schon mit den Wochenenden an. Ich würde ja lieber allein zu Hause bleiben, aber ich darf das meist nicht. Und dann muss ich mit in den Tierpark oder in die Schwimmhalle. Da fand ich die Idee, dass ich mal wieder für eine ganze Zeit im Mittelpunkt stehen würde, richtig verlockend. Ich wollte, dass mir einer offiziell bestätigt, so jetzt bist du erwachsen und das wollte ich auch schriftlich haben, eine Urkunde oder so. Die möchte ich dann meinen Eltern unter die Nase halten, wenn sie wieder was für meine Freizeit planen. Simon

1 Stellt im Gespräch untereinander oder auch mit Hilfe von Interviews fest, welche Freiheiten sich Jugendliche wünschen.

2 Würdet ihr an einer Feier wie der Jugendweihe teilnehmen wollen? Sucht Gründe dafür und dagegen.

3 Diskutiert die Feststellung: »Wer frei ist, hat sein Handeln selbst zu verantworten.« Findet heraus, wie sich Jugendliche darauf vorbereiten, und sagt, was ihr selbst dazu tut.

»Das Urbild aller Verantwortung ist die von Menschen für Menschen.«
Hans Jonas, deutsch-jüdischer Philosoph (1903–1993) – 1933 vertrieben, ging später in die USA

Zoé-Familie (Brasilien)

Yoga-Unterricht (Indien)

Besuch im Urwald

Die Zoé sind indianische Sammler und Jäger im brasilianischen Urwald. Männer und Frauen der Zoé tragen einen Btoru, einen etwa zwanzig Zentimeter langen Holzpflock, in ihrer Unterlippe. Den Btoru zu empfangen, gehört zum Einweihungsritual. Wenn die Kinder etwa sieben Jahre alt sind, bekommen sie mit dem Zahn eines Wasserschweins ein kleines Loch in die Unterlippe gebohrt und den Pflock eingesetzt. Das ist für sie der Höhepunkt eines großen Festes der Stammesgemeinschaft. Von nun an gehen die Jungen mit zur Jagd. Sie erhalten Pfeil und Bogen, um sich darin zu üben, fern von daheim im Walddickicht Wild zu erbeuten. Sie lernen auch, selbst Waffen und Werkzeuge herzustellen. Inzwischen suchen ihre Eltern künftige Partnerinnen für sie.
Die Mädchen gehen nach dem Einsetzen des Btoru zu den Müttern ihrer späteren Partner. Bei ihnen erwerben sie die Fähigkeiten, die sie für das Leben in ihrem Stamm brauchen.
Weil das Leben im Urwald schwierig ist, dauert diese Vorbereitung auf das Erwachsensein für Mädchen und Jungen der Zoé ungefähr acht Jahre.

Strenge Auswahl in Indien

Etwa 35 Jungen zwischen 10 und 15 Jahren erleben in einem indischen Kloster-Internat bei Bangalore ihr Erwachsenwerden. Aufgenommen wurden sie nach kniffligen mündlichen und schriftlichen Prüfungen und zwei Probe-Wochen: Schlafen auf Steinplatten, fast salzloses vegetarisches Essen, kein Fernsehen und Radio.

Danach erwirbt jeder Junge seinen Anteil an der großen Kultur seines Landes. Das Programm ist hart: Wecken morgens um vier; Kühe melken; im Fluss baden; die Kleidung per Hand schrubben; Lernen der heiligen Veden – das sind uralte Weisheiten, Opferformeln und Zaubersprüche; Yoga üben, bis Arme und Beine ein einziger Knoten sind; Meditation. Nachmittags dann Büffeln der normalen Fächer wie Mathematik, Chemie, Englisch und Computer-Programmieren. Danach stürmen die Jungen zum Fluss oder toben sich beim Kricketspielen aus. Und abends? Nochmals lernen; schließlich Gebete und Schlaf.
Mit 15 legen die Jungen staatliche Prüfungen ab, wie andere Schüler auch, doch möglichst hervorragend. Hauptziel der Guru-Schule aber ist, »gute Menschen« heranzubilden. Das sind solche, die selbstbeherrscht und pflichtbewusst so leben, dass sie nach Tod und Wiedergeburt – woran die Hindus glauben – nicht als Kaktus, Kakerlake oder Ähnliches, sondern als etwas Schönes zur Welt kommen.

Ethik* der Verantwortung

»Wenn ich etwas wüsste, was mir nützen, meiner Familie aber schaden würde, würde ich es aus meinem Geist verbannen. Wenn ich etwas wüsste, was meiner Familie nützen, meinem Vaterland aber schaden würde, würde ich versuchen, es zu vergessen. Wenn ich etwas für mein Vaterland Nützliches wüsste, wodurch Europa Schaden leiden würde, oder etwas, was Europa nützen und dem Menschengeschlecht schaden würde, käme es mir wie ein Verbrechen vor.«

Charles-Louis de Montesquieu, französischer Philosoph (1689–1755)

Fachübergreifend (Geografie, Religion): Initiationen* weltweit

Initiation – benannt nach dem lateinischen Wort »Einführung« – ist ein weltweit geübter Brauch an der Schwelle zwischen Kindheit und Erwachsenenleben. Im erweiterten Sinn gehören Firmung, Konfirmation*, Bat- und Bar-Mizwah sowie die weltlich orientierten Jugendfeiern dazu. Im engeren Sinne meint Initiation den ritualisierten Übergang vom Kind zum Erwachsenen bei Naturvölkern.

- Findet und beschreibt weitere Initiationsbräuche, die es bei uns oder in anderen Ländern gibt. Dazu könnt ihr das Internet oder Bildatlanten nutzen.
- Überlegt und diskutiert, ob Initiationsriten heute noch zeitgemäß sind.

Minilexikon ◄

1 Sucht auf dem Globus oder im Atlas nach der Heimat der Mädchen und Jungen, von denen hier erzählt wird.

2 Tragt zusammen, welche Fähigkeiten die vorgestellten Jugendlichen in Brasilien und Indien vor allem erwerben. Wer begleitet sie dabei?

3 Welche Verantwortlichkeiten übernehmen die beschriebenen Jugendlichen mit ihrer Initiation*? Notiert dazu Stichworte.

4 Diskutiert, wofür Jugendliche in unserem Kulturkreis verantwortlich sind.

Um den Eintritt von Kindern in die Welt der Erwachsenen anzuzeigen und zu feiern, sind in fast allen Kulturen sog. Initiationsriten verbreitet. Meist haben sie einen religiösen Sinn, dieser kann aber auch, wie z.B. bei der Jugendweihe, entfallen. Nur in den aufgeklärten Kulturen wird den Jugendlichen die Teilnahme am Initiationsritus freigestellt. Dass Jugendliche heute mit 14 Jahren religionsmündig sind, geht auf das übliche Initiationsalter zurück.

Flucht in die Sucht*?

Nach dem Jugendrecht dürfen Erwachsene in der Öffentlichkeit an Kinder und Jugendliche unter sechzehn Jahren keine alkoholischen Getränke abgeben bzw. verkaufen. Auch das Rauchen in der Öffentlichkeit darf Kindern und Jugendlichen unter sechzehn Jahren nicht gestattet werden. Übrigens: Immer mehr Bundesländer führen an ihren Schulen ein Rauchverbot ein.

»Eine Droge ist alles, was Menschen ›hilft‹, ihre Probleme und Unzufriedenheit zu verschleiern, statt sich der Wirklichkeit zu stellen« (aus einer Definition* der WHO*).

Die Erlebnismaschine – ein philosophisches Gedankenexperiment

Neuropsychologe: Nervenarzt ◀

Man stelle sich eine Erlebnismaschine vor, die einem jedes gewünschte Erlebnis vermittelt. Super-Neuropsychologen können das Gehirn so reizen, dass man glaubt und das Gefühl hat, man schriebe einen großen Roman, schlösse Freundschaft oder läse in einem interessanten Buch. Dabei schwimmt man die ganze Zeit in einem Becken und hat Elektroden ans Gehirn geschlossen. Sollte man sich lebenslang an diese Maschine anschließen lassen, so dass alle künftigen Erlebnisse im Voraus festgelegt sind? Wenn man sich Sorgen macht, es könnten einem wünschenswerte Erlebnisse entgehen, so kann [man] aus ihrem riesigen [Firmen-] Katalog [...] solche Erlebnisse auswählen und die eigenen Erlebnisse etwa für die nächsten zwei Jahre festlegen. Danach kommt man für zehn Minuten oder Stunden aus dem Becken heraus und kann sich seine Erlebnisse für die nächsten zwei Jahre aussuchen. Während man im Becken schwimmt, weiß man natürlich nichts davon, man glaubt, alles, was man erlebt, geschähe wirklich. Auch andere können sich anschließen lassen und sich die gewünschten Erlebnisse verschaffen; es braucht also niemand unangeschlossen bleiben, um für andere da zu sein.

Q ROBERT NOZICK: Anarchie, Staat, Utopia

Seite 78 ◀
Methode: Mit Gedanken experimentieren*

1 Denkt den Comic fünf Jahre weiter: Wie könnten sich Bob und seine Freunde weiterentwickelt haben? Prophezeit einen positiven und einen negativen Werdegang.

2 Diskutiert, wann nach der Definition der WHO* ein Genussmittel zur Droge wird: Was kann und sollte, über Verbote hinaus, gegen Drogenkonsum getan werden?

Was wisst ihr über die Gefährlichkeit von Drogen? Unter www.drugcom.de gibt es Informationen – auch über Hilfsprogramme. ◀

3 Erstellt eine Liste von Genuss-Stoffen wie z.B. Kaffee, Tee, Süßigkeiten, alkoholische Getränke: Erfasst, wie oft ihr innerhalb einer Woche diese Stoffe konsumiert. Wer schafft es, eine Woche ohne [...] auszukommen?

4 Was nun? Stellt euch vor, Bob lässt sich an die Erlebnismaschine anschließen. Er wacht nach zwei Jahren wieder auf. Doch seine Freunde sind normal gealtert ...

5 Diskutiert, ob Drogen eine andere Wirklichkeit erschließen.

»Auf dem Weg durch die Einkaufspassagen der Städte schauen mich aus den Schaufenstern dünne Kunststoffpüppchen an. Kein Fettpölsterchen quillt über den Rand der Hüfthose, die Beine sind lang und schlank. Aus Zeitschriften strahlen makellose Gesichter und schaltet man den Fernseher an, erledigen attraktive, sportliche und kluge junge Menschen Berge von Arbeit, ohne dass dies ihrer Schönheit Abbruch tut. Manchmal denke ich, ich sei das einzige hässliche Entlein auf dem Planeten!«
Wer kennt nicht dieses Gefühl?

Wenn Essen zur Last wird

Es klingelt an der Tür. Schnell wirft sich Tina noch einen Pullover über. Trotz der über 20° C friert sie. Als sie zur Tür läuft, wirft sie fast die Lieblingsvase ihrer Mutter um. »Hallo, Tina. Kommst du?« Vor der Tür steht Franzi, Tinas Freundin. Wie jeden Dienstagnachmittag gehen die beiden gemeinsam zum Volleyball-Training. »Klar, muss nur noch meine Sachen holen.« Tina rennt die Treppe hinauf, stolpert über den Teppich. Wieder an der Tür angekommen, ist sie mächtig aus der Puste gekommen.
»Sag mal, Tina, du bist total blass. Und immer dünner wirst du auch!«, sagt Franzi. »Ach was, das kommt dir nur so vor«, wiegelt Tina ab.
Beim Training gibt sich Tina besonders viel Mühe. Die anderen sind schon lange der Meinung, dass sie es übertreibt. Aber Tina ist ehrgeizig, will immer die Beste sein. Nach dem Training läuft Tina schnell in den Umkleideraum – duschen will sie daheim.
Zu Hause kocht sie für die ganze Familie Spagetti mit Tomatensoße. Als die Familie um den großen Tisch versammelt ist, isst sie nur einen Apfel. Sie gibt vor, keinen Hunger zu haben. Als Tina sich abends vor dem Spiegel betrachtet, empfindet sie Ekel vor ihrem Körper. Ihre Periode hatte sie schon seit drei Monaten nicht mehr. Sie beschließt, ihre tägliche Nahrungsmenge ab morgen noch weiter zu reduzieren.

Schönheitsideale im Wandel der Zeiten und Kulturen – von Seite 30 (links) bis 31 (rechts): SANDRO BOTTICELLI, Geburt der Venus (nach 1482); AUGUSTE RENOIR, ANNA (1876); traditioneller Ureinwohner der südamerikanischen Osterinsel (frühes 21. Jahrhundert); ROBBIE WILLIAMS mit Tattoo

Ess-Störungen – eine Suchterkrankung*

In Deutschland leiden etwa 100.000 Menschen unter einer Ess-Störung – sie ist als Erkrankung anerkannt. Essgestörte Menschen können sich häufig selbst nicht so annehmen wie sie sind – mit Hungern überspielen sie (unbewusste) Probleme. Viele versuchen, ihre Sucht* zu verheimlichen. Psychologen helfen, damit Betroffene wieder lernen, ihren Körper richtig wahrzunehmen.
Bei uns leidet jede dritte Schülerin zwischen 12 und 20 Jahren an einer Frühform von Ess-Störungen. Auch immer mehr Jungen sind betroffen (www.bzga-essstoerungen.de/beratungsstellen.htm).

Fachübergreifend (Kunst, Geschichte): »Wahre Schönheit kommt von innen?!«
Verschafft euch eine Übersicht über Schönheitsideale im Laufe der Geschichte. Dokumentiert diese mit passenden Darstellungen von Männern und/oder Frauen:
- Schreibt dazu informierende Texte.
- Reiht euch selbst in die Galerie der Schönheitsideale ein: Ihr könnt euch gegenseitig fotografieren. Vervollständigt euer Gesamtkunstwerk mit lustigen Kommentaren.
- Zieht Schlussfolgerungen aus der Galerie der Eitelkeiten.

1 An welchen Stellen findet ihr Tinas Benehmen auffällig? Was könnte auf die Vorstufe einer Ess-Störung hinweisen?

2 Überlegt, welche Probleme als so belastend empfunden werden könnten, dass sie durch Hungern überspielt werden.

3 Erläutert, warum die Ess-Störung eine Suchterkrankung* ist.

4 Würdest du dich ganz allgemein als suchtgefährdet oder als sucht-resistent bezeichnen? Erkläre, warum?

5 Diskutiert, wie Tina geholfen werden kann. Was können Menschen in ihrem Umfeld tun? (s. S. 28)

→← Jeder Mensch ist einmalig – keine Kopie, weil jeder Einzelne mehr ist als nur das Ergebnis genetischer Anlagen. Menschen verändern sich mit dem, was sie Tag für Tag erleben und können sich weiterentwickeln. Das macht sie einzigartig. Auf eurem Lebensweg werdet ihr schöne, aber auch bedrückende Erlebnisse haben – jeder Mensch hat seine eigene Geschichte. Auf diesem Weg eine vermeintliche Abkürzung zu nehmen, ist verführerisch und gefährlich zugleich.

Der Mensch ist, was er isst?

»Für ein Stückchen Fleisch rauben wir den Tieren die Seele, nehmen ihnen die Sonne, das Licht, die Lebenszeit, wozu sie doch von Natur geschaffen sind.«
PLUTARCH, griechischer Philosoph und Historiker (ca. 46–120 n. Chr.)

Stefan *»Ammon, Warum isst du eigentlich keine Wurst? Gehörst du einer Religion an, die das verbietet?«*

Ammon »Nein, ich bin zwar Muslim, aber meine Familie nimmt das mit den Speisevorschriften nicht so genau. Ich bin Vegetarier – das heißt, ich esse kein Fleisch und keine Wurst.

Stefan *»Das kann doch nicht gesund sein!«*

Ammon »In pflanzlichen Nahrungsmitteln findest du alle wichtigen Nährstoffe. Vegetarismus ist keine Ernährungsstörung und an Magersucht leide ich, wie du siehst, ja auch nicht.«

Stefan *»Stimmt. Aber ehrlich – ich könnte auf Schnitzel, Gulaschsuppe und so nicht verzichten!«*

Ammon »Wenn ich Fleisch esse, müssen dafür Tiere sterben. Ich leide keine Not, wenn ich auf fleischliche Nahrung verzichte. Warum sollte ich also den Tod eines Lebewesens in Kauf nehmen?«

Stefan *»Hm, aber sind Pflanzen nicht auch Lebewesen?«*

Ammon »Ja, schon; aber sie sind nicht so lebendig wie Tiere.«

Stefan *»Du meinst also, Pflanzen sind weniger lebendig als Tiere?«*

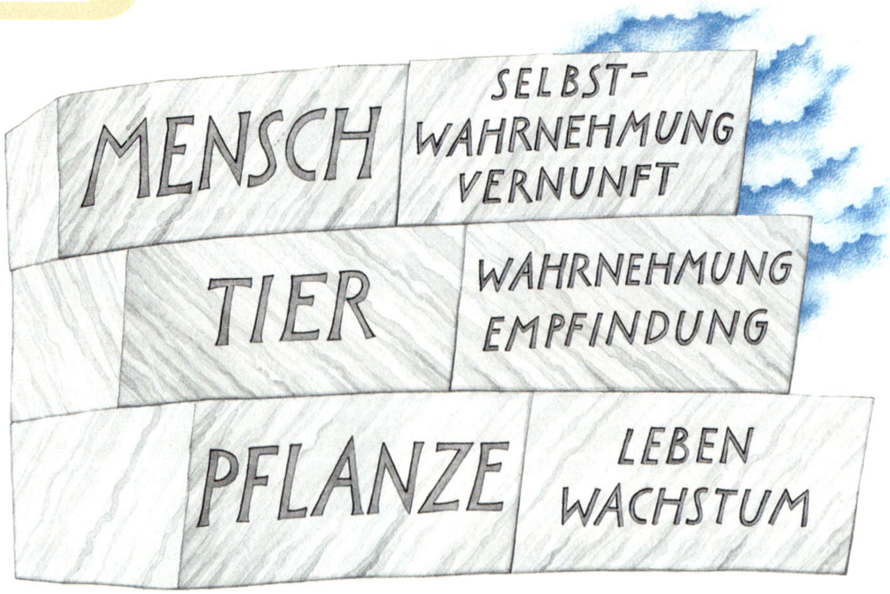

Der griechische Philosoph und Wissenschaftler ARISTOTELES (384–324 v. Chr.) betrachtete das Leben als gestuftes Ordnungssystem. Je stärker die seelisch-geistigen Eigenschaften eines Lebewesens ausgeprägt seien, umso höher steige es in der Rangordnung.

Religiöse Speisevorschriften

Das sind die Tiere, die ihr von allem Vieh auf der Erde essen dürft: Alle Tiere, die gespaltene Klauen haben, Paarzeher sind und wiederkäuen, dürft ihr essen. Jedoch dürft ihr von diesen [...] folgende nicht essen: Ihr sollt für unrein halten das Kamel, weil es zwar wiederkäut, aber keine gespaltenen Klauen hat [...]; ihr sollt für unrein halten den Hasen, weil er zwar wiederkäut, aber keine gespaltenen Klauen hat; ihr sollt für unrein halten das Schwein, weil es zwar gespaltene Klauen hat und Paarzeher ist, aber nicht wiederkäut. [...] Ihr dürft von ihrem Fleisch nicht essen und ihr Aas nicht berühren. [...]

Q Bibel, 3. Mose, 11, 1–8

Verboten ist euch Verendetes (Krepiertes), Blut, Schweinefleisch und das, worüber ein anderer als Allah angerufen worden ist, und Ersticktes, Erschlagenes, Gestürztes, Gestoßenes und das, was ein wildes Tier angefressen hat – ausgenommen das, was ihr reinigt [...].

Q Koran, Sure 5, 3

1 Ordnet Fähigkeiten wie Intelligenz, Werkzeuggebrauch, soziales Verhalten und Leidensfähigkeit in das Ordnungsschema des ARISTOTELES ein. Überlegt, wo ihr die Seele platzieren würdet.

2 Stellt Argumente zusammen, die für und gegen den Verzehr von Tierfleisch sprechen. Welche Begründungen überzeugen euch, welche nicht?

3 Vergleicht die religiösen Speisevorschriften. Überlegt, was sie ursprünglich in der religiösen Gemeinschaft für einen Zweck hatten.

4 Vergleicht eure Essgewohnheiten. Welche Form des Essens tut euch und eurer Mitwelt gut?

Wie gehen wir mit Tieren um, bevor wir sie möglicherweise essen? Lassen wir sie noch Tiere sein oder haben sie nur den einen Zweck: uns, den Menschen, als Material zu dienen?

Essen ist ein Grundbedürfnis. Bis heute gibt es unterschiedliche Vorstellungen darüber, ob und wie Tiere als Nahrung für den Menschen dienen dürfen. Alle Religionen bewahren das Wissen darüber auf, dass der Mensch Teil seiner Mitwelt ist, mit der sorgsam umgegangen werden muss. In vielen Religionen wird das Tier wie der Mensch als Geschöpf Gottes angesehen. Religiöse Speisegesetze sollen das besondere Verhältnis zwischen Gott und den Menschen zum Ausdruck bringen.
Wie und was esst ihr? Ist Essen für euch ein bisschen mehr als nur Nahrungsaufnahme?

Endlich durchblicken

Hin und wieder ist es notwendig, aufzuräumen. Wenn ihr z.B. eure Schultasche aufräumt, werdet ihr nicht nur eure Sachen besser wiederfinden. Ihr werdet merken, dass euch die äußere Ordnung hilft, eine innere Ordnung (im Kopf) herzustellen. Probiert einmal den umgekehrten Weg und schafft aus einer inneren Ordnung – dem Kapitel 1 – eine äußere Ordnung:

• Blättert das erste Kapitel durch: Welche Texte, Bilder gefallen euch? An welche Diskussionen und Erlebnisse erinnert ihr euch? Hattet ihr auch Aha-Erlebnisse, die ihr nicht vergessen wollt?

• Richtet nun in Gedanken euer Zimmer so ein, dass alle diese Erinnerungen und Erlebnisse aus Kapitel 1 einen Platz bekommen können. Was gehört für dich …

1. in einen Bilderrahmen an der Wand?
2. auf den Schreibtisch in die Ablage »zu erledigen« (dringend)?
3. abgeheftet in einen Ordner in das Regal?
4. in ein abschließbares Tagebuch?
5. als Lesezeichen in ein Buch neben das Bett?
6. an die Tür – sichtbar für alle?
7. unters Kopfkissen?

• Vergleicht eure Zimmergestaltungen.

Jugend zu anderen Zeiten

Wie stellt ihr euch das Leben von Mädchen eures Alter vor, die kaum Chancen auf Ausbildung und Berufswahl haben?
Frauen mussten lange Zeit um Bildungs- und Teilhabe-Chancen kämpfen. In Deutschland wurde 1919 ein Anfang gemacht, als erwachsene Frauen das Wahlrecht erhielten. 14 Jahre später wurden die meisten Jungen in Deutschland im Sinne einer Ideologie* erzogen, die aus ihnen Soldaten machen wollte. »Du bist nichts, dein Vaterland ist alles«, hieß es bei Staat und Regierung. 1945 zogen sogar 14- bis 15-Jährige im sogenannten »Volkssturm« in den Krieg. Vielleicht gehören Erinnerungen daran zur Lebensgeschichte eurer Großväter und Urgroßväter. Und wie war das Leben eigentlich, als eure Eltern in einem Alter waren, in dem ihr jetzt seid?

Projekt: Spurensuche in der Vergangenheit

»Das ist vergangen und so weit weg«, sagen die einen. »Dig, where you stand ...« (»grab, wo du stehst«) – »... und du stößt auf Geschichte«, heißt es in England. Bildet kleine Gruppen, einigt euch auf eine bestimmte »Spurensuche« und versucht sie einzugrenzen:

- Schreibt euer Thema mit einer Leitfrage auf.
- Überlegt, welche Möglichkeiten es gibt, an Informationen heranzukommen. Ihr könnt z.B. Interviews führen, in Büchern nachschlagen, das Internet nutzen oder sogar in Archiven nachforschen.
- Vereinbart die Arbeitsschritte: Wer in eurer Gruppe soll welche Arbeit erledigen? Nehmt euch nicht zu viel vor und plant Termine für Besprechungen ein. Vergesst nicht zu vereinbaren, bis wann eure Arbeiten fertig sein sollen.
- Einigt euch auf eine Form der Präsentation der Ergebnisse.
- Ihr könnt euch eine Person des Vertrauens (einen Mentor oder eine Ratgeberin) suchen, die euch bei eurer Arbeit begleitet.

Medientipp

Das Ravensburger Schüler-Lexikon. Alle wichtigen Schulthemen. Mit rund 15.000 leicht verständlichen Texten, Fotos, Karten und Zeichnungen. Ravensburg: Ravensburger Buchverlag 2005

Ladet doch einmal Eltern oder Großeltern in euren Unterricht ein! Sie können berichten, wie sie ihre Kindheit und Jugendzeit erlebten.

Seitdem der Yeti gelesen hatte, dass es im Himalaja so etwas wie einen abscheulichen Schneemenschen geben soll, verließ er nur noch äußerst ungern seine Behausung.

Bernd Pfarr erweckt mit seiner witzigen Zeichnung den Schneemenschen »Yeti« zum Leben. Keiner hat den Yeti bisher gesehen – auf den ersten Blick könnte man meinen, der Zeichner macht sich mit diesem Bild nur über ihn lustig.

Zweites Kapitel

Dem Anderen begegnen

Wer ist dieser Schneemensch, Yeti? Er lebt ganz allein, im Schnee, hoch in den Bergen. Wie kann er das aushalten? Da gibt es bestimmt einen Grund, warum er die Menschen meidet. Ob er gefährlich ist? Ob er rohes Fleisch isst? Vielleicht ist er gar kein richtiger Mensch? Aber was ist er dann? Vielleicht doch ein Tier? Und vielleicht hat er etwas verbrochen …

1 Malt den Schneemensch, so wie ihr ihn euch vorstellt und hängt die Bilder auf: Könnt ihr herausfinden, wer welches Bild gemalt hat? Wenn ja, woran liegt das wohl?

2 Überlegt gemeinsam, über wen eure Bilder am ehesten etwas verraten: über den Yeti, über die Maler oder die Betrachter?

3 Wir müssen über den Yeti, der aus der Hütte schaut, lachen: Was hat er offenbar nicht begriffen, was ihr aber wisst?

4 Will uns der Karikaturist mit dem begriffsstutzigen Yeti nur zum Lachen bringen? Wenn ihr etwas nachdenkt, könnt ihr hinter seinem Cartoon ein grundsätzliches Problem erkennen: Wer kann es in Worte fassen?

Das Fremde erkunden – eine Traumreise

Jeder Mensch braucht hin und wieder eine Auszeit vom Alltag – von der Routine, vom Selbstverständlichen. Manche können einen Urlaub an ihrem Traumstrand machen. Bietet so ein Urlaub die Möglichkeit, Fremdes zu erkunden? Versuchen wir es mit einer Fantasiereise herauszufinden. Schließt dazu die Augen und setzt euch entspannt hin. Lasst euch folgenden Text vorlesen.

Begib dich in Gedanken an einen Sandstrand. Stell dir vor, wie deine Füße den Sand fühlen. Sieh dich am Strand um. Endlos scheint er sich auszudehnen. Im Sand sind nur Spuren von Wind und Wellen. Beinahe weiß und feinkörnig ist die Fläche. Stell dir vor, wie du diesen Strand barfuß entlang gehst. Die Sonne wärmt wohlig deine Haut, spüre leichten Wind, der um deinen Körper streicht. Schau dir das Meer an, auf dem entfernt einige Segelschiffe vorbeiziehen. Einige Möwen fliegen über dem azurblauen Wasser und tauchen ab und zu nach Fischen. Fühle dich ganz in diese Landschaft ein – versuche die Leichtigkeit und Freiheit eines solchen Ortes zu spüren.
Auf deinem Strandspaziergang gelangst du nun zu einer Gruppe von Palmen: Setz dich in ihren Schatten; lehne dich an einem der Baumstämme an; fühle seine raue Oberfläche in deinem Rücken. Vor dir schlägt das Meer leichte Wellen. Mit der Hand kannst du in den Sand greifen und ihn langsam durch die Finger wieder auf den Boden rieseln lassen.

Auf deiner Palme sitzt ein bunter Papagei. Er hat dich schon bemerkt und kommt neugierig herunter geflogen. Er landet einige Meter von dir entfernt und schaut herüber. Versuche sein Vertrauen zu gewinnen. Es scheint zu gelingen. Der Papagei kommt vorsichtig näher zu dir. Er setzt sich auf deine Schultern. Seine Federn kitzeln ein wenig auf deiner Haut.
Du kannst jetzt zusammen mit dem Papagei weiter am Strand entlanggehen. Der Papagei fliegt ab und zu um dich herum, kehrt dann aber wieder auf deine Schulter zurück. Irgendwann kommt ihr zu einem Felsen. Du kletterst auf dem warmen Stein nach oben. Der Papagei ist schon hinauf geflogen und wartet auf dich. Setz dich hin und genieße den Ausblick auf das Meer. Beobachte, wie sich die Sonne allmählich dem Horizont nähert, wie sich der Himmel orange und dann rot verfärbt – bis die Sonne langsam versinkt. Die Zeit des Abschieds ist gekommen. Verabschiede dich von dem Papagei, der zurück zu seiner Palme fliegt. Verlass auch du mit deinen Gedanken diesen Strand.

Nach dem Seebeben: Immer noch ein »Traumstrand?«

1 Male das, wohin dich deine Gedanken geführt haben: Male deinen Traumstrand, so wie du ihn dir mit geschlossenen Augen vorgestellt hast.

2 Vergleicht eure Traumbilder mit einer wirklichen Reise: Welche Herausforderungen haben Reisende im Gegensatz zu Traumreisenden zu bestehen? Fangt zum Beispiel bei der Urlaubsvorbereitung an.

3 Bietet jede Reise ins Ausland tatsächlich die Garantie, Fremde und Fremdes kennen zu lernen?
Was muss man eigentlich selbst dazu tun?

Wir können reisen und trotzdem »im Kopf« bei uns zu Hause bleiben. Dafür kann es gute Gründe geben. Diese Art von Reisen sind jedoch nicht geeignet, Menschen am Urlaubsort wirklich kennen zu lernen. Aber: Können Durchreisende überhaupt sehen und erkennen, wie der Lebensalltag der Leute vor Ort wirklich ist?
Es kann Spaß machen, ein paar Worte in einer anderen Sprache zu lernen oder bei sich zu Hause ein typisches Gericht auszuprobieren. Einige lesen vor einer Reise Bücher über die Geschichte und Kultur des Landes. Was fällt euch noch ein?

Fremd sein

Heute wissen wir, dass Menschen nicht nur schlafen, um sich zu erholen. Wenn sie träumen, arbeitet das in ihnen weiter, was sie erlebt haben. Nicht alle Träume sind schön – einige sind so erschreckend, dass sie aufwachen. Manchmal bringt ein solcher Alptraum etwas ans Tageslicht, was einem noch nicht so richtig bewusst geworden ist. GUDRUN PAUSEWANG erzählt von so einem Traum, den Nina hatte.

Ich war im Ausland. Es muss ein afrikanisches Land gewesen sein, denn die Leute dort waren Schwarze. […] So ein Traum wäre nichts Besonderes. Nicht wert, erwähnt zu werden. Ich hab schon oft geträumt, ganz allein zwischen Eskimos, Indianern oder Chinesen zu sein. Anregende Träume. Oft sogar aufregende Träume, schön abenteuerlich. Aber dieser Traum zwischen den Schwarzen war ganz anders. Ein Angsttraum! Denn wir – meine Eltern, mein Bruder Michael und ich – waren dort nicht als Touristen, sondern als Asylbewerber! […]

Und genau so wurden wir auch behandelt. […] Wir waren arm. Als Mutti auf der Post Briefmarken kaufen wollte, aber ihre Mühe hatte, mit den Münzen dieses Landes klarzukommen, wurde sie vom Schalterbeamten angeschnauzt. […]

Als wir einen Laden betraten, wurden wir argwöhnisch beobachtet, als sei es sozusagen selbstverständlich, dass wir auf nichts anders aus wären, als die Kasse auszurauben oder mindestens aus den Regalen allerlei heimlich mitgehen zu lassen. In einem Restaurant wollten wir einen Teller Suppe essen. Aber sobald der Kellner unsere weißen Gesichter sah, stellt er ganz schnell auf alle Tische Schilder. Auf denen stand RESERVIERT. […] Michael kam gleich am ersten Tag ganz schmutzig und mit herausgerissenem Ärmel aus der Schule heim: Schwarze hatten ihn auf dem Schulhof verdroschen. Er ist groß und stark, er ist schon vierzehn. Aber gegen so viele kam er nicht an. Er heulte vor Wut.

Vor einem Heim für Asylbewerber

Zum Glück ging's mir nicht so. Ich saß in der Schule neben einer Schwarzen. Die war sehr lieb zu mir. Sie spielte mit mir in der Pause und erklärte mir alles, was ich nicht verstand. Da war ich sehr froh.

Aber in der Nacht, daheim, als wir schon schliefen, splitterte plötzlich die Fensterscheibe, gerade über meinem Bett; etwas flog herein, es krachte fürchterlich, und schon stand der ganze Raum in Flammen.

Auch mein Bett. Auch ich selbst. Und ich schrie und schrie und hatte Schmerzen, wie ich sie im wirklichen Leben noch nie gehabt habe. Ich hörte meine Eltern und Michael »Nina! Nina« schreien, aber sie konnten mir nicht helfen, weil ich lichterloh brannte. Und dann war ich tot. Ich konnte mich selber sehen, weil es ja ein Traum war. Ich lag ganz klein und schwarz in der Asche, und meine Eltern weinten. Michael aber rief: »Ich will nicht in diesem schrecklichen Land bleiben!« Draußen, vor dem rauchgeschwärzten Haus, standen viele Leute. Ein paar von ihnen legten Blumen unter das Fenster, hinter dem ich geschlafen hatte. Andere hörte ich sagen: »Wir haben ja nichts gegen Ausländer, aber wie kommen wir dazu, ihnen von unserem mühsam verdienten Geld etwas abzugeben? Wir sind hier kein Schlaraffenland für Faulpelze. Hoffentlich begreifen sie 's bald. Dann käme so etwas nicht mehr vor. Jeder gehört eben in sein eigenes Land …«

Nicht mehr fremd …

Ich wachte davon auf, dass mich Mutti schüttelte. »Was ist denn, Mäuschen?«, fragte sie erschrocken. »Du hat ja so geschrieen! Hast du was Schlimmes geträumt?« »Ich bin verbrannt!«, schluchzte ich. »Jemand hat mich angezündet!« »Aber Ninakind«, sagte Mutti und nahm mich in den Arm, »so was Schreckliches macht doch niemand. Wie kommst du nur darauf? Alle haben dich lieb …«

1 Überlegt: Ist Ninas »Erlebnis« nur ein Angsttraum? Oder erinnert es euch auch an wahre Begebenheiten?

2 Diskutiert, warum die Einheimischen Ninas Familie so behandeln wie sie es tun: Wie beurteilt ihr dieses Verhalten?

3 Wenn es stimmt, dass Nina mithilfe des Traums auf etwas aufmerksam gemacht wird: Was wäre das eurer Meinung nach?

Es ist nicht immer einfach, neugierig auf Neue(s) und Fremde(s) zuzugehen. Hin und wieder kann es sogar sinnvoll sein, sich abzugrenzen; meistens aber erschwert das Abkapseln ein gutes Zusammenleben.

Menschen finden viele Gründe, um andere abzulehnen: Manchmal sind Menschen neidisch auf andere – es ist für sie nicht einfach, sich das einzugestehen. Keiner mag von sich sagen können, immer offen zu sein – seien es Einheimische oder Fremde in einem Land. Doch wer sich nicht nur abgrenzt, sondern andere auch ausgrenzt, zerstört die Gemeinschaft, in der er oder sie lebt.

Füreinander da sein

Chris – ganz normal anders

Chris war 14 Jahre alt und in der sechsten Klasse, als seine Eltern für ihn eine neue Schule suchten. Sie entschieden sich für eine so genannte Integrationsklasse, damit er dort mehr Anregungen bekommt. Dort werden Kinder, mit und ohne Behinderungen, gemeinsam unterrichtet. Chris ist seit drei Jahren in seiner neuen Klasse. Was hat sich in diesen drei Jahren getan? Ein Lehrer berichtet über ihn:

Anfangs starrten Chris viele Kinder an; andere versuchten ihn zu provozieren. Einige Kinder bemerkten das und beschwerten sich bei der Klassenlehrerin. Daraufhin führte die Lehrerin Gespräche und lud dazu auch Kinder aus anderen Klassen der Grundschule ein.
Heute ist auf dem Schulhof wieder Alltag und Ruhe eingekehrt. Chris ist mutiger geworden. Nach und nach übernimmt er sogar Verantwortung für jüngere Kinder. Chris wird wie andere Schüler an der Schule geachtet. Chris braucht oft die Unterstützung seiner Klassenkameraden. Doch alle, die mit ihm zu tun haben, werden von seiner Begeisterung angesteckt, wenn es um Musik und Tanz geht. Bei einem Fest war er Vortänzer. Er brachte alle – Mitschüler, Eltern und Lehrer – so richtig in Stimmung.

»Alle Menschen sind vor dem Gesetz gleich.«

»Niemand darf wegen seiner Behinderung benachteiligt werden.«

Aus dem Grundgesetz, Artikel 3

Mehr über Kinder wie Chris und Eva erfahrt ihr in der Ausstellung »Ich bin anders als du denkst« (Ausleihe unter www.down-kind.de).

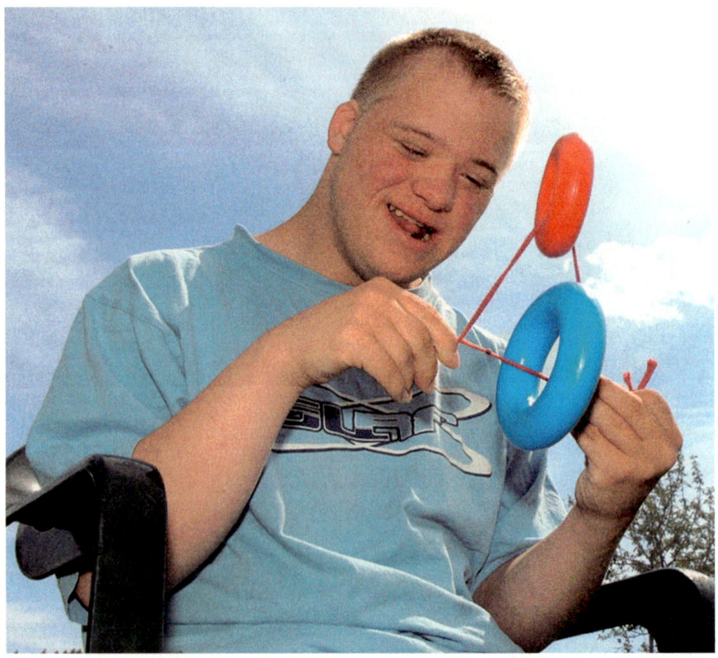

Interview mit Eva

Wer sind deine Geschwister? Stephan und Paul, 14 und 9 Jahre.
Auf welche Schule gehst du? Auf die Friedel-Eder-Schule.
Wie heißen deine Freunde? Katrin, Judith, Lisa.
Welche Musik hörst du gerne? Klavier, Tanzmusik.
Was ziehst du gerne an? Kleider.
Welche Hobbys hast du? Schreiben, Essen, Turnen.
Was machst du besonders gerne? Radfahren, Malen.
Was würdest du gerne machen, aber es ist nicht möglich? So sprechen können, dass mich die Leute verstehen.
Was machst du nicht so gerne? Rechnen.
Was macht dich traurig oder wütend? Wenn ich nicht verstanden werde.
Was isst du gerne? Nudeln, Wurst, Cola, Fleisch, Tomate, Käse, Pommes, Brot.
Wo möchtest du später gerne leben? Das weiß ich nicht.
Welchen Beruf würdest du gerne lernen? Co-Pilot.

Methode: Ein Interview führen

Um ein Interview (Befragung) zu üben, könnt ihr euch gegenseitig trainieren – mit Fragen, die an Eva gestellt wurden (ihr könnt auch andere Fragen bilden). Vor Beginn eines Interviews entscheidet ihr jedes Mal neu, ob ihr eine Person offen (mündlich) oder strukturiert (schriftlich) befragen wollt:

- Im offenen Interview wird nur das Thema grob abgesprochen – ansonsten könnt ihr euch mit dem Gegenüber »locker« unterhalten und anschließend die wichtigsten Antworten notieren. Stellt kurze Fragen, wählt einfache Worte und vermeidet Fragen, die mit »ja« oder »nein« beantwortet werden können.
- Im strukturierten Interview sind die Fragen vorab festgelegt (schriftlicher Fragenkatalog) – so können zu einem Thema mehrere Personen gleichzeitig befragt werden und ihre schriftlichen Antworten verglichen werden.

1 Stellt zusammen, worin ihr Eva gleicht und in welchen Dingen ihr euch unterscheidet.

2 Diskutiert Gründe, warum Menschen so unterschiedlich sind.

Seite 78 ◀ Methode: Mit Gedanken experimentieren*

3 Stellt euch Folgendes vor: In einer Stadt sind alle Einwohner aus demselben Erbmaterial entstanden (geklont). Weil alle dieselben Erbanlagen haben, sehen sie gleich aus, sind gleich klug oder dumm, haben dieselben Stärken und Schwächen. Beschreibt in einem Text das Leben in dieser Stadt.

»[…] Wenn du einen Freund willst, so zähme mich!« – »Was muss ich da tun?«, sagte der kleine Prinz. – »Du musst sehr geduldig sein«, antwortete der Fuchs. »Du setzt dich zuerst ein wenig abseits von mir ins Gras. Ich werde dich verstohlen, so aus dem Augenwinkel anschauen, und du wirst nichts sagen. Die Sprache ist eine Quelle der Missverständnisse. Aber jeden Tag wirst du dich ein bisschen näher setzen können.«

Zwischen den Generationen

Überalterung – ein Problem mit Folgen

Das Statistische Bundesamt hat Prognosen für die Bevölkerungsentwicklung in Deutschland veröffentlicht: Wegen der deutlichen Zunahme der Lebenserwartung könnte sich der Anteil der 80-Jährigen und Älteren von fast vier Prozent (2001) auf 12 Prozent (2050) verdreifachen. Der Anteil der unter 20-Jährigen soll demnach deutlich zurückgehen. 2001 kamen auf 100 Personen im erwerbsfähigen Alter 44 Senioren; laut Voraussage-Berechnung wären es im Jahr 2050 schon 78 Senioren.

Ein Gespräch zwischen den Generationen

Sandra Natürlich gibt es zwischen Alten und Jungen unterschiedliche Auffassungen; aber das ist doch normal!

Max Ich finde, dass verschiedene Generationen nicht unter ein Dach gehören; ich meine im Privaten. Das gibt unendlich viele Probleme. Die Familien entzweien sich, anstatt zusammenzuhalten.

Achim Aber ihr wollt doch heute alles haben: Familie, einen guten Beruf, in dem ihr erfolgreich seid. Das geht doch nur, wenn die Eltern und Großeltern euch dabei unterstützen.

Sandra Ja, Unterstützung kann man immer gebrauchen. Ich finde, das gilt auch für den Beruf. Die Älteren haben viele Erfahrungen gesammelt, die sie an uns weitergeben können. Wir haben dafür viele neue Ideen – und der Umgang mit den neuen Medien fällt uns auch oft leichter.

Achim Leider will diese Erfahrungen niemand mehr. Auf dem Arbeitsmarkt habe ich mit über 50 keine Chancen mehr.

Max Aber auf die jetzigen Rentner schauen wir voller Neid. Sie hatten einen sicheren Arbeitsplatz, durften zeitig in den Vorruhestand oder in Rente gehen. Die Marktforscher entdecken die Rentner als Gruppe mit der stärksten Kaufkraft. Wie wird es uns in diesem Alter gehen?

Achim Aber wir wollen doch nicht nur als Konsumenten wahrgenommen werden. Wir brauchen auch das Gefühl, in der Gesellschaft oder im privaten Bereich eine Rolle spielen zu können. Wir sind oft noch rüstig und wollen etwas leisten!

Christa Ich bin über 60 und meine Enkelkinder wohnen weit weg. Deshalb habe ich mich in unserer Stadt als »Leih-Omi« eintragen lassen. Wenn junge Eltern ihre Kinder nicht betreuen können, komme ich und helfe aus. Das hält mich jung und macht mir Spaß. Viele Senioren könnten sich auch in anderen Bereichen einbringen.

Sandra Das finde ich toll. Die Kinder brauchen den Kontakt zu allen Generationen. So wächst das Verständnis füreinander.

Max Die Senioren brauchen den Austausch auch. Ich habe mit Vorurteilen gegen die Jugend zu kämpfen. Manche von ihnen sind richtig feindlich zu uns.

Christa Ein respektvoller Umgang zwischen den Generationen ist wohl nicht so einfach […].

Das Leben verändert uns

Porträts des niederländischen Malers Rembrandt Harmenszoon van Rijn (1606–1669), von links nach rechts:
- Selbstporträt (ca. 1628);
- Selbstbildnis des Künstlers mit seiner jungen Frau Saskia (1635);
- Selbstbildnis mit dem aufgelehnten Arm (1638);
- Selbstporträt (1660);
- Selbstporträt als alter Mann.

Über Jung und Alt

Wer lange sinnt, beginnt nicht, und wer nicht beginnt, gewinnt nicht. […] Die Jugend ist dahin! Preise den Mann nicht glücklich, der nun heißt »der Weise«!

Arabische Weisheiten

Seite 40

1 Stellt in einer Grafik eine Alterspyramide dar – auf der Grundlage der Daten des Statistischen Bundesamtes.

Unter den Indianern genossen alte Menschen hohes Ansehen; Häuptlinge waren die Ältesten und Weisen des Stammes. Auch in Judentum, Christentum und Islam werden die Alten geachtet; ebenso in den ostasiatischen Religionen.

2 In den verschiedenen Gesichtsausdrücken des Malers Rembrandt kann man »lesen«: Was erkennst du?

3 Organisiert eine Gesprächsrunde zwischen den Generationen. Ihr könnt dazu Eltern, Großeltern, Lehrer/innen oder andere Menschen aus eurer Umgebung einladen.

4 Findet heraus, welche Auffassungen und Einstellungen die Generationen in anderen Kulturen zueinander haben.

Jeder Mensch durchläuft Lebensabschnitte wie Kindheit, Jugend, Erwachsensein und Alter. In den letzten Jahren sind die Altersgrenzen fließender geworden. Jede Phase bringt Chancen und Probleme mit sich, in denen sich auch gesellschaftliche Veränderungen widerspiegeln. Es kommt darauf an, diese Zusammenhänge zu erkennen, um das Leben bewusst gestalten zu können. Dabei ist ein Dialog zwischen den Generationen wichtig: Indem sich beide Seiten in die Lage der jeweils anderen versetzen, gelingt ein besseres Verständnis.

Nachbarschaft – konfliktreiches Miteinander

Gesellschaft in Deutschland: 25 Prozent über Sechzigjährige mit zunehmender Tendenz. Dem gegenüber stehen 20 Prozent unter Zwanzigjährige und eine abnehmende Geburtenrate. Nahezu 6,8 Millionen Zuwanderer aus ungefähr 200 Ländern leben unter uns. Viele davon schon in der zweiten oder dritten Generation. Diese und andere unterschiedlichen und einander meist fremden Gruppen leben zum großen Teil in Städten und Großstädten dicht nebeneinander. Ihr Verhältnis zueinander ist oft wegen ihrer unterschiedlichen Bedürfnisse, Interessen und Voraussetzungen konfliktbehaftet.

Sollten sich die unterschiedlichen gesellschaftlichen Gruppen eher aus dem Weg gehen oder ihre Konflikte unmittelbar miteinander austragen? Wie ist eure Meinung dazu?

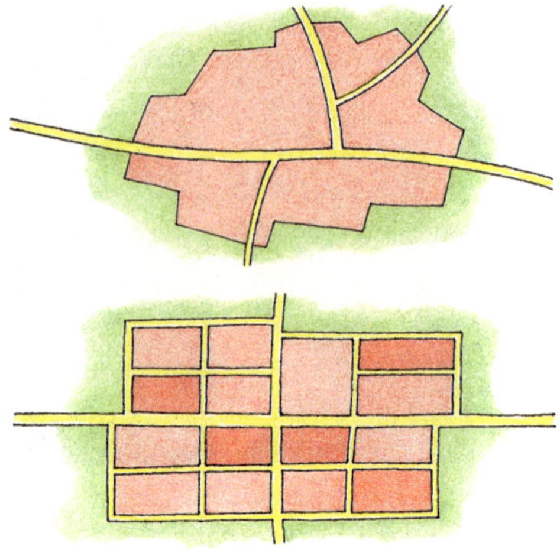

Nähe schafft Konflikte. Distanz nicht?

Distanzüberwindende Wohnmodelle: Das Mehrgenerationenwohnhaus

Unter dem Motto »Jung und Alt unter einem Dach« werden in vielen Kommunen Projekte zum generationenübergreifenden Wohnen umgesetzt: In größeren Wohnkomplexen werden Wohneinheiten für selbstständiges und betreutes Wohnen für Senioren und Behinderte, Pflegestationen, Mutter-Kind-Wohnungen, Wohnungen für Familien und Singles kombiniert. Durch die so geschaffene Nähe erhofft man sich eine größere Bereitschaft zur gegenseitigen Unterstützung und Hilfe und eine Verbesserung der Wohn- und Lebensqualität. Durch gemeinsame Aktivitäten und Feste will man gegenseitiges Misstrauen abbauen.

Selbstständig leben in der Großfamilie?

Sylvia lebt mit ihrem 8-jährigen Sohn in einer abgeschlossenen Wohnung im Haus ihrer Eltern:

»Wenn an den dunklen Winternachmittagen mein Vater zum Kaffee rauf kommt, Karten gespielt wird oder wir gemeinsam essen, dann bedeutet das für mich Gemeinschaft. Die Vorstellung, dass jeder – alleine oder in der Kleinfamilie – in seiner Wabe sitzt, jeder für sich kocht, jeder alleine isst bzw. ist, finde ich schrecklich. In jeglicher Gemeinschaft müssen allerdings die eigenen und anderen Grenzen bekannt sein und akzeptiert werden. […] Grenzen immer wieder neu zu bestätigen, Respekt einzufordern und Achtung zu geben, ist ein immer währender, nie abgeschlossener Prozess unter dem gleichen Dach mit den Eltern/Großeltern.«

Q Sylvia D.

Modell eines Mehrgenerationenhauses

31 Kulturen planen Weltquartier

In Wilhelmsburg ist die internationale Stadtgesellschaft zu Hause: Allein im südlichen Reiherstiegviertel leben in [...] rund 820 Wohnungen [...] mehr als 1500 Menschen aus über 30 verschiedenen Herkunftsländern. Im Rahmen der Internationalen Bauausstellung wird diese Siedlung – das so genannte Weltquartier – umgestaltet und zum Modellprojekt für interkulturelles Wohnen. [...] Zum Auftakt der Interkulturellen Planungswerkstatt standen die Mitmachaktion und der Fotowettbewerb »Was ist Heimat für Sie?« im Mittelpunkt: sechs mehrsprachige Heimatforscher befragten rund 200 Haushalte. Die mehr als 100 schriftlichen Antworten und über 70 Fotos zeigen, dass viele Bewohnerinnen und Bewohner sich gleichermaßen mit ihrem Herkunftsland wie mit ihrer neuen Heimat Wilhelmsburg identifizieren. [...] Der gewählte Zugang über Bilder und das Thema »Heimat« weckten das Interesse der internationalen Bewohnerschaft, sich auch an anderen Fragen der Planung zu beteiligen.

Q www.lernwerft.org/2007/seiteninhalte/aktuell/news_20070602.php

»Ein Land mit nur einer Sprache und einer Sitte ist schwach und gebrechlich. Darum ehre die Fremden und hole sie ins Land.«

Q STEFAN I., König von Ungarn (969–1038)

»In Zeiten weltweiter Migration ist es auch die Frage nach dem Recht des Menschen in einer anderen lokalen Welt als derjenigen, aus der er stammt. Es ist die Frage nach seinem Recht, dort als Fremder weiter in denjenigen Formen zu leben, die ihm vertraut, vielleicht sogar heilig sind. Es ist damit zugleich aber auch die Frage nach dem Recht der Einheimischen, ihre Lebensweisen und Werthaltungen mitsamt den rechtlichen Normen, die darauf beruhen, von den Zugewanderten geachtet zu sehen.«

Q DIETER GRIMM: Kann der Turbanträger von der Helmpflicht befreit werden?

1 Untersucht die Bevölkerungsstruktur eures Ortsteils, Viertels oder eurer Straße. Unterscheidet Altersgruppen, kulturelle Gruppen, soziale Gruppen.

2 Diskutiert das Für und Wider des europäischen und des nordamerikanischen Städtebaumodells. Wo entstehen eurer Meinung nach mehr oder größere Konflikte?

3 Erstellt eine Liste von Problemen, die Ihr im täglichen Miteinander in einem Mehrgenerationenwohnhaus, einer Großfamilie, einem internationalen Wohnblock erwartet. Entwickelt Konfliktlösungsstrategien.

4 Sollte man Mitgliedern anderer Kulturen das Recht auf bestimmte Rituale und Lebensformen, wie z.B. das Schächten von Tieren zugestehen?

Fremde umgeben uns in vielfältiger Form. Nachbarschaftliche Nähe mit Fremden zu gestalten ist eine besondere Herausforderung. Sie schafft Konflikte und ist alles andere als harmonisch. Aber vielleicht ist gerade ein konfliktreiches und spannungsgeladenes Nebeneinander ein erster Schritt zu mehr Annäherung und Miteinander.

Von Freundschaft und Liebe

Den Weg des Erwachsenwerdens geht ihr nicht allein. Freundinnen und Freunde begleiten euch. Der französische Schriftsteller VICTOR HUGO hat einmal einen alten Mantel mit langjährigen Freunden verglichen – Mantel wie Freunde würden ihn wärmen. Und wenn man Leute befragt, so gibt es tatsächlich zahlreiche unterschiedliche Vorstellungen darüber, was Freundschaft für sie bedeutet. Wie kommt das?

»Wenn du einen Freund willst ...«

»Zähmen, das ist eine in Vergessenheit geratene Sache«, sagte der Fuchs. »Es bedeutet: sich ›vertraut machen‹ [...]. Noch bist du für mich nichts als ein kleiner Junge, der hunderttausend kleinen Jungen völlig gleicht. Ich brauche dich nicht und du brauchst mich ebenso wenig. Ich bin für dich nur ein Fuchs, der hunderttausend Füchsen gleicht. Aber wenn du mich zähmst, werden wir einander brauchen. Du wirst für mich einzig sein in der Welt. Ich werde für dich einzig sein in der Welt [...]. Ich werde den Klang deines Schrittes kennen, der sich von allen andern unterscheidet [...]. Der deine wird mich wie Musik aus dem Bau locken. [...] du hast weizenblondes Haar. Oh es wird wunderbar sein, wenn du mich gezähmt hast. Das Gold der Weizenfelder wird mich an dich erinnern. Und ich werde das Rauschen des Windes im Getreide lieb gewinnen!« [...] »Man kennt nur die Dinge, die man zähmt«, sagte der Fuchs [...] Du musst sehr geduldig sein« [...]. So machte denn der kleine Prinz den Fuchs mit sich vertraut. Und als die Stunde des Abschieds nahe war: »Ach!«, sagte der Fuchs, »ich werde weinen. [...] Hier mein Geheimnis [...]: Man sieht nur mit dem Herzen gut. Das Wesentliche ist für die Augen unsichtbar. [...] Du bist zeitlebens für das verantwortlich, was du dir vertraut gemacht hast.«

Q ANTOINE DE SAINT-EXUPÉRY: Der kleine Prinz

Was ist Freundschaft? Ein Philosoph fragt nach

Sokrates *Sage mir also, wenn einer einen anderen gern hat, wer ist dann der Freund? Ist derjenige der Freund, der den anderen gern hat, oder der eine, der von dem anderen gern gehabt wird? Oder macht das keinen Unterschied?*
Menexenos Mir wenigstens scheint es kein Unterschied zu sein.
Sokrates *Wie kann das sein? Du meinst also, sie sind beide Freunde, auch wenn nur einer von den beiden den anderen gern hat?*
Menexenos Mir scheint es so.
Sokrates *Wie denn? Könnte es nicht sein, dass jemand einen Freund gern hat, obwohl er von diesem gehasst wird?*
Menexenos Das wäre möglich.
Sokrates *Wer ist dann der Freund? Ist es der, der den anderen gern hat? Oder ist es der andere, der zwar vom ersten gern gehabt wird, aber diesen hasst? Oder sind es beide? Oder ist keiner der beiden ein Freund?*
Menexenos Ich habe jetzt meine Meinung geändert. Freundschaft ist gegenseitig. Keiner von beiden ist ein Freund. Man ist Freund von einem anderen nur dann, wenn man den anderen gern hat und auch von ihm gern gehabt wird.
Sokrates *Jetzt bist du also der Meinung, dass Gernhaben völlig gegenseitig sein müsse. Sonst gäbe es keine Freundschaft. Gibt es denn aber keine Freunde der Weisheit, also keine Philosophen, oder keine Freunde der Natur? Menschen können sicher die Weisheit gern haben oder die Natur, aber umgekehrt geht es nicht. Weder die Weisheit noch die Natur kann den Menschen gern haben.*

Q Nach PLATONS* Dialog Lysis

Ein freundschaftliches Gespräch im Sinne des Philosophen Platon*

PLATON*, fasziniert von der geschickten Gesprächsführung seines Freundes SOKRATES, hat zahlreiche sokratische Dialoge aufgeschrieben: SOKRATES' geistige »Hebammenkunst« hilft, ohne eigene Zutaten das zu »gebären«, was der oder die Befragte bereits in sich trägt. Im Wissen um das eigene Nichtwissen ging es SOKRATES in den Dialogen darum, zu logisch konsequentem Selbstdenken anzuregen.

1 Schreibt auf Kärtchen, was »Freundschaft« für euch bedeutet. Ordnet die Ideen an der Tafel.

2 Erklärt, was der Fuchs mit dem Wort »zähmen« meint. Versucht den Begriff durch andere Worte zu ersetzen.

3 Entscheide dich für einen Ausspruch des Fuchses, den du am wichtigsten findest.
Könnt ihr euch auf eine Rangfolge einigen?

4 Ist – wie Menexenos sagt – Freundschaft nur dann »echt« wenn sie gegenseitig ist? Diskutiert, ob nicht trotzdem ein Tier, ein Buch oder die Umwelt »Freunde« von euch sein können.

5 Kann Freundschaft dich und deine Mitwelt verändern? Was würde vermutlich der Fuchs darauf antworten?

Landschaften der Liebe

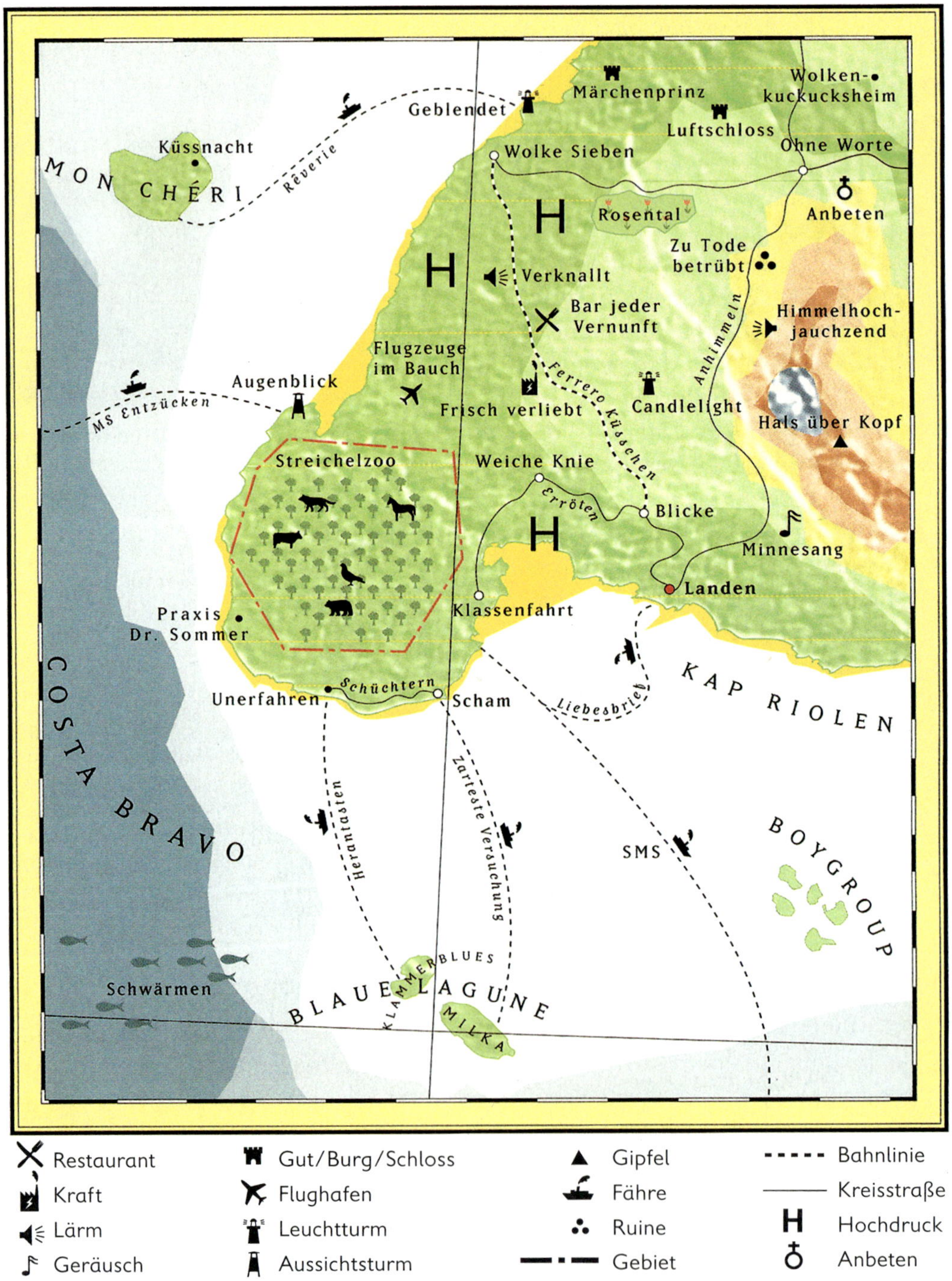

Kennt ihr eine Stadt »Wolke Sieben«? Oder Fährverbindungen mit den Bezeichnungen »Liebesbrief« und »SMS«? Auf der abgebildeten Karte findet ihr sogar einen Aussichtspunkt »Zu Tode betrübt« und ein Gebirge »Himmelhochjauchzend«. Wie ihr euch denken könnt, gibt es diese »Orte« nicht in der Wirklichkeit – jedenfalls nicht so, wie sie hier auf einer Karte dargestellt sind. Oder etwa doch? In Gedanken und Empfindungen? Die Legende hilft euch, die »Fantasie-Landschaften der Liebe« zu erkunden.

Aus Freundschaften können Liebesbeziehungen werden – und umgekehrt. Was passiert da eigentlich?

Was ist es?

Es ist Unsinn
sagt die Vernunft
Es ist was es ist
sagt die Liebe

Es ist Unglück
sagt die Berechnung
Es ist nichts als Schmerz
sagt die Angst
Es ist aussichtslos
sagt die Einsicht
Es ist was es ist
sagt die Liebe

Es ist lächerlich
sagt der Stolz
Es ist leichtsinnig
sagt die Vorsicht
Es ist unmöglich
sagt die Erfahrung
Es ist was es ist
sagt die Liebe

Q ERICH FRIED: Es ist was es ist

»FREUNDSCHAFT IST LIEBE OHNE IHRE FLÜGEL«
LORD BYRON, ENGLISCHER DICHTER

ALTE LIEBE ROSTET NICHT.
LIEBE MACHT BLIND.
WAS SICH LIEBT, DAS NECKT SICH.
DER LIEBENDEN STREIT DIE LIEBE ERNEUT.
AUS DEN AUGEN, AUS DEM SINN.

1 An welchen Punkten der Fantasie-Landkarte bist du schon gewesen? Wie würdest du sie weitermalen?

2 Nenne die »Orte«, die du gern kennen lernen oder »Wege«, die du gern beschreiten würdest. Du kannst dich darüber mit einer oder einem Vertrauten austauschen.

3 ERICH FRIED lässt in seinem Gedicht die Liebe antreten, um sich gegenüber der Vernunft, der Berechnung, der Angst usw. zu rechtfertigen: Diskutiert, ob sich die Liebe behaupten kann.

4 Wer kennt das schönste Liebesgedicht? Es kann auch ein Lied sein. Stellt eure Favoriten einander vor.

Liebes Tagebuch

Heute habe ich mich mal wieder in meinem Zimmer verkrochen. Ich war wieder in so einer komischen Stimmung, in der ich nur allein sein will. Selbst das Handy habe ich ausgeschaltet. Habe meine Lieblingsmusik eingelegt und mir alte Fotos angeschaut. Es ist schon faszinierend, wie ein Mensch sich von seiner Geburt an verändert. Meine Augen haben noch immer die hellblaue Farbe. Ich war ein süßes Baby. – Und jetzt?
Wenn ich morgens in den Spiegel schaue, grinst mich zuerst so ein blöder Pickel an und der Tag ist versaut. Was tun? Ich würde mich ja gern schminken. Aber meine Mutter will nicht, dass ich geschminkt zur Schule gehe. Dass ich mir die Achselhaare rasiere, hat sie noch nicht gemerkt. Machen doch alle so – auch die, bei denen noch gar nichts wächst! Ist schon komisch: Auf den Fotos von der Einschulung sehen wir alle irgendwie gleich aus. Jetzt bin ich fast das größte Mädchen in der Klasse. Beim Laufen ziehe ich schon immer den Kopf ein, damit es nicht so auffällt. Und wenn wir nach dem Sport duschen gehen, ist mir das echt unangenehm. Ich habe das Gefühl, mein Körper wird immer schwerer und manchmal weiß ich nicht, wie ich mich bewegen soll. Auf dem Schulhof spüre ich die Blicke der älteren Jungen. Die schauen mich ganz anders an als früher, manche grüßen mich sogar. Das ist toll. Blöd finde ich, dass ich jetzt hin und wieder mit »Sie« angesprochen werde, so wie gestern beim Friseur. Das bringt mich völlig durcheinander.

Sexualität: Was nun?

Es gibt verschiedene Möglichkeiten, mit der eigenen Sexualität umzugehen. Jeder Mensch muss es für sich selbst und in Verantwortung für den möglichen Partner oder die Partnerin herausfinden. Hier einige Informationsstellen, die jeweils unterschiedliche Standpunkte vertreten:
www.laralove.de
www.gib-aids-keine-chance.de
www.wahreliebewartet.de
www.asexuality.org/de

Wenn ich so an die Jungs in meiner Klasse denke

[…] wie sie Mutproben machen im Hof;
wie sie Stinkbomben basteln
und rauchen auf'm Klo
und schreiben: Wer das liest ist doof!
Wenn du 15 bist und dir das Herz
fast überläuft,
aber keiner scheint das zu sehn,
bleibt dir manchmal nur das Tagebuch,
um nicht völlig durchzudrehn.

GERHARD SCHÖNE: Du hast es nur noch nicht probiert

Ein bisschen über dem Boden schweben …

… und das Gefühl, als wachsen einem Flügel, sind typische Anzeichen dafür, dass man sich verliebt hat. Den alten Griechen war dieses Gefühl nicht fremd – sie schrieben dem Liebesbegehren sogar eine göttliche Kraft zu und nannten es »Eros«. Der Philosoph PLATON* verwendet ein Bild, um zu veranschaulichen, wie der Eros die menschliche Seele verändert: das Gefieder:

[…] was die Zahnenden an ihren Zähnen empfinden, wenn sie eben ausbrechen, Jucken und Reiz im Zahnfleisch, eben das empfindet auch die Seele dessen, dem das Gefieder hervorzubrechen anfängt, es gärt in ihr [der Seele] und juckt sie und kitzelt sie, wenn sie das Gefieder austreibt. Wenn sie also nun die Schönheit des [Geliebten] sehend und die davon ausströmenden […] Reize in sich aufnehmend, befruchtet und erwärmt wird: so hat sie Linderung der Schmerzen und ist froh […]. Außer ihrer Verehrung hat sie […] in dem [Geliebten] den einzigen Arzt gefunden für die unerträglichsten Schmerzen. Diesen Zustand nun nennen die Menschen Liebe.

Q PLATON*: PHAIDROS

1 Welche Veränderungen habt ihr an euch im letzten Jahr bemerkt? Unterscheidet zwischen äußeren und inneren Veränderungen.

2 Inwieweit reagieren eure Eltern, Freunde und Bekannte auf diese Veränderungen? Was findet ihr gut, was ist euch eher unangenehm?

3 Schreibt PLATON* einen fiktiven Brief: Teilt ihm mit, was ihr über »die Liebe« denkt, die er beschreibt. Dieser Brief kann geheim bleiben.

4 Meint ihr, der Tagebucheintrag trifft auf alle Mädchen zu? Sind »die Jungen« tatsächlich so drauf wie GERHARD SCHÖNE sie beschreibt? Ihr könnt Gegendarstellungen verfassen.

Nur wenige Menschen können auf Dauer ohne Freundschaft und Liebe auskommen. Einige glauben an die Liebe als eine Kraft, die dem Verstand weit überlegen ist. Liebe wird im Laufe des Lebens unterschiedlich erlebt. Wenn ihr in den Spiegel schaut, seht ihr, wie sich euer Äußeres verändert. Eure innere Entwicklung scheint da manchmal nicht Schritt zu halten oder umgekehrt. Dann ist es schwer, die Balance zu halten. Psychologen bezeichnen deshalb diesen Prozess als »zweite Geburt«. Es ist nicht immer leicht, erwachsen zu werden. Oft hilft es, sich mit Freunden und Freundinnen auszutauschen oder ein Tagebuch zu führen.

Respektvoll miteinander umgehen – aber wie?

Brüder vor Gericht

Hatun Sürücü wurde in Berlin geboren und war deutsche Staatsbürgerin. Sie besuchte Schulen in Berlin, zuletzt ein Gymnasium. Die Eltern meldeten sie in der 8. Klasse ab. Hatun wurde nach Istanbul gebracht, um den Sohn ihrer Tante zu heiraten – eine Zwangsehe, die sie mit 16 eingehen musste. Als der Mann sie trotz ihrer Schwangerschaft schlug, ging sie nach Deutschland zurück. Sie wohnte zunächst bei den Eltern, dann in einem Mutter-Kind-Heim, wo sie ihren Hauptschulabschluss nachholte.

Als sie auf eigenen Beinen stand, begann sie sich modern zu kleiden, zu schminken und sich mit Freunden zu treffen. Sie war dabei, ihren Gesellenbrief als Elektroinstallateurin zu machen. Doch die 23-Jährige sollte sterben, weil sie wenig Wert auf Tradition gelegt habe. Für ihre engsten Angehörigen war ihr moderner Lebensstil eine Kränkung der Familienehre.

Vor Gericht zeigt der jüngste der drei Brüder, der Hauptangeklagte Ayhan Sürücü, keine Reue. Hatun sei selbst schuld daran gewesen, dass sie habe sterben müssen. Ein Sohn müsse die Familie schützen, wenn die Tochter ausschere und ihr Schande mache. Der 20-Jährige wurde zu einer mehrjährigen Haftstrafe verurteilt.

Das Urteil im »Ehrenmord«-Prozess hat gemischte Reaktionen ausgelöst. So genannte Ehrenmorde haben nach Auffassung des Zentralrats der Muslime nichts mit dem Islam zu tun. Kein Mord könne durch den Islam gerechtfertigt werden, insbesondere nicht der »Ehrenmord«, teilte die Vereinigung mit.

Es gibt Länder, in denen Männer Verbrechen an ihren Töchtern oder Frauen verüben, wenn diese nicht dem entsprechen, was von ihnen erwartet wird. Wenn sich z.B. eine Tochter nicht so verhält, wie es Tradition und Erziehung ihrer Familie vorsehen, verletzt sie »die Ehre der Familie« – und wird dafür hart »bestraft«. Im Namen dieser »Ehre« tun Männer und Söhne ihren Töchtern, Schwestern oder Ehefrauen schwere Gewalt an – häufig geduldet von einer schweigenden Mehrheit.

Jährlich werden an Frauen ungefähr 5.000 so genannte »Ehrenmorde« verübt, ohne dass die Täter zur Rechenschaft gezogen werden. Der »Ehrenmord« wird häufig vom Familienclan beschlossen. Meistens wird ein Familienmitglied ausgewählt, das den Plan ausführen soll.

Wenn die Ehre auf dem Spiel steht, scheinen menschenfreundliche Werte einer Religion oder einer Gesellschaft nicht mehr zu gelten.

Der Mord an einer jungen deutschen Frau türkischer Herkunft zeigt, dass »Ehrenmorde« auch bei uns passieren. Kürzlich standen drei Brüder vor Gericht – sie sollen ihre Schwester getötet haben, um die »Ehre« der Familie zu retten. Der jüngste Bruder hat die Tat gestanden. Zeitungen haben darüber breit berichtet.

Gedenkschreiben zur Erinnerung an Hatun Sürücü – abgelegt am Tatort, einer Bushaltestelle in Berlin

Es gibt Jugendliche, die Verständnis für bevormundende Ehrbegriffe von Gewalttätern zeigen. Andere jedoch setzen sich, wie hier in einer Postkarten-Aktion, für menschenfreundliche Vorstellungen von »Ehre« ein.

Türkische Mädchen in einer Kölner Disco.
Das Erzwingen einer Ehe wird bei uns als schwerer Fall von Nötigung bestraft. Es wird diskutiert, Zwangsheirat als eigenen Straftatbestand einzuführen.

Der preisgekrönte Kinofilm »Gegen die Wand« (2006) von Fatih Akin zeigt die Zerrissenheit junger Türken in Deutschland. Er spiegelt das Problem, zwischen zwei Kulturen zu stehen. Für viele türkischstämmige Mädchen in Deutschland heißt »Ehre«, streng nach den überlieferten Regeln ihrer Familien zu leben – auch wenn das Leben um sie herum an anderen Werten und Normen ausgerichtet ist (Seiten 166/167).

1 Der jüngste Bruder Ayhan verspürt weder Mitleid mit seiner Schwester noch Reue für seine Tat: Wie erklärt ihr euch das?

2 Überlegt in Gruppen, was »Ehre« für Jungen oder Männer bedeuten kann, die die Gleichberechtigung von Männern und Frauen befürworten. Habt ihr Ideen für eine Aktion an eurer Schule?

Seiten 92/93 ◄

3 Erstellt eine Argumentationshilfe gegen den Ehrenmord – sie kann denen einen Rückhalt bieten, die unentschlossen sind, oder vielleicht sogar diejenigen umstimmen, die sich für Ehrenmorde aussprechen.

4 Wer kennt die »Zerrissenheit«, von der Fatih Akin in seinem Film erzählt? Lasst Betroffene in eurer Gruppe zu Wort kommen.

5 Legt in einer gemeinsamen Selbstverpflichtung fest, was ihr in eurer Klasse unter respektvollem Umgang untereinander konkret versteht

Respektvoll miteinander umgehen – aber wie?

In einer freien Gesellschaft kann jeder Mensch seinen Lebensstil selbst bestimmen: Menschen wählen sich eine Szene aus, der sie angehören wollen; oder sie treten einer Religionsgemeinschaft bei, die ihnen zusagt. Ähnlich kann es in Fragen der sexuellen Identität* sein: Nicht alle Menschen fühlen sich vom anderen Geschlecht – heterosexuell – angezogen. Es gibt z.B. Männer und Frauen, die sich als Homosexuelle, Lesben oder Asexuelle (Menschen ohne sexuelle Antriebe) verstehen. Doch nicht überall treffen Homosexuelle oder andere Menschen, die von der »üblichen Norm« abweichen, auf Verständnis.

Sexualität ausprobieren?

Sechs von hundert befragten Jungen und Mädchen berichten von gleichgeschlechtlichen Kontakten, besonders im Alter zwischen zehn und dreizehn Jahren. Während über drei Viertel der Jugendlichen der Auffassung sind, dass Homosexualität zunehmend gesellschaftlich toleriert wird, teilen diese Meinung nur knapp zwei Drittel der Erwachsenen.

Collin hat es zu Hause nicht mehr ausgehalten: Er fand Unterstützung in einer Berliner Wohngruppe für homosexuelle oder lesbische Jugendliche.

Coming out – und dann?

Ich, Collin, war 13, als ich herausfand, dass ich schwul bin. Ich hatte mich damals verliebt, aber das war nicht der Richtige. Es dauerte zwei Jahre, bis ich meiner Mum davon erzählte. Sie war eigentlich nicht wirklich geschockt. Irgendwie hatte sie es wohl auch geahnt. Ich denk' mal, Mütter ahnen so etwas ja. Aber sie ist nicht wirklich damit klargekommen. Gesagt hat sie eigentlich gar nichts dazu. Sie hat mich in den Arm genommen, hat auch geweint und »ja, ist okay, wird schon, machen wir schon« gesagt. Sonst eigentlich nichts. Ich hab dann weiter als Schwuler, so eher versteckt, gelebt. Ich bin auf schwule Partys gegangen, hab' Leute kennengelernt, war eigentlich ganz gut [...]. Jetzt hab' ich schon ganz lange 'nen festen Freund, seit acht Monaten. Natürlich hab' ich von Anfang an über den Schutz vor Aids nachgedacht. Aber das war nicht so sehr das Problem. Eher waren das die Probleme zu Hause, in der Familie. Meine Mutter wusste Bescheid, okay, die meinte dann aber, es dürfe niemand in der Familie erfahren, dass ich schwul bin. Aber irgendwie haben dann doch alle davon erfahren, die ganze Familie. Die Hälfte kam auch damit klar. Aber meine Onkels, die haben das überhaupt nicht verstanden, und meine so genannten Heterofreunde, die kamen auch nicht damit klar. Gesagt wurde dann: Das ist 'ne Phase – wenn man in der Pubertät ist, ist das normal, ist bei jedem so. Aber ich wusste natürlich, dass das keine Phase ist, sondern dass ich eben schwul bin. Ich konnte dann irgendwie nicht mehr so in diesem Zwiespalt leben.

1 Findet Definitionen* für die Begriffe »hetero«, »lesbisch« und »schwul«, wie sie in einem Lexikon stehen könnten. Sammelt dann mithilfe einer Mindmap möglichst viele Aspekte zum Thema »Sexualität« – auch solche, die auf dieser Doppelseite fehlen.

2 Spielt in Gruppen das »Coming-out« eines Jugendlichen im Rollenspiel nach: Wie könnten Eltern, Lehrer/innen, Mitschüler/innen und der Freundeskreis darauf reagieren?

3 Diskutiert über die Hindernisse, die Collin überwinden muss, um nach seinen Neigungen leben zu können, ohne benachteiligt zu werden. Nennt andere »Gruppierungen« mit ähnlichen Problemen.

Seite 48 ◄ **4** Informiert euch über Motive und Grundsätze der True-love-waits-Bewegung und der Asexuellen. Erfahrt ihr auch etwas darüber, wie sie ermutigt wurden, ihre Einstellung öffentlich zu machen?

5 Sich zur eigenen sexuellen Neigung zu bekennen, bedeutet nicht, andere zu bedrängen: Definiert* eine Grenze, die ein anderer nicht überschreiten darf. Überlegt Strategien*, um euch unter Umständen abgrenzen und schützen zu können.

→← In unserer Gesellschaft leben heute Menschen unterschiedlicher Lebensstile und Kulturen. Das Zusammenleben ist dadurch vielfältiger und bunter, aber auch schwieriger geworden. Notwendig ist ein respektvoller Umgang miteinander, der diese Vielfalt wie einen Blumenstrauß zusammenbindet, damit er nicht auseinanderfällt. Das meinen viele, wenn sie von Toleranz – oder besser: Respekt – sprechen. Wer anderen oder fremden Lebensstilen mit Respekt begegnet, muss keineswegs seine eigene Haltung aufgeben. Es geht vielmehr darum, die Mitmenschen als ebenso freie und gleichberechtigte Menschen anzuerkennen wie sich selbst. Doch die Toleranz findet dort ihre Grenze, wo die Rechte anderer missachtet werden.

Seitdem 2001 in Deutschland die »eingetragene Lebenspartnerschaft« eingeführt worden ist, sind bei uns gleichgeschlechtliche Paare den heterosexuellen Ehepaaren nahezu gleichgestellt. Das so genannte Lebenspartnerschaftsgesetz wurde 2005 überarbeitet und regelt die Rechte und Pflichten der Beteiligten in eheähnlicher Weise.

Bestimmt gibt es zwischen euch hin und wieder Schwierigkeiten in der Verständigung. Versucht doch mal, einige davon gemeinsam anzugehen. Vielleicht gelingt es auf diesem Wege sogar, das eine oder andere Problem zu lösen. Und das ist unser Vorschlag:

**Das Experten-Experiment* – oder:
Wie man sich gegenseitig auf den Geschmack bringt**

Arrangiert ein »Menü« zu zweit, indem jeweils zwei Partner etwas füreinander kochen, das den persönlichen Geschmack maßgeblich geprägt hat: z.B. ein Gericht aus der eigenen Heimat, der Region oder ein in eurer Familie traditionell überliefertes Gericht ...
Notiert während der gemeinsamen Mahlzeit, wie euch das jeweilige Gericht des Partners schmeckt. Versucht zu beschreiben, wie eure Geschmacksnerven reagieren.
Erklärt anschließend, inwiefern das selbst gekochte Gericht sowie der eigene Geschmack sich von dem des Partners unterscheiden.

Es sollten sich um verhältnismäßig einfache, dennoch typische Gerichte handeln, die die Jugendlichen in der Zubereitung nicht überfordern.

Projekt: Fremde(s) vertraut machen

Viele kleine Projektschritte sind denkbar – einige schlagen wir vor, andere könnt ihr euch selbst ausdenken. Vereinbart dafür einen »Fahrplan«:

- Ein Problem erkennen und beschreiben – dabei verschiedene Blickwinkel (Perspektiven*) einnehmen.
- Gemeinsame Ziele formulieren, Lösungswege suchen und Handlungsschritte verabreden.
- Den Zeitpunkt für eine Bilanz bestimmen: Was ist »Stand der Dinge«?

Projekt 1: Ein aktuelles Verständigungsproblem in eurer Klasse benennen – zum Beispiel erzählt jemand:

»René und Steve sind seit einem Monat bei uns in der Klasse. Sie hängen immer zusammen. Eigentlich habe ich von mir aus auch keine Lust, mit denen etwas zu machen. Und dann kamen die beiden in unsere Handball-AG. Wir sind nur wenige Leute und jeder wird gebraucht. Zunächst war ich ziemlich genervt, weil die nie einen Ball abgegeben haben. Und heute haben die dann noch drei andere aus der Klasse 7 c mitgebracht. Jetzt sind wir zwar viele Leute, aber es macht keinen Spaß mehr. Das sehen auch andere so. Unser Trainer hat gemeint, es liegt an uns, ob sich daran etwas ändert. Na klasse – und was sollen wir jetzt machen?«

Projekt 2: In eine Rolle schlüpfen und etwas zur Problemklärung beisteuern, zum Beispiel:

- Ein Reisender, der endlich versteht, warum ihm etwas fremd bleibt.
- Der Yeti, der vor dem erschrickt, was andere von ihm denken.
- Ein Freund/eine Freundin, der/die verstehen will, warum sein Freund/ihre Freundin beleidigt ist.

Lesetipp

TAHAR BEN JELLOUN: Papa, was ist ein Fremder? Gespräch mit meiner Tochter. Mit einem Nachwort von DANIEL COHN-BENDIT. Aus dem Französischen von CHRISTIANE KAYSER, Reinbek: Rowohlt Taschenbuchverlag 2000 (Ein Mädchen stellt seinem Vater viele Fragen und bekommt Antworten – in diesem Buch könnt ihr sie nachlesen.)

HARALD GOLDHAHN, Blickwinkel

MEHR ALS 20 TOTE
BEI ANSCHLÄGEN
EINFACH SO TOT
GETRETEN

Gewalt und Aggression

Die Gewalt

Die Gewalt fängt nicht an
wenn Kranke getötet werden
Sie fängt an wenn einer sagt:
»Du bist krank:
Du musst tun was ich sage!«
ERICH FRIED

Q

1 Wo erlebt ihr selbst Gewalt? Erzählt Beispiele.

2 Diskutiert: Warum gibt es so viel Gewalt?
Steckt sie in uns allen? Haben wir die falschen Vorbilder?

3 Was kann man tun gegen Gewalt? Muss man Konflikte mit Gewalt lösen – oder gibt es andere Wege?

Gewalt in der Schule

2. Februar Kevin hatte sich hinten auf meinen Platz gesetzt und teilte mir nur kurz mit, ich solle mir doch einen neuen Platz suchen. »Ich will aber meinen Platz.« »Suchst du Ärger?« Da setzte ich mich in die erste Reihe. War der einzige freie Stuhl. »Brav gemacht«, sagten sie, als es zur Pause klingelte. […] Sie traten mich, stellten mich an die Wand und schubsten. »Warum macht ihr das?«, fragte ich. […] Sie lachten. »Weil's Spaß macht. Weil's total geil ist.« Ich musste mich mit dem Gesicht zur Wand stellen und raten, wer getreten hatte. […]
14. Februar Am letzten Donnerstag ging alles wieder los. Auf einmal hat einer von denen einfach auf meinen Geldbeutel geklopft. Hinten in der Hose. »Lass die Pfoten weg!« Ich war sauer. »Nur mal schauen, wie viel Geld du so mit dir rumschleppst!« Kevin hatte das Ding schon in der Hand. Alle anderen sahen zu. Sie nahmen sich fünf Euro aus meinem Geldbeutel: »Fünf Euro jeden Tag, klar?« […] Dann haben sie sich umgeschaut zu den anderen und haben gesagt: »Klappe halten, sonst seid ihr auch dran. Klar?« Alle haben genickt. Hauptsache sie waren nicht dran. […] »Und wenn du die fünf Euro nicht freiwillig in jeder ersten großen Pause bei Kevin ablieferst, kommt der Kopf ins Klo«, haben sie gedroht. […] Am ersten und zweiten Tag hatte ich fünf Euro. Die hatte ich zu Hause in der Schublade. Doch danach immer das Herzklopfen. Irgendwann stecken sie mich doch sowieso mit dem Kopf ins Klo. Das weiß ich haargenau. Was soll ich jetzt machen? Abwarten? Cool bleiben? Ich heule – aber nur nach innen. Da kann ich nicht cool bleiben. Und jeden Tag fünf Euro? Wo soll ich das morgen hernehmen?
Q NIKO, 15 Jahre

Bandengewalt: Hooligans

Von Zeit zu Zeit gibt es gewalttätige Auseinandersetzungen zwischen organisierten Gruppen, die »Krieg« gegen »feindliche« Gruppen führen. Dazu gehören auch die so genannten Hooligans, gewalttätige Fußballfans. Sie verabreden sich mit den Anhängern anderer Vereine zu regelrechten Schlachten, bei denen es immer wieder Schwerverletzte gibt. Oft führen Hooligans ein Doppelleben: In der Woche sind sie friedliche Familienväter, am Wochenende gewalttätige Schläger. Was reizt sie an der Gewalt?

Englische Hooligans jagen einen französischen Fan.

Ähnliche Formen von Gewalt wie bei den Hooligans findet man bei rechten Skinheads und anderen rechtsextremen Gruppen; viele, aber bei weitem nicht alle Hooligans sind rechtsradikal.

- »Wenn man im Dunkeln durch den Wald rennt, über Zäune und durch Gärten, und die anderen jagt, und die Polizei ist hinter einem her – das ist fantastisch, da vergisst man sich.«
- »Es ist ein unheimlich spannendes Gefühl, wenn man in so einer riesigen Gruppe von 100 bis 120 Leuten mitläuft [...]. Das erinnert mich irgendwie immer so an diese Geländespiele, die man früher immer gemacht hat mit Jugendgruppen.«
- »Wenn du natürlich jetzt mit so 'nem Übermob antobst und dann eben alles niedermachst, also das schönste Gefühl ist das eigentlich. Dann fliegen vielleicht 'n paar Flaschen oder Steine. Und dann rennt der andere Mob und dann jagst du die anderen durch die Gegend. Also siebenter Himmel. Das würdest du mit keiner Frau schaffen oder mit keiner Droge.«
- »Der Reiz liegt in dem Moment, wenn du um die Ecke biegst und 40 Mann auf dich zurennen. Das ist der Kick für den Augenblick. Das ist wie Bungee-Springen – nur ohne Seil.«
- »Was mich anzieht, sind die Momente, wo das Bewusstsein aufhört: Momente, in denen es ums Überleben geht.«

1 Wie könnte die Geschichte von Niko, dem Schreiber des Tagebuches, weitergehen? Überlege dir zusätzliche Tagebucheinträge mit seinen Erlebnissen, Gedanken und Gefühlen.

Seite 65

2 Was sollte Niko tun? Kennt ihr ähnliche Fälle von Gewalt gegen Jugendliche? Welche Möglichkeiten gibt es, sich zu wehren?

3 Was reizt Hooligans an der Gewalt? Arbeite aus ihren Aussagen die wichtigsten Punkte heraus.

4 Stell dir vor: Einer deiner Freunde ist Hooligan und liegt nach einer »Schlacht« verletzt im Krankenhaus. Entwirf einen Brief an ihn oder spielt einen Dialog im Krankenhaus, in dem es darum geht, ihn von weiteren Gewalttaten abzubringen.

5 Lassen sich die Motive der Hooligans auch bei anderen Formen der Gewalt finden (z.B. bei rechtsradikaler Gewalt, Gewalt in der Schule und Kriegen)? Suche nach Gemeinsamkeiten und Unterschieden.

Erfahrungen mit Gewalt

Gewalt in den Medien: von der Lust am Schrecken

Action-Filme, Horrorfilme, »Killerspiele« mit dem Computer, Gewaltvideos auf Handys – einige Medien sind voll von Gewaltszenen. Offenbar üben Gewaltdarstellungen auf viele einen besonderen Reiz aus; sonst wären Horrorfilme uninteressant und Computerspiele könnten auch ohne Gewaltszenen auskommen. Woher kommt die Faszination von Gewalt in den Medien? Und welchen Einfluss haben sie auf uns?

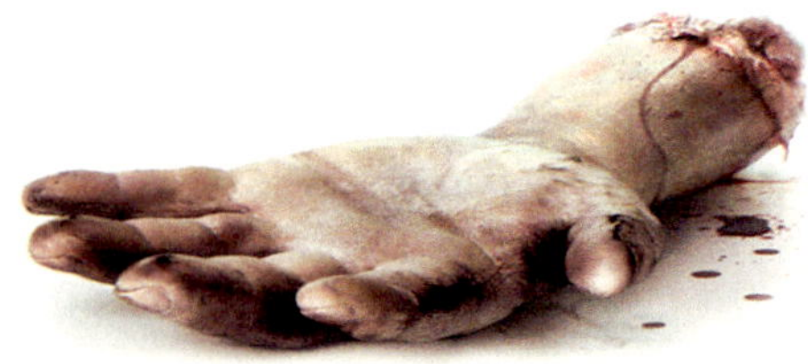

Warum schaut man Horrorfilme an?

- Langeweile?
- Reiz des Verbotenen?
- Dabei sein – mitreden können?
- »Mutprobe«?
- Angst gleichzeitig mit Geborgenheit (Angst-Lust)?
- Machtfantasien durch Identifikation mit den »Helden«?

»Ich geh' immer bis an die Grenze, wo ich gerade kotzen muss. Aber kurz davor hör' ich auf.«
Jörg, 15 Jahre

»Irgendwie sind die unheimlich spannend, diese Monsterfilme. Das ist eine Mutprobe. Und ich mach' das ja nur, weil das gut ausgeht.«
Jessica, 14 Jahre

Mordvideos auf dem Schulhof

Auf Tübinger Schulhöfen kursiert ein vermutlich echtes Hinrichtungsvideo. Die Videosequenz, in der ein am Boden liegender Mann mit einem Kampfmesser enthauptet wird, wurde in der Pause von Fotohandy zu Fotohandy übertragen.
Aus einem Zeitungsbericht

Gewaltvideos auf dem Handy

Auf dem Handy-Display erscheint ein Schulgebäude [...]. Ein Mädchen mit langen blonden Haaren bewegt sich hinter der Tür auf die Kamera zu. Plötzlich erscheint eine zweite Person im Bild, es ist ein Jugendlicher. Dann geht die Tür auf und das Mädchen tritt heraus. [...] Der zweite Junge tritt aus seinem Versteck und schlägt ihr mit voller Wucht mit der Faust ins Gesicht. Sie taumelt, lässt ihre Schulsachen fallen und krümmt sich vor Schmerzen. Die Jungen brechen in lautes Gelächter aus. Dann ist der Film zu Ende. [...]
Seitdem es Kamera-Handys gibt, mit denen ganze Filme gedreht werden können, gibt es solche Gewaltvideos. [...] Zuerst wurden nur zufällig beobachtete Schlägereien gefilmt. [...] Mittlerweile wird die Gewalt eigens für die Filme inszeniert. Und doch bilden die Schläger nur eine Minderheit. Die Mehrheit besteht aus Zuschauern, die sich am Leid eines anderen erfreuen, die sehen wollen, wie jemand Angst hat, wie jemand weint oder um Gnade fleht, wenn er gequält wird.
Güner Yasemin Balci, Journalistin, geboren 1975 in Berlin

Die Bestandteile des »Thrills« oder auch der Angstlust sind:
– Man setzt sich freiwillig einer fiktiven (erdachten) Gefahr aus.
– Es muss das Gefühl einer Gefahr vorhanden sein, z.B. durch das Hineinversetzen in einen Helden. Man spielt oder wiederholt in der Fantasie das, was Abbild einer Gefahr ist.
– Es muss ein positives Ende geben – sei es durch das Zurückführen des Spannungsbogens, das Überleben des Helden oder die Zerstörung des Bösen.

Bilder mit Schlagkraft

Happy slapping – so heißt [...] die absonderliche Mode, mit der Handykamera Misshandlungen aufzunehmen, die man selbst begeht. Happy slapping, fröhliches Dreinschlagen, wird häufig nicht als Gewaltakt wahrgenommen, die Opfer werden nicht als Opfer angesehen, sondern eher als Kleindarsteller, oft kommen sie zufällig des Wegs, sind zur falschen Zeit am falschen Ort. [...] »Auch wenn es denjenigen, die verhauen werden, wahrscheinlich weh tut, ist es witzig, als ob man einen Sketch im Fernsehen sieht«, ist in einem Chatforum im Internet zu lesen. Der Mensch, der auf der Straße geprügelt werde, sei in der Wahrnehmung der Täter »ein virtueller Mensch«, sagt der Erziehungswissenschaftler Klaus Hurrelmann.

Q Cathrin Kahlweit

Führen Killerspiele zum Amoklauf?
Nach schlimmen Gewalttaten von Jugendlichen taucht oft die Forderung nach einem Verbot von Horrorfilmen und Killerspielen auf. Untersuchungen dazu haben zwar keinen direkten Zusammenhang zwischen dem Konsum von Mediengewalt und Aggression* im wirklichen Leben nachgewiesen. Wer allerdings wegen schlechter Bedingungen in der Familie ohnehin zur Aggression neigt, wird durch Horrorfilme und Killerspiele darin bestärkt. Außerdem wirkt der Umgang mit Killerspielen und Horrorfilmen abstumpfend gegenüber Gewalt.

1 Wenn du Gewaltszenen im Film siehst, welche Wirkung haben sie auf dich (Angst, Ekel, Aufregung, Freude)? Würdest du dir diese Szene noch ein zweites Mal anschauen oder beim nächsten Mal lieber weggesehen?

2 Zu allen Zeiten haben Menschen fasziniert Gewaltszenen zugesehen – früher Hinrichtungen, heute Horrorfilme oder Gewaltvideos auf Handys. Wie kann man sich das erklären?

3 Welche Auswirkungen hat es, wenn man häufig brutale Gewalt in den Medien sieht? Gehe von eigenen Erfahrungen aus und von dem, was du bei anderen beobachtet hast.

Gewalt begegnet uns im Alltag in vielen Erscheinungsformen: in Familie, Schule, Banden von Gleichaltrigen, im Fernsehen usw. Wer Opfer von Gewalt wird, dessen Leben kann völlig verändert oder gar zerstört sein. Für viele Gewalttäter hat dies einen besonderen Reiz. Diese »Faszination« geht auch von Gewalt im Film und in Computerspielen aus. Die Wirkung solcher Filme und Spiele ist umstritten – wahrscheinlich verstärken sie Neigungen zur Gewalttätigkeit.

Gewalt in Lebensverhältnissen

Benachteiligungen

In vielen Ländern der Erde gibt es Menschen, die aufgrund ihrer Hautfarbe oder ihres Geschlechts benachteiligt sind. Man spricht von »Rassismus«, wenn Menschen anderer Hautfarben unterdrückt werden, und von »Sexismus«, wenn z.B. Männer über Frauen herrschen. Sexismus kann sich in offener Gewalt gegenüber Frauen (oder Männern) oder verdeckt innerhalb gesellschaftlicher Strukturen äußern: etwa in Familien oder am Arbeitsplatz. Religionen wurden und werden immer wieder dazu missbraucht, Unterdrückung von Frauen oder anderen Menschengruppen zu rechtfertigen (vgl. Seiten 170–173).

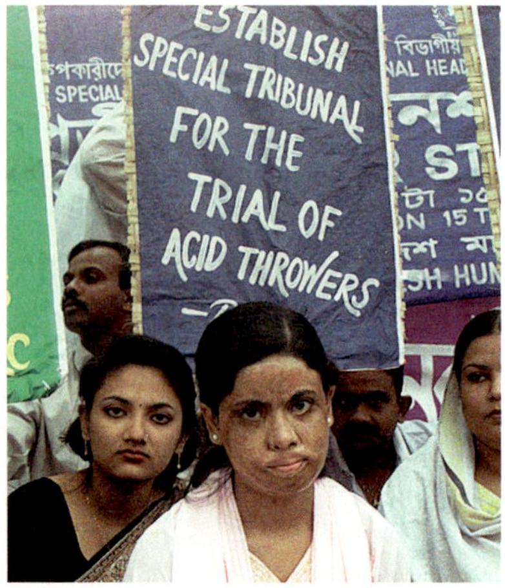

Opfer von Säure-Angriffen protestieren in Dhaka (Bangladesch) gegen ihre menschenverachtende Behandlung:
Eine der abgebildeten Frauen wurde aus verletzter Eitelkeit mit Säure übergossen – von einem Jungen, dessen Heiratsantrag von ihrer Familie abgelehnt worden war.

Monira Rahman (zweite von links) erhielt 2006 den Menschenrechtspreis von amnesty international. Seit mehr als zehn Jahren unterstützt sie Überlebende von Säure-Attentaten, macht Aufklärungskampagnen und unterstützt Betroffene vor Gericht.

Säure-Attentate werden aus Ländern Süd- und Südostasiens berichtet, aus Nigeria und Uganda, Jamaika und der Türkei. Die Zahl der Opfer ist in Bangladesch am höchsten. Selten kommt es zu Gerichtsverfahren, da sich die Opfer schämen – oder von den Tätern oder deren Familienangehörigen bedroht werden.

Wenn Gewalt still geduldet wird – Beispiel Bangladesh

Bangladesh ist doppelt so groß wie Bayern und hat 145 Millionen Einwohner, von denen die Hälfte unter der Armutsgrenze lebt. Drei Viertel der Bevölkerung lebt auf dem Land. Oft gibt es Streit um die Besitzrechte. Zahlreiche Frauen werden in Konflikten mit Säure überschüttet – um sich bei einem Nachbarn zu rächen oder auch dafür, dass ein Heiratsantrag abgelehnt wurde. Viele Opfer schweigen oder begehen Selbstmord. Nur selten kommt es zu einer Anzeige. Neun von zehn Tätern werden nie verurteilt.

In Afghanistan herrschten bis 2001 die radikalislamischen Taliban*. Seit den demokratischen Wahlen im Jahr 2005 ist die Gleichberechtigung von Mann und Frau in der afghanischen Verfassung verankert; doch in Teilen Afghanistans sind die strengen Auslegungen der Scharia oder gar die menschenfeindlichen Vorstellungen der Taliban nach wie vor bestimmend.

Vergleiche Lesetipp, Seite 79

Wenn Mädchen wieder hoffen lernen – Beispiel Afghanistan

Noch immer werden Frauen und Mädchen auf vielfältige Weise Opfer von direkter oder versteckter Gewalt. Berichtet wird vom Schicksal von Mädchen wie der 16-jährigen Fariba Sawary, die sich aus Angst vor ihrem Vater mit Petroleum übergoss und anzündete. Sie war mit einem Jungen im Park spazieren gegangen und wollte sich aus Angst vor der Strafe ihres Vater umbringen. Viele Mädchen werden im Alter von zwölf Jahren mit wesentlich älteren Männern verheiratet, manche sogar schon mit neun Jahren. Mit dem Geld, das die Eltern als Brautpreis erhalten, können Schulden beglichen werden. Töchter werden als Schadenersatz angeboten oder als »Pfand«, um Bündnisse zu schmieden.
Auch wenn viele afghanische Frauen keine Schulbildung genossen haben – seit dem Sturz der Taliban dürfen sie vielerorts wieder Schulen besuchen und draußen arbeiten. Vor allem in den größeren Städten nehmen Mädchen ihre neuen Chancen wahr.

1 Lest die Berichte über die Mädchen und Frauen: Welche Formen von Gewalt (nach Galtung) findet ihr darin und was erfahrt ihr über deren Ursachen?

2 Sucht Afghanistan und Bangladesh auf einer Landkarte. Nennt Länder, mit denen sie eine Grenze besitzen. Sammelt zu beiden Ländern Informationen, die ihr auf einer Wandzeitung zusammenstellen könnt.

3 Überlegt, was sich in solchen Gesellschaften ändern müsste, damit die Menschen ohne Gewalt leben können.

4 Diskutiert, wo es auch in unserer Gesellschaft Verhältnisse gibt, in denen Menschen regelmäßig Opfer von Gewalt werden.

→← Gewalt ensteht nicht nur, weil einzelne Menschen besonders gewalttätig sind. Es gibt auch Gesellschaften und Lebensbedingungen, in denen bestimmte Gruppen, z. B. Frauen oder Minderheiten, regelmäßig Opfer von Gewalt werden. Dies geschieht in vielen Ländern der Erde, oft wird diese Gewalt vom Staat unterstützt oder sogar selbst ausgeübt. Der Teufelskreis von Herrschaft und Gewalt kann durchbrochen werden, wenn die Opfer eine Stimme bekommen und ihre berechtigten Ansprüche einbringen können.

Formen von Gewalt

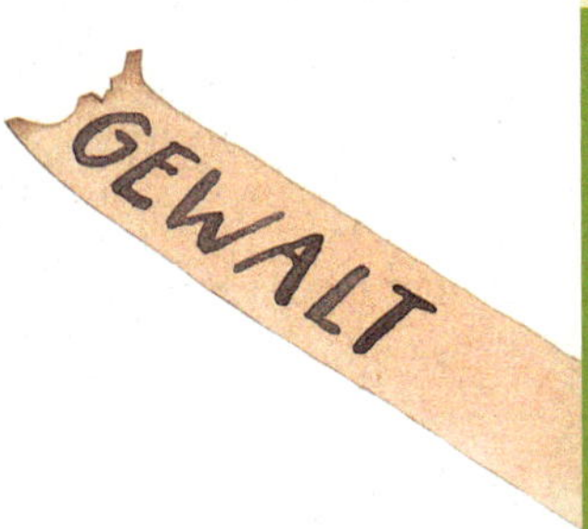

Methode: Stellung beziehen

Zieht ein Klebeband als »Gewaltstrahl« quer durch euer Klassenzimmer – an einem Ende mit der Aufschrift »Gewalt« und am anderen Ende mit der Schlagzeile »Keine Gewalt«.

• Übertragt die beschrifteten Zettel dieser Seite auf Karteikarten und legt diese Karten so nah oder so weit weg von den Endpolen »Gewalt« bzw. »Keine Gewalt«, wie ihr es für richtig haltet. Die Karten, die ihr ergänzen könnt, dürfen von anderen Schülern beliebig oft neu gelegt werden.

• Beobachtet und protokolliert, welche Karten hin und her wandern und welche Karten auf einer Position liegen bleiben. Erläutert, warum es euch beim Positionieren der Karten vielleicht sogar manchmal auf Millimeter ankam. Ihr könnt auch selbst weitere Kärtchen beschriften.

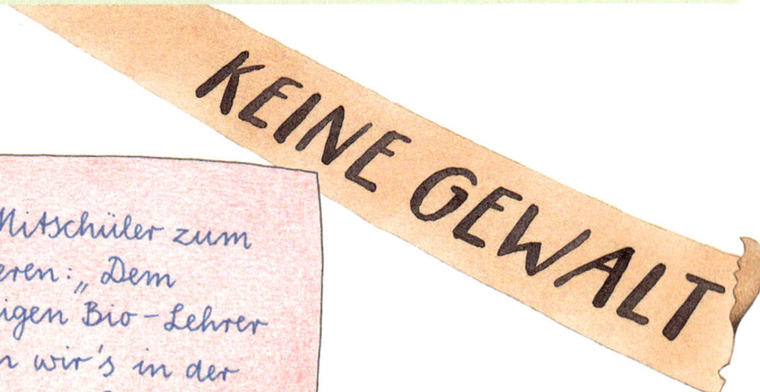

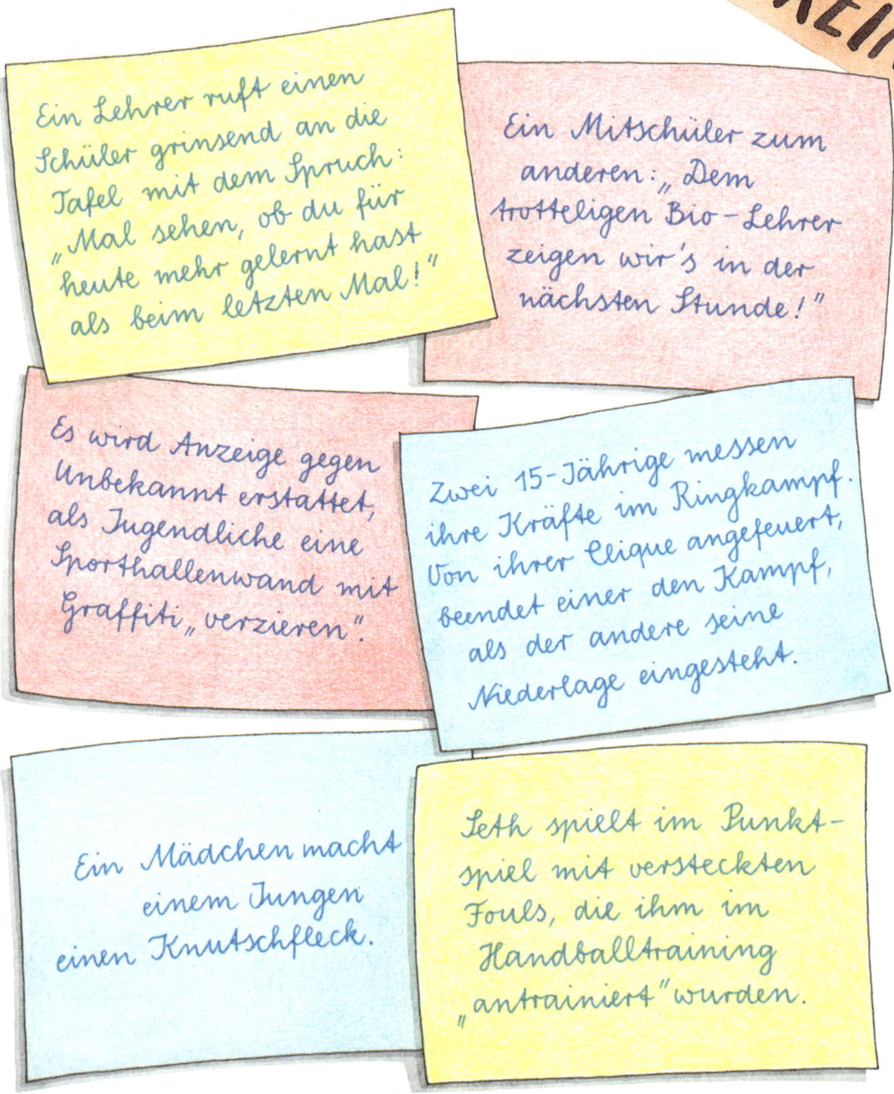

Gewalt bewerten – Gewalt »rechtfertigen«?

• Physisch – psychisch?
• Nach außen – nach innen gerichtet?
• Beabsichtigt – unbeabsichtigt?
• Von Personen – von Strukturen ausgehend?
• Gegen Sachen – gegen Personen gerichtet?
• Gewalt – Gegengewalt?

Ordnet eure Gewalterfahrungen den Gegensatzpaaren zu. Kann Gewalt unter Umständen auch gerechtfertigt sein?

Nach dem Massaker in einer Erfurter Schule im April 2002: Schülerinnen und Schüler helfen mit, ihre Schule, in der das Verbrechen geschah, umzugestalten. Ihr Ziel: eine offene und freundliche Atmosphäre zum gemeinsamen Lernen und Leben schaffen.

Liebes Tagebuch,

heute war wieder einer dieser Tage, an denen ich mich am liebsten auf einen anderen Planeten gewünscht hätte. Es fing damit an, dass Pascal zu Sebastian rief, als er mich sah: »Ach, Schweinchen kommt!« Für die anderen bin ich schon länger Luft. Auch für die Mädchen, die sich über Klamotten und irgendwelche Jungs unterhalten. Bei denen heiße ich nur »Dicki«. Denken die vielleicht, dass man sich mit mir nicht unterhalten kann? Auf meinem Platz lag heute ein Witz mit einer dicken Frau. Ihr Name war durchgestrichen und darüber stand Claudia. Ich glaube, ich wurde weiß vor Wut. Was muss noch alles passieren, bevor ich durchdrehe? Das ist Mobbing*, was die mit mir machen. Und dann das Schlimmste: Ich habe vor der ganzen Klasse angefangen zu heulen. Alle haben gelacht. Eine Ewigkeit verging, bis Frau Schmitz kam und ich meine Ruhe hatte.

Fachübergreifend (Deutsch): Lesestoffe zum Mobbing*

Lest eine »Ganzschrift«, zum Beispiel von Erich Kästner (»Das fliegende Klassenzimmer«) oder von Morton Rhue (»Ich knall euch ab«). In beiden Büchern geht es um Mobbing an einem Schüler, der keinen Ausweg mehr sieht – ein gewaltsames Ende droht:

- Diskutiert in Kleingruppen verschiedene Faktoren, die dazu führen können, dass Schüler/innen »ausbrechen« oder gar zur Waffe greifen.
- Denkt euch für eure Schule eine Aktion aus, die dazu beiträgt, die Kommunikation*, das Klima und das Miteinander an eurer Schule zu verbessern. Stellt die besten Ergebnisse aus.

1 Ergänzt auf verschiedenfarbigen Karten folgende Sätze: *Wenn Gewalt auf mich ausgeübt wird, fühle ich mich …* (gelbe Karte). – *Wenn ich Gewalt ausübe, fühle ich …* (rote Karte). – *Gewalt ist, wenn …* (weiße Karte).
Ordnet die Karten an der Tafel und definiert* gemeinsam, was Gewalt ist.

2 Vergleicht die Geschichte von Claudia mit der von Niko auf S. 58: Was haben die beiden Fälle gemeinsam, wodurch unterscheiden sie sich? Inwiefern kann man auch in Claudias Fall von »Gewalt« sprechen?

Seiten 154/155 ◂
3 Überlegt, ob ihr Menschen kennt, die wie Claudia verhöhnt und ausgeschlossen werden? Welchen Ratschlag würdet ihr Claudia in ihrer Situation geben – als Freundin oder Freund?

→← Gewalt hat viele Gesichter: Menschen nehmen unterschiedlich wahr, an welchem Punkt Gewalt beginnt – z.B. an welcher Stelle unfaires Verhalten in Gewalt umschlägt. Natürlich erleben auch Opfer und Täter Gewalt auf sehr unterschiedliche Weise. Gewalt kann direkt oder versteckt ausgeübt werden – sie kann den Körper oder die Seele eines Menschen verletzen. Gewalt kann kurzfristig einen Konflikt »lösen«; langfristig führt sie meist in eine Sackgasse.

Seiten 252/253 ◂

Woher kommt die Gewalt?

Fakten zur Jugendgewalt

Die Zahl der von der Polizei registrierten Gewalttaten von Jugendlichen steigt – u.a. deshalb, weil mehr Taten angezeigt und mehr Tatverdächtige ermittelt werden. Opfer von Jugendgewalt sind fast immer Jugendliche. Die große Mehrzahl der Täter und der Opfer sind Jungen. Ein kleiner Teil der Jugendlichen begeht einen sehr großen Anteil der Straftaten; die Mehrheit der Jugendlichen fällt nicht als gewalttätig auf. Die meisten Gewalttaten werden in Gruppen begangen, häufig bei Auseinandersetzungen von Jugendlichen unterschiedlicher Herkunft. Der Anteil jugendlicher Gewalttäter aus wirtschaftlich schlecht gestellten Familien und mit geringen Bildungschancen liegt deutlich über dem Durchschnitt.

Gewalt – was ist das?

Unter »Gewalt« im engeren Sinne versteht man meist die direkte Gewalt von Personen gegen andere Personen (»personale Gewalt«): die körperliche oder auch psychische Schädigung eines anderen oder die Androhung einer solchen Schädigung. Als Gewalt in einem weiteren Sinne bezeichnet man auch indirekte Formen von Zwang, mit denen Menschen an ihrer freien Entfaltung gehindert werden (»strukturelle Gewalt«); dazu gehören soziale Missstände wie extreme Armut oder Unterdrückung von Minderheiten. Ebenso vieldeutig wie der Begriff »Gewalt« ist der Begriff »Aggression*« bzw. »aggressiv«. Damit meinen wir meist ein Verhalten, mit dem jemand absichtlich einen anderen zu schädigen versucht; zuweilen wird der Begriff aber auch weiter gefasst.

Ursachen für personale Gewalt und Aggression

Verschiedene Theorien geben unterschiedliche Antworten:

Aggression* – ein Trieb?

Hunde knurren sich an, Hirsche kämpfen miteinander – dies erinnert an Aggressionen unter Menschen. Solche Ähnlichkeiten untersuchte auch der Verhaltensforscher Konrad Lorenz (1903–1989). Sein Ergebnis: Grund für gewalttätiges Verhalten ist der Aggressionstrieb. Wie der Sexualtrieb ist er in Tier und Mensch immer vorhanden; er staut sich auf und muss sich von Zeit zu Zeit entladen, ausgelöst durch bestimmte Reize. Im Tierreich ist der Aggressionstrieb nützlich für das Überleben einer Art: Dadurch, dass sich die Tiere einer Art gegenseitig aus ihrem Revier vertreiben, verteilen sie sich so, dass für jeden genug Nahrung da ist; dadurch, dass die Männchen um die Weibchen kämpfen, vermehren sich nur die Stärksten. Tiere mit gefährlichen Waffen, z.B. Wölfe, haben natürliche Hemmungen, die sie daran hindern, sich gegenseitig zu töten. Der Mensch hat weniger natürliche Hemmungen, da er fast keine angeborenen Waffen hat; durch die Entwicklung künstlicher Waffen wird er für seinesgleichen besonders gefährlich. Weil die Aggression ein Trieb ist, kann man sie nicht beseitigen, sondern nur auf unschädliche Weise ausleben, z. B. beim Sport.

Aggression* und Gewalt – die Antwort auf Verletzungen?

Aggressiv reagieren wir meistens dann, wenn wir von anderen enttäuscht, verletzt oder an der Befriedigung unserer Wünsche gehindert wurden. Menschen, die solche Erfahrungen häufig gemacht haben, sind oft aggressiver und gewalttätiger als andere.
Amerikanische Psychologen haben diesen Zusammenhang so formuliert: Aggression entsteht aus Frustration – und Frustration führt zu Aggression (»Aggressions-Frustrations-Hypothese«). Aggressionen können auch unterdrückt werden, tauchen dann aber später in anderen Formen wieder auf.
Welche Wege gegen Aggression und Gewalt ergeben sich aus dieser Erklärung? Man sollte versuchen, Frustrationen zu vermeiden und lernen, mit unvermeidbaren Frustrationen vernünftig umzugehen.

Wird man böse geboren?

Es gibt ein Killer-Gen, sagen die Psychologen

[…] Dr. Han Brunner von der Uni Nijmegen (Holland) entdeckte bei extrem gewalttätigen Männern ein fehlerhaftes Gen auf ihrem X-Chromosom.

BILD (Bild-Zeitung), 2. 5. 2002

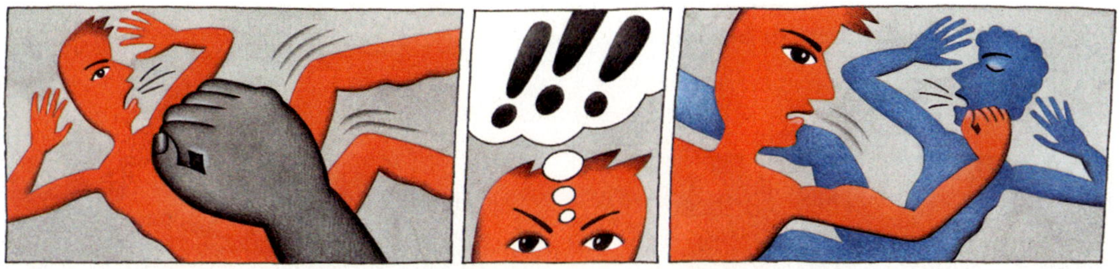

Aggression* – ein angelerntes Verhalten?

Wer als Kind gesehen hat, wie Konflikte mit Gewalt ausgetragen wurden, wird es später ebenso machen. Dass aggressives Verhalten auch erlernt wird – das wissen wir aus dem Alltag und aus psychologischen Untersuchungen.
Besonders wichtig ist dabei das Vorbild der Eltern für die Kinder; dazu kommen andere Erwachsene, Gleichaltrige und auch die Medien. Außerdem lernen Menschen durch Erfolg: Wenn ein Kind z. B immer wieder durch Prügeleien die Anerkennung seiner Mitschüler oder die Aufmerksamkeit seiner Eltern bekommt, wird es sich weiter so verhalten. Solche Erfolge können auch innere Erlebnisse sein, z. B. Stolz auf die eigene Stärke.
Als Konsequenz aus dieser Erklärung ergibt sich: Es sollten möglichst wenige Vorbilder für aggressives Verhalten vorkommen und Aggressionen sollten nicht durch Erfolg belohnt werden.

Gewalt als Kick

Seite 59 ◄

Die Helden in alten Sagen, aber auch die Soldaten der Neuzeit waren freudig erregt, wenn der Kampf begann. Gewalttäter heute suchen den besonderen »Kick«. Gewaltanwendung kann ein Ausnahme-Erlebnis sein, bei dem die Regeln und Schranken des Alltagslebens wegfallen und die Täter in einen Rauschzustand geraten.

Gewalt – ein Teil der Kultur(en)?

Gewalt im Kampf wurde und wird in vielen Kulturen als »Heldentat« geschätzt. In unserer Gesellschaft sind es vor allem Jugendgangs, die so denken und handeln – Skinheads, Hooligans, Nachbarschaftscliquen. Es gibt unterschiedliche Erklärungen für die Gewaltbereitschaft solcher Gruppen. Oft neigen diejenigen Jugendlichen zur Gewalt, die im Beruf und anderswo wenig Anerkennung finden und sich daher mit Gewalt »Respekt« verschaffen wollen. Hier zeigen sich aber auch traditionelle Vorstellungen von »Männlichkeit«, die es in vielen Kulturen gibt: Der Mann solle sich mit Härte und Mut als »Krieger« bewähren und so seine »Ehre« verteidigen. Mit Gewalt gegen andere Cliquen glauben die Mitglieder von Jugendgangs, (sich) ihre Männlichkeit zu beweisen.

Aggression* und Gewalt mit einer Theorie* erklären?

Seiten 66/67 ◀

Jede der vorgestellten Erklärungen hat ihre Schwachstellen: So

- zeigen Untersuchungen, dass die Aggression nicht unbedingt dadurch abnimmt, wenn die Betroffenen sie im Kampfsport oder auf eine andere Weise »abreagieren«;
- führen Frustrationen nicht bei allen Menschen zu Aggressionen;
- weiß man nicht, warum immer wieder Menschen auch bei guten Vorbildern in der Erziehung und wenig Frustrationen dennoch aggressiv und gewalttätig werden.

Eine einzige Erklärung scheitert auch schon deshalb, weil es zu viele Formen von Aggression* und Gewalt gibt:

- Eine Jugendgang aus einem Viertel mit vielen sozialen Problemen nimmt anderen Jugendlichen mit Gewalt Handys, Jacken usw. weg.
- In einer Schulklasse wird ein Mädchen von anderen wegen seines Aussehens ständig geärgert.
- Ein Kind, das von seinen Eltern häufig geschlagen wird, prügelt im Kindergarten oft auf andere Kinder ein.
- Auf der Dorfkirmes prügeln sich angetrunkene junge Männer aus einem Dorf mit denen aus dem Nachbardorf.
- Ein Schüler, der regelmäßig Killerspiele auf dem Computer spielt, muss wegen schlechter Noten die Schule verlassen. Er kommt mit einer Pistole in die Schule und schießt auf Lehrer und Mitschüler.

Seiten 66/67 ◀

1 Seht euch die »Fakten zur Jugendgewalt« und die Beispiele oben an und erörtert: Mit welcher der in diesem Kapitel vorgestellten Theorien* lassen sich diese Fakten und Beispiele am besten erklären? Bezieht dabei auch die genannten Schwachstellen der Theorien mit ein.

2 Was könnte man in den verschiedenen Fällen unternehmen, um Gewalt und Aggression* zu verringern oder zu beseitigen?

→← Die Begriffe »Gewalt« und »Aggression*« haben viele Bedeutungen. Für die Ursachen der »personalen« Gewalt, der körperlichen oder psychischen Schädigung einer anderen Person, gibt es unterschiedliche Erklärungsansätze. Die einen gehen davon aus, dass die Aggression als Trieb aus dem »Inneren« des Menschen kommt. Andere sehen Frustrationen – also Behinderungen, Kränkungen und Verletzungen – als Ursachen. Eine dritte Erklärung sagt, dass aggressives Verhalten von Vorbildern gelernt wird. Außerdem ist es in vielen Kulturen ein wichtiger Teil des (männlichen) Verhaltens, gewalttätige Auseinandersetzungen zu führen. Aus diesen Erklärungen ergeben sich ganz unterschiedliche Empfehlungen, wie man mit Gewalt umgehen sollte. Es gibt jedoch wahrscheinlich keinen Ansatz, der alle Formen der Gewalt erklären kann.

Konflikte gewaltfrei lösen – aber wie?

Von Konflikten spricht man, wenn gegensätzliche Absichten, Meinungen, Interessen oder Werte aufeinander prallen.

Was einen Konflikt entschärfen kann: Sagen,
… was dich stört.
… dass du dein Bestes tun willst.
… dass du Hilfe brauchst.

Die richtigen Worte wählen

Kati und ihre Mutter haben eine Vereinbarung getroffen. Kati hat sich bereit erklärt, ihrer Mutter, die den ganzen Tag arbeiten geht, im Haushalt zu helfen. Sie hat versprochen, den Müll herunterzubringen, die Spülmaschine ein- und auszuräumen und Staub zu wischen. Als sich zum wiederholten Mal der Müll in der Küche stapelt und Katis schmutzige Wäsche überall herumliegt, platzt Katis Mutter der Kragen: »Mit dir kann man einfach nicht zusammenleben – dir ist es egal, wenn sich die Wohnung in einen Schweinestall verwandelt!«
Abends hört Kati, wie Mutter mit ihrer Freundin telefoniert. Jetzt hört sich alles ganz anders an: »Ich bin total sauer auf Kati, weil sie ihr Versprechen nicht hält. Schon öfter hat sie sich nicht um den Müll gekümmert und seit einem Monat nicht Staub gewischt. Sie wirft ihre schmutzige Wäsche achtlos auf den Boden. Ich wünschte mir, dass sie sich an unsere Abmachungen hält und außerdem ihre Schmutzwäsche in den Wäschesack legt.«

Maulwurf und Igel

Als es Winter wurde, kam der Igel zum Maulwurf. »Es ist kalt«, sagte er, »und ich habe keine Bleibe. Gib mir ein Plätzchen in deiner Höhle.« – »Wie du willst«, entgegnete der Maulwurf. Doch kaum war der Igel drinnen, da machte er sich breit. »Du stichst mich«, sagte der Maulwurf: »Sei so gut und rolle dich wenigstens ein bisschen zusammen.« Der Igel tat, als hätte er nicht gehört; und der Maulwurf konnte versuchen, was er wollte; immer stach er sich an den Stacheln des Igels. Endlich wurde es ihm zu viel und er sagte: »Andauernd stichst du mich. Meine Wohnung ist zu klein für uns beide. Ich bitte dich, geh wieder hinaus!«
Aber der Igel lachte nur und sprach: »Wer nicht bleiben kann, der muss eben gehen. Mir ist das Haus groß genug, also werde ich bleiben.«

Q Fabel, die dem griechischen Dichter Aesop (um 600 v. Chr.) zugeschrieben wird

Streiten kann »gelingen«, wenn die Beteiligten anerkennen:

1. Konflikte sind nicht unnötig oder überflüssig, sondern notwendiger Teil menschlichen Zusammenlebens.

2. Meine Wahrnehmung und mein Standpunkt dürfen überprüft werden. Ich bin bereit, meine Meinung zu korrigieren. Dabei können mir unabhängige Dritte helfen.

Seiten 94/95 ◄

3. Ich muss nicht verlieren oder gewinnen. Die Lösung eines Konflikts kann ein Zugewinn für alle Beteiligten bedeuten.

4. Ich will nicht offen oder versteckt (mit Gewalt) drohen. Ich möchte im Gespräch Klarheit über mich selbst und den oder die anderen gewinnen. Im Gespräch ergeben sich für mich Handlungsperspektiven, die ich mit einem oder mehreren Konfliktpartnern verhandeln werde.

5. Die Bedürfnisse aller Beteiligten gehören auf den Tisch! Ich bin daran interessiert, einen Interessenausgleich zu schaffen. Es ist keine Konfliktlösung, wenn der Stärkere oder die Stärksten den Ton angeben.

Claudia Schwimmer, »Kindermöbel« (Holz · Gips · Farbe)

1 Spielt verschiedene Möglichkeiten durch, wie eine Unterhaltung zwischen Kati und ihrer Mutter nach dem abendlichen Telefonat ablaufen könnte.

2 Vergleicht die Ratschläge, die ihr zunächst Kati und dann ihrer Mutter geben würdet.

3 Schreibt in Form eines Dialogs auf, wie eine gelungene Aussprache zwischen Kati und ihrer Mutter aussehen könnte.

4 Formuliert eine Lehre, die ihr aus der Fabel ziehen würdet. Kennt ihr Situationen aus dem privaten oder politischen Umfeld, die diese Lehre bestätigen?

5 Stellt fest, gegen welche Streitregeln der Igel verstoßen hat. Schreibt die Fabel so um, dass aus ihr gelernt werden kann, wie man »richtig« streitet. Dabei müssen mindestens drei der genannten fünf Regeln beachtet werden.

Konflikte gewaltfrei lösen – aber wie?

Mediatioren (Streitschlichter) aus den Klassen 8–10 eines Thüringer Gymnasiums. Die Regeln zur Streitschlichtung an ihrer Schule haben sie ins Internet gestellt:
• Jeder spricht für sich selbst.
• Alles, was gesagt wird, wird vertraulich behandelt.
• Es gibt kein Richtig und kein Falsch.
• Es spricht immer nur eine Person.
• Es gibt keine Beschimpfungen.
Mediatoren werden ausgebildet, um Schülerinnen und Schülern zu helfen, Lösungen für ihre Konflikte zu finden.

Ein typischer Fall?

Eine Gruppe von Jungen steht im Kreis um Kevin und Jannik aus der 8 c, die sich prügeln. Beide werden so angefeuert, dass es von weitem zu hören ist. Ein Junge aus der Gruppe erklärt denen, die dazukommen: »Das war vorauszusehen! Vor ein paar Tagen hat Jannik dem Kevin die Wasserflasche geklaut. Ist einfach damit verschwunden. Vielleicht deswegen, weil ihn Kevin wochenlang aufgezogen hat und immer wieder ›Blödmann‹ und ›Sitzenbleiber‹ zu ihm gesagt hat. Jetzt sollte Jannik dem Kevin die Wasserflasche ersetzen, sagt unsere Klassenlehrerin, und eine neue kaufen. Und Jannik war inzwischen so genervt, dass er dem Kevin eine reingehauen hat.« Endlich kommt ein Lehrer und trennt die beiden Streithähne.

Fünf Tipps zum »richtigen« Streiten

1. Beschreibe die Situation so genau wie möglich! Vermeide dabei, eine Situation zu werten! Halte dich an die Fakten!
Nicht: »Du bist rücksichtslos; immer kommst du zu spät!«
Sondern: »Weil S. eine halbe Stunde später als verabredet kam, habe ich den Bus verpasst!«

2. Formuliere deine Gefühle und Wünsche dem oder der anderen gegenüber klar und offen!
Nicht: »Niemand verpasst gern seinen Bus!« Sondern: »Ich habe mich geärgert, weil du nicht angerufen hast und ich erwarte, dass du das tust, wenn du dich verspätest!«

3. Bleibe sachlich und kritisch gegenüber deiner eigenen Sichtweise!
Manchmal ist man wie blind vor Wut und kann kein Gespräch führen, ohne dass sie aus einem herausplatzt. Es kann hilfreich sein, erst einmal tief durchzuatmen – aber manchmal auch, die Wut herauszulassen. Versuche anschließend mit klarem Kopf, auch deinen eigenen Standpunkt kritisch zu sehen.

4. Stelle fest, ob deine Antwort richtig angekommen ist!
Es passiert oft, dass dein Gegenüber etwas anders versteht, als du es tatsächlich meinst. Bitte ihn oder sie, deine Botschaft in eigenen Worten zu wiederholen. Dann kannst du unter Umständen etwas richtig stellen.

5. Höre dir an, was dein Streitpartner zu sagen hat!
Fange nicht sofort an, dich zu verteidigen, wenn die anderen etwas zu sagen haben. Höre es dir an, versuche es aus ihrer Sicht zu verstehen und überlege, ob und was du ändern möchtest.

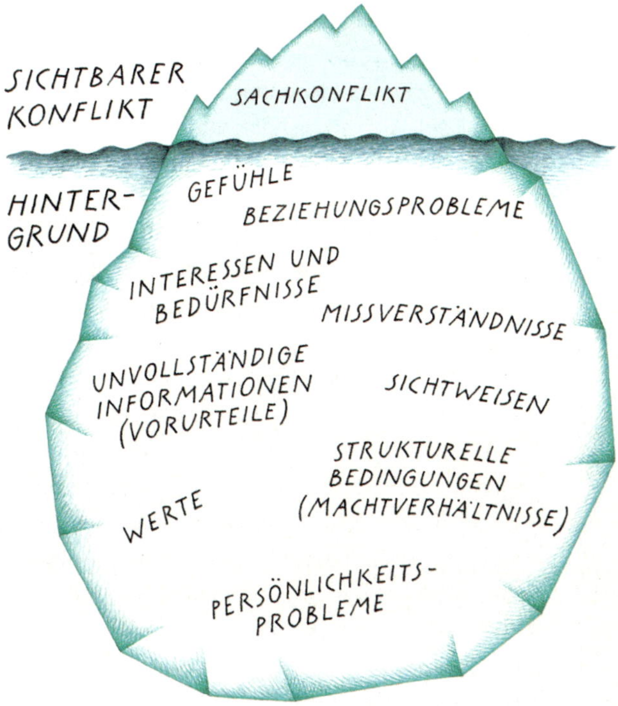

Das sogenannte Eisberg-Modell nach Ortrud Hagedorn zeigt, dass bei Konflikten oft nur die »Spitze eines Eisberges« bewusst wahrgenommen wird. Tiefer liegende Ursachen sind unter der Oberfläche verborgen.
Psychologen wollen die tatsächlichen Konfliktursachen bewusst machen und an die Oberfläche holen.

1 Lasst Jannik und Kevin im Rollenspiel mit Hilfe eines Mediators ihren Konflikt lösen. Beobachter protokollieren, ob die Streitregeln eingehalten wurden und wie der Mediator den Prozess der Konfliktlösung unterstützt hat.

2 Wertet gemeinsam die Gespräche zur Streitschlichtung aus.

3 Beschreibt den sichtbaren Konflikt zwischen Jannik und Kevin. Untersucht dann mit Hilfe des Eisbergmodells den Hintergrund der Auseinandersetzung. Welche Informationen fehlen, um sich ein gesichertes Urteil bilden zu können?

→← Ihr könnt so streiten, dass ihr nicht als Gewinner oder Verlierer auseinander gehen müsst. Damit das gelingt, sind Regeln notwendig, die alle Beteiligten akzeptieren. Wenn ihr sie beim Streiten berücksichtigt oder vielleicht sogar in die Rolle eines Streitschlichters schlüpft, werdet ihr euch und die anderen intensiver kennenlernen.
Die Ursachen für Konflikte liegen manchmal tiefer verborgen als auf den ersten Blick zu erkennen ist. Wenn ihr sie ergründet, habt ihr Schritte in eine Richtung getan, die helfen, Konflikte grundsätzlich zu klären. Manchmal ist so etwas notwendig, damit sich ähnlich gelagerte Konflikte nicht ständig wiederholen.

Den anderen und sich selbst verstehen lernen

Moritz und David streiten sich, weil sie dasselbe Mädchen lieben. Beide waren bisher gute Freunde. Aber seitdem Moritz mit Lisa geht, sind sie wie Hund und Katze. Können sie wieder Freunde werden? Einen ersten Schritt auf den anderen zugehen, bedeutet, ihn verstehen zu wollen.
Erzählt: Wer kennt solche Situationen und hat schon einmal erlebt, was ein erster Schritt bewirken kann?

Methode: Sich in andere hineinversetzen
Die Psychologie hat eine bewährte Übung entwickelt, die es Menschen erleichtern soll, sich in die Gefühle und Gedanken anderer (auch von »Gegnern«) hineinzuversetzen. Ihr braucht dazu zwei Stühle, die ihr mit etwas Abstand nebeneinanderstellt. Setzt euch auf einen Stuhl und beschreibt und erklärt die Gefühle und Gedanken, die z.B. Moritz umtreiben. Setzt euch anschließend auf den anderen Stuhl. Versetzt euch diesmal in Lisa oder David und schildert ihre oder seine Lage. Diskutiert anschließend verschiedene Möglichkeiten, die Konflikte zu lösen.

REBEKKA BARTH, »Wartende« (Gips-/Holz-Installation)

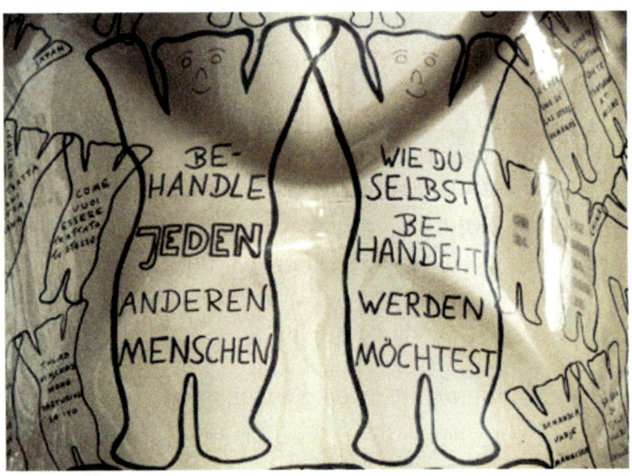

Schon vor über 2000 Jahren wurde ein ethisches Grundprinzip formuliert, das noch heute von vielen akzeptiert wird: die so genannte Goldene Regel. Sie ist in fast allen Kulturen und Religionen verbreitet.

»Wir sind die anderen« – die Goldene Regel

Füge andern nicht Leid durch Taten zu, die dir selber Leid zufügten!
Q Buddhismus, 5. Jahrhundert v. Chr.

Soll ich mich andern gegenüber nicht so verhalten, wie ich möchte, das sie sich mir gegenüber verhielten?
Q PLATON, 5. Jahrhundert v. Chr.

Füge andern nichts zu, das, geschähe es dir, dich schmerzen würde!
Q Hinduismus (Mahabharata), 3. Jahrhundert v. Chr.

Was du selbst nicht erleiden möchtest, füge auch keinem anderen zu!
Q Judentum (Hebräische Bibel: Tobit 4, 15), 2. Jahrhundert v. Chr.

So wie ihr von den Menschen behandelt werden möchtet, so behandelt sie auch!
Q Christentum (Bibel/Neues Testament: Matthäus 7, 12), 1. Jahrhundert n. Chr.

Nach der Goldenen Regel leben?

Sebastian Wenn ich gute Freunde habe, werde ich mich zu ihnen wie ein guter Mensch verhalten. Aber weshalb sollten mich alle anderen Menschen interessieren? […] Ich weiß einfach nicht, warum ich alle Menschen achten sollte!

Rahel Natürlich liegen mir meine Freunde besonders am Herzen. Aber achten muss ich jeden Menschen, so wie ich möchte, dass mich jeder achtet. Auch wenn ich ihn gar nicht kenne.

Manuel Was ich einsehe, ist die Zielrichtung, dass wir unsere Mitmenschen respektieren sollen, und auch die Begründung, dass ja jeder von uns in gleicher Weise geachtet werden möchte […]. Aber die Regel ist einfach zu allgemein, sodass ich gar nicht sehen kann, wie man damit im Einzelfall wissen kann, welche Handlungen gut und welche schlecht sind.

Sebastian Ich glaube nicht, dass uns die Goldene Regel zu einem moralischen Verhalten bewegen kann!

1 Diskutiert, welche Bedingungen erfüllt sein müssen, damit es gelingt, sich in einen anderen hineinzuversetzen.

2 Vergleicht die Formulierungen zur Goldenen Regel. Wie unterscheiden sie sich und was bedeuten die Unterschiede?

3 Überlegt, wie ihr die Einwände von Sebastian und Manuel gegen die Goldene Regel entkräften könnt: Entwickelt daraus ein Gespräch mit Pro und Kontra.

→← Die Goldene Regel ist seit Jahrtausenden ein anerkannter und allgemeinverbindlicher Maßstab für das richtige Handeln gegenüber anderen. Ihre Anwendung kann entscheidend zur Bewältigung von Konflikten beitragen. Die Goldene Regel wird falsch verstanden, wenn sie auf die Einfühlung in andere Menschen reduziert wird. Ihre Weisheit liegt darin begründet, dass sie einfordert, darüber nachzudenken, wie man selbst von anderen behandelt werden möchte. Und diese eigenen Wünsche – so sagt die Goldene Regel – geben die Grundlage dafür, wie wir mit unseren Mitmenschen umgehen sollten.

Konflikte aushalten können

Wie bitte? Ein psychologisches Experiment

Kindergruppen wurden Karten mit verschieden langen Linien vorgelegt. Sie erhielten den Auftrag, gleichlange Linien zu kennzeichnen. Alle Kinder lösten die Aufgabe richtig. Anschließend wurden die Kindergruppen neu eingeteilt. Mit Kindern einer Gruppe wurde heimlich vereinbart, dass sie zwei unterschiedlich lange Linien als gleich lang kennzeichnen sollten. Fast alle Kinder der nicht informierten Gruppen schlossen sich daraufhin der »falschen« Meinung an. Wie könnt ihr das erklären?

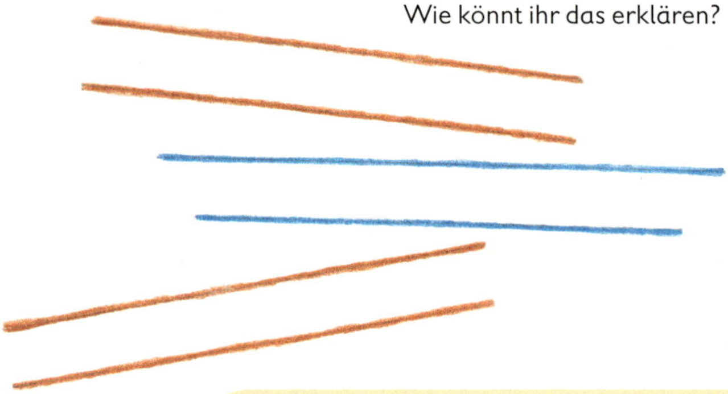

Mitmachen um jeden Preis?

Peter ist neu in der Klasse. Bisher ist er bei seinen Mitschülern gut angekommen und fühlt sich in seiner neuen Umgebung wohl. Moritz ist der Anführer einer Clique, die in der Klasse den Ton angibt. Er will testen, was Peter alles mitmacht. Auch die anderen in der Clique sind gespannt. »Wir schwänzen heute die 6. Stunde Mathematik und gehen stattdessen ins Schwimmbad«, gibt Moritz vor. Schon früher hatte Peter Probleme in Mathematik und er wäre deswegen fast sitzen geblieben. Die heutige 6. Stunde ist die letzte vor der angekündigten Klassenarbeit. Eigentlich wollte er in der neuen Schule nicht gleich wieder mit einer schlechten Mathe-Arbeit starten.

Andrea hat Gelegenheit, mit ihrer Freundin ins Kino zu gehen. Die meisten in der Klasse haben den neuen Film schon gesehen und unterhalten sich darüber. Andrea und ihre Freundin konnten bislang nicht mitreden und wurden von den anderen als »Fernsehtanten« und »Mamikinder« verspottet. – Andreas Mutter ist gegen den Kinobesuch, der ihr teuer und unnötig erscheint.
Den Film findet Andrea nicht wirklich interessant, aber nicht mitreden zu können und deswegen verspottet zu werden, das macht ihr etwas aus. Andrea könnte ihre Mutter anlügen und sagen, dass sie zu ihrer Freundin geht, um Schularbeiten zu machen. Da deren Eltern zwei Tage weg sind, ist die Gelegenheit günstig.

Wegschauen um jeden Preis?

Ich wollte gerade mit zwei Freundinnen einkaufen gehen, als wir von zwei Mädchen angesprochen wurden [...]. Irgendwie hatten sie es auf mich abgesehen, denn auf einmal schrieen sie mich an und begannen, mich zu beschimpfen. Angeblich hatte ich sie dumm angeguckt und etwas über sie gesagt. Als ich das jedoch abstritt, wurde es nur noch schlimmer. Ich versuchte zu gehen, doch sie hiel-

Prinzen-Sänger SEBASTIAN KRUMBIEGEL wurde auf der Straße von mehreren Männern zu Boden geschlagen. Er verdankt es einem jungen Bundeswehrsoldaten, dass die Täter von ihm abließen. KRUMBIEGELS Botschaft: »Nicht wegschauen, sondern einmischen, Lärm machen, Zivilcourage* zeigen!

ten mich fest. Eine meiner Freundinnen versuchte, die beiden zu beruhigen, was aber nicht gelang. Dann plötzlich geschah das, was mir noch nie in meinem Leben widerfahren war und womit ich in diesem Moment überhaupt nicht gerechnet hatte. Während eine der beiden mich anschrie, schlug sie mir ihre Faust ins Gesicht. [...] In einem winzigen Moment wusste ich nicht, was passiert war [...]. Als ich mich einigermaßen gefasst hatte, sah ich meine Freundinnen, die unter Schock wie angewurzelt dastanden. Doch dann ging es schon weiter. Ich betete, dass es bald vorbei war, doch die eine packte mich an den Haaren und riss mich runter, während die andere mir in den Unterleib trat. Leute, die vorbeikamen, schauten schnell weg und gingen weiter. Nach Tritten [...] ins Gesicht ließen sie endlich von mir ab, weil meine Schwester mit ein paar Freunden vorbeikam. Sie brachten mich nach Hause [...]. Meine Freunde haben versucht, mir darüber hinwegzuhelfen. [...] Noch über ein Jahr danach werde ich von Alpträumen geplagt.

Q ANNE und ABRAHAM TEUTER: Du gegen Mich

1 Notiere, wie du als Peter bzw. Andrea handeln würdest – und schreibe eine Begründung. Vergleicht und diskutiert in Gruppen eure Entscheidungen: Haltet die Argumente fest.

Seiten 16/17 ◀ **2** Kennt ihr ähnliche Situationen, in denen ihr unter dem Druck gestanden habt, mitzumachen? Erklärt eure »Schmerzgrenze«, die ihr nicht überschreiten würdet, auch wenn eine Clique es von euch verlangt.

Seiten 86/87 ◀ **3** Warum fällt es so schwer, sich gegen Gruppendruck zur Wehr zu setzen? Inwieweit hilft euch als Erklärung das Experiment von Seite 76 weiter.

4 Diskutiert Möglichkeiten, euch gegenseitig so zu stärken, dass ihr nicht um jeden Preis mitmacht oder wegschaut – insbesondere, wenn Gewalt im Spiel ist.

Seiten 60/61 ◀ →← Konflikte entstehen auch dort, wo von euch etwas erwartet wird, dem ihr nicht entsprechen könnt oder wollt. Doch das »ungeschriebene Gesetz« einer Clique kann so stark sein, dass der eine oder andere sich gegen die Stimme seines Gewissens entscheidet. Es gehört Mut dazu, solche inneren Konflikte auszuhalten und auch »Nein« sagen zu können. Es gehört auch Mut dazu, sich einzumischen, wenn Unrecht geschieht. Konflikte können ausgesessen und verdrängt werden; aber Konflikte, denen ihr euch stellt, lassen euch in eurer Persönlichkeit wachsen – und stark werden.

Henri Matisse,
Der Tanz
(1909/10)

»Stellt euch vor« – ein Gedankenexperiment*

Stellt euch vor, ihr seid die einzigen Überlebenden bei einem Flugzeugabsturz. Ihr kennt das Gebiet nicht, auf dem ihr euch befindet; es ist meilenweit von jeder Zivilisation entfernt. Ihr müsst neu anfangen und in irgendeiner Form euer Zusammenleben regeln. Ihr müsst zusammen überlegen und gemeinsam entscheiden, wie das aussehen soll.

- Setzt euch in Tischgruppen zusammen. Versetzt euch in die Situation der Überlebenden. Listet mögliche Streitpunkte auf, die im Zusammenleben auftreten könnten.
- Diskutiert Möglichkeiten, Streitpunkte ohne Gewalt zu klären (Seiten 70–77). Einigt euch auf Grundregeln, die euer Zusammenleben in der Gruppe regeln sollen.

Methode: Mit Gedanken experimentieren*

»Was wäre, wenn …?« oder »Nehmen wir einmal an …« sind Formulierungen, die eine besondere Art von Experimenten einleiten: Experimente mit Gedanken, Gedankenexperimente. Ausgehend von nicht realen, unwahrscheinlichen oder sogar ganz und gar unmöglichen Voraussetzungen wird auf rein gedanklichem Weg überlegt, zu welchen Konsequenzen diese führen könnten. Auf diese Weise lassen sich neue Perspektiven entwickeln oder Zusammenhänge klären. Hier dient das Experiment dazu, die Bedeutung von Regeln für die Aufrechterhaltung von Frieden und Recht zu überdenken.

Lieber auf den Boxsack als auf Mitschüler hauen?
Gewaltbereitschaft abbauen – das kann trainiert werden! Die örtlichen Polizeidienststellen bieten in NRW Selbstbehauptungskurse und Deeskalationsprogramme an – ebenfalls die Gewalt Akademie in Villigst als Einrichtung der Evangelischen Kirche von Westfalen. Darüber könnt ihr euch im Internet informieren: www.gewaltakademie.de.

Schülerinnen und Schüler der Regelschule »Anna Sophia« im thüringischen Kranichfeld starteten das Musik- und Sport-Projekt »Töne gegen Fäuste – Sport gegen Gewalt«. Welche Ideen hättet ihr für einen ähnlichen Schul-Projekttag?

Projekt: Mit Sportspielen Fairness trainieren

In Kolumbien wird ein Projekt erprobt, um die Gewaltbereitschaft unter Jugendlichen einzudämmen und um der Unterdrückung von Mädchen entgegenzuwirken. Zu den Regeln des Projekts »Straßenfußball für Toleranz« gehören unter anderem folgende Regeln:

1. Gespielt wird auf einem Kleinfeld (ca. 10 x 15 m) mit kleinen Toren.
2. Die Spieldauer beträgt sieben Minuten.
3. Die Teams bestehen aus bis zu sechs Spieler(inne)n. In einem Team müssen mindestens zwei Spielerinnen mitspielen.
4. Es wird ohne Torwart gespielt. Spieler/innen können beliebig oft ausgewechselt werden.
5. Alle geschossenen Tore einer Mannschaft zählen nur dann, wenn im Laufe des Spiels auch ein Mädchen mindestens ein Tor geschossen hat.
6. Es gibt keine Schiedsrichter, sondern »Teamer«, die das Spiel begleiten. Sie greifen nicht aktiv ins Spielgeschehen ein.
7. Vor dem Spiel treten die beiden Teams zusammen: Sie definieren für sich drei Regeln des Fair-Play und drei zusätzliche Regeln, die sie im Spiel einhalten wollen. Nach dem Spiel treten beide Teams zusammen und diskutieren, inwiefern sie ihre Regeln eingehalten haben. Der Teamer unterstützt sie hierbei.
8. Punkte bekommen die Teams nach folgender Regelung: Das Siegerteam nach Toren erhält drei Punkte, die Verlierer einen Punkt. Bei Unentschieden bekommen beide Teams zwei Punkte. Beide Teams können für die Einhaltung der (Fair-Play-) Regeln bis zu drei Punkte bekommen.

- Organisiert, möglichst in Abstimmung mit dem Sportunterricht, Fußballspiele in eurer Klasse oder Gruppe, die sich an die obigen acht Regeln anlehnen. Ihr könnt die Regeln variieren und auch auf andere Sportspiele übertragen, z. B. auf Hockey oder Street-Basketball.
- Wenn ihr die Regeln beherrscht, könnt ihr auch ein Sportspiel-Turnier »Fair-Play« planen.
- Informiert euch bei der Polizei in eurer Region über Angebote zum Deeskalationstraining. Diskutiert Möglichkeiten, Angebote dieser Art an eurer Schule auszuprobieren.

Lesetipp

Deborah Ellis: Die Sonne im Gesicht. Ein Mädchen in Afghanistan. Aus dem Englischen von Anna Melach, München: Verlag cbj 2003

Werte

Die guten Dinge des Lebens
Sind alle kostenlos:
Die Luft, das Wasser, die Liebe.
Wie machen wir das bloß,
Das Leben für teuer zu halten,
Wenn die Hauptsachen kostenlos sind?
Das kommt vom zu frühen Erkalten.
Wir genossen nur damals als Kind
Die Luft nach ihrem Werte
Und Wasser als Lebensgewinn,
Und Liebe, die unbegehrte,
Nahmen wir herzleicht hin.
Nur selten noch atmen wir richtig
Und atmen Zeit mit ein,
Wir leben eilig und wichtig
Und trinken statt Wasser Wein.
Und aus der Liebe machen
Wir eine Pflicht und Last.

Und das Leben kommt dem zu teuer,
Der es zu billig auffasst.

Eva Strittmatter (1977)

Viertes Kapitel

Nach Werten handeln

1 Zählt neben Luft, Wasser und Liebe noch andere »gute Dinge« auf, die scheinbar selbstverständlich sind.

2 Erzählt, in welchen Situationen euch diese »guten Dinge« bewusst waren. – Wie viel Geld würdet ihr dafür bezahlen?

3 Versucht euch eine Gesellschaft vorzustellen, in der Luft, Wasser und Liebe nicht mehr kostenlos sind, sondern bezahlt werden müssten. Diskutiert, ob das die Lösung für das Problem wäre, das Eva Strittmatter anspricht?

4 Nennt Dinge, die eurer Meinung nach in eine Aufzählung (über-) lebenswichtiger Werte aufgenommen werden sollten.

Gut oder böse? Maßstäbe, nach denen wir (moralisch) urteilen

Tagtäglich beurteilen Menschen das Handeln ihrer Mitmenschen oder werden von ihnen beurteilt. Wie oft heißt es: »Das hast du echt gut gemacht!« Oder: »Das, was du eben gesagt hast, war richtig böse!« Doch meinen wir alle das Gleiche, wenn wir Begriffe wie »gut« und »böse«, »richtig« und »falsch« benutzen? In welchen Situationen urteilst du eher persönlich-gefühlsmäßig (emotional), wann eher nach Moral oder nach Recht und Gesetz?

Nur so unter Freunden?

Manche staatlichen Gesetzgeber bestrafen Raubkopierer sogar mit Haftstrafen – sie reagieren damit auf die Milliarden-Verluste, die der Musik-, Spiel- und Filmindustrie entstehen.

Stefan ist glücklich. Endlich hat er sich von Omas Geburtstagsgeld die Version 2 von »Empire Earth« für seinen PC gekauft. Fast 40 Euro musste er dafür opfern. »Ist gar nicht so leicht, sich durch die verschiedenen Level zu arbeiten«, stellt er mit Genugtuung fest. Stolz gibt Stefan die CD-ROM für die Ferienzeit seinem Freund Max, denn Stefan fährt mit seinen Eltern in Urlaub.
Nach den Ferien ist »Empire Earth« in der ganzen Klasse Gesprächsthema. Fast alle Jungen können mitreden und geben sich gegenseitig Tipps. Stefan fragt Max, ob er sein Spiel verborgt hat. Max streitet ab. Doch von Johann erfährt Stefan, dass es Max mithilfe seines älteren Bruders gelungen ist, die CD-ROM zu kopieren. – Jetzt braucht Stefan nur noch zwei und zwei zusammenzählen: Max hat Raubkopien seiner CD-ROM an seine besten Freunde in der Klasse verteilt. Stefan ist sauer: »Eine Kopie für den besten Freund, damit könnte ich mich noch abfinden. Das ist ja auch nicht verboten, oder? Aber gleich die ganze Klasse damit zu versorgen, ist unfair – wenn nicht sogar kriminell!«

Dieser Comic wurde von einer 15-jährigen Schülerin gezeichnet; sie hatte im Kaufhaus gestohlen. Ein so genanntes Teen Court* verhängte als Strafe, den Tathergang genauestens aufzuzeichnen. Teen Courts zählen zu jenen Projekten, die neue Wege im Umgang mit jugendlichen Tätern und deren Opfern beschreiten (Seiten 90/91: Gerecht bestrafen – geht das?).

Reicht der gute Vorsatz?

Die folgende Fabel stammt aus dem Buddhismus. Sie zeigt, dass bei der Bewertung einer Handlung nicht nur die Lebensumstände eines Menschen, sondern auch seine Beweggründe berücksichtigt werden müssen:

Ein Vogelfänger hatte ein Rebhuhn dressiert und benutzte es nun als Lockvogel. Stieß das Rebhuhn einen Schrei aus, so kamen andere Rebhühner herbei und gingen dem Vogelfänger ins Netz. Da dachte das Rebhuhn: »Viele meiner Verwandten gehen durch mich zugrunde. Ich handle böse«, und es beschloss, nie wieder einen Laut von sich zu geben. Der Jäger aber schlug dem Rebhuhn auf den Kopf, sodass dieses vor Schmerzen aufschrie. Und wieder kamen die Rebhühner herbei und liefen in die Falle. Das Rebhuhn hatte furchtbare Schuldgefühle. »Würde ich nicht schreien, so könnte der Jäger keine anderen Rebhühner fangen und sie töten«, dachte das Rebhuhn bei sich. Eines Tages kam der Jäger an der Hütte eines Weisen vorbei. Er stellte den Korb mit dem Lockvogel ab, um am nahe gelegenen Bach seinen Durst zu stillen. Da dachte das Rebhuhn: »Ich werde diesem Asketen* von meinen Sorgen erzählen!« Und aus seinem Käfig heraus rief es dem Weisen, der gerade aus der Hütte kam, zu: »Recht sorglos lebe ich fürwahr, das Essen geht mir niemals aus. Doch quält der Zweifel mich gar sehr. Was wird mit mir in der Zukunft sein?«
Der Weise antwortete: »Wenn du in deinem Herzen nicht zu bösen Taten bist geneigt, dann haftet dir kein Böses an, denn du willst ja nichts Böses tun. Die böse Tat geht nicht auf dich, denn deine Absicht war nicht schlecht. Dem Guten, der nicht schaden will, haftet die Böstat auch nicht an.«
Auf diese Weise beruhigte der Weise das Gemüt des Rebhuhns.

1 Beurteilt das Verhalten von Max und der jugendlichen Kaufhausdiebin. Klärt dabei eure Urteilsmaßstäbe und vergleicht sie.

2 Überlegt verschiedene Möglichkeiten, wie Stefan reagieren könnte. Überdenkt die jeweiligen Folgen. Einigt euch auf Handlungsschritte, die für alle Beteiligten tragfähig sein können.

3 Angenommen, Max hätte aus Unwissenheit gehandelt. Sollte dies Auswirkungen auf die Beurteilung seines Verhaltens haben? (Unterscheidet hierbei die rechtliche von einer moralischen Beurteilung.)

Seite 95 ◄
Methode: Mit einem Dilemma umgehen

4 Hast du dich auch schon einmal so ähnlich wie das Rebhuhn in der Fabel gefühlt? Erzähle davon und ob du Hilfe bekommen hast.

Wenn sich plötzlich die eigenen Werte neu ordnen – habt ihr das selbst schon einmal erlebt? Vera Bohle war mit ihrem Leben einverstanden. Doch dann entschied sie sich, ihren sicheren Job als Journalistin aufzugeben, um als Minenräumerin zu arbeiten: »Ich weiß, dass ich die Welt nicht retten kann. Aber ich gebe den Menschen wenigstens ein Stück Land zurück. Ich habe die Chance, etwas zu tun, das ich als sinnvoll empfinde. Es geht mir gut dabei.«

Methode: Testfahrt für Wertvorstellungen – ein Gemeinschaftsspiel

Erstelle für dich eine persönliche Werteliste, in der du deine zehn wichtigsten Werte der Reihe nach ordnest. Deine Werteliste ist das Gepäck für eine Ballonfahrt mit vier anderen aus der Gruppe. Dann bildet Kleingruppen: Stellt euch vor, ihr seid mit einem Ballon unterwegs, der sich jedoch plötzlich absenkt. Ihr könnt das gefährliche Absenken des Ballons nur dadurch verhindern, dass ihr Ballast in Form eures Wertegepäcks abwerft. Wenn ihr es nicht schafft, euch auf eine gemeinsame Werteliste mit fünf Werten zu einigen, stürzt ihr ab. Zur Spielregel gehört, dass die Mehrheit der Gruppe mit der Auswahl der Werte einverstanden sein muss. Notiert am Schluss die Begründung für die Wahl eurer Werteliste. Verteidigt sie vor der Klasse.

Werte verändern sich – »die Jugend« auch?

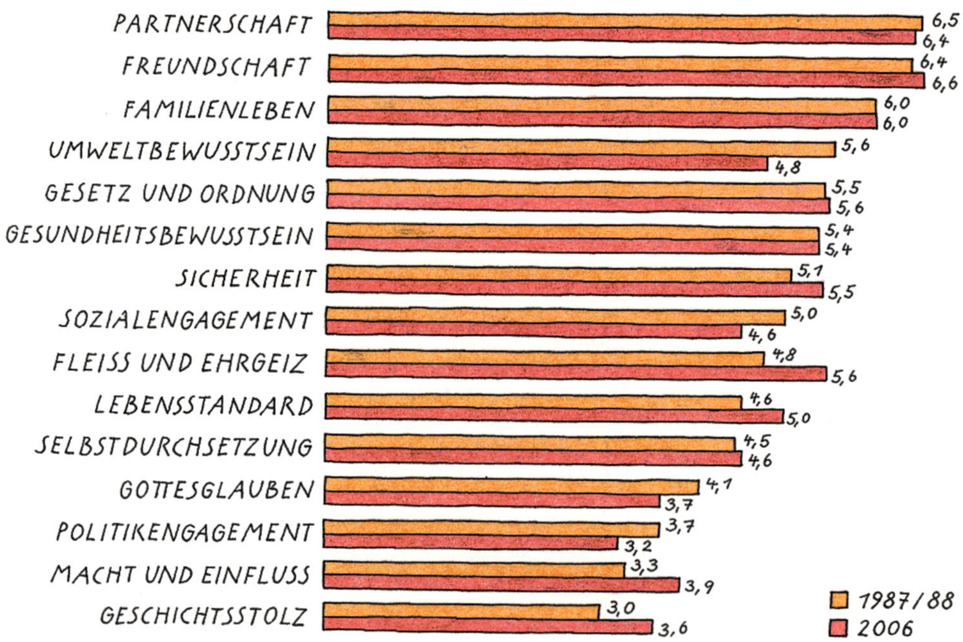

Datenauswahl nach Shell-Jugendstudie (2002 und 2006)

Werte helfen, sich zu orientieren – Normen übersetzen sie ins Leben

Menschen orientieren sich an Werten, da sie ihrem Verhalten Sinn und Richtung geben. Sie stehen für das, was sie für erstrebenswert halten und können sich verändern. *Werte*, die in einer Gesellschaft allgemein anerkannt sind, bieten im Konfliktfall eine verbindliche Richtschnur oder Argumentationshilfe.

• Die Achtung des Lebens und der Würde* des Menschen beispielsweise gehört zu den sogenannten *universellen Werten*. Dagegen werden Offenheit, Vertrauen oder Gottesglaube *individuelle Werte* genannt, da sie – abhängig von der Person – unterschiedlich empfunden und beurteilt werden.

▶ Seite 154 oben

• *Normen* äußern sich in Verhaltensregeln, wie z.B. im Restaurant das beiliegende Besteck zu benutzen. Sie sagen, was man tun soll. Sie helfen, Werte im täglichen Leben umzusetzen. Hinter jeder Norm (z.B. das Besteck benutzen) steht ein Wert (z.B. Höflichkeit), manchmal sind es sogar mehrere (Sauberkeit, Hygiene). Menschen können gleiche oder ähnliche Werte vertreten, aber auf verschiedene Weise im Alltag umsetzen. So kann sich der Wert, umweltbewusst zu leben, in der Norm zeigen, grundsätzlich den Müll zu trennen oder nur in Ausnahmefällen das Auto zu benutzen. Allgemeine Verhaltensnormen in Form gültiger Gesetze regeln das Zusammenleben in der Gesellschaft.

1 Beschreibt und beurteilt den Wandel in der Werteorientierung bei Jugendlichen innerhalb von fast 20 Jahren: Versucht die Veränderungen zu erklären.

2 Wähle dir aus dem Schaubild einige Werte aus. Formuliere Normen, mit denen diese umgesetzt werden können.

3 Nennt Normen, die Ausdruck verschiedener Werte sind. Gibt es auch Normen, die du ablehnst, obwohl du die dahinter stehenden Werte akzeptierst?

4 Diskutiert, ob oder wie man sich vor der Manipulation* durch einen Unrechtsstaat schützen kann.

Ein Wert muss nicht zwangsläufig »gut« sein: Dieser Junge wurde nach den »Werten« einer menschenverachtenden Ideologie erzogen. Überlegt, ob er einfach so »umerzogen« werden kann.

→← Wer menschliche Verhaltensweisen beurteilt, achtet nicht nur auf die Folgen einer Handlung, sondern berücksichtigt auch die Motive, die ihr zugrunde liegen. Eine Handlung ist nicht prinzipiell gut, weil ihre Folgen gut sind. Doch ist eine Handlung auch nicht prinzipiell schlecht, weil die Absichten des Handelnden schlecht sind. Die Übereinstimmung einer Tat mit geltenden Normen spielt bei ihrer Beurteilung eine wichtige Rolle. Menschen orientieren ihr Verhalten an Werten – um sie im Alltag umzusetzen, brauchen sie Normen. Werte variieren von Kultur zu Kultur, von Generation zu Generation und auch innerhalb sozialer Gruppen und zwischen Staatsformen. Werte fordern tagtäglich heraus, Einstellungen zu überdenken, in Konflikten Lösungen zu finden. Rechtsprinzipien, z.B. die Menschenrechte, basieren auf allgemein anerkannten Werten wie der Achtung vor der Menschenwürde.

Moralische Gefühle – Motor des Handelns?

Warum reagieren Erwachsene betroffen oder beschämt, wenn sie auf der Straße Kinder betteln sehen? Es sind moralische Gefühle, die sie in diesen oder ähnlichen Situationen reagieren lassen. Aus Mitgefühl kümmern sich Nachbarn um eine alte Frau im Nachbarhaus – sie können auch wütend werden, wenn andere aus dem Haus die alte Frau ignorieren. Schulklassen reagieren empört, wenn Mitschüler oder Mitschülerinnen ungerecht behandelt werden. Doch auf moralische Gefühle ist nicht immer Verlass. Warum eigentlich nicht?

Kinder empfinden Angst in der Dunkelheit, Freude über ein Geschenk oder auch körperliche Gefühle wie Zahnschmerzen oder Durst. Moralische Gefühle hingegen werden erlernt. Im Spiel z. B. erwerben Kinder die Fähigkeit, sich in andere hineinzuversetzen und auch deren Interessen zu verstehen. Diese Erfahrungen werden als moralische Gefühle verinnerlicht – sie wirken wie ein innerer Kompass für das soziale Verhalten.

Einer für alle – alle für einen?

»Die Luft ist rein«, ruft Marie in die Umkleidekabine zurück. Dann geht alles ganz schnell. Julia holt den Alleskleber aus der Tasche, nimmt Violas Turnschuhe und bestreicht damit die Sohle fett. Ute holt das Wasser, Karin schüttet Tapetenkleister darauf, einmal kräftig umrühren und ab damit in den Turnschuh. Die anderen Mädchen der Klasse sehen zu und lachen. »Die wird sich wundern!«, trällern alle gleichzeitig. Warum benimmt sich die Neue auch immer so blöd. Hat die Nase ganz weit oben, nicht einmal Hausaufgaben kann man von der abschreiben. Vergnügt gehen die Mädchen zum Sportunterricht.

Zwei Tage später ist es vorbei mit der Fröhlichkeit. Violas Turnschuhe waren nagelneu. Die Sohle hatte sich fast abgelöst beim Versuch, sie vom Fußboden zu trennen; das Innenfutter wurde nach dem Trocknen hart wie Stein. Die Turnschuhe sind unbrauchbar, der Hallenfußboden ist lädiert. Violas Eltern beschweren sich beim Schulleiter und wollen den Schaden ersetzt haben und die Schuldigen bestraft sehen. Frau Runge, die Klassenlehrerin, ist empört: »Ein Schulstreich ist das nicht mehr! Wenn der oder die Schuldigen sich nicht melden, lassen wir den Wandertag in der nächsten Woche ausfallen und alle gehen zum Arbeitseinsatz in die Gemeinde, um mit dem verdienten Geld für den Schaden aufzukommen!«

Am Tag danach: eine Lagebesprechung im Katzenjammer

Felix *Ganz schön heftig, was ihr euch da geleistet habt – 'ne Nummer kleiner hätte auch gereicht!*

Julia Die hat das voll und ganz verdient! Hat doch super geklappt. Wenn wir zusammenhalten, kann uns nichts passieren. Die paar Stunden schuften überstehen wir auch. Wird so schlimm nicht werden.

Marie *Ja, gerade jetzt müssen wir zusammenhalten! Heult sich gleich bei den Eltern aus und die rennen auch gleich noch zum Schulleiter. Das können wir uns nicht gefallen lassen.*

Thomas Ich verzichte nicht auf den Wandertag, Mädels! Das müsst ihr schon unter euch ausmachen. Die Jungs haben damit nichts zu tun. Immer dieser Zickenalarm!

Karin *Ich finde auch, wir sollten uns melden! Ich bin nicht mehr besonders stolz auf unsere Tat. Es ist gemein, die anderen da mit reinzuziehen.*

Ute Wer soll sich da melden? Hatte nicht Niclas die Idee, und alle haben mitgemacht?

Lisa *Wenn meine Eltern davon erfahren, dann krieg' ich richtig Ärger! Warum habe ich auch nicht laut gesagt, dass ich die Idee nicht gut finde?*

Christian Mir tut Viola echt leid! Sie hatte doch in der kurzen Zeit bei uns gar keine Chance, Freunde zu finden.

Viele Hilfsorganisationen sprechen moralische Gefühle an. Zum Beispiel fordern sie auf, etwas gegen die soziale Kälte zu tun. Mit diesem Logo wirbt eine kirchliche Einrichtung um die Unterstützung von Aidswaisen.

1 Hinter den Meinungen der Jugendlichen stecken Gefühle. Kannst du sie in Worte fassen? In welchen Fällen handelt es sich um moralische Gefühle? (Ihr könnt die Lagebesprechung um die Standpunkte möglicher anderer Schüler/innen ergänzen.)

2 Stellt in Standbildern verschiedene Gefühle dar. Lasst sie von der Klasse erraten.

3 Schildert Erlebnisse, in denen Gefühle eine Situation bestimmt haben. Diskutiert, ob es beim Ausleben eigener Gefühle Grenzen geben sollte.

4 Überlegt, ob ihr Geschichten oder Filme kennt, die vom Verlust moralischer Gefühle erzählen: Welche Ereignisse fallen euch in diesen Zusammenhängen ein?

Seiten 70–73 ◀
(Kapitel 3: Ewige Gewalt?)

5 Einigt euch auf ein Verfahren, wie der Konflikt in der Schule für alle Beteiligten fair gelöst werden kann.

Moralische Gefühle – Motor des Handelns?

Was ist Gerechtigkeit?

Frau Schneider ist nach ihrer Scheidung in die Kreisstadt gezogen. Mit einem kleinen Eiscafé möchte sie sich eine neue Existenz aufbauen. Bis auf die Sommermonate ist die Arbeit gut zu schaffen. Doch die Sommerferien möchte Martin mit seinem Vater und einigen Freunden verbringen; ansonsten hilft er gern. Deswegen sucht Frau Schneider eine Aushilfe und hat eine Anzeige aufgegeben – den Lohn will sie noch aushandeln. Doch wen soll sie einstellen?

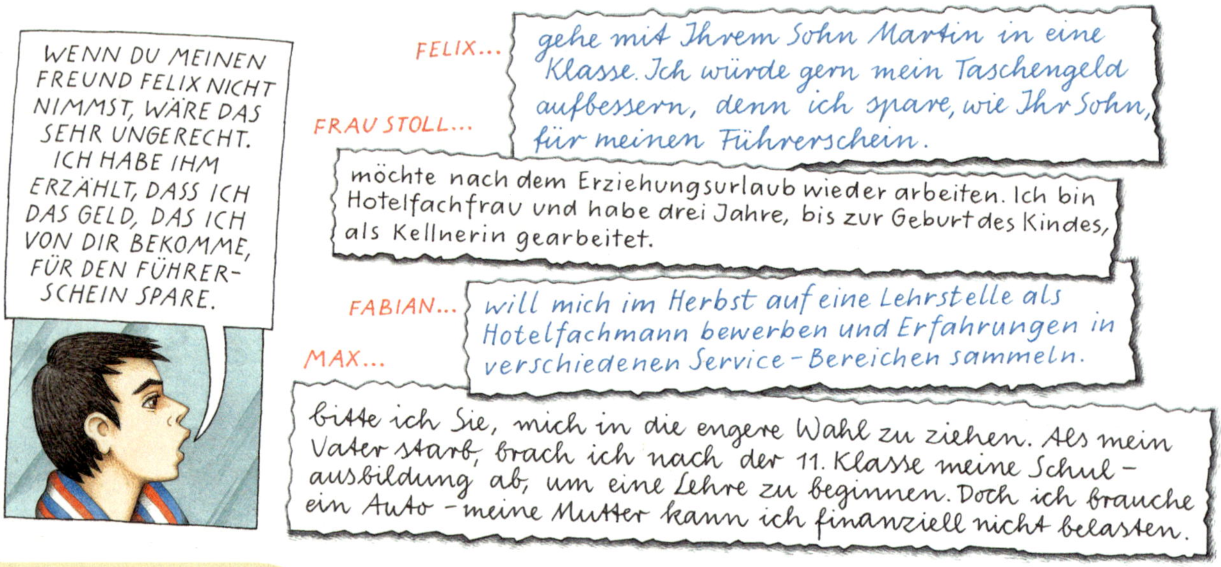

Die Arbeiter im Weinberg – ein Gleichnis

Wo Gott herrscht, geht es zu wie bei einem Gutsbesitzer, der für seinen Weinberg Arbeiter suchte. Er ging in der Morgenfrühe auf die Suche nach Tagelöhnern. Als er mit den Männern einig war, dass sie für einen Denar, den Lohn, den man für einen Tag zum Leben braucht, bei ihm arbeiten wollten, schickte er sie in seinen Weinberg [...]. Um die Mittagszeit und nachmittags um drei Uhr ging er noch einmal hin und tat dasselbe. Um fünf Uhr aber, am späten Nachmittag, sah er wieder andere stehen [...]. Da forderte er auch sie auf: »In den Weinberg!« Als die Dämmerung hereinbrach, wandte sich der Eigentümer an den Verwalter: »Rufe die Arbeiter zusammen und gib ihnen den Lohn. Fang bei den letzten an und geh durch bis zu den ersten.«
Da kamen die, die von fünf Uhr nachmittags an gearbeitet hatten, und erhielten jeder den üblichen Taglohn. Als aber die ersten kamen, meinten sie, sie würden mehr bekommen, erhielten aber, wie alle, den Lohn für einen Tag. Als sie den in der Hand hielten, protestierten sie und hielten dem Besitzer vor: »Die hier, die zuletzt kamen, haben nur eine Stunde gearbeitet, und du behandelst sie wie uns, die die Last und Hitze des ganzen Tages getragen haben.« Er aber antwortete einem von ihnen:

»Mein Freund, ich tue dir kein Unrecht. Bist du nicht mit mir einig geworden, dass du den üblichen Taglohn bekommen solltest? Nimm ihn und geh. Ich will aber dem hier, der zuletzt kam, dasselbe geben wie dir. Oder kann ich mit dem, was mir gehört, nicht tun, was ich will? Siehst du neidisch auf die anderen, weil ich großzügig bin? So werden die Ersten in den Augen des Herrn die Letzten sein, und die Letzten werden seine besondere Güte erfahren.«

Q Übertragung aus dem Neuen Testament (Matthäus 20, 1–16)

Wie in anderen Gleichnissen auch, wird hier ein wichtiger Gedanke in eine Bild- oder Beispielgeschichte umgesetzt: JESUS erzählt von einer Gerechtigkeit, die nicht danach fragt, wie viel jemand aufgrund seiner Leistung verdient; vielmehr gehört es zu dieser ungewöhnlichen »Gerechtigkeit«, dass alle an ihr nach ihrer Bedürftigkeit teilhaben können – auch der letzte Arbeitslose. JESUS sieht diese Gerechtigkeit nicht erst bei Gott »im Himmelreich« verwirklicht, sondern bereits zwischen Menschen, die nach »Gottes Willen« handeln.

Lies dazu auch ◄ die Seiten 150–151

REMBRANDT HARMENSZOON VAN RIJN (1606–1669), Die Arbeiter im Weinberg.
Mit biblischen Texten können wir in eine mehr als 2000 Jahre alte Glaubenswelt blicken. Der Gott der Israeliten ist untrennbar mit der Idee der Gerechtigkeit verbunden. »Das jüdisch-christliche Erbe schärft den Blick für eine Gerechtigkeit, die das Wohl aller Menschen zum Ziel hat«, glauben die einen. »Utopisch und realitätsfern«, sagen andere. Und was meint ihr?

1 Diskutiert über Martins Einstellung: Hat er Recht? Wie würdet ihr anstelle seiner Mutter entscheiden? Gibt es in diesem Fall eine »gerechte« Entscheidung?

2 Wie könnten heute Arbeiter/innen bei einer Weinernte entlohnt werden? Entscheidet darüber nur die Arbeitszeit? Welche anderen Merkmale für eine gerechte Entlohnung gibt es noch?

3 Auf den ersten Blick scheint der Gutsbesitzer im Gleichnis ungerecht zu sein. Beschreibt den Perspektivwechsel, zu dem das Gleichnis auffordert.

4 Diskutiert das Für und Wider des Gerechtigkeitsgedankens, wie er im Gleichnis entfaltet wird: Ist diese ungewöhnliche Blickrichtung für das Zusammenleben von Menschen verzichtbar?

Moralische Gefühle – Motor des Handelns?

Gerecht bestrafen – geht das?

Wie geht eine Gesellschaft mit Menschen um, die das geltende Recht missachten? Garantieren Strafen, dass sich die Täter/innen mit ihrem Fehlverhalten tatsächlich auseinandersetzen und nicht rückfällig werden? An wen können sich geschädigte Opfer wenden? Wie kann die Vergangenheit aufgearbeitet und Wiedergutmachung organisiert werden? Bei uns gibt es nicht nur eine gerichtliche, sondern auch eine außergerichtliche Konfliktschlichtung – den sogenannten Täter-Opfer-Ausgleich: Dort kümmern sich Juristen, aber auch ausgebildete Helfer aus anderen Berufen um eine heilende Gerechtigkeit.

Aus einer Zeitungsmeldung

Gestern Nacht nahm die Polizei zwei jugendliche Einbrecher fest. Sie waren in ein Eiscafé eingedrungen, um Zigaretten, Geld und Alkohol zu stehlen. Die Jugendlichen hatten vor der Tat bei Freunden gefeiert und waren dann im betrunkenen Zustand gewaltsam in das Café in der Goethestraße eingebrochen. Nachbarn beobachteten den Einbruch und verständigten die Polizei. Bevor die Männer fliehen konnten, war die Polizei am Tatort. Es entstand erheblicher Sachschaden.

Martin *Ich kann es nicht glauben. Meine Kumpel – sie wussten doch, wem das Eiscafé gehört! Was wird Mutter tun? Will sie die beiden vor Gericht sehen? Werden sie verurteilt, sind sie vorbestraft! Sie sind ja noch nicht 18 – also gilt für sie das Jugendstrafrecht! Da werden die doch mit Samthandschuhen angefasst! Für den Schaden können die nicht aufkommen – sie gehen ja noch zur Schule! Ob den beiden überhaupt klar ist, was sie da angerichtet haben? Es ging doch nur um ein paar Zigaretten, etwas Schnaps und ein wenig Spaß.*

Martins Mutter *Morgen werde ich Anzeige erstatten! Der Jugendrichter soll ja ein Mann mit Durchsetzungskraft sein – hoffentlich werden die beiden ordentlich bestraft. Gerade war ich auf einem überschaubaren Weg, meine Kredite abzuzahlen. Die zusätzlichen Kosten werfen mich wieder zurück! Wie soll ich das nur schaffen? Das sind doch Freunde von Martin – monatelang habe ich sie freundlich bedient! Wie kommen die nur auf solche Ideen!*

Täter-Opfer-Ausgleich

Jugendrichter/innen können zu einem Täter-Opfer-Ausgleich anregen. Dazu finden Gespräche außerhalb des Gerichtssaales statt. Ausgebildete Konfliktschlichter/innen (Mediatoren) leiten das Gespräch. Betroffene werden mit ihren Gefühlen nicht allein gelassen. Tätern wie Opfern soll es ermöglicht werden, sich in die Lage des anderen zu versetzen. Ziel ist ein gegenseitiges Verständnis und die Einigung auf eine Wiedergutmachung.

1 Welche Reaktionen von Martin und seiner Mutter könnt ihr gut verstehen? Was würde euch spontan an deren Stelle durch den Kopf gehen?

2 Spielt nach, wie der oder die Jugendrichter/in Martins Mutter überzeugen möchte, am Täter-Opfer-Ausgleich teilzunehmen. Sammelt zunächst Argumente, die für ein solches Gespräch sprechen und solche, die dagegen sprechen

Vergleiche ◄ Seiten 72/73

3 Martins Mutter möchte sich mit den Tätern treffen: Spielt, wie das Gespräch verlaufen wird. Bildet Gruppen und verteilt die Rollen (Täter, Mutter, Mediatoren). Erkundigt euch, was ein Mediator wissen und beachten muss.

4 Vergleicht eure Gruppenergebnisse: Mit welchem Ergebnis sind Täter und Opfer auseinander gegangen? Urteilt über das Gelingen eures Gesprächs in folgenden Punkten:
- »Haben wir uns gegenseitig zugehört?«
- »Haben wir uns in den anderen hineinversetzen können?«
- »Wollten wir Versöhnung* und haben eine Wiedergutmachung verabredet?«

5 Welche Strafe findest du für Martins Freunde gerecht? Begründe deine Meinung.

»Wer Normen verletzt, soll mit seinem Unrecht konfrontiert werden und dafür Verantwortung übernehmen! Wir sollten Wege zur Versöhnung* und Schadensregulierung suchen, anstatt vorschnell die Strafe in den Mittelpunkt zu stellen. Opfer und Täter sollten erst auseinander gehen, wenn sie sich geeinigt haben.«
Ein Befürworter des Täter-Opfer-Ausgleichs

Auf dem Weg zu mehr Gleichberechtigung

»Männer und Frauen sind gleichberechtigt. Der Staat fördert die tatsächliche Durchsetzung der Gleichberechtigung von Frauen und Männern und wirkt auf die Beseitigung bestehender Nachteile hin.«
Grundgesetz
(Artikel 3, Absatz 2)

Gerechtigkeit ist nicht allein dadurch gewährleistet, dass sie in Form von Gesetzen verankert wird. Die Rahmenbedingungen müssen stimmen, damit Menschen in ihren Familien, am Arbeitsplatz und in der Gesellschaft »Gerechtigkeit« umsetzen können. Dazu gehört auch die Bereitschaft, diejenigen Rollen zu hinterfragen, die Männer und Frauen in der Gesellschaft übernehmen (sollen).

Die Aufteilung der Hausarbeit – Modelle für morgen?

Ich habe das Gefühl, alleinerziehend zu sein. Dabei bin ich verheiratet, und mein Mann liebt unseren neun Monate alten Sohn über alles. Das Problem ist, dass er rund um die Uhr arbeiten muss […]. Wir wünschen uns ein zweites Kind, aber unter diesen Umständen kann ich mir das nicht vorstellen. *Susannah G., 30 Jahre, Sprachtherapeutin, Ehefrau*

Bei uns geht es in der Familie sehr gerecht zu. Wir beteiligen uns alle an der Hausarbeit. Jeder macht das, was er besonders gut kann. Mein Vater kocht leidenschaftlich, meine Mutter kann Unordnung nicht ausstehen und sorgt deshalb gerne für Sauberkeit und Ordnung. Meine kleine Schwester hilft mir gern. Da ich am liebsten an der frischen Luft bin und mich bewege, fege ich Laub und mähe den Rasen. Es gibt natürlich auch Arbeiten, die keiner mag – die werden dann immer geteilt. *Jonas*

Meine Mutter arbeitet halbtags, weil sie auch für die Familie da sein will. Nach ihrer Arbeit macht sie auch die Hausarbeit. Mein Vater kommt oft spät nach Hause und hilft deshalb wenig. Ich habe mit der Schule, meinem Geigenunterricht und der Tanzschule so viele Pflichten, dass ich kaum Zeit habe zu helfen. Meine Mutter ist oft unzufrieden und erschöpft. *Jana*

Bei uns verdient meine Mutter das Geld, denn mein Vater ist schon lange arbeitslos. Er kümmert sich um uns, kocht das Essen, hilft beim Lernen und schmeißt den Haushalt. Wenn Mama nach Hause kommt, ist fast alles erledigt. Aber unsere Kuchen kann sie immer noch am besten backen. *Felix*

»Ganztagskindergärten und Ganztagsschulen sind unverzichtbar. Wer Familienleben kennt, weiß aber auch, dass Kinder ihre Mütter vorher, währenddessen und danach brauchen. Im wirklichen Leben gibt es nichts zu ›vereinbaren‹, sondern nur zu addieren: Arbeit und Arbeit. Und das heißt ›Erschöpfung‹«.
Eine berufstätige Mutter mit zwei Kindern

1 Ergänzt die Stellungnahmen von Jana, Jonas und Felix durch eigene Erfahrungen: Welche Aufteilung der Hausarbeit kennst du? Sind sie für alle »gerecht«? Tauscht euch darüber aus.

2 Welche »Modelle« für die Aufteilung von Hausarbeit würdet ihr später übernehmen wollen? Beschreibt die Rollenbilder von Mann und Frau, die sich dahinter verbergen.

3 Diskutiert, ob und wie der Cartoon aus einer früheren Zeit aktualisiert werden müsste, damit er heute noch passt. Ihr könnt ihn auch neu zeichnen.

4 Nennt Benachteiligungen von Frauen oder Männern, inner- und außerhalb von Familien: Wählt zu zweit einen Fall und verfasst eine Kritik. An welche Adresse würdet ihr diese Kritik richten?

Seite 112

Unter den moralischen Gefühlen ist die Empfindung von Gerechtigkeit ein bedeutender »Motor«. Doch für das gerechte Handeln vergibt das Gewissen kein Patentrezept. Menschen müssen genau hinschauen: Gleichbehandlung kann beispielsweise ungerecht sein. Das ist in Situationen der Fall, in denen Menschen persönliche Hilfe brauchen. Für diese Gerechtigkeit steht die Formel: »Jedem nach seinen Bedürfnissen!« Andere Maßstäbe für Gerechtigkeit werden zusammengefasst in den Formeln: »Jedem das Gleiche!« – »Jedem nach seinen Verdiensten!« – »Jedem nach seinem Rang!«
Es gibt auch Versuche, Gerechtigkeit durch gerechte Verteilung sicherzustellen oder durch Wiedergutmachung. Gerechtigkeit kann zwar durch Gesetze festgeschrieben, aber nur durch die Menschen in ihrer Umgebung oder Gesellschaft eingelöst und verwirklicht werden. Gesetze und Sanktionen* bieten ein Geländer. Doch die Treppe hochsteigen müssen wir selbst.

Den moralischen Gefühlen ausgeliefert?

Sind Handlungen, die man unter Berufung auf moralische Gefühle wie das Gerechtigkeitsgefühl oder Sympathie und Mitleid rechtfertigt, überhaupt eigene moralische Leistungen? Sind meine moralischen Gefühle nicht von vielen Faktoren abhängig, die ich selbst weder zu verantworten habe, geschweige denn steuern kann? Werde ich nicht vielmehr von meinen moralischen Gefühlen gesteuert? Bin ich gar ihr Handlanger und kann gar nicht anders handeln?

Darauf programmiert, ein Held zu sein?

In der Ilias erzählt Homer die Geschichte von Hektor, dem besten Krieger Trojas, der außerhalb der Mauern seiner Stadt unerschütterlich auf Achill, den tobenden Helden der Achäer, wartet, obwohl er weiß, dass der stärker ist als er und ihn wahrscheinlich töten wird. Er tut das, um seine Pflicht zu erfüllen, die in der Verteidigung seiner Familie und Mitbürger vor dem schrecklichen Angreifer besteht. [...] Er könnte sagen, er sei krank oder habe keine Lust, mit jemandem zu kämpfen, der stärker ist als er. Vielleicht würden seine Mitbürger ihn dann einen Feigling nennen [...]. Außerdem hat man ihn von klein auf dazu erzogen, ein guter Krieger im Dienste seiner Stadt zu werden. Man sagte ihm, Feigheit sei etwas Abscheuliches, eines Mannes unwürdig. Hektor wusste, wenn er die Seinen verriet, würde er verachtet und auf irgendeine Weise bestraft werden. Also war auch er ziemlich programmiert, so zu handeln, wie er es tat, nicht wahr? Und trotzdem ... Trotzdem, Hektor hätte sagen können: Zum Teufel mit all dem! [...] Auch wenn die anderen noch soviel Druck auf ihn ausüben, er könnte immer dem entfliehen, was man von ihm erwartet: Er ist nicht darauf programmiert, ein Held zu sein – kein Mensch ist das.

Q FERNANDO SAVATER: Tu was du willst

Jedes moralische Gefühl beinhaltet ein moralisches Urteil.
Nach ERNST TUGENDHAT, deutscher Philosoph

Wir sind Miturheber unserer moralischen Haltungen

[...] die sittliche Vortrefflichkeit ist in unsere Macht gegeben, desgleichen die Minderwertigkeit. Denn überall, wo es in unserer Macht steht zu handeln, da steht es auch in unserer Macht, nicht zu handeln, und wo das Nein, da auch das Ja. Daraus folgt: Wenn das Handeln mit edlem Ziel in unserer Macht ist, dann auch das Nichthandeln, wenn das Ziel verwerflich ist. Wenn es aber in unserem Belieben steht, das Edle zu tun und das Verwerfliche und ebenso, es zu unterlassen [...], dann ist es auch in unsere Macht gegeben, hervorragend oder minderen Wertes zu sein. [...] Wenn dies aber klar ist und wir das Handeln auf keine anderen Prinzipien zurückführen können als auf solche in uns, dann ist das Han-

deln, dessen Prinzipien in uns sind, auch selbst in unsere Macht gegeben, also freiwillig.
Diese Erkenntnisse werden von den einzelnen Menschen in ihrem privaten Bereich und dann gerade auch von den Gesetzgebern bestätigt. Denn sie verhängen Straf- und Sühnemaßnahmen gegen solche, die schuldig geworden sind, sofern nicht Zwang oder unverschuldete Unwissenheit im Spiele waren. Edle Taten aber zeichnen sie aus und wirken so teils ermunternd, teils erschreckend. […]

Q ARISTOTELES: Nikomachische Ethik

1 Waren SOPHIE SCHOLL* und die Mitglieder der Weißen Rose ihrem Gerechtigkeitsgefühl ausgeliefert? Fasst die Beweggründe ihres politischen Widerstands in Worte (vgl. S. 155).

2 Konnten das mutige Mädchen, Hektor oder SOPHIE SCHOLL nur so und nicht anders handeln? – Gebt an, welche Handlungsmotive jeweils erfüllt sein müssen, damit ihr Verhalten moralisch genannt werden kann.

3 Sittliche Vortrefflichkeit sowie Minderwertigkeit stehen in unserer Macht. Verdeutlicht die Argumente, die ARISTOTELES für diese Behauptung (These) vorbringt und diskutiert sie. Welche Rolle spielen Erbfaktoren, Erziehung, peer-group …?

4 Diskutiert und macht Vorschläge, wie man einer einseitigen und vorschnellen Bestimmung durch moralische Gefühle entgegenwirken kann.

Wenn es um die Bewertung von Handlungen geht, die uns oder andere in ihrem Tun einschränken, kommen oft moralische Gefühle wie Gerechtigkeit, Mitleid oder Mut ins Spiel. Sie sind durch gesellschaftliche Wertvorstellungen und Konventionen mitgeprägt. Diese Gefühle leiten uns meist sehr direkt ohne vorherige Überlegungen und sind daher zunächst subjektiv. Erst im reflektierenden Nachdenken und in gemeinsamer Verständigung über sie können Maßstäbe gefunden werden, die eine objektivere ethische Bewertung von Handlungen erlauben. Von dieser aus erscheinen dann manche moralischen Gefühle als berechtigt, andere als unberechtigt. Wie im Umgang mit Gefühlen überhaupt sollte man nicht vorschnell den erstbesten moralischen Gefühlen folgen, sondern sich angewöhnen, erst über ihre Berechtigung nachzudenken und dann zu handeln (vgl. S. 15).

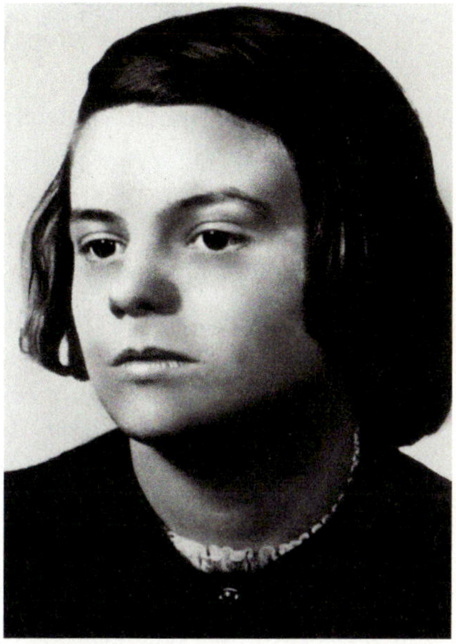

SOPHIE SCHOLL* – eine Heldin der Moderne

Griechischer Held

Schwierige Situationen – neue Sichtweisen entdecken

Kinder lernen, nicht zu lügen. Wenn sie älter werden, erleben sie häufig Situationen, in denen sie zögern, die Wahrheit zu sagen. Möglicherweise weil sie Angst haben, jemandem weh zu tun oder ihm zu schaden, vielleicht sogar sich selbst. Es gibt Situationen, in denen Menschen sogar lügen müssten, um einen anderen Wert nicht zu verletzen.
Was passiert eigentlich, wenn ein Wert in Konkurrenz zu einem anderen Wert tritt? Der Philosoph Anthony Weston ermutigt dazu, genauer hinzusehen und sich nicht mit voreiligen Schlüssen zufrieden zu geben.

»... die Wahrheit vielleicht?«

Peter steckt in der Klemme. Er vertraut sich einem Kumpel an. Wie würdest du anstelle von Peter entscheiden? Versucht, seine Frage mit einem eindeutigen Ja oder Nein zu beantworten.

Als ich in den Club komme, sitzt Hannes da und raucht. Obwohl er seit seinem zweiten Lebensjahr mit Asthma zu tun hat. Ich habe so viele Male erlebt, dass Hannes ganz schwer Luft kriegt. Einmal musste er deswegen ins Krankenhaus. Ich muss immer daran denken, dass im Club nicht nur Zigaretten geraucht werden. So wird jedenfalls erzählt. »Mann Hannes, muss das sein mit dem Rauchen?«, habe ich gesagt. – Hättest du doch auch gemacht, wenn es dein Freund wäre, oder?! – Hannes daraufhin: »Ist doch mein Leben, da hast du dich nicht einzumischen! Ich kann rauchen, was und wie viel ich will.« Und dann treffe ich ausgerechnet heute Hannes' Mutter. Als ob die etwas ahnen würde, fragt sie, ob alles in Ordnung ist, auch weil ich schon so lange nicht mehr bei Hannes zu Hause gewesen sei. Mensch, was hätte ich da sagen sollen – die Wahrheit vielleicht?«

Detlef Krebs, Freundschaft.
Zu einem Freund oder einer Freundin zu stehen, muss nicht heißen, ihn oder sie vor unangenehmen Wahrheiten zu schützen. Seinen Freund »verraten« – was kann das für Peter bedeuten?

Denkmöglichkeiten erweitern

»Wir schließen die Möglichkeit eines kreativen Denkens aus, bevor wir überhaupt anfangen. Wir stellen enge und begrenzte Fragen, die uns – nicht überraschend – zu engen und begrenzten Antworten führen.«
Anthony Weston, amerikanischer Philosoph

– Fixiertes Denken aufbrechen, locker machen, in Gedanken Neues ausprobieren, auch wenn es vielleicht peinlich oder unpassend erscheint.
– Ideen sammeln, ohne gleich zu kritisieren.

– Versuchen, Probleme umzugestalten: Kann das Problem verändert, verkleinert oder sogar beseitigt werden?
– Das Gesamtbild und die Gründe für das Problem sehen; überlegen, wie diese beeinflusst werden könnten.
– Wenn unterschiedliche Werte zusammenstoßen: Lösungen suchen, die für beide Seiten einen »Zugewinn« bedeuten. Nicht zu verwechseln mit einem »faulen« Kompromiss. Wir werden stattdessen aufgefordert, nach etwas zu suchen, was höher ist – etwas, das die Werte beider Seiten respektiert (»win-win-Strategie«).

Q Nach ANTHONY WESTON: Einladung zum ethischen Denken

Seiten 208/209 ◂

Methode: Mit einem Dilemma umgehen

In einem Dilemma befindet sich ein Mensch immer dann, wenn von ihm eine Entscheidung zwischen zwei Handlungsmöglichkeiten verlangt wird, für die etwa gleich starke, wenn auch widersprechende ethische Gründe bzw. Werte sprechen. Der Druck, der dabei empfunden wird, wird oft zusätzlich durch das Wissen um unangenehme Folgen und unklare Risiken der jeweils getroffenen Entscheidung gesteigert.

Der Philosoph ANTHONY WESTON fordert auf, kreativ zu werden, wenn man (scheinbar) nur zwei Handlungsmöglichkeiten hat. Muss sich jemand wie Peter tatsächlich zwischen zwei Werten entscheiden? Gibt es noch andere Wege als den, zwischen Ehrlichkeit und Freundschaft zu wählen?

1 Stellt in einer Abstimmung fest, wie viele aus der Gruppe dafür oder dagegen sind, dass Hannes die Wahrheit sagt.

2 Begründet eure Entscheidungen mit Argumenten und stellt sie an der Tafel einander gegenüber. Klärt, welche Werte im Fall »Hannes« miteinander in Konflikt geraten.

3 Bildet Kleingruppen: Entscheidet euch für eine kreative Idee, so wie sie ANTHONY WESTON vorschlägt. Erarbeitet auf dieser Grundlage einen überzeugenden Handlungsvorschlag für Peter.

4 Stellt eure Ideen der Gesamtgruppe vor. Stimmt anschließend nochmals über den Fall »Hannes« ab. Einigt euch diesmal auf den besten Handlungsvorschlag, den ihr Peter empfehlen würdet.

Menschen stehen in ihrem Leben immer wieder vor schwierigen moralischen Entscheidungen. Dabei müssen sie sich manchmal zwischen miteinander konkurrierenden Werten entscheiden.

Diese Entscheidungssituationen gehören zum Leben dazu – ihr könnt sie nicht verhindern, aber mit ihnen umgehen lernen. Dilemmata dieser Art fordern heraus, Lösungswege zu suchen. Das ist nicht immer leicht. Wer kreativ ist, findet oft ungewöhnliche Möglichkeiten, ein Problem zu verkleinern. Probiert es aus: Vielleicht entdeckt ihr manchmal sogar Lösungswege, die für alle Beteiligten einen Zugewinn bedeuten.

Tugend – altmodisch und unmodern?

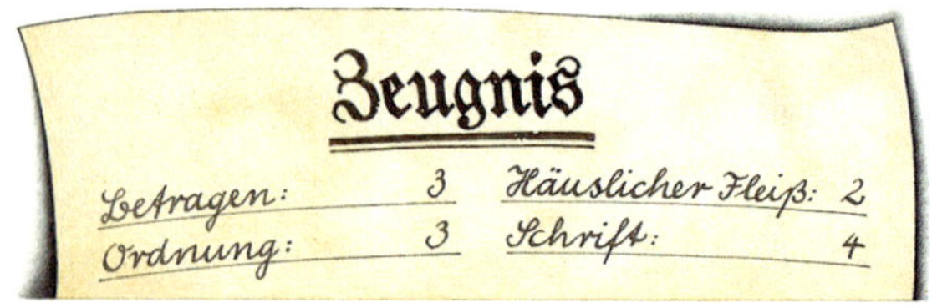

Die so genannten Kopfnoten – jahrzehntelang Blickfang der Zeugnisse aller deutschen Schüler und an erster Stelle vor den Noten der einzelnen Fächer notiert – wurden in den 1970er Jahren abgeschafft. Es komme, so hieß es zur Begründung, nicht so sehr auf charakterliche Bewertung an, sondern vielmehr auf die Beurteilung messbarer Leistungen. Jetzt sind die Kopfnoten als Bewertung des Arbeits- und Sozialverhaltens wieder eingeführt worden: Man verspricht sich davon eine Verbesserung des Sozial- und Leistungsverhaltens und eine Verstärkung von im Wirtschafts- und Arbeitsleben erforderlichen so genannten Sekundärtugenden wie Ordnung und Fleiß.

Kopfnoten als Erziehungsmittel?

Anything goes, der Schlachtruf der achtziger und neunziger Jahre, ist kein gutes Rüstzeug für junge Leute, die auf das Leben vorbereitet werden. Im wirklichen Leben, jenseits des Schonraumes Schule, stehen die belächelten Sekundärtugenden gar in der ersten Reihe. Der Lehrling, der stets zu spät kommt oder gar schwänzt, der nicht zuhört und dazwischenquatscht, ist nicht teamfähig und mit Sicherheit ganz schnell draußen. Selbst der Ungelernte, der ständig zu spät durchs Werktor spaziert, wird bald ganztags spazieren gehen müssen. Disziplin […] ist ein Bündel von Eigenschaften, die man besser früh und dauerhaft lernt. Nun hat die gegenwärtige Generation von Schülern das Pech, in einer Zeit der Auflösung aller Erziehungslust sowohl im Elternhaus wie in der Schule groß geworden zu sein. Die Unverbindlichkeit und Formlosigkeit fängt bei so simplen Dingen an, dass nicht gegrüßt wird und Kinder älteren Menschen nicht mehr den Sitzplatz anbieten. […] Doch ohne gewisse Erwartungen auch an das Sozialverhalten der Schüler ist Bildung und Ausbildung nicht möglich. […] Wie diese Beurteilung aussehen soll? Das Ziel ist es nicht, den Schüler fertig, sondern ihm seine Schwächen bewusst zu machen. […] »Die Schule der Nation ist die Schule«, pflegte Helmut Schmidt zu betonen. Wenn die Eltern immer seltener erziehen wollen, müssen die Lehrer halt den Kindern – zur Not auch per Kopfnoten – sagen, wo es lang geht.

Helmut Schmidt: deutscher Bundeskanzler 1974–1982

Christine Brinck: Kopfnoten statt Kopfnüsse

Wie ist eure Meinung dazu?
Welche Information erhält zum Beispiel ein zukünftiger Arbeitgeber?
Diskutiert über das Für und Wider von Kopfnoten. Gäbe es Alternativen?

Könnt ihr die Tugenden aus dem Kunstwerk des 16. Jahrhunderts „herauslesen"? Beschreibt wie Klugheit, Gerechtigkeit, Besonnenheit und Tapferkeit dargestellt werden.

Alexander Colin, Die Tugenden (1584)

Ein mutiges Mädchen

BERLIN. Gestern erwies sich eine 15-jährige Schülerin als besonders mutig. Sie beobachtete, wie zwei Jungen einen Mitschüler in einen Hausflur zerrten, um von ihm Geld zu erpressen. Die Jugendliche folgte ihnen und forderte die Täter auf, den Schüler in Ruhe zu lassen. Diese reagierten jedoch gewalttätig und schlugen das Mädchen nieder. Danach flohen die Täter. Das Mädchen erkannte die Jungen jedoch und erstattete Anzeige wegen Körperverletzung.

Ordnung, Fleiß Sparsamkeit und Pünktlichkeit sind Wertvorstellungen, die das aufstrebende Bürgertum in besonderem Maße prägte und als so genannte Sekundärtugenden zum Maßstab des öffentlichen Lebens machte. Ursprünglich verstand man unter einem tugendhaften Menschen jemanden, der dazu taugt, ein sittlich (moralisch) gutes Leben zu führen. Weisheit, Besonnenheit, Tapferkeit und Gerechtigkeit, die vier Kardinaltugenden, galten schon in der Antike als für gelingendes, gutes Leben unerlässliche Charakterhaltungen. Die christliche Ethik ergänzte diese um die theologischen Tugenden: Glaube, Liebe und Hoffnung. Der griechische Philosoph Aristoteles betrachtete Tugend als Fähigkeit, zwischen zwei Extremen das gute Mittelmaß zu finden. Die Tugend der Tapferkeit – in moderner Sprache auch Zivilcourage – z. B. sei die Mitte zwischen den Extremen „Feigheit" und „Draufgängertum", in denen ein Mensch sein Leben verfehlen würde. Dagegen sei Tapferkeit die Bereitschaft, für das eigene Leben oder seine Überzeugungen auch gegen Bedrohung einzutreten. Tugendhaftes Verhalten stellt eine moralische Leistung dar, weil es nicht zufällig oder angeboren ist, sondern das Ergebnis von Selbsterziehung und eine durch Übung erworbene Lebenshaltung.

1 Nennt menschliche Eigenschaften, die ihr bewundert und die ihr als Tugenden bezeichnen würdet. Vergleicht sie mit den Tugenden auf den Statuen.

2 Zu welchen Tugenden soll eurer Meinung nach »erzogen« werden? Überlegt, was Aristoteles bei einer solchen Erziehung zu Tugenden wichtig wäre (S. 98).

3 Diskutiert, was Tugenden für euch bedeuten: Sind sie die Verpflichtung gegenüber einer höheren (moralischen) Grundüberzeugung? Würdet ihr dafür wie Sophie Scholl* sterben? Lest dazu den Abschnitt im Minilexikon.

Tugend – altmodisch und unmodern?

Einzelne Tugenden – wie Höflichkeit, Zuverlässigkeit usw. – können gesellschaftlich unterschiedlich ausgelegt und bewertet werden. Wenn man von einem tugendhaften Menschen spricht, urteilt man weniger über solche konkreten und variablen Einzeltugenden, sondern beurteilt eher den sittlichen Wert der Person, deren Charakter.

In Japan wird viel Wert auf Höflichkeit gelegt, wie hier in einer Begrüßungsszene auf der Straße. Viele bezeichnen die Höflichkeit als eine Tugend. Doch was ist das eigentlich – eine Tugend?

(Die) Tugend als Haltung

Es gibt bekanntlich dreierlei seelische Phänomene: irrationale Regungen, Anlagen und feste Grundhaltungen. Zu einer dieser drei Klassen wird die sittliche Tüchtigkeit wohl gehören. Als »irrationale Regungen« bezeichne ich die Begierde, den Zorn, die Angst, die blinde Zuversicht, den Neid, die Freude, die Regung der Freundschaft, des Hasses, die Sehnsucht, die Missgunst, das Mitleid – kurz, Empfindungen, die von Lust oder Unlust begleitet werden. »Anlage« ist das […] wodurch wir fähig sind, in Zorn oder Unlust zu geraten oder Mitleid zu fühlen. »Feste Grundhaltung« ist etwas, kraft dessen wir uns den irrationalen Regungen gegenüber richtig oder unrichtig verhalten. Einer Zornesregung gegenüber ist z. B. unser Verhalten dann unrichtig, wenn wir sie zu heftig oder zu schwach empfinden, dagegen richtig, wenn es in einer gemäßigten Weise geschieht. […] erstens werden wir nicht auf Grund der irrationalen Regungen gut oder schlecht genannt, sondern auf Grund der sittlichen Vorzüge oder Fehler. […] Zweitens: Zorn und Angst kommen über uns ohne unsere vorherige Entscheidung, sittliche Handlungen dagegen sind eine Form von Entscheidungen […]. Und drittens spricht man bei den irrationalen Regungen von einem Bewegtwerden, bei den sittlichen Vorzügen und Fehlern dagegen […] von einem bestimmten Dauerzustand. […] Wenn nun also die sittlichen Werte [= Tugenden] weder irrationale Regungen noch Anlagen sind, so verbleibt nur noch, dass sie feste Grundhaltungen sind.

Q ARISTOTELES: Nikomachische Ethik

Tugend*
Der tugendhafte Charakter ist das Ergebnis unserer Auseinandersetzung mit unseren Anlagen und unseren Empfindungen

»Der Treffliche ist mit sich selbst einig und strebt mit seiner Gesamt-Seele nach Zielen, die nicht auseinander fallen.«
ARISTOTELES: Nikomachische Ethik

Alle […] sozialen Tugenden sind Vorzüglichkeiten des Verhaltens, in dem wir uns den anderen gegenüber öffnen bzw. verschließen. Das Sichverhalten zu den anderen ist wie ein Balance-Akt zwischen dem Verlieren des Bezugs und dem sich selbst Verlieren […]
ERNST TUGENDHAT

Zwischen dem Bezug zu sich selbst und anderen

Es passiert uns häufig, dass wir in andere Länder kommen, in denen wir die Höflichkeitssitten nicht kennen. Grüßt man mit Verbeugung, Handschlag, Umarmung, Kuss oder nur verbal usw.? Das sind die Handlungen, in denen in einer bestimmten Gesellschaft zum Ausdruck gebracht wird, dass man den anderen anerkennt. […] Wer andere Kulturen kennt, weiß, dass an diesen Handlungen als solchen überhaupt nichts liegt, wohl aber sind sie innerhalb der jeweiligen Gesellschaft die konventionellen Symbole, um eine Haltung zum Ausdruck zu bringen, die ihrerseits nicht konventionell ist. Es ist der in einer jeweiligen Gesellschaft »Urteilsfähige« […], der weiß, wann und wem gegenüber wer wie zu grüßen hat.

Q ERNST TUGENDHAT: Vorlesungen über Ethik

1 Vollzieht in einzelnen Schritten nach, wie für ARISTOTELES ein Mensch zu einer sittlichen Handlung bzw. einer festen Haltung gelangt.

2 Erläutert am Beispiel der Höflichkeit, inwiefern soziale Tugenden einen Balance-Akt darstellen.

3 Ist Höflichkeit eine Tugend oder konventionelles Verhalten? Simuliert in verschiedenen Rollenspielen Begrüßungsszenen und entscheidet. Kann man, ohne die Motive der Handelnden zu kennen, eine überzeugende Entscheidung treffen?

4 Gedankenexperiment: Stellt euch vor, in einer Gruppe, einer Gesellschaft oder einem Staat sind per Vereinbarung für eine bestimmte Zeit – z.B. vier Wochen – sämtliche Höflichkeitsregeln außer Kraft gesetzt worden. Was passiert eurer Meinung nach?

→← Es gibt viele praktische Tugenden: Höflichkeit, Zuverlässigkeit, Hilfsbereitschaft und andere mehr bilden das ethische Grundgerüst einer Gesellschaft. An den Tugenden einer Gesellschaft kannst du ablesen, welche Werte ihr für das Miteinander wichtig ist. Tugenden können in Vergessenheit geraten – oder wieder wichtig werden. Nach antiker Vorstellung war dagegen *die* Tugend die Tauglichkeit zu einer allgemeinen Lebenshaltung, die als sittlich gut, also ethisch vertretbar verstanden wurde. Nicht nur die Bewertung der einzelnen Handlung, sondern die Bewertung der handelnden Person einschließlich ihrer Motive steht im Vordergrund. In unserer heutigen Welt spielt die Frage nach einem moralischen Grundgerüst für das Zusammenleben aller Menschen eine immer größere Rolle.

Wenn Werte sich unterscheiden

Im menschlichen Miteinander spielt eine Vielzahl von Werten eine Rolle, denen wir mehr oder weniger große Bedeutung beimessen. Welche der hier aufgeführten Werte haltet ihr für grundlegend, welche sind zwar individuell bedeutsam, aber nicht zwingend für das menschliche Zusammenleben? Macht eine Liste, in der ihr sie nach den Kategorien „grundlegend“ und „individuell“ unterscheidet. Anschließend kann jeder sein eigenes »Wertehaus« bauen und dabei überlegen, was für ihn Fundament, tragende Wand, Dach usw. sind.

SPONTANEITÄT

TOLERANZ

ACHTUNG VOR DER WÜRDE DES MENSCHEN

FAIRNESS EHRLICHKEIT FLEISS

KAMERADSCHAFTLICHKEIT MUT

FREUNDLICHKEIT GEDULD

HÖFLICHKEIT MITGEFÜHL

GERECHTIGKEIT

BESONNENHEIT ZUVERLÄSSIGKEIT

DISZIPLIN GÜTE KREATIVITÄT

ENGAGEMENT VERSCHWIEGENHEIT

WEITSICHT FRÖMMIGKEIT

COOLNESS ORDNUNGSLIEBE

GRUNDLEGENDE WERTE	INDIVIDUELLE WERTE

Umgangsformen – bloße Formsache?

[...] Übrigens gestehe ich - es bleibt aber unter uns - dass der Ton, welcher jetzt unter unsern ganz jungen Leuten ziemlich allgemein an Höfen und in der feinen Welt eingeschlichen ist, mir gar nicht so gefallen will wie der, welcher vor etwa zwanzig Jahren herrschte. Viele von ihnen kommen mir äußerst ungeschliffen und plump vor; es scheint mir, als suchten sie etwas darin, Bescheidenheit, Höflichkeit und Delikatesse zu beleidigen, stumm, ungefällig gegen Damen und Fremde zu sein, selbst ihren Körper zu vernachlässigen, ohne alle Grazie beim Tanze herum zu springen, krumm und schief und gebückt zu gehn, keine Kunst, keine Wissenschaft gründlich zu lernen, ungeachtet aller Mühe, welche die neuern Pädagogen anwenden, und ungeachtet des vortrefflichen Beispiels, das sie der Jugend in Höflichkeit, Bescheidenheit und Gründlichkeit geben. Es gibt freilich einen Bocksbeutel, einen Zwang und eine Steifigkeit im Umgange, die in vorigen Zeiten in Deutschland herrschend waren, und wovon es ein Glück ist, dass wir anfangen, sie abzulegen; aber edler Anstand ist nicht Steifigkeit, verbindliche Höflichkeit und Aufmerksamkeit nicht Bocksbeutel [...].

Q ADOLPH FREIHERR VON KNIGGE: Etwas über den Hofton junger Leute

Bocksbeutel: Tragebeutel, in dem früher die Hamburgerinnen ihr Gesangbuch und die Ratsherren ihr Statutenbuch (Beutelbuch) aufbewahrten. Danach meint »Bocksbeutelei« ein zähes Haften am Althergebrachten

Wer geht zuerst die Treppe hoch?

Soll man aufstehen, wenn ein Lehrer den Klassenraum betritt?

Wer ergattert den letzten Platz im Bus?

Projekt: Eine Woche lang höflich sein

Einigt euch in eurer Klasse mit euren Lehrern auf bestimmte Formen der Höflichkeit, die ihr probeweise für eine Woche oder länger als verbindlich einführt. Erstellt einen Katalog und hängt ihn zur Orientierung als Wandzeitung in eurem Klassenraum auf. Ihr könnt alte Umgangsformen wieder beleben, z.B. einem Mädchen in den Mantel helfen oder eigene Formen finden, die eurer Meinung nach den Respekt zum Anderen zum Ausdruck bringen. Wichtig ist nur, dass alle sich an die Vorgaben halten. Vielleicht gelingt es euch, auch andere Klassen oder die ganze Schule für eure Idee zu begeistern.

- Welche Beobachtungen könnt ihr machen?
- Beschreibt, ob sich atmosphärisch etwas in eurer Gemeinschaft verändert hat. Findet Gründe.
- Formuliert einzeln, wie ihr euch während des Experiments gefühlt habt.
- Habt ihr das Ende der vereinbarten Zeit mit Erleichterung oder mit Bedauern erlebt? Warum?
- Diskutiert darüber, ob ihr die eine oder andere Regel dauerhaft übernehmen wollt und begründet warum oder warum nicht.

Lesetipp

ADOLPH FREIHERR VON KNIGGE: Über den Umgang mit Menschen, Frankfurt/Main: Insel Verlag 2004

»Raumschiff« Erde:
Fenster (»oben«): Die Reichen (54 Länder)
Mitteldeck: Der Mittelstand (95 Länder)
Frachtraum (»unten«): Die Armen (61 Länder)

Bemannte Raumflüge haben es möglich gemacht, die Erde von außen zu betrachten. Wir sehen sie als ein in Blau gehülltes Ganzes – eine Kugel, die irgendwo mit über sechs Milliarden Menschen wie ein Raumschiff durch das Weltall fliegt und bis auf die jährliche Sonneneinstrahlung mit dem auskommen muss, was auf ihr ist.

Gerechtigkeit in einer globalisierten Welt

Seite 78 ◄
Methode:
Gedanken-
experiment

Nur ein Gedankenspiel?

Stellt euch vor, ihr seid Passagiere im Raumschiff Erde. Die Flugtickets werden per Los verteilt – die Passagiere verbringen die Reise in der jeweils zugewiesenen Klasse:

Erste Klasse (25 %)
Luxuskabine: mit Fenster, Fernseher, Computeranschluss und Handynutzung, freie Nutzung der Bordküche für drei Mahlzeiten pro Tag; Passagiere verfügen über 50 % der Nahrungsmittel.

Zweite Klasse (45 %)
Mitteldeck: Fenster mit 12er-Sitzreihen, Fernseher, zwei Mahlzeiten am Platz serviert; Passagiere erhalten 30 % der Nahrungsmittel.

Dritte Klasse (30 %)
Frachtraum: ohne Fenster, schlechte Belüftung, keine weltweite Kommunikation möglich, keine Nutzung der Bordküche; Passagiere bekommen 20 % der Nahrungsmittel.

1 Ordne dich in eine der drei zur Verfügung stehenden Klassen ein und verfasse einen Situationsbericht aus deiner Sicht.

2 Bewerte das Losverfahren, das die Passagiere im Raumschiff verteilt.

3 Leben im »Raumschiff Erde 2030«: Gestalte deine persönlichen Visionen* in einem Science-Fiction-Text oder -Bild.

4 Hat die zunehmende Verflechtung unserer Welt Auswirkungen auf deine persönlichen Zukunftsvorstellungen? Ist sie für dich eher ein Grund zur Hoffnung oder eher zur Sorge?

Wie ein Spinnennetz wird die Erde von Verkehrswegen, Handelsströmen für Güter und Dienstleistungen, Nachrichten und Datennetzen überzogen. Wie stark die Weltbevölkerung miteinander vernetzt ist, könnt ihr erkunden, wenn ihr ein Kaufhaus besucht – z. B. in der Lebensmittelabteilung, in der Elektroabteilung oder in der Bekleidungsetage. Überprüft einmal, woher die Waren kommen.
Fallen euch noch andere Beispiele für unseren verflochtenen Planeten ein?

Armut im Wohlstand?

Armut hat viele Gesichter

Armut* dort – und hier

Jeden Morgen stehe ich ganz früh auf und mache mich auf den Weg Richtung Universität: in der einen Hand eine kleine Schachtel mit meinem Handwerkszeug, einer Bürste, Schuhcreme und Lappen aus alten Kleidungsstücken; in der anderen Hand einen halbvollen Wasserkanister. Meine Kunden sind Studenten, Beamte und Soldaten, die sich noch schnell ihre Schuhe polieren lassen, ehe sie zur Arbeit oder zum Studium gehen. Nachmittags jobbe ich auf Baustellen. Damit verdiene ich im Monat rund 200 Birr, das sind etwa 20 EUR. Das Geld schicke ich meiner Mutter. Sie lebt in dem kleinen Dorf Leku, das immer wieder von Dürren heimgesucht wird. Im vergangenen Jahr starb mein Vater – er verhungerte.
Gudissa, 14 Jahre, lebt bei seinem Onkel in Awassa (Äthiopien)

Aktuell leben wir vom Arbeitslosengeld. Um Arbeit hat sich meine Mutter bemüht, aber mit vier Kindern hat sie kaum eine Chance. Mitte des Monats müssen wir überlegen, wo wir Geld herbekommen; manchmal müssen wir etwas borgen. Man merkt dann, wie bei meiner Mutter die Stimmung runtergeht. Kino oder Markenklamotten sind nicht drin. Aber unsere Familie ist okay, wir sind nicht asozial, können uns benehmen und halten zusammen. Wenn ich sehe, wie andere leben, da kümmert sich der eine nicht um den anderen – das finde ich erst so richtig schlimm.
Clara 15 Jahre, lebt mit ihrer Mutter und drei Geschwistern in Brandenburg (Deutschland)

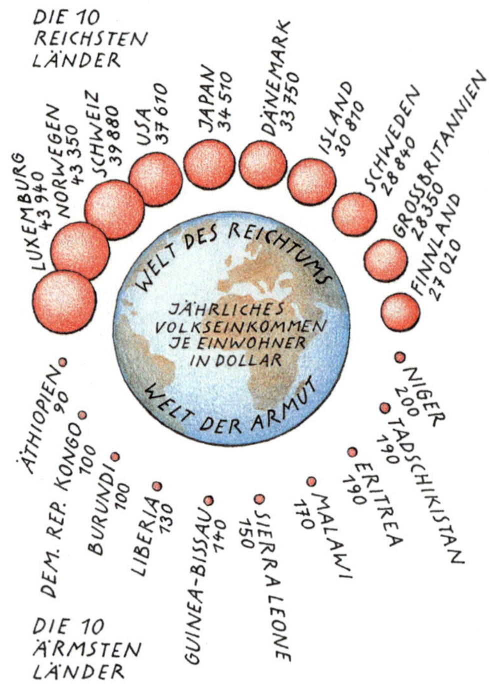

Daten der Weltbank (2003) ohne Kleinstaaten – Deutschland befindet sich mit 25.270 US-Dollar Einkommen je Einwohner an 12. Stelle unter den reichen Ländern. Nach Angaben des UN-Entwicklungsprogramms hat sich seit 1980 durchschnittlich auch die soziale Situation der Ärmsten verbessert – trotz wachsender Unterschiede zwischen armen, »mittleren« und reichen Ländern.

Was ein Mensch braucht – Grundbedürfnisse

Arm ist, wer nicht hat, was er unbedingt braucht. Aber: Was braucht man »unbedingt«? Das, was Menschen konkret unter Armut verstehen, ist umstritten; denn »Armut« steht in Beziehung zum Reichtum in der Umgebung – und dazu, wie die betreffende Gesellschaft ein menschenwürdiges Leben definiert*. Die nachfolgende Darstellung (Mindmap) zeigt, welche menschlichen Grundbedürfnisse befriedigt werden müssen:

Schätzungen zufolge sind noch immer etwa 1,2 von gut sechs Milliarden Menschen extrem arm. Das heißt: Jeder fünfte Mensch auf der Welt ist nicht in der Lage, einen minimalen Lebensstandard zu erreichen und sich eine angemessene Mindesternährung zu leisten. Jeder dieser Armen kämpft um das tägliche Überleben.

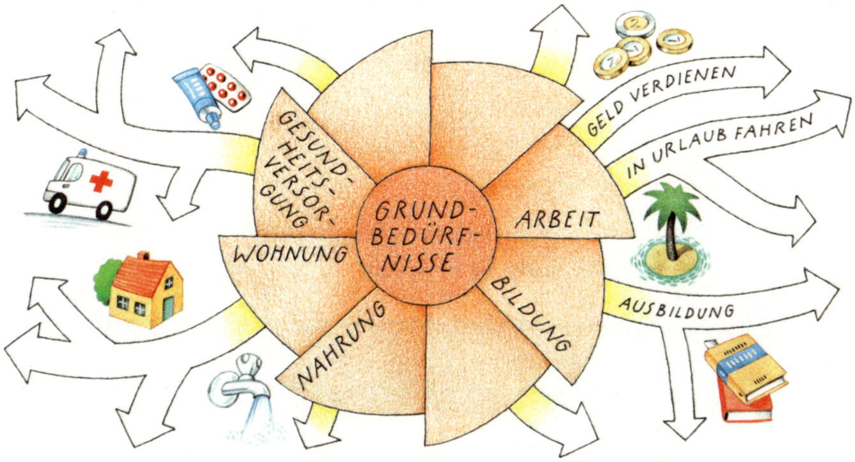

Nach der internationalen Konvention* über die Rechte des Kindes von 1989 haben Kinder und Jugendliche »ein angeborenes Recht auf Leben«. Die mehr als 180 Unterzeichner-Staaten haben sich verpflichtet, das persönliche »Überleben und die Entwicklung« der Kinder zu gewährleisten.

1 Stellt zusammen, welche Aspekte von Armut ihr findet: Schaut in Zeitungen und Zeitschriften nach weiteren Beispielen und knüpft in einer Mindmap ein Netz von Begriffen, mit denen sich Armut beschreiben lässt.

2 Gudissa verdient als Schuhputzer etwa 20 EUR; Claras Mutter erhält für ihre Familie Arbeitslosengeld, also etwa 20 Mal so viel: Geht es Claras Familie deswegen 20 Mal besser als Gudissa und ihren Angehörigen?

3 Versetze dich in die Lage des Mädchens oder des Jungen (Perspektivwechsel): Wie fühlst du dich an einem Tag im Leben des oder der anderen?

4 Entscheidet euch für eine Rangfolge der Bedürfnisse: Was braucht der Mensch unbedingt zum Leben? Was ist eher Luxus oder Privatvergnügen?

Vergleiche Seite 105 ◄ Aufgabe 3

5 Diskutiert, wie sich die Berichte der beiden Jugendlichen zum Anspruch auf ein menschenwürdiges Leben verhalten. Formuliert einen Forderungskatalog an Politik und Wirtschaft – ergänzt gegebenenfalls eure Visionen*.

In den meisten hochentwickelten westlichen Ländern erschien Armut lange Zeit als nahezu überwunden. Seit den 1980er Jahren ist jedoch auch in Deutschland wieder eine sogenannte »neue« Armut aufgetreten – sie berührt nicht das reine Überleben, wie in vielen armen Ländern Afrikas und anderswo, sondern das Ringen um ein menschenwürdiges Leben.

Ursachen und Auswirkungen von Armut

Gewinner und Verlierer fallen nicht vom Himmel

Unsere Welt ist globalisiert* und alle Teile rücken unaufhörlich näher: Das »globale Dorf« ist bestimmt durch einen weltweiten Markt multinationaler Konzerne, weltumspannender Finanzströme und Nachrichtensender. Nicht nur die meisten hochentwickelten westlichen Länder, sondern auch einige Entwicklungsländer gehören zu den Globalisierungsgewinnern; andere allerdings zählen zu den Verlierern. Und ebenso wie bei uns sind die Vorteile aus der Globalisierung auch innerhalb aufstrebender Entwicklungsländer sehr unterschiedlich verteilt.

Aufholjagd – durchschnittliches Wachstum der Wirtschaftsleistung in Prozent

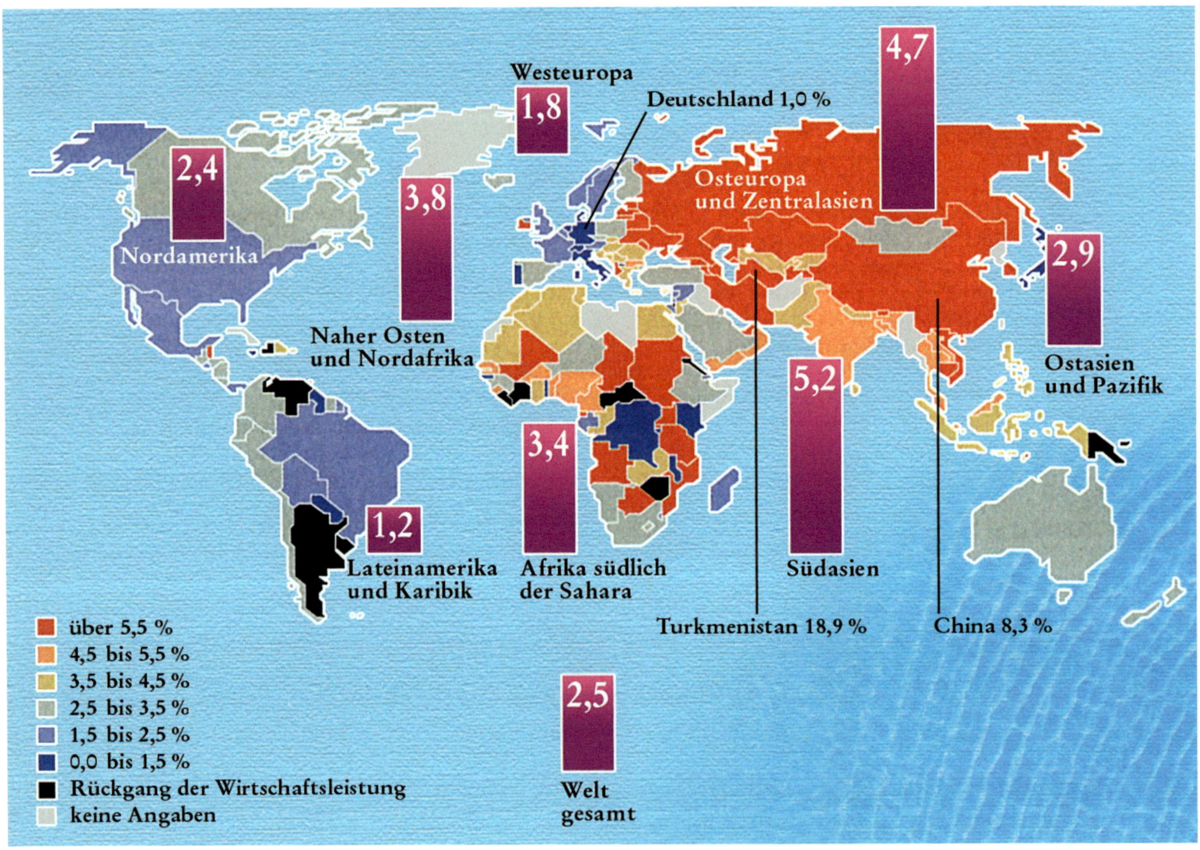

Datenbasis: 2000 bis 2003

Arbeitslosigkeit und Armut sind Zwillinge

Seite 106 ◂

Millionen Menschen haben, so wie Claras Mutter, keine Arbeit. Der Verlust des Arbeitsplatzes bedeutet nicht selten den Beginn eines sozialen Abstiegs.

Das doppelte Gesicht der Globalisierung

Eine Ursache für die wirtschaftlichen Erfolge in vielen Entwicklungsländern sind die billigen Arbeitskräfte. Die arbeitende Bevölkerung – unter ihr auch Kinderarbeiter – erhält oft nur einen Bruchteil der in den Industrieländern üblichen Löhne. Dies ist für viele Unternehmen ein Anreiz, ihre Produktion in solche Länder zu verlagern. Für die arbeitenden Menschen und ihre Familien bedeuten die Entwicklungserfolge ihrer Länder nur teilweise eine Verbesserung ihres Lebensstandards.
Zwar gehen im gleichen Zug auch Arbeitsplätze in den alten Industrieländern verloren. Doch die internationale Arbeitsteilung trägt zu enormen Preissenkungen von immer hochwertigeren Konsumgütern bei – und schafft auch bei uns neue Arbeitsplätze.

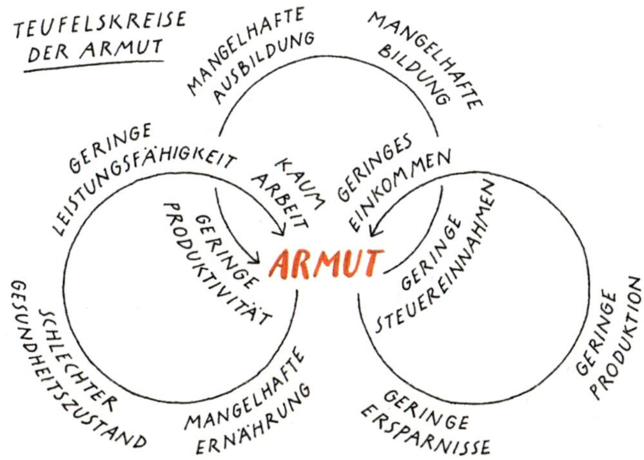

Vom Armutsrisiko sind besonders bedroht: Arbeitslose, Alleinerziehende, Ehepaare mit drei oder mehreren Kindern, dauerhaft kranke Menschen, Personen mit geringen Fähigkeiten.

Der Armuts- und Reichtumsbericht der Bundesregierung im Internet: http://www.bmas.bund.de (Suchbegriff: »Armuts- und Reichtumsbericht«)

Methode: Durch Armut an den Rand gedrängt? Ein Gruppenspiel
Stimmt es, dass durch Armut Kontakte zu Freunden und Bekannten abbrechen? Sind Arme unerwünscht, weil sie nicht mehr mitmachen können – im Verein, bei Freizeitaktivitäten?
• Bildet einen Kreis – einer oder eine stellt sich in die Mitte: Er oder sie zieht Wollfäden zu den anderen – jeder Wollfaden steht für einen sozialen Kontakt (zu Mitschülern, Wohnungsnachbarn, Freunden) oder für eine Tätigkeit (Arbeiten, Einkaufen, Kinobesuch, Essen gehen, Urlaubsreise), die ihr nacheinander laut nennt.
• Wenn alle Fäden gespannt sind, passiert etwas: Durch plötzliche Arbeitslosigkeit verändert sich das Leben des in der Mitte Stehenden – nichts ist mehr so, wie es einmal war. Einige Fäden werden nun von den Außenstehenden durchgeschnitten, die weggehen, ohne zu sprechen. Was bleibt zum Schluss noch übrig? Welche soziale Beziehung besteht noch?
• Überlegt, wie neue soziale Kontakte hergestellt werden können – und knüpft dann neue Fäden!
• Spielt das Spiel mit wechselnden Rollen – wer nicht mitspielt, ist Beobachter/in. Eure Gefühle und Gedanken bieten Anlass für ein Kreisgespräch: Diskutiert, inwieweit das Spiel mit der Wirklichkeit in eurer Umgebung zu tun hat.

1 Erläutert Chancen und Risiken der Globalisierung.

2 Ist »Armut« bei uns eher eine Frage des persönlichen Gefühls oder ein echter Tatbestand? Begründet eure Meinung.

Die Ärmsten der Armen

In Ländern wie Äthiopien, Kenia, der Demokratischen Republik Kongo und im Nepal haben Hungersnöte in den vergangenen Jahren zugenommen – teilweise aufgrund andauernder Dürren (Äthiopien und Kenia) oder aufgrund von Bürgerkriegen (Kongo, Nepal). Viele Menschen leiden dort unter extremem Hunger; das bedeutet, sie haben höchstens einmal am Tag etwas zu essen; an vielen Tagen gehen sie auch mit völlig leerem Magen schlafen.

Indien	221 Millionen
Subsahara/Afrika	204 Millionen
Asien/Pazifik	156 Millionen
China	142 Millionen
Lateinamerika/Karibik	53 Millionen
Naher Osten/Nordafika	39 Millionen
Osteuropa	28 Millionen
Industrieländer	9 Millionen
Gesamt	852 Millionen

Daten nach dem »Hungerreport« von »Brot für die Welt« (2005).
Von den etwa 852 Millionen notleidenden Menschen leben 815 Millionen in Entwicklungsländern. Derzeit stirbt durchschnittlich irgendwo auf der Welt alle 3,6 Sekunden ein Mensch an Hunger. Alle 192 UN-Mitglieder haben sich verpflichtet, bis 2015 die extreme Armut abzubauen: www.un.org/millenniumgoals (englisch).

»Gerade weil der Hunger auf ganzen Kontinenten fortwährt, obwohl er technisch abgeschafft werden könnte, vermag keiner so recht am Wohlstand sich zu freuen.«
Theodor W. Adorno (1903–1969), Philosoph und Soziologe

Formel für das, je nach Alter, ideale Gewicht:
BMI = Körpergewicht (in kg) geteilt durch das Quadrat der Größe (in m^2)

Weitere Infos zur Hungergrenze:
www.welthungerhilfe.de

Fachübergreifend (Biologie, Mathematik): Was ist Hunger?

Jeder Mensch braucht ein Mindestmaß an Nahrungsmitteln, um gesund, fit und leistungsfähig zu sein. Nach groben Berechnungen leidet ein Mensch unter Hunger, wenn er pro Tag weniger als 1800 Kilokalorien aufnimmt:

- Wie wird Hunger definiert? Informiert euch im Biologieunterricht genauer über diesen Fragenbereich – z.B. über die »ideale« Körpermassenzahl (»Body-Mass-Index« BMI)
- Finde heraus: Wie viel Nahrungsenergie nimmst du täglich zu dir?
- Wo liegt nach dem Flüchtlingshilfswerk der Vereinten Nationen die Hungergrenze? Dokumentiert eure Ergebnisse.

Die Ursachen für Armut und Hunger sind vielfältig: Kriege und Bürgerkriege, Raubbau an der Natur, ungerechte Wirtschaftsbeziehungen, widrige Umwelteinflüsse (z.B. Klimaschädigung, Wassermangel, Versteppung) – sie alle gefährden die Lebensgrundlage vor allem vieler Afrikaner.

1 Stellt bei dem nebenstehenden Bild einen Zusammenhang her zwischen dem abgebildeten Mann und dem Plakat im Hintergrund. Versetzt euch in die Situation des Mannes und kommentiert das Plakat aus seiner Perspektive.

2 In welchem Zwiespalt sieht Theodor Adorno die Weltgemeinschaft?

3 Informiere dich im Internet über Ursachen von Armut und Hunger.

4 Diskutiert die Frage: Welche Möglichkeiten gibt es, dem Hunger in einigen Weltregionen zu begegnen? Inwiefern ist die »Weltgemeinschaft« hier gefordert – was kann sie tun?

→← Zwischen Ländern und Staaten sowie innerhalb von Gesellschaften gibt es Gewinner und Verlierer der Globalisierung. Bis heute kommen Wohlstand und technischer Fortschritt nur einer großen Minderheit zugute. Sie lebt vornehmlich in den hochentwickelten Industrieländern (vor allem in Nordamerika, West- und Mitteleuropa und Australien). Länder wie z.B. China, Indien und die ostasiatischen »Tiger« stehen allerdings an der Schwelle zum Wohlstand – sie nehmen am globalen Markt teil und gewinnen wirtschaftlich zunehmend an Bedeutung. An den meisten afrikanischen Ländern (insbesondere südlich der Sahara) geht die Globalisierung noch immer weitgehend vorbei. Dort muss die Bekämpfung von Armut und Hunger vordringliches Ziel sein.

Reichtum gerecht verteilen?

Gerecht zusammenleben – aber wie?

Juristische Gerechtigkeit spiegelt sich in der korrekten Anwendung der Gesetze eines Landes oder einer Staatengemeinschaft. Dabei geht es um die Realisierung der Formel: Jedem das Seine.

Wie aber kann man festlegen, was dem Menschen gehört, was ihm zusteht? Mögliche Antworten lassen sich zu folgenden Formeln zusammenfassen:

1. Jedem das Gleiche.
2. Jedem gemäß seinen Verdiensten.
3. Jedem gemäß seinen Werken.
4. Jedem gemäß seinen Bedürfnissen.
5. Jedem gemäß seinem Rang.
6. Jedem gemäß dem ihm durch Gesetz Zugeteilten.

»Rechte, die durch die Justiz abgesichert sind, unterliegen nicht der politischen Aushandlung oder der Berechnung gesellschaftlicher Interessen.«
John Rawls: Eine Theorie der Gerechtigkeit

Jedem das Gleiche Folgt man dieser Konzeption, so müssen alle Menschen in der gleichen Weise behandelt werden, ohne Berücksichtigung ihrer individuellen Besonderheiten.

Jedem gemäß seinen Verdiensten Bei dieser Konzeption steht der Verdienst der menschlichen Person als Entscheidungsbasis zur Verfügung. Wie aber kann man den individuellen Verdienst eines Menschen messen? Ist die Absicht oder das Resultat einer Handlung als Verdienst zu bewerten?

Jedem gemäß seinen Werken Diese Konzeption der Gerechtigkeit berücksichtigt allein das Resultat der menschlichen Handlung.

Jedem gemäß seinen Bedürfnissen Diese Gerechtigkeitskonzeption versucht vor allem Leiden zu vermindern oder gar zu vermeiden. Sie nähert sich dem jüdisch-christlichen Begriff der Nächstenliebe an.

Jedem gemäß seinen Rang Diese Gerechtigkeitsformel geht zurück auf den Philosophen Aristoteles, der argumentiert, dass sich dieselben Regeln der Gerechtigkeit nicht auf alle Wesen anwenden lassen. Aristoteles teilt die Menschen in verschiedene Kategorien ein, die auf unterschiedliche Art und Weise behandelt werden.

Suum cuique: Jedem das Seine

Jedem gemäß dem ihm durch Gesetz Zugeteilten Diese Gerechtigkeitsformel geht zurück auf die Formulierung suum cuique der römischen Philosophie. Hier geht es darum, einem Menschen das zuzugestehen, was das Gesetz ihm zumisst. Ein Richter muss nach dieser Gerechtigkeitsformel in der gleichen Situation jeweils die gleichen Gesetze anwenden.

Wie steht es aber mit der sozialen Gerechtigkeit? Eine Antwort auf diese Frage hat der amerikanische Moral- und Sozialphilosoph JOHN RAWLS (1921–2002) in seinem Buch »Eine Theorie der Gerechtigkeit« gegeben.

Der Schleier des Nichtwissens

Stelle dir vor, du wärst Mitglied eines Hohen Rats, der alle Gesetze einer zukünftigen Gesellschaft beschließen soll. Die Ratsmitglieder müssen an absolut alles denken, denn sowie sie sich geeinigt und die Gesetze unterschrieben haben, fallen sie tot um. Und Sekunden später werden sie genau in der Gesellschaft wieder wach, deren Gesetz sie gemacht haben. Der Trick ist nur: Sie haben keine Ahnung, wo in der Gesellschaft sie erwachen; d. h. was ihre Position sein wird. Eine solche Gesellschaft wäre eine gerechte Gesellschaft, denn garantiert wäre jeder, wohin er schaut, nur unter seinesgleichen.
Wenn es also dabei gerecht zugehen soll, muss außer dem vorgestellten „Zustand der Freiheit und Gleichheit“ jeder über seine zukünftige Stelle in der Gesellschaft im Ungewissen sein; keiner weiß etwas über seine Anlagen wie Intelligenz, Körperkraft usw.; über allem liegt ein »Schleier des Nichtwissens«.

1 Sucht nach Beispielen in eurer Lebenswelt, bei denen eine der Gerechtigkeitskonzeptionen realisiert wird.

2 Führt eine Podiumsdiskussion, in der die sechs Gerechtigkeitsformeln jeweils von einem Befürworter verteidigt werden. Die übrige Gruppe kann Fragen zur Umsetzbarkeit und zu möglichen Konsequenzen an das Podium formulieren. Bezieht in eure Argumente/Fragen auch die Abbildungen zur juristischen und sozialen Gerechtigkeit mit ein.

Seiten 122–137 ◄
(Kapitel 6: Utopien)

3 Führt das Gedankenexperiment »Schleier des Nichtwissens« von JOHN RAWLS durch. Entwerft anschließend eine Utopie* einer gerechten Gesellschaft.

4 »Jedem das Seine« – dieses Motto hängten die Nationalsozialisten am Eingangstor des Konzentrationslagers Buchenwald auf: Diskutiert, inwiefern die Nazis mit dieser altrömischen Formel Missbrauch getrieben haben.

Die Welt: ein globales Dorf?

Stellen wir uns einen Augenblick lang vor, die Welt sei […] ein »Dorf«. Nehmen wir an, dieses Dorf hätte 1000 Einwohner und alle Eigenschaften der heutigen Menschheit seien darin in genau demselben Verhältnis vertreten wie in der wirklichen Welt. Wie sähe dieses Dorf aus? […]
Rund 150 Einwohner leben in einer wohlhabenden Wohngegend des Dorfes und etwa 780 in ärmeren Vierteln. […] Das Durchschnittseinkommen pro Kopf beträgt 6000 Dollar jährlich, und es gibt mehr Familien mit mittlerer Einkommenshöhe als dies in der Vergangenheit der Fall war. Aber nur 200 Personen verfügen über 86 Prozent des gesamten Reichtums, während fast die Hälfte der Dorfbewohner sich mit weniger als zwei Dollar pro Tag mühsam am Leben erhalten muss. […]
Die Zahl der Erwachsenen, die lesen und schreiben können, ist zwar gestiegen, aber noch immer sind etwa 220 Dorfbewohner, zwei Drittel davon Frauen, Analphabeten. Von den 390 Einwohnern unter 20 Jahren leben drei Viertel in den ärmeren Gegenden, und viele von ihnen suchen verzweifelt nach Arbeit, die es aber nicht gibt. Weniger als 60 Personen besitzen einen Computer, und nur 24 haben Zugang zum Internet. Mehr als die Hälfte hat noch nie einen Telefonanruf getätigt oder erhalten.

Q KOFI ANNAN: Bericht des Generalsekretärs der Vereinten Nationen (2000)

Tipp ◂
Informationen zur Entwicklung der Weltbevölkerung: www.unfpa.org/index.htm (englisch)

Wie würde ein Dorf aussehen, in dem alle Bewohner/innen menschenwürdig leben können?

Gut leben – oder verzichten?

»Gut leben« in unserem Dorf heißt nicht, auf Konsum zu verzichten, sondern kritisch zu fragen: Wie viel Konsum tut uns und anderen gut? Dabei kommt es darauf an, zu entscheiden: Was brauchen wir an Lebensnotwendigem? Auch die Lebensinteressen zukünftiger Generationen müssen berücksichtigt werden. In diesem Zusammenhang fordert der amerikanische Ökonom DENNIS L. MEADOWS eine »nachhaltige Entwicklung*« – damit alle Menschen würdig leben können.

Gerecht zusammenleben: Positionen und Motive

Zuteilende und ausgleichende Gerechtigkeit
Bei der Verteilung von materiellen Gütern oder Ämtern unter den Bürgern gilt eine Zuteilung nach dem Verhältnis der Leistung der Bürger zueinander. Doch für den rechtlichen Verkehr der Menschen untereinander zählt die ausgleichende Gerechtigkeit – hier gilt nicht die unterschiedliche Beschaffenheit und Leistung der Personen untereinander, sondern sie werden egalitär behandelt, d. h. als gleiche Partner.

Q Nach ARISTOTELES, griechischer Philosoph (384–322 v. Chr.)

Die Erde ist für alle da
Es ist nicht dein Gut, mit dem du dich gegen den Armen großzügig erweist. Du gibst ihm nur zurück, was ihm gehört. Denn du hast dir nur herausgenommen, was zu gemeinsamer Nutzung gegeben ist. Die Erde ist für alle da, nicht nur für die Reichen.

Q AMBROSIUS, italienischer Kirchenlehrer (340–397)

»Theorie* der Gerechtigkeit«
Soziale und wirtschaftliche Ungleichheiten, etwa verschiedener Reichtum, sind nur dann gerecht, wenn sich aus ihnen Vorteile für jedermann ergeben. Es ist nichts Ungerechtes an den größeren Vorteilen weniger, falls es dadurch auch den nicht so Begünstigten besser geht.

Q JOHN RAWLS, amerikanischer Moral-und Sozialphilosoph (1921–2002)

1 Plant den Bau eines globalen »Dorfes«, in dem es – ander als in dem Gedankenexperiment KOFI ANNANS – gerechter zugeht.

2 Zeichnet für euer Projekt einen Plan mit Skizzen von Gebäuden, Anlagen und Straßen. Berücksichtigt Bereiche für Wohnen, Arbeiten, Einkaufen, Lernen, Freizeit, kulturelles und religiöses Leben, Kontakte zu anderen.

Seiten 82–85 ◄ (Kapitel 4: Nach Werten handeln)

3 Verständigt euch auf ein Prinzip, nach dem ihr die Güter verteilt. Bezieht die Gerechtigkeitsvorstellungen von Aristoteles, Ambrosius und JOHN RAWLS ein. Erklärt und prüft, was sie jeweils bewirken können.

4 Entwickelt konkrete Maßnahmen, um das Miteinander in der »Dorfgemeinschaft« auch dann frei und gerecht zu gestalten, wenn sich die Bewohner/-innen Einschränkungen unterwerfen müssen.

Verteilungsgerechtigkeit im weltweiten Maßstab: Wie können Produktion, Handel und Kommunikation* organisiert werden, damit für alle Dorfbewohner/innen eine gerechte Teilhabe möglich wird? Das eigene gute Leben (möglichst glücklich und sinnvoll) ist mit dem guten Leben der anderen (solidarisch, fair und gerecht) in Übereinstimmung zu bringen. So stehen Staaten ebenso wie private Einrichtungen in Nord und Süd vor der Aufgabe, immer neu auszuhandeln, wie Gerechtigkeit Eigen- und Mitverantwortung zum gegenseitigen Nutzen aller gefördert werden können.

Lokal handeln – global denken

Mein globaler Kleiderschrank: Beispiel Jeans

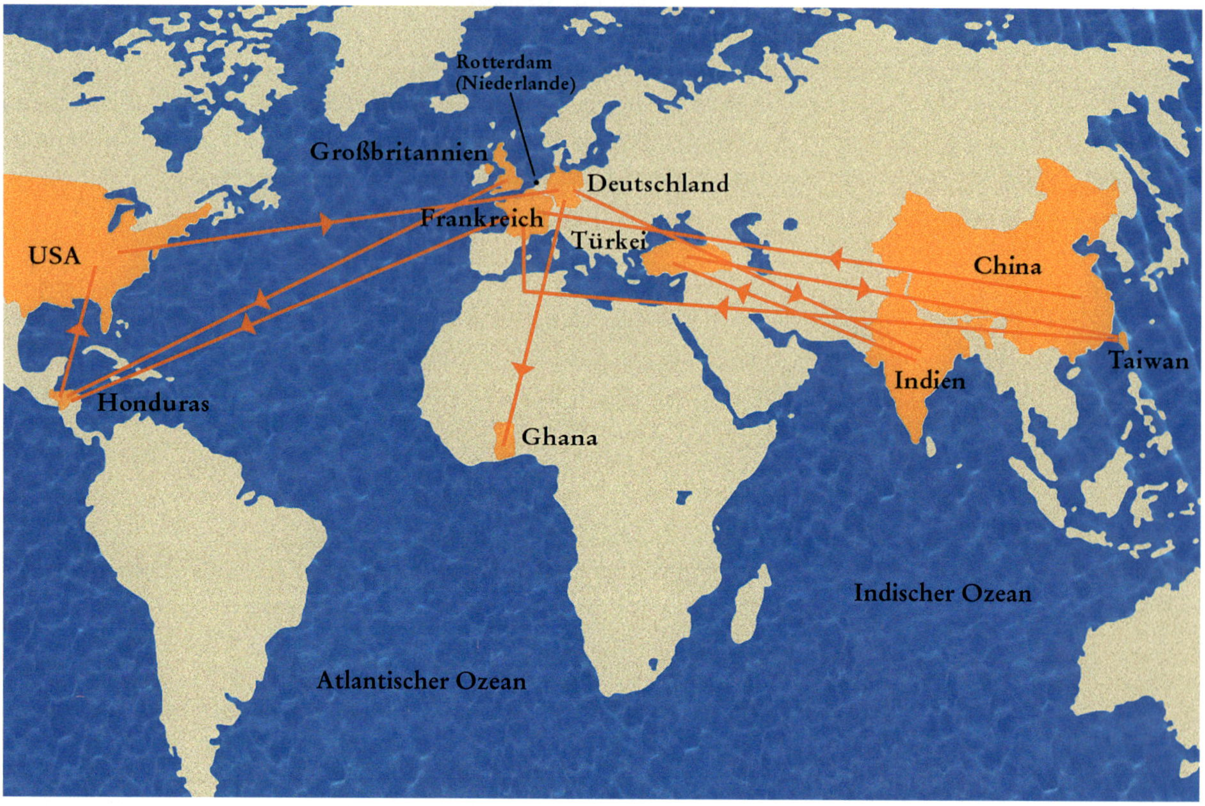

Die langen Wege einer Jeans

Unsere Kleidung legt einen weiten Weg zurück, bevor wir sie im Laden finden und kaufen können. Wenn in Deutschland diese Jeans über den Ladentisch geht, hat sie oder ihre einzelnen Bestandteile bereits 19.000 Kilometer hinter sich. In Indien wird mit Hilfe deutscher Düngemittel und Unkrautvernichtungsmittel Baumwolle angebaut. In der Türkei wird die Baumwolle dann zu preiswertem Garn gesponnen und in Taiwan zu einem Stoff gewebt. In Frankreich wird dieser Stoff mit chinesischen Farbstoffen gefärbt, um dann in Honduras, unter Verwendung von britischen Kurzwaren, zu einer Jeans genäht zu werden. Das Ganze erfolgt im Auftrag einer US-amerikanischen Firma, die die Jeans für den deutschen Markt produziert. Die abgetragene Jeans landet in Deutschland im Altkleidercontainer und wandert von dort nach Rotterdam, von wo aus sie eine niederländische Firma mit Schiff und LKW nach Afrika bringt. Auf dem Altkleidermarkt in Ghana wird sie noch einmal verkauft und weiter getragen.

Fairer Handel – aber wie?

In den Niederlanden und anderswo hat die »Clean Clothes Campaign« (Kampagne für saubere Kleidung) einen Forderungskatalog für fairen Handel erstellt: Dazu zählt das Verbot von Zwangsarbeit, die Bekämpfung der Kinderarbeit und die Freiheit der Arbeitnehmer/innen, sich in Gewerkschaften zusammenzutun. Auch bei uns werden Geschäfte aufgefordert, sich diesen Vorgaben anzuschließen. Unterzeichnende Geschäftsinhaber/innen verpflichten sich, nur solche Kleidungsstücke zu verkaufen, die nach den Fairness-Forderungen dieser Kampagne angefertigt worden sind.

Unter www.saubere-kleidung.de findest du Informationen zu den Arbeitsbedingungen von Arbeiterinnen und Arbeitern in der Textilindustrie: Wähle ein Beispiel aus und berichte.

Das neue und das alte Logo. Weitere Informationen zum Verein »Transfair« unter www.transfair.org

Fachübergreifend (Politik, Arbeitslehre): Wie viel Welt (ver)brauchen wir?

Wer ins Internet schaut, findet zahlreiche Vereine, die versuchen, Produktion und Welthandel gerechter zu gestalten:

- Auf welches Handlungsprinzip berufen sich ihre Kampagnen jeweils?
- Sucht Beispiele für gelungene Projekte und stellt diese euren Mitschülern vor. Was ist besonders positiv am geschilderten Projekt, wo seht ihr aber auch Probleme?
- Aktionsvorschlag: Organisiert einen »Fair«-Stand auf dem Schulfest und verbindet eure Infos mit einer Befragung: Kennt ihr fair gehandelte Produkte? Kauft ihr entsprechende Produkte? (Wenn ja, warum? Wenn nein, warum nicht?) Welche Rolle spielen Gebrauchswert, soziales Prestige* und gerechte Produktionsbedingungen für eure Kaufentscheidung?

1 Untersuche deine Jeans: Wo wurde die Hose hergestellt? Wer ist der Produzent? Welche Handelsketten vertreiben deine Jeans? Welche Materialzusammensetzung hat die Hose?

2 Trage den Reiseverlauf der Jeans in die Skizze einer unbeschrifteten Weltkarte ein. Erstelle zu allen Markierungen in der Karte eine kurze Erläuterung (Legende).

3 Stellt die vielerorts in der Textilindustrie herrschenden Arbeitsbedingungen in einer Übersicht zusammen: Diskutiert die daraus resultierenden Probleme und bewertet diese.

4 Informiert euch: Warum sind fair gehandelte Waren teurer als »normale«?

5 Überlegt und argumentiert: Sollten nur die Politiker handeln – oder kann auch jeder Einzelne etwas tun?

Beispiele der Hilfe zur Selbsthilfe

Im September 2005 zogen die Vereinten Nationen Zwischenbilanz bei der Bekämpfung von Armut und Hunger. In einigen Regionen der Welt gibt es Fortschritte, doch in 70 Ländern, die meisten davon in Afrika und Südasien, konnten keine oder nur geringe Erfolge verbucht werden. Die Zahl der an Unterernährung leidenden Menschen stieg in vielen afrikanischen Ländern ebenso an wie im Nahen Osten. Bis 2015 soll vieles besser sein.

Deutsche und tunesische Fachleute bauen gemeinsam eine Anlage zur Trinkwasserversorgung.

Katholisches Waisenhaus in Luanda, Angola – eines von vielen Beispielen kirchlicher Entwicklungshilfe

»Entwicklungspolitik ist die Friedenspolitik des 21. Jahrhunderts.«
Willy Brandt (1913–1992), Friedensnobelpreisträger und deutscher Bundeskanzler 1969–1974

Wasserversorgungsprojekt in Ruanda – finanziert vom Hunsrück-Kreis in Rheinland-Pfalz, dem Partnerland von Ruanda

Von Schülern für Schüler

www.twende.org
www.venrob.org

Mit Unterstützung des Landes Brandenburg haben in den letzten Jahren mehr als 150 deutsche Jugendliche auf der zu Tansania gehörenden Insel Sansibar gelebt und gearbeitet – zusammen mit ihren einheimischen Gastgebern. Durch diese Zusammenarbeit entstanden in sieben Dörfern 67 Klassenräume, Räume für Schulbibliotheken, zwei Kindergärten, drei Mehrzweckgebäude für Frauenkooperativen, ein Fischerboot, drei Theaterstücke sowie – viele Freundschaften, Briefwechsel und Schulkontakte.

Frieden und Entwicklung im globalen »Dorf«?

Meistens gehen Konflikte glimpflich ab – 90 Prozent aller Auseinandersetzungen zwischen Staaten und Interessengruppen verlaufen friedlich; doch zehn Prozent ufern in Gewalt aus. Besonders betroffen sind Teile Afrikas, einige Regionen in Süd- und Mittelamerika sowie in Asien. Allein 2003 gab es weltweit 218 politische Konflikte, davon 14 Kriege und 21 ernste Krisen*.

Deutsche Soldaten wirken mit, den zerbrechlichen »Frieden« in Afghanistan zu sichern.

»Wir müssen begreifen ...«

[...] dass Wohlstand und politische Stabilität bei uns wesentlich auch davon abhängen, was im Rest der Welt geschieht [...]. Erstens: Jedes Land muss die Rückwirkungen seiner Politik auf die Nachbarn und vor allem auf die Armen dieser Welt berücksichtigen. Zweitens: Die Eigenverantwortung der armen Länder muss gestärkt und nicht geschwächt werden. [...] Viertens: Die Bekämpfung der weltweiten Armut muss in der Zielhierarchie der Industrieländer ganz nach oben rücken. [...] Sechstens: Eine globale Welt braucht ein globales Ethos, also weltweit akzeptierte Grundnormen ethischen Verhaltens.

Q HORST KÖHLER, Bundespräsident (2004)

1 Forscht nach: Werden in eurer Schule, in der Stadt oder in der Region Projekte der Entwicklungszusammenarbeit unterstützt? Erkundigt euch bei der Schulleitung, bei Vereinen, Kirchen oder Eine-Welt-Gruppen.

2 Unterstützt ein Projekt durch eine Informationskampagne oder eine Spendensammlung.

3 Was verstehst du unter »Frieden im globalen Dorf«? Schreibe fünf wichtige Merkmale auf ein Blatt: Sammelt die Antworten und erörtert die Ergebnisse.

4 Diskutiert, ob die Umsetzung der Forderungen von HORST KÖHLER in naher Zukunft realistisch ist: Welche Voraussetzungen müssten erfüllt sein?

5 Informiert euch im Internet über die »Global Marshall Plan Initiative«. Inwieweit hilft diese Initiative dem »globalen Dorf«?

6 Dokumentiert eure Ergebnisse für die Visionengalerie von Seite 121.

Worauf zielt der Global Marshall Plan?

Die Situation der Armen, das Wohlstandsgefälle zwischen Nord und Süd, kulturelle Konflikte, Sicherheits- und Umweltfragen: Problemen, die ein verbessertes und verbindliches Rahmenwerk erforderlich machen, das die Weltwirtschaft mit Umwelt, Gesellschaft und Kultur in Einklang bringt.

Quelle: http://www.globalmarshallplan.org/what/index_ger.html
Link: www.globalmarshallplan.org

Entwicklungspolitik bedeutet nicht, Almosen zu verteilen, sondern in der Zusammenarbeit mit staatlichen und privaten Partnerorganisationen aus den Entwicklungsländern vor Ort »Hilfe zur Selbsthilfe« zu leisten. Der Einsatz für Frieden und Entwicklung bleibt auch in Zukunft eine große Herausforderung. In einer zunehmend globalisierten Welt hat jeder die Möglichkeit, aber auch die Verantwortung und die Verpflichtung, diese globalisierte Welt mitzugestalten. Gegenüber zukünftigen Generationen sind alle Menschen für den Erhalt der natürlichen Lebensgrundlagen verantwortlich.

Eine andere Welt ist möglich!?

Auf dieser Seite findest du Begriffe, die in diesem Kapitel eine wichtige Rolle spielen. Wenn du sie verstehen und mit ihnen umgehen kannst, darfst du sicher sein, mit den Inhalten der vorhergehenden Seiten vertraut zu sein:

ARBEIT ARMUT EINZELNER
ENTWICKLUNG
FREIHEIT REICHTUM
GLOBALISIERUNG
GERECHTIGKEIT
HUNGER KRIEG POLITIK
GRUNDBEDÜRFNISSE
LEBENSSTANDARD FRIEDEN
SELBSTVERANTWORTUNG
SELBSTVERPFLICHTUNG
UNTERNEHMEN

Globalisierung: Chance oder Risiko?

- Erkläre, was die genannten Begriffe mit dem Thema »Globalisierung – Armut und Reichtum« zu tun haben.
- Stelle die Begriffe in einer Mindmap dar – in ihren Beziehungen zueinander. Du kannst auch weitere Ausdrücke ergänzen.
- Besprecht eure Lösungen in der Gesamtgruppe und klärt, was ihr unter bestimmten Begriffen versteht (z.B. »Gerechtigkeit«).
- Diskutiert abschließend: Ist die Globalisierung eine Chance für die weltweite Entwicklung von Lebensmöglichkeiten oder verschlimmert sie eher die bestehenden Verhältnisse?

Demonstration beim Weltsozialforum in Porto Alegre, Brasilien (2005)

Was siehst du inzwischen anders – im Vergleich zu Seite 105 (Aufgabe 3)?

Projekt:
Visionen* von einer anderen Welt – Visionengalerie

Ihr seid in diesem Kapitel einigen globalen Problemen und schwierigen Aufgaben begegnet: Ist eine andere, bessere Welt möglich? Versucht, eure Zukunftsvorstellungen in Bildern oder Zeichnungen auszudrücken.

- Entscheidet, ob ihr einzeln oder in Gruppen arbeiten wollt.
- »Hilfe, ich kann nicht malen!« Manchmal ist Malen mit Ängsten verbunden. Hier werden keine Striche oder Farbtupfer zensiert; wer sich aber lieber schriftlich ausdrücken will, kann seine Vision in Stichworten formulieren, eine kleine Geschichte schreiben oder auch eine Fotocollage gestalten.
- Heftet die Visionen auf Aufsteller oder an die Wand.
- Wenn es die Zeit erlaubt, könnt ihr eine Ausstellungseröffnung planen, um eure Werke anderen vorzustellen: Mitschüler(inne)n, Eltern sowie Freunden und Freundinnen. Vielleicht bedürfen einige Visionen einer Erklärung – dann könnt ihr euch noch besser über Zukunftshoffnungen oder Ängste klar werden. Tauscht euch darüber aus, auf welchen Voraussetzungen die Visionen beruhen.
- Forscht nach, was getan werden kann, damit eure Visionen eintreffen (oder besser nicht eintreten!). Falls in eurer Galerie düstere Visionen überwiegen, sollten dennoch Handlungsansätze herausgearbeitet werden, die verhindern helfen, dass diese Visionen Wirklichkeit werden.

Zum Schluss die Frage: Was können wir – was kann ich – dazu beitragen, damit Kinder, Jugendliche und Erwachsene überall ein menschenwürdiges Leben führen können?

Medientipps

Gabriele Göttle: Die Ärmsten! Wahre Geschichten aus dem arbeitslosen Leben, Frankfurt/Main: Eichborn Verlag 2000

CD-ROM »basic needs«. Herausgegeben von »Brot für die Welt« in Zusammenarbeit mit dem Institut für Friedenspädagogik, Stuttgart und Tübingen 2003

Wer sich über weitere Aktionsideen informieren will, findet unter www.sozialer-tag.de oder www.unicef.de/kids einige Tipps.

René Magritte nannte sein Kunstwerk »Das Pyrenäenschloss« (Le chateau des Pyrénées). Versucht euch, in das einzufühlen, was er ins Bild setzte. Welche Assoziationen (Gedankenverbindungen) habt ihr dazu?

»Lasst uns auf die Reise gehen«

Lasst uns auf die Reise gehen,
anderes Land zu suchen.
Wo man den Sommer ohne Whiskey erträgt
und den Winter ohne Kohlen auskommt
Und das Lieben nicht müde macht.
[...]
Leg dir etwas Kleingeld hin,
das Kleingeld der Träume
über die Lieder von Abschied
und Ankunft.

Der Abschied ist leicht
und die Ankunft ist schwer,
der Rückweg ist dunkel und weit
aus anderer Landschaft.

Lasst uns auf die Reise gehen
anderes Land zu suchen,
wo Mauern und Zäune schon abgebaut sind,
wo Wiesen ohne Kettenspur grünen
und wo man ohne Theater stirbt.

Thomas Rother
von der Gruppe
»Witthüser & Westrup« (1970)

Auf der Suche nach der idealen Gesellschaft

»Virtual Teacher« – ein Traum

In meinen Lieblingsträumen gibt es einen Hauptdarsteller. Sein Name ist Virtual Teacher, das bedeutet virtueller Lehrer. VT ist ein freundlicher Roboter für Kinder, einer, der unterrichtet und genau weiß, was sie besonders interessiert. Er kennt ihre neuesten Witze und weiß über die TV Shows von gestern Abend Bescheid. Er ist also eine Art bester Freund – mit einer guten Portion Humor. […] Er kann individuell auf jeden Schüler eingehen, auf seine Schwächen, seine Stärken, seine Auffassungsgabe. Prüfungen werden überflüssig. […] Lehrer sind Menschen und deshalb nie perfekt. Entsprechend dürfen auch ihre virtuellen Kollegen nie perfekt sein. Sie haben wie reale Lehrer Wissenslücken. Es kann vorkommen, dass ein virtueller Lehrer auf die Frage eines Schülers keine Antwort weiß. Und er wird sich informieren und sich über spezielle Programme im Internet fortbilden müssen. Das macht ihn seinen Schülern umso sympathischer. Und ich träume weiter: von einem virtuellen Lehrer, der zum lebenslangen Begleiter wird. Zu einem klugen Berater, der mich so gut wie mein bester Freund kennt und mir als Coach, Mentaltrainer und Diskussionspartner zur Seite steht. Bis ins hohe Alter.

Q STEVE WOZNIAK: Ich habe einen Traum

STEVE WOZNIAK baute 1975 in Kalifornien einen der ersten PC, arbeitete später als Lehrer.

1 Schreibt selbst eine fantastische Geschichte mit dem Titel: »Ich träume von …«

2 Was haltet ihr von Menschen, die einen Traum von einem anderen Leben träumen?

3 Über die Spiele-Plattform „Second Life" führen immer mehr Menschen ein digitales Doppelleben. Informiert euch über „Second Life" und versucht eine Erklärung für den Erfolg des Spiels zu geben.

Die Zukunft beginnt heute

Zu allen Zeiten haben Menschen versucht, gedanklich die Zukunft vorwegzunehmen oder Szenarien zu entwickeln, wie die Welt von morgen aussehen könnte. Prognosen können heute dahingehend überprüft werden, ob sie sich erfüllt haben oder nicht. Darüber hinaus verraten sie etwas über Wertvorstellungen, Wünsche und Hoffnungen einer vergangenen Zeit, die uns bis heute prägen.

Wissenschaftliche Prognosen von 1968 für das Jahr 2000

- Verlässlichere und langfristigere Wettervorhersagen
- Neue Methoden des Wassertransports (z. B. Riesenunterseeboote)
- Weitgehende Verminderung vererbter Gebrechen
- Anwendung von Cyborg-Methoden (mechanische Hilfs- oder Ersatzmittel für menschliche Organe, Sinne, Gliedmaßen oder sonstige Körperteile)
- Neue nützliche Tier- und Pflanzenarten
- Dreidimensionale Fotografie, Illustrationen, Filme, Fernsehen
- Drogen zur Bekämpfung von Ermüdungserscheinungen, zur Entspannung und zu Veränderungen der Persönlichkeit
- Die Möglichkeit, das Geschlecht von ungeborenen Kindern zu bestimmen
- Bemannte Satelliten- und Mondstationen, interplanetarische Reisen
- Bewohnte Unterseestationen oder Unterseekolonien
- Verwendung von Robotern und Maschinen als »Sklaven« der Menschen
- Fernsehtelefon für private und geschäftliche Zwecke

Q Aus einer Liste von 100 wahrscheinlichen technischen Neuerungen, die in 2000 realisiert sein sollten

Seiten 180–193 ◄

Gedankenexperiment ◄ »Reise in die Zukunft«
Was, glaubt ihr, wird im Jahr 2050 technisch realisierbar sein, was wird sich voraussichtlich nicht ändern? Haltet euer Ergebnis in zwei Listen fest. Stellt euch anschließend vor, ihr könntet euch für 15 Minuten in das Jahr 2050 »beamen«, verfügt aber für diesen Zeitraum nur über eine Sinneswahrnehmung. Bildet entsprechend eine Hör-, eine Riech-, eine Tast-, eine Geschmacks- und eine Sehgruppe. Berichtet von euren Sinneseindrücken, die ihr bei eurem Ausflug in die Zukunft gemacht habt. Wollt ihr in dieser Welt leben? Diskutiert die Auswirkungen eures prognostizierten »Fortschritts« auf den Menschen.

Commander McLane, Kapitän des Raumschiffs Orion, flog 1966 zum ersten Mal im deutschen Fernsehen mit seiner Crew durch ferne Galaxien; die fiktive Handlung spielt um das Jahr 3000.

Als das Konzept von »Biosphäre II« in den 1980er Jahren entworfen wurde, war der Wettkampf im Weltraum noch im vollen Gange. Es gab Pläne, bis zum Jahr 2004 eine permanente Raumstation auf dem Mars zu bauen. Zu dieser Zeit wurde viel über Überlebenssysteme geforscht. [...] Das war der Ausgangspunkt für die Gründer der Biosphäre II. Die Frage war, was passiert, wenn man Erde, Pflanzen, Tiere und Menschen in eine Glasflasche steckt und diese dann verschließt. Gibt es einen selbstregulierenden Mechanismus, der das Lebenssystem erhält?

Q BERND ZABEL, technischer Leiter der Biosphäre (1996)

Meine Zukunftsvisionen in Bezug auf Wissenschaft und Technologie sind insgesamt recht positiv. Je weiter beispielsweise das menschliche Genom* entschlüsselt wird, desto besser können kranke Menschen adäquat behandelt werden. Den Tod werden wir wahrscheinlich nicht besiegen können, aber das ist auch gut so. Eine positive Entwicklung sehe ich für die Humangenetik aber nur, wenn wir verantwortungsbewusst mit neuen Ergebnissen umgehen.

Q JANA IVANIDZE, Siegerin von »Jugend forscht« 2003 mit einer Arbeit aus der Molekularbiologie

1 Geht die Liste der technischen Neuerungen für das Jahr 2000 durch. Welche Prognosen sind heute Teil unserer Realität, welche bleiben aus heutiger Sicht noch irreal?

2 Aus den Prognosen kann auf Wertvorstellungen aus den 1970ern geschlossen werden. Diskutiert, ob diese eurer Meinung nach gleich geblieben oder sich weiterentwickelt haben.

3 Konkretisiert den Slogan »Die Zukunft beginnt heute«. Bezieht in eure Überlegungen die Äußerungen von BERND ZABEL und INA IVANIDZE ein.

Biosphäre II: Seit 1996 dient das riesige Glashaus in Arizona (USA) Forschungszwecken der Columbia-Universität; es steht interessierten Besuchern offen. Die Forscher/innen beobachten, wie sich Pflanzen und Tiere veränderten Bedingungen der Atmosphäre anpassen.

Der Blick in die Zukunft kann faszinieren, aber auch verunsichern. Das zeigt sich besonders in der Beurteilung von Chancen und Risiken des technischen Fortschritts. Immer wieder taucht die Frage auf, ob der Mensch den Herausforderungen der Errungenschaften in Medizin und Technik gewachsen ist. Nicht alle Prognosen, die in Science-Fiction-Filme oder -Bücher Eingang gefunden haben, treten tatsächlich ein. Sie verraten jedoch viel darüber, wie Menschen zu bestimmten Zeiten gedacht und gefühlt haben. Sie bestimmen auch die zukünftige Entwicklung, da sich nicht wenige Forscher/innen von ihnen inspirieren lassen.

Jesu Botschaft vom Reich Gottes

Die Vorstellung einer idealen Zukunft beschränkt sich nicht auf die unbegrenzte Fortentwicklung von Technik und Wissenschaft durch den Menschen. Zu ihr gehört auch die umfassende Vision einer idealen Welt ohne Leid und Ungerechtigkeiten. Dass eine solche Welt dem Willen Gottes entspricht, ist der Kern der Botschaft von JESUS CHRISTUS, wie er in den Evangelien* dargestellt wird.

Jesu Wirken

Er [Jesus] verkündete das Evangelium Gottes und sprach: »Die Zeit ist erfüllt, das Reich Gottes ist nahe. Kehrt um und glaubt an das Evangelium!«
Am folgenden Sabbat* ging er in die Synagoge* und lehrte. Und die Menschen waren sehr betroffen von seiner Lehre, denn er lehrte sie wie einer, der (göttliche) Vollmacht hat. In ihrer Synagoge war ein Mann, der von einem unreinen Geist besessen war. Der begann zu schreien: »Was haben wir mit dir zu tun, Jesus von Nazareth? Bist du gekommen, um uns ins Verderben zu stürzen? Ich weiß, wer du bist: der Heilige Gottes.« Da befahl ihm Jesus: »Schweig und verlass ihn!« Der unreine Geist zerrte den Mann hin und her und verließ ihn mit lautem Geschrei. Da erschraken alle und einer fragte den anderen: »Was hat das zu bedeuten? Hier wird mit Vollmacht eine ganz neue Lehre verkündet. Sogar die unreinen Geister gehorchen seinem Befehl.« Und sein Ruf verbreitete sich rasch im ganzen Gebiet von Galiläa.
Am Abend, als die Sonne untergegangen war, brachte man alle Kranken und Besessenen zu Jesus. Die ganze Stadt war vor der Haustür versammelt, und er heilte viele, die an allen möglichen Krankheiten litten, und trieb viele Dämonen aus.

Q MARKUS 1, 14f; 21–28; 32–34

PEDRO ORRENTE (1570–1644), Jesus heilt den Gelähmten

WILHELM KRETZSCHMER, Christus gebietet dem Sturm Einhalt (1884)

Als Jesus von dort wegging, sah er einen Zöllner namens Levi am Zoll sitzen und sagte zu ihm: »Folge mir nach!« Da stand Levi auf, verließ alles und folgte ihm. Und er gab für Jesus in seinem Haus ein großes Festmahl. Viele Zöllner und andere Gäste waren mit ihnen bei Tisch.
Da sagten die Pharisäer* und ihre Schriftgelehrten voll Unwillen zu seinen Jüngern: »Wie könnt ihr zusammen mit Zöllnern und Sündern essen und trinken?« Jesus antwortet ihnen: »Nicht die Gesunden brauchen den Arzt, sondern die Kranken.«

Q LUKAS 5, 27–32

Seiten 150/151 ◀

Zur Zeit Jesu ...

... wurden die meisten Krankheiten mit dem Wirken von Dämonen erklärt, die als Feinde und Widersacher Gottes galten.
Die von den römischen Besatzern eingesetzten jüdischen Zöllner waren zu Jesu Lebzeiten bei vielen Juden verhasst, weil sie meist überhöhte Zölle von ihnen einnahmen. In erster Linie lehnten die Pharisäer, als besonders gesetzestreue Juden, die Zöllner ab und sahen sie als soziale Außenseiter, die mit den Römern gemeinsame Sache machten.

Blinde sehen wieder, Lahme gehen, und Aussätzige werden rein; Taube hören, Tote stehen auf, und den Armen wird das Evangelium verkündet.
LUKAS 7, 22

Das Reich Gottes – was ist das?

Jesus antwortet: »Es gleicht einem Senfkorn. Dieses ist das kleinste von allen Samenkörnern, die man in die Erde sät. Ist es aber gesät, dann geht es auf und wird größer als alle anderen Gewächse und treibt große Zweige, sodass in seinem Schatten die Vögel des Himmels nisten können.«
MARKUS 4, 31 f

Das Reich Gottes – nur ein Traum?

Ein junger Mann betrat im Traum einen Laden. Hinter der Theke stand ein Engel. Hastig fragte er ihn: »Was verkaufen Sie, mein Herr?« Der Engel antwortete freundlich: »Alles, was Sie wollen.« Der junge Mann begann aufzuzählen: »Dann hätte ich gerne das Ende aller Kriege in der Welt, bessere Bedingungen für die Randgruppen der Gesellschaft, Beseitigung der Elendsviertel in Südamerika, Arbeit für die Arbeitslosen, mehr Gemeinschaft und Liebe ... und ... und ... «.
Da fiel ihm der Engel ins Wort: »Entschuldigen Sie, junger Mann, Sie haben mich falsch verstanden. Wir verkaufen keine Früchte, wir verkaufen nur den Samen.«

1 Stellt aus den biblischen Texten zusammen, welche Merkmale das Reich Gottes bei JESUS hat und worin es sich etwa von einem Fantasialand unterscheidet. Ergänzt die gefundenen Merkmale durch eigene Vorstellungen.

2 Lässt sich das Reich Gottes aus menschlicher Kraft verwirklichen? Bezieht in eure Diskussion darüber auch die moderne Reich-Gottes-Geschichte ein.

3 Informiert euch, z.B. im Internet, über Christen und christliche Gemeinschaften, die das Reich Gottes auf der Erde versucht haben zu realisieren, z.B. die Franziskaner, die Hutterer usw.

Neben wissenschaftlichen und technischen Zukunftsvisionen haben Menschen auch immer die Vorstellung von einer idealen Welt gehabt, in der es kein Leid, keinen Tod und keine sozialen Ungerechtigkeiten mehr gibt. In dem von JESUS verkündigten Reich Gottes ist eine solche Vorstellung bis heute in der christlichen Tradition gegenwärtig. Sie enthält sowohl die Aufforderung an alle (gläubigen) Menschen, dieses Ideal zu verwirklichen, wie sie zugleich das Wissen darum beinhaltet, dass vollendet nur ein göttliches Wesen das Reich Gottes realisieren kann.

Wie viel Utopie* braucht der Mensch?

Der Begriff Utopie

lässt sich von den griechischen Worten »ou« (nicht) und »topos« (Ort, Stelle, Land) herleiten und kann mit »Kein Ort, Nichtland, Nirgendwo« übersetzt werden. »Utopie« meint eine völlig andere – visionäre – Wirklichkeit, die auf einer Idee oder Glaubensgewissheit beruht. Utopien entwickeln in kritischer Distanz zur Realität Gesellschaftsentwürfe, in denen Gesetzmäßigkeiten der Realität (z.B. die Mühen der Existenzsicherung) außer Kraft gesetzt sind. Bekannt sind vor allem technische, soziale und so genannte absolute Utopien. Absolute Utopien begegnen uns in den Schriften der Religionen, aber auch im Märchen vom Schlaraffenland.

Lernen – einmal ganz anders?

Ich war auch in der mathematischen Fakultät, wo der Magister [Lehrer] seine Schüler nach einer Methode unterrichtete, die uns in Europa kaum vorstellbar erscheint. Lehrsatz und Beweis wurden mit Tinte, die aus einer Gehirntinktur bestand, deutlich auf eine dünne Oblate [papierdünnes Gebäck] geschrieben. Der Student musste diese auf nüchternen Magen hinunterschlucken, und die drei folgenden Tage durfte er nur Brot und Wasser zu sich nehmen. Während die Oblate verdaut wurde, stieg ihm die Tinktur ins Gehirn und nahm den Lehrsatz mit sich.

Q JONATHAN SWIFT: GULLIVERS REISEN (1726)

Arbeiten nach Lust und Laune?

Sowie nämlich die Arbeit verteilt zu werden anfängt, hat Jeder einen bestimmten ausschließenden Kreis der Tätigkeit, der ihm aufgedrängt wird, aus dem er nicht heraus kann; er ist Jäger, Fischer oder Hirt oder kritischer Kritiker und muss es bleiben, wenn er nicht die Mittel zum Leben verlieren will – während in der kommunistischen Gesellschaft, wo Jeder nicht einen ausschließlichen Kreis der Tätigkeit hat, sondern sich in jedem beliebigen Zweig ausbilden kann, die Gesellschaft die allgemeine Produktion regelt und mir eben dadurch möglich macht, heute dies, morgen jenes zu tun, morgens zu jagen, nachmittags zu fischen, abends Viehzucht zu treiben, nach dem Essen zu kritisieren, wie ich gerade Lust habe, ohne je Jäger, Fischer, Hirt oder Kritiker zu werden.

Q KARL MARX über das Idealbild einer kommunistischen Gesellschaft (1845)

Schwerter zu Pflugscharen?

Am Ende der Tage wird es geschehen: Der Berg mit dem Haus des Herrn steht fest gegründet als höchster der Berge; er überragt alle Hügel. Zu ihm strömen alle Völker. Viele Nationen machen sich auf den Weg; sie sagen: Kommt, wir ziehen hinauf zum Berg des Herrn und zum Haus des Gottes Jakobs. Er zeige uns seine Wege, auf seinen Pfaden wollen wir gehen. Denn von Zion* kommt die Weisung des Herrn, aus Jerusalem sein Wort. Er spricht Recht im Streit der Völker, er weist viele Nationen zurecht. Er spricht Recht im Streit der Völker, er weist viele Nationen zurecht. Dann schmieden sie Pflugscharen aus ihren Schwertern und Winzermesser aus ihren Lanzen. Man zieht nicht mehr das Schwert, Volk gegen Volk, und übt nicht mehr für den Krieg.

Q Die Vision des Propheten JESAJA (Hebräische Bibel, Jesaja 2, 4)

»Dann legte Gott, der Herr, in Eden, im Osten, einen Garten an und setzte dorthin den Menschen, den er geformt hatte. Gott, der Herr, ließ aus dem Ackerboden allerlei Bäume wachsen, verlockend anzusehen und mit köstlichen Früchten, in der Mitte des Gartens aber den Baum des [ewigen] Lebens und den Baum der Erkenntnis von Gut und Böse.«
(Genesis 2, 8–9)

LUCAS CRANACH d. Ä., Wien (1530)

Fachübergreifend (Religion): Paradiesvorstellungen

Die Vorstellung einer ursprünglichen Harmonie zwischen Gott, Mensch und Tier findet sich in allen monotheistischen Religionen. Sie wird mit dem Bild eines idealen Gartens verknüpft:

- Recherchiert, wo ihr etwas in der Bibel und im Koran über Paradiesvorstellungen erfahrt.
- Lest nach, ob und wie der Verlust einer ursprünglichen Harmonie von Mensch und Natur erklärt wird. Was hat der Mensch gewonnen, was verloren? Nehmt Lexika oder Kommentare zur Hilfe.
- Ist das Paradies nach jüdisch-christlicher und islamischer Vorstellung grundsätzlich verloren? Befragt dazu Juden, Christen und Muslimen, wie sie sich ihr Leben nach dem Tod vorstellen.

»Die Welt schreit von Gewalt. Der Friede kommt durch die Herzen der Menschen, eines jeden einzelnen. Sonst nirgendwo her. Und Gott ist der Friede. Indem das Herz für Gott durchlässig wird, beginnt eine Utopie Wirklichkeit zu werden.«

Eine Ordensfrau des Klosters St. Gabriel, 2004

1 In Gullivers Reisen wird eine utopische Lernmethode beschrieben. Würdet ihr gerne nach dieser Art lernen? Schreibt eine Begründung.

2 Beschreibt die idealen Gesellschaften von Seite 128. Grenzt die verschiedenen Utopien voneinander ab und findet weitere Beispiele.

3 Begründe, welche Argumentation zum Frieden dich überzeugt – die der Ordensfrau oder die des Friedensforschers. Besprecht, ob sich beide Sichtweisen ausschließen.

4 Diskutiert, warum die Menschen immer wieder Utopien entwerfen und ob wir sie brauchen?

»Ein Zustand paradiesischer Eintracht, in dem alle Menschen ohne Konflikte miteinander leben – das wäre der Traum. Die Herausforderung wäre, dafür zu sorgen, dass Konflikte zwischen Staaten nicht mehr mit Waffengewalt ausgetragen werden. [...] Und das ist eben keine Utopie, sondern eine politische Aufgabe.«

REINHARD MUTZ, Institut für Friedensforschung und Sicherheitspolitik in Hamburg, 2004

→← Erzählungen über ein paradiesisches Leben gibt es in vielen Kulturen und Religionen. Das Land der Sehnsucht hat verschiedene Namen: Atlantis, Garten Eden, Schlaraffenland, Himmel usw. Utopien* müssen nicht unbedingt Vorstellungen über Zukünftiges enthalten. Der ideale Zustand kann auch in die Vergangenheit, in ein jenseitiges Leben oder in eine »andere Wirklichkeit« übertragen werden. Eine Utopie kann als Gegenentwurf zu einer bedrückenden Wirklichkeit umwälzende oder rettende Kräfte freisetzen.

Traum von sozialer Gleichheit – Morus' Utopie*

Das 1516 verfasste Werk »Utopia« von THOMAS MORUS* begründete die utopische Literatur der Neuzeit. Es erregte in seiner Zeit viel Aufsehen. Obwohl MORUS' Bericht eine Erfindung war, gab er vor, dass ihm ein Reisegefährte über die Verhältnisse auf der Insel Utopia berichtet habe.

Die Insel der Utopier dehnt sich in der Mitte, wo sie am breitesten ist, zweihundert Meilen weit aus. Sie hat vierundfünfzig Städte, alle weiträumig und prächtig, in Sprache, Sitten, Einrichtungen und Gesetzen vollständig übereinstimmend. Alle haben dieselbe Anlage und, soweit es die geografische Lage gestattet, dasselbe Aussehen. [...] Aus jeder Stadt kommen jährlich drei bejahrte und erfahrene Bürger in Amarotum [der Hauptstadt] zusammen, um über die gemeinsamen Angelegenheiten der Insel zu beraten. [...] Es gibt kein Haus, das nicht, genauso wie es sein Vordertor zur Straße hat, eine Hinterpforte zum Garten besitzt. Diese zweiflügligen Türen, die durch einen leichten Druck der Hand zu öffnen sind und sich darauf wieder von allein schließen, lassen einen jeden ein: so gibt es keinerlei Privatbereich. Denn sogar die Häuser wechseln sie alle zehn Jahre durch Auslosung. [...]

Und doch ist dies fast überall das Los der Handwerker, außer bei den Utopiern, die, während sie den Tag mit Einschluss der Nacht in vierundzwanzig Stunden einteilen, doch nur sechs Stunden für die Arbeit bestimmen: drei vor Mittag, nach denen sie zum Essen gehen; nach der Mahlzeit ruhen sie zwei Nachmittagsstunden, widmen dann wiederum drei Stunden der Arbeit und beschließen das Tagewerk mit dem Abendessen. [...] Die Stunden zwischen Arbeit, Schlaf und Essen sind jedem zur eigenen Verfügung überlassen, jedoch nicht, um sie zu Ausschweifungen und Faulenzerei zu vergeuden, sondern um die Freizeit, die ihm sein Handwerk lässt, nach eigenem Gutdünken zu irgendeiner nützlichen Beschäftigung zu verwenden. Die meisten benützen diese Unterbrechungen zu geistiger Weiterbildung.

An dieser Stelle müssen wir jedoch, um einen Irrtum zu vermeiden, einen bestimmten Punkt genauer betrachten. Weil sie nämlich nur sechs Stunden an der Arbeit sind, könnte man vielleicht auf den Gedanken kommen, es müsse sich daraus ein Mangel an lebensnotwendigen Dingen ergeben. Weit gefehlt! Diese Arbeitszeit genügt vielmehr zur Erzeugung aller Dinge, die lebensnotwendig sind oder zur Bequemlichkeit dienen, ja, es bleibt sogar noch Zeit übrig. [...]

Die ganze Stadt ist in vier gleich große Bezirke eingeteilt; in der Mitte jedes Bezirkes liegt der Markt für Waren aller Art. Dort werden in bestimmte Gebäude die Erzeugnisse aller Familien zusammengebracht und die einzelnen Warengattungen werden gesondert auf die Speicher verteilt. Aus diesen wieder fordert der Familienälteste, was er selbst und die Seinigen brauchen, und erhält ohne Bezahlung, überhaupt ohne jegliche Gegenleistung, alles, was er verlangt. Warum sollte man ihm etwas verweigern, da doch alles im Überfluss vorhanden ist und keinerlei Befürchtung besteht, es könne einer mehr fordern, als er braucht?

Q THOMAS MORUS: Utopia

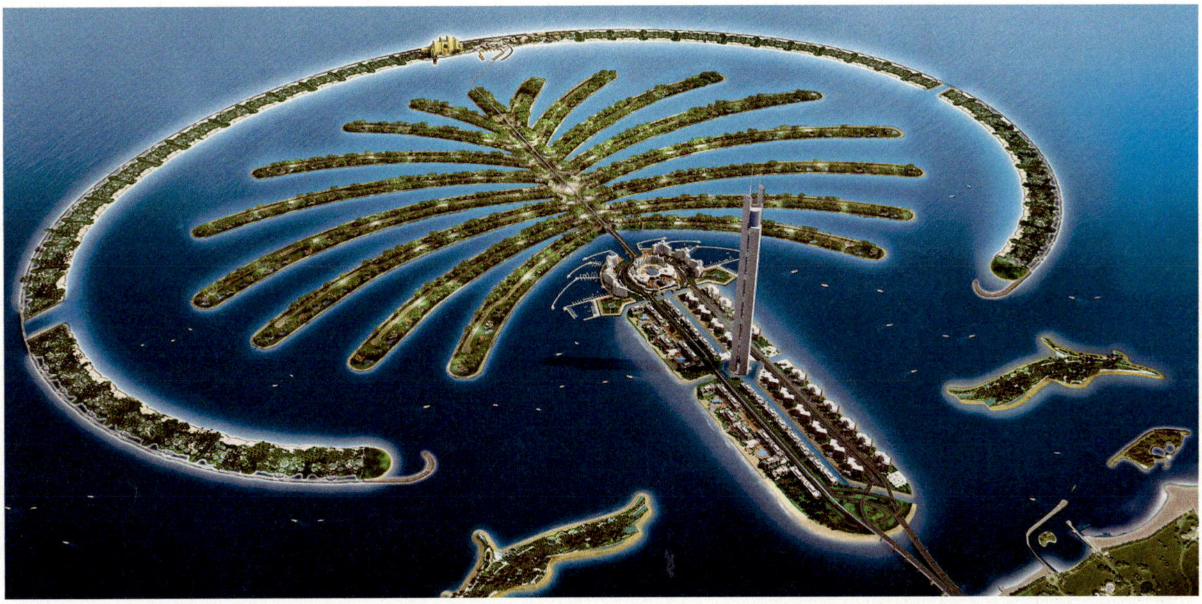

»Der Traum von einer künstlichen Insel wird Wirklichkeit.« In Dubai entstand innerhalb weniger Jahren eine palmenförmige künstliche Inselanlage. Dazu wurden 120 Kilometer Sandstrand angelegt, 2.000 Villen, 40 Luxushotels, Shoppingzentren und Jachthäfen gebaut – eine Realisierung von MORUS' Utopia?

1 Beschreibt MORUS' Utopia. Untersucht den Text im Blick auf folgende Punkte: das Verhältnis von Arbeit und Freizeit, den Anspruch auf Privateigentum und die Mitbestimmung des Einzelnen.

2 Stellt euch vor, alle Einwohner eures Heimatortes müssten per Gesetz alle zehn Jahre wie auf der Insel »Utopia« umziehen. Mit welchen Reaktionen rechnet ihr?

3 Informiert euch über den Kommunismus* und vergleicht dessen Grundidee mit der von MORUS.

4 Wenn Utopien von sozialer Gleichheit nicht umsetzbar sind, warum gibt es sie dann? Formuliert eigene utopische Ideen und haltet sie an der Tafel fest.

THOMAS MORUS* beschrieb 1516 mit »Utopia« ein Traumland, in dem ein gesellschaftspolitischer Idealzustand herrscht. Sein Roman richtete sich gegen die ungerechten Verhältnisse seiner Zeit. Aus dem erdachten Eigennamen der Insel entwickelte sich ein Kunstwort, das heute eine Literaturgattung bezeichnet. Auch in unserer Zeit werden gesellschaftliche Zustände in Form von Utopien* kritisiert. »Utopisch« heißt keineswegs unmöglich, sondern (noch?) unwirklich.

»Eine andere Welt ist möglich!« – was verbindet ihr mit diesem Slogan einer internationalen Protestbewegung?

Vision vom vollkommenen Menschen

Eine schwere Entscheidung

Heute ist es soweit. Der Tag meines 18. Geburtstags ist gekommen! Der Tag, der alles verändern soll. Ab heute wird nichts mehr so sein, wie es war. Heute darf ich von dem Wasser trinken. Aber nicht von irgendeinem Wasser. Nein. Von dem Wasser, das vor genau 54 Jahren, also im Jahr 2030 die Welt auf einen Schlag verändert hat. Von dem Wasser, das jedem Menschen durch eine gentechnische Veränderung ein unendliches Leben geben kann. Ja! Von dem Augenblick an, in dem man das Wasser trinkt, ist Krankheit oder Leid ein Fremdwort. Das Leben bekommt eine Wendung. Nie mehr muss man sich um seine Zukunft sorgen, nie mehr ängstlich fragen, ob man den nächsten Tag noch erleben wird. Nicht, dass ich mir je diese Sorgen gemacht hätte. Nein! Das wäre gar nicht nötig gewesen. Ich lebe nicht in diesen Vierteln, in denen die Sterblichen leben. In den Vierteln, in denen man mit Gedanken an Krankheit und Gewalt aufwacht und wieder einschläft. Von meiner Geburt an war klar, dass ich nie zu denen gehören würde. Ich wusste immer, dass ich, wie alle aus meiner Familie seit der Entdeckung dieses Wundermittels, einmal das Geschenk eines unsterblichen Lebens erhalten würde. Aber ich musste bis heute warten, da das Gesetz vorschreibt, dass jeder Mensch allein über seine Zukunft entscheiden muss. Meine Eltern hätten mir natürlich am liebsten direkt nach der Geburt das Wasser eingeflößt. Wahrscheinlich haben sie versucht, alle möglichen Menschen zu bestechen, um die Regelung zu umgehen. Mich wundert es wirklich, dass sie es nicht geschafft haben. Wahrscheinlich waren sie in größter Sorge um mich. In dieser Welt voller Krankheiten hätte ich ja einfach so wegsterben können. Mit wem hätten meine Eltern dann vor ihren ach so tollen Freunden angeben können? Von wessen genetischer Vollkommenheit hätten sie dann geprahlt? [...]
Doch es gibt immer noch Menschen, die sich vor der Geburt nicht kontrollieren lassen wollen und deshalb genetisch völlig verkrüppelte Kinder auf die Welt bringen. Unsere Lehrerin meinte damals, dass die völlige Isolierung dieser Menschen der einzig mögliche Weg sei, um uns, die besseren Menschen, vor möglichen Gewalttaten zu schützen. Die Menschen aus den Ghettos dürften sich nicht weiter vermehren, damit sie irgendwann einmal für immer von der Erde verschwinden. Natürlich haben wir, damals kleine Kinder, ihr lauthals zugestimmt, zumal wir von zu Hause auch gar nichts anderes kannten. Doch im Laufe der Zeit kam mir öfter der Gedanke, ob es wirklich Recht ist, Menschen nach diesen Kriterien zu unterteilen. [...]
Wohin soll das alles führen, wenn kaum jemand noch sterblich ist. Schon jetzt leben wir auf der Erde wie Ölsardinen. [...] In den Großstädten wohnen heute schon an die 50 Millionen Menschen. Die Kriminalitätsrate ist seit der Entdeckung des Unsterblichkeitsserums um mehr als das Dreifache angestiegen. Um das Bevölkerungswachstum zu stoppen, wurden schon viele Maßnahmen in Angriff genommen. Das einzige, was die Politiker erreichen konnten, war eine geregelte Geburtenkontrolle. Niemand darf nach diesen Gesetzen mehr als ein Kind bekommen.
[...] Mir schwirren noch so viele andere Fragen im Kopf herum. Wie werde ich mich wohl fühlen, nachdem ich von dem Wasser getrunken habe? Spürt man es, wenn man unsterblich ist? Werde ich mein Leben auch noch nach 500 Jahren mögen? [...] Will ich diesen Schritt wirklich gehen? Ich werde mich entscheiden müssen.
SARAH SCHIERACK, Schülerin der Stufe 9

LUKAS CRANACH d.Ä., Der Traum vom Jungbrunnen (1546)

Schon in ALDOUS HUXLEYS utopischem Roman „Brave New World“ von 1932 steht die Idee eines künstlich gezeugten und genetisch perfektionierten Menschen im Mittelpunkt. Wenn auch der ewige Wunschtraum des Menschen nach Unsterblichkeit von der Wissenschaft wohl so schnell nicht erfüllt werden wird, kann der genetisch optimierte Mensch schon bald Wirklichkeit werden.

„Es ist normal, verschieden zu sein. Es gibt keine Norm für das Menschsein. Manche Menschen sind blind oder taub, andere haben Lernschwierigkeiten, eine geistige oder körperliche Behinderung – aber es gibt auch Menschen ohne Humor, ewige Pessimisten, unsoziale oder gar gewalttätige Männer und Frauen. Dass Behinderung als Verschiedenheit aufgefasst werden muss, das ist das Ziel, um das es uns gehen muss.“
Aus einer Rede von RICHARD VON WEIZSÄCKER, geb.1920, Bundespräsident von 1984–1994

Wir schreiben das Jahr 2030. Die Menschenzüchtung hat sich in den westlichen Industrieländern durchgesetzt. Fast die Hälfte aller Menschen wird jetzt in der Retorte* gezeugt – in riesigen Fortpflanzungskliniken. Schon vor fünfundzwanzig Jahren wurde das Erbgut des Menschen entschlüsselt. Jetzt kann man es bei jedem einzelnen vor der Geburt testen und korrigieren. Die durchschnittliche Lebenserwartung ist auf über achtzig Jahre gestiegen. Aber der Mensch ist auch total erfassbar geworden. Das Erbgut enthüllt die letzten Geheimnisse. Systematisch wurden die Vorgänge der Zeugung und der Geburt vom Körper abgekoppelt – immer mehr hat man die Natur mit all ihren Unwägbarkeiten zurückgedrängt, und der uralte Traum vom nahezu perfekten Menschen rückt jetzt endlich in greifbare Nähe.

Q GERO VON BOEHM, Odyssee 3000

1 Sammelt weitere Konsequenzen, die sich bei der Erfindung eines Unsterblichkeitsserums für die Menschheit wie für den Einzelnen ergeben könnten. Würdest du es einnehmen?

2 Gedankenexperiment: Angenommen, es läge in deiner Hand, die Erfindung oder Verbreitung des Unsterblichkeitsserums zu verhindern; würdest du es tun? Begründe.

3 Stellt Vorzüge und Nachteile eines genetisch perfektionierten Menschen gegenüber. Erörtert, ob diese Utopie* realisiert werden sollte.

4 Informiert euch über den sog. Transhumanismus und diskutiert Wege und Ziele dieser Bewegung.

Vision von totaler Technik – Moravec' nachbiologisches Zeitalter

Star Trek (deutsch: Zug zu den Sternen) spielt in einer utopischen Zukunft. Ziel der Besatzung des Raumschiffs Enterprise ist es, fremde Welten und Zivilisationen auf friedliche Weise zu erforschen.
Im Film »Der erste Kontakt« (1996) kommt es zu einer kriegerischen Auseinandersetzung mit den »Borg«, einer außerirdischen nachbiologischen Lebensform, die halb Mensch, halb Maschine, von der »Borg-Königin« gesteuert wird.

1988 beschrieb ein amerikanischer Informatik- Professor und Leiter des »Mobile Robot Laboratory« der Universität Pittsburgh seine Vision von der Zukunft der Menschheit – sie erinnert an so genannte »Antiutopien« der letzten Jahrzehnte:

Was uns erwartet, ist nicht Vergessen, sondern eine Zukunft, die man aus heutiger Sicht am ehesten als »postbiologisch« oder auch »übernatürlich« bezeichnen kann. In dieser zukünftigen Welt wird die menschliche Art von der eigenen künstlichen Nachkommenschaft verdrängt werden. Wie diese Welt am Ende aussehen wird, wissen wir nicht; doch viele Zwischenschritte sind nicht nur vorhersagbar, sondern bereits vollzogen. Heute sind unsere Maschinen noch einfache Geschöpfe, die wie alle Neugeborenen der elterlichen Pflege und Fürsorge bedürfen und kaum als »intelligent« zu bezeichnen sind. Doch im Laufe des nächsten Jahrhunderts werden sie zu Gebilden heranreifen, die ebenso komplex sind wie wir selbst, um schließlich über uns und alles, was wir kennen, hinauszuwachsen, so dass wir eines Tages stolz sein dürfen, wenn sie sich als unsere Nachkommen bezeichnen. […] Wir sind dem Zeitpunkt schon sehr nahe, zu dem praktisch jede wichtige körperliche oder geistige Funktion des Menschen ihr künstliches Pendant haben wird. […] Solche Maschinen könnten ohne unsere Mitwirkung und ohne Beteiligung der Gene, der auch sie ihre Existenz verdanken, die kulturelle Evolution fortsetzen – wozu auch die Konstruktion ihrer selbst und ein immer rascher ablaufender Prozess der Selbstvervollkommnung gehören würden. Wenn dieser Fall eintritt, hat unsere DNA* das evolutionäre Wettrennen gegen eine ganz neue Art von Konkurrenz verloren und ist fortan ohne Aufgabe. […] Früher oder später werden unsere Maschinen so klug sein, dass sie sich ohne fremde Hilfe instand halten, reproduzieren und vervollkommnen können. Sobald dies der Fall ist, wird die neue genetische Wachablösung abgeschlossen sein. Unsere Kultur wird dann in der Lage sein, sich unabhängig von der menschlichen Biologie und ihren Grenzen zu entwickeln und wird stattdessen direkt von einer Maschinengeneration auf die nächste, noch leistungsfähigere, noch intelligentere übergehen. […] Eine postbiologische Welt, die von sich selbst vervollkommnenden denkenden Maschinen beherrscht würde, wäre von unserer Welt der Lebewesen so verschieden, wie diese von der Welt der leblosen Chemie, die ihr voranging. Sich eine Bevölkerung von solchen Kindern des Geistes, die durch keinerlei materielle Zwänge mehr eingeengt sind, vorzustellen, übersteigt eigentlich die Kraft unserer Fantasie.

Hans Moravec: Mind Children

Filme wie »Matrix« (1999) oder »Der erste Kontakt« machen auf Gefahren für den Menschen aufmerksam, die aus einer unkontrollierten Ausbreitung von Maschinen und Computern erwachsen können. Alles nur »Science-Fiction« (Wissenschaftsdichtung)?

1 Wer aus eurer Klasse sieht gern Science-Fiction-Filme, wer lehnt sie ab? Erstellt ein Stimmungsbild. Versucht zu klären, was die Faszination von Science-Fiction ausmacht.

2 Beschreibt das Menschenbild, das Moravec für die Zukunft entwirft. Deutet er es selbst negativ oder positiv? Bezieht euch in eurer Argumentation auf entsprechende Stellen in seinem Text.

3 Prüft, ob ihr Moravec' Entwurf des Menschen in Science-Fiction-Filmen findet, z.B. in Star Trek, Waterworld, Matrix. Wie unterscheiden sich diese Filme voneinander, an welchen Punkten findet ihr Übereinstimmungen mit Antiutopien als Literaturgattung?

»Big Brother« im TV – die Bewohner/innen unter ständiger Video-Kontrolle; Fernsehzuschauer/innen entscheiden, wer gehen muss. Eine Antiutopie, die in der Wirklichkeit angekommen ist?

In Reaktion auf einen ungehemmten Fortschrittsglauben bildeten sich in den letzten Jahrzehnten so genannte Antiutopien heraus. Diese haben inzwischen einen festen Platz in der utopischen Literatur eingenommen und sogar weitgehend positive Utopie*-Entwürfe verdrängt. Ihre Szenarien kreisen um eine vollständige Zerstörung menschlicher Lebensgrundlagen und die Machenschaften entfesselter totalitärer Systeme. In den Antiutopien wird der Mensch zum Spielball von Manipulationen durch Wissenschaft und Technik, die er selbst erschuf. Zu den bekanntesten Antiutopien des 20. Jahrhunderts zählen Aldous Huxleys »Brave New World« (1932) sowie George Orwells 1949 entstandener Roman »1984«.

Die Zukunft als Hoffnung der Gegenwart

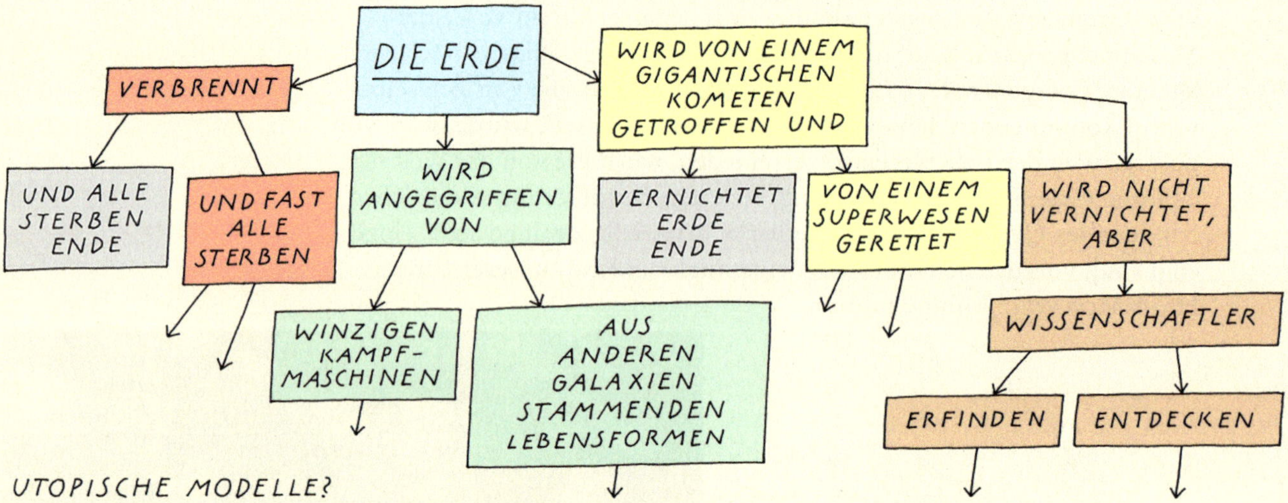

Für den 11. August 1999 glaubte ein Modemacher voraussehen zu können, die Welt werde von der russischen Raumstation »MIR« zerstört werden. Zwischen 1996 und 2006 wurden insgesamt 62 Weltuntergänge prophezeit.

Fachübergreifend (Deutsch): Ein Science-Fiction-Drehbuch schreiben

Die Abbildung zeigt das vereinfachte Schema eines Antiutopie-Taschencomputers.

- Inwieweit könnt ihr darin das »Strickmuster« bekannter Science-Fiction-Filme erkennen? Entwickelt das Schema weiter.
- Schreibt auf dieser Grundlage ein Drehbuch zu einem Science-Fiction-Film.
- Stellt einander die Ergebnisse vor. Vereinbart Kriterien, nach denen die beste Kurzgeschichte eurer Klasse prämiert werden könnte. Stimmt über den ersten Preis ab.

»Die unechte Zukunft ist die, dass etwas hundert- oder tausendmal Wiederholtes sich auch in der Zukunft wiederholt. Das ist zwar auch eine Zukunft, aber es geschieht doch wirklich gar nichts Neues darin. Echte Zukunft dagegen enthält etwas Neues, zu dem hin es in der Gegenwart meist eine Tendenz gibt, eine Möglichkeit, die eintreffen kann.«
Ernst Bloch, deutsch-jüdischer Philosoph (1885–1977)

1 Erzählt von Science-Fiction-Filmen, die »zwischen den Zeilen« eine Botschaft über die Welt von morgen transportieren. Welche Utopie-Formen entdeckt ihr dabei?

2 Definiert in Abgrenzung zum Antiutopie-Taschencomputer, was eine Utopie* im Sinne Ernst Blochs ausmachen könnte.

3 Diskutiert, was heutige Science Fiction-Filme über den Menschen aussagen.

Robert Jungk (1913–1994) entwickelte die Zukunftswerkstatt als Methode. 1988 forderte der Friedensaktivist und Zukunftsforscher: »Wir brauchen eine starke Fantasiebewegung, an der nicht nur wenige Experten, sondern alle Interessierten – also auch Laien – beteiligt sein sollten. Ich will dazu anregen, dass viel mehr Zeitgenossen als bisher geistigen Widerstand leisten, indem sie konkret über neue gesellschaftliche Verhältnisse, andere produktive Möglichkeiten nachdenken, ohne schon ganz genau wissen zu können, wann und wie sie verwirklicht werden. Nur wer derart die Zukunft im Voraus erfindet, kann hoffen, sie wirksam zu beeinflussen.

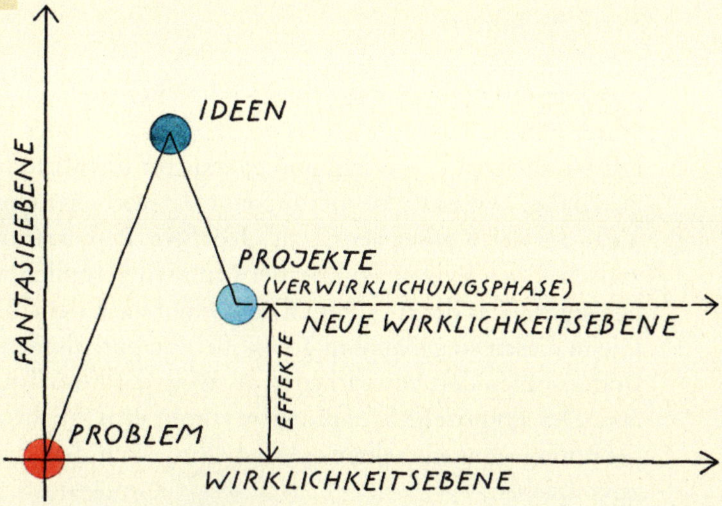

Drei Regeln: Alles ist wichtig
Alle kommen zu Wort
Alle Entscheidungen werden gemeinsam getroffen
www.jungk-bibliothek.at

Methode: Zukunftswerkstatt

Wer eine »Zukunftswerkstatt« plant, sollte vier Phasen berücksichtigen:

1. Sprecht in Begleitung eines Moderators oder einer Moderatorin alle Einwände und Vorwürfe aus, die ihr gegen einen herrschenden Zustand habt (Kritikphase).
2. Formuliert eure vorgebrachte Kritik positiv um: Hier sollte nicht danach gefragt werden, ob ein Vorschlag sinnvoll oder machbar ist (Fantasiephase).
3. Überprüft eure (auch verrückten und utopischen) Vorschläge auf Umsetzbarkeit. Plant dazu ein Projekt und entwickelt Strategien, es umzusetzen (Verwirklichungsphase).
4. Überlegt, wem und wie ihr eure Ergebnisse präsentieren wollt, z.B. in der Schule (Nachbereitungsphase).

Medientipps

Science-Fiction-Filme: 1984 (nach dem Roman von Georg Orwell); Fahrenheit 451 (nach Ray Bradbury)

Aldous Huxley: Schöne Neue Welt (1932), Frankfurt/Main: Fischer TB 1981 (63. Auflage)

Projekt: Zukunft gestalten – z. B. eine Klassengemeinschaft

Ihr könnt an einem Thema, das euch auf den Nägeln brennt, ausprobieren, ob und wie die Zukunftswerkstatt funktioniert:

- Sammelt, was in eurer Lerngruppe in eine Zukunftswerkstatt gehört.
- Ordnet die Beiträge: Geht es um Streit und Missgunst in der Klasse, um Beteiligung an Entscheidungen im Schulalltag? Steht ein großes Projekt an, das ihr zu organisieren habt?
- Entscheidet euch für ein Thema. Ihr könnt darüber abstimmen. Viel Erfolg!

Vor 5000 Jahren

... verehrten die Ägypter neben zahlreichen anderen Göttern den Gott Anubis. Er wurde als Hund bzw. Schakal oder als Mensch mit Hundekopf dargestellt und galt als für die Mumifizierung zuständig. Die Einbalsamierung von Verstorbenen diente jedoch nicht nur der Konservierung des Körpers. Papyrusrollen, die zwischen den Beinen ägyptischer Mumien gefunden wurden, bezeugen, dass die Ägypter an ein Leben nach dem Tod glaubten. Die in diesen so genannten Totenbüchern enthaltenen Texte und Bilder sollten den Verstorbenen als Wegweiser im Totenreich dienen. Der ägyptische Schöpfungsmythos* ermöglicht uns heute, die untergegangene religiöse Vorstellungswelt der Ägypter nachzuvollziehen.

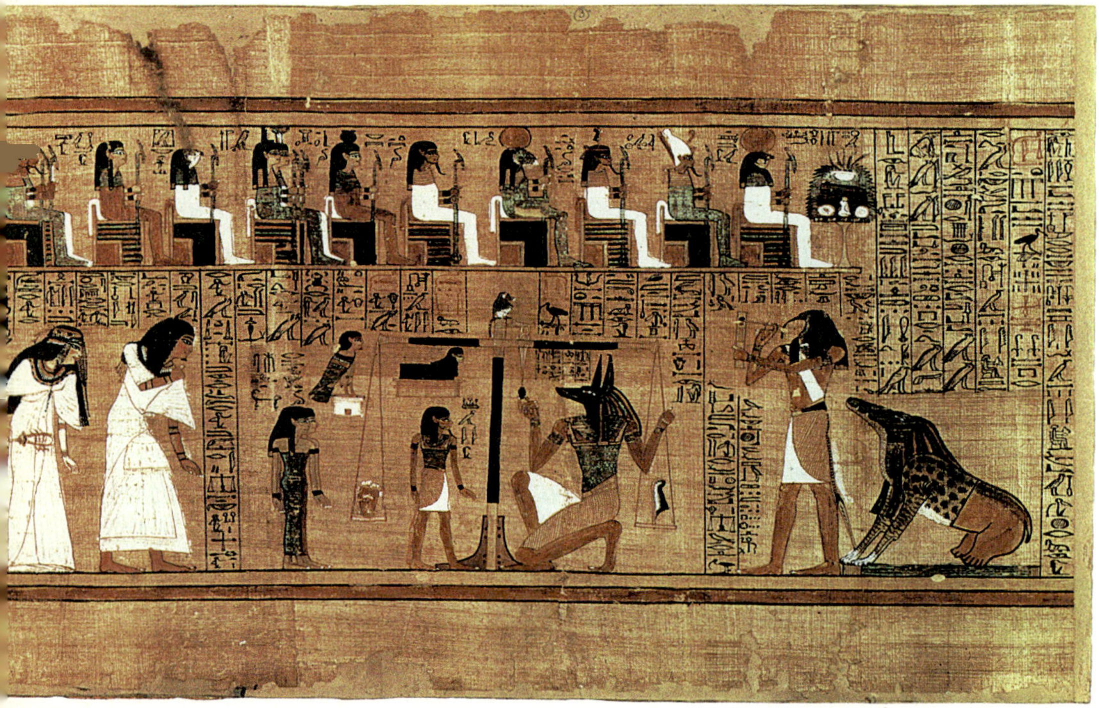

Totenbuch des Ani, um 1300 v. Chr.

In dieser Szene aus dem bildlich dargestellten Totenbuch (Ausschnitt) muss sich der Tote einer Prüfung unterziehen. Anubis geleitet den Verstorbenen in die Gerichtshalle. Dann kniet der schakalköpfige Gott nieder und überprüft die Balance einer Waage: In der einen Waagschale befindet sich das Herz des Verstorbenen, in der anderen das Symbol für die Göttin Ma´at, die für Gerechtigkeit, Wahrheit und Ordnung steht. Nur wenn bezeugt ist, dass der Verstorbene im Sinne von Ma´at gelebt hat, entgeht er der tierartigen Fresserin und wird von dem falkenköpfigen Horus zu Osiris, dem Totenrichter geleitet.

Siebtes Kapitel

Verwandte Religionen und ihre ethischen Grundsätze kennenlernen

Schutzengel

Der Schutzengel: die Sympathie,
wir brauchen ihn immerzu.
Wir haben ihn als Kind, sonst wären wir längst überfahren,
wir wachsen damit auf, wir verlassen uns auf ihn –
und dabei ist es nur ein Hauch,
was uns schützt, was uns von dem Ungeheuerlichen trennt,
von dem Rettungslosen,
wo nichts mehr für dich zeugt, kein eignes Wort,
keine eigne Tat […]
Max Frisch: Tagebuch 1946–49

Spuren religiöser Vorstellungswelten: Der Engel (lateinisch »angelus«, Bote) ist in den monotheistischen* Religionen »Nachrichtenüberbringer« zwischen Gott und den Menschen.

Aus welchen großen Religionen sind euch Engelvorstellungen bekannt? Erzählt die Engelgeschichten, die ihr aus Filmen oder Büchern kennt.

Überlegt, ob Max Frisch religiöse Fragen thematisiert, die auch euch beschäftigen: Was ist seine »Antwort«? Stimmt ihr damit überein? Welche Antwort gaben die alten Ägypter?

Forscht nach weiteren Spuren von Religionen in eurem Alltag: Gebäude, Symbole/Zeichen, Personen/Figuren usw.

Wie erklärt ihr euch, dass alle bedeutenden Kulturen Religionen hervorgebracht haben und dass alle bedeutenden Religionen Grundsätze zur Lebensgestaltung des Menschen angeben?

Gläubiger Hindu: Wie viele andere Hindus schreitet er zum rituellen Bad in den Ganges, während im Morgengrauen dichter Nebel über dem Fluss aufzieht.

Judentum

Abraham – Am Anfang das Vertrauen

Drei große Religionen lernt ihr in diesem Kapitel kennen: Judentum, Christentum und Islam. Sie haben eine gemeinsame Wurzel und sie verehren alle drei einen Gott. Auch in ihren ethischen Ansprüchen an die Gläubigen, die auf den folgenden Seiten im Zentrum stehen, zeigen sie viele Gemeinsamkeiten.

Als die Vorfahren der Juden, die lange als Nomaden herumzogen, schon einige Zeit in Israel (Kanaan) sesshaft geworden waren, begannen die Israeliten, sich in schriftlicher Form über ihren Glauben und seinen Ursprung Klarheit zu verschaffen. Vermutlich waren es fromme Schreiber am Hof des Königs Salomo, die im 9. Jahrhundert v. Chr. zum ersten Mal die Geschichte von Abraham, dem Stammvater der Israeliten, aufschrieben.

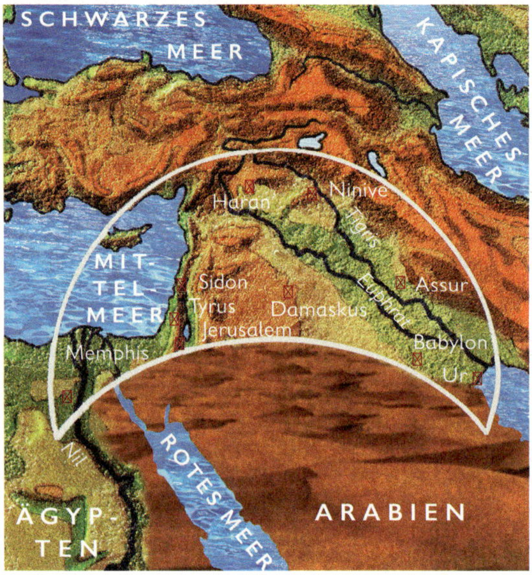

Die jüdische Religion ist im Nahen Osten entstanden – zwischen dem so genannten Zweistromland und Ägypten. Diese Landschaften werden auch »Der fruchtbare Halbmond« genannt.

Das Judentum	
Entstehungszeit	Im 1. Jahrtausend v. Chr.
Ort der Entstehung	Naher Osten (Israel)
Religionsstifter oder wichtiger Vertreter	Mose
Heiliges Buch	Torah (Hebräische Bibel*)
Heilige Räume	Tempel, Synagoge
Heilige Zeiten	Schabbat (Sabbat), Pessach (Passah)
Verbreitung weltweit	14 Millionen
In Deutschland	Mehr als 100.000

Von den Anfängen des Glaubens an einen Gott erzählt das erste Buch der Torah, der heiligen Schrift der Juden. Geschichten von Abraham sind in den heiligen Schriften aller drei Religionen – Judentum, Christentum und Islam – zu finden. Immer gilt Abraham als Vorbild.

Abraham macht sich auf den Weg

Abraham und seine Frau Sara lebten im Zweistromland. Sie zogen als Nomaden umher und hatten mit ihren Verwandten und Tieren dort ein erträgliches Auskommen. Obwohl sie schon sehr alt waren, hatten sie noch keine Kinder. Da hörte Abraham eines Tages, wie Gott zu ihm sprach: »Zieh weg aus deinem Land, weg von deinen Freunden und Verwandten. Zieh in ein Land, das ich dir zeigen werde. Ich werde dich zu einem großen Volk machen: Du sollst viele Nachkommen haben, so viele, wie Sterne am Himmel sind. Dir soll es gut gehen.«

Da zogen Abraham und Sara mit ihren Zelten und Herden los. Das neue Land kannten sie nicht. Aber sie zogen los ins Ungewisse. Sie zogen durch die Wüste, durch den heißen, trockenen Sand bis ins Land Kanaan. Dort ließen sie sich endlich nieder. Denn das war das Land, das ihnen und ihren Nachkommen gehören sollte.
Nachkommen? Eigentlich waren sie viel zu alt, um Kinder zu bekommen. Aber dann wurde Sara wirklich schwanger und brachte einen Sohn zur Welt. Die Verheißung hatte sich erfüllt: Abraham und Sara lebten in einem neuen Land. Und sie hatten ein Kind bekommen – das nannten sie Isaak (»Gottes Lächeln«).

Q Nach dem ersten Buch der Torah*

Abraham wird große Nachkommenschaft verheißen, Wiener Genesis, 6. Jahrhundert (Ausschnitt)

Methode: Ein Bild betrachten und deuten

Ein Bild solltet ihr in mehreren Schritten betrachten, wobei es auf einen eigenen Zugang ankommt:

- Was ist mein erster Eindruck? Was fällt besonders auf?
- Was genau kann ich alles auf dem Bild sehen?
- Wie sind die Dinge oder Personen angeordnet?
- Was könnten die Darstellung und die Anordnung der Bildteile bedeuten?
- Was sagt das Bild als Ganzes für mich aus?
- Bin ich mit der Aussage des Bildes einverstanden, würde ich es ähnlich oder ganz anders malen?

So lassen sich Dinge entdecken, die nicht gemalt und trotzdem auf dem Bild sind. Ihr könnt das Bild auch mit dem dazugehörigen Text vergleichen, einen Titel suchen, selbst eine Bilderfolge malen, andere Bilder dazu suchen.

1 Setzt euch in Paaren gegenüber: Ihr seid Abraham und Sara. Besprecht, ob ihr eure Heimat aufgrund der Zusage Gottes verlassen sollt. Welche Gründe dafür und dagegen findet ihr?

2 Was sagt die Entscheidung Abrahams und Saras über sie und ihre innere Einstellung aus?

3 Könnt ihr euch vorstellen, jemandem so stark zu vertrauen (zu glauben), wie es Abraham und Sara getan haben? Wem?

In den drei Religionen Judentum, Christentum und Islam wird die Geschichte Abrahams erzählt, der im Vertrauen auf Gott einen ungewissen Weg gegangen ist. Juden, Christen und Muslime verstehen sich als »Kinder Abrahams«.

Judentum

Der lange Weg in die Freiheit

Juden erzählen seit Jahrtausenden immer wieder von den Taten Gottes. Dabei ist die wichtigste Erzählung für sie die Auszugsgeschichte (Exodus). In ihr wird berichtet, wie die Hebräer*, Nachfahren ABRAHAMS, wegen einer Trockenheit zum Nil wanderten – in das Land Ägypten. Doch um dort leben zu dürfen, mussten sie bald wie Sklaven für den Pharao, den ägyptischen König, arbeiten. Als die Unterdrückung für die Hebräer unerträglich wurde, planten sie die Flucht aus Ägypten.

Zwangsarbeit in Ägypten (Wandmalerei in einem ägyptischen Grab, 1460 v. Chr.)

Einer der Hebräer hieß MOSE. Er war am Hof des Pharao aufgewachsen. Von ihm und dem Exodus erzählt die Torah*:

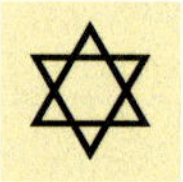

Mose hörte einen Ruf von Gott: »Ich habe das Elend meines Volkes gesehen und seine Klage gehört. Ich werde es in ein anderes Land bringen. Ich sende dich, Mose, zum Pharao. Führe du mein Volk heraus.« Damit ging Mose zum Pharao. Erst wollte dieser die Hebräer nicht ziehen lassen. Doch als Gott sieben Plagen wie Überschwemmungen, schwerste Unwetter und riesige Heuschreckenschwärme über Ägypten kommen ließ, stimmte er ihrem Auszug (Exodus) zu.
So brachen die Hebräer in der Nacht eilig zum Schilfmeer auf – sie hatten nicht einmal mehr Zeit, ihr Brot mit Sauerteig zu backen. Sogleich überlegte es sich der Pharao anders und begann sie mit Pferden und Wagen zu verfolgen. Die Hebräer bekamen große Angst, als die Verfolger näher rückten. Aber Mose vertraute auf Gott. Mit seiner Hilfe gelang es ihm, die Menschen durch eine trockene Stelle des Meeres in die Freiheit zu führen. Das verfolgende Heer des Pharao aber ließ Gott in den Fluten versinken, die nach dem Durchzug der Hebräer die trockene Stelle überschwemmten. So wurden die Israeliten doch noch gerettet.
Der Weg in das verheißene Land aber war noch weit und mühsam. Immer wieder zweifelten die Hebräer an Gottes Hilfe und sehnten sich nach Ägypten zurück. Aber dann erinnerte Mose sie daran, was Gott ihnen versprochen hatte: »Mein Name ist Gott – Adonai – das bedeutet: Ich bin immer für euch Menschen da. Und mein Name ist auch mein Versprechen.«

Q Nach dem 2. Buch der Torah* (Exodus)

Der Weg der Befreiten

Bund: Bindung, Verbindung, Bündnis, Versprechen, Treue …

… führte sie an den Berg Sinai. Dort schloss Gott einen »Bund« mit den Israeliten. Er sollte zeigen: Gott will immer für dies Volk da sein – und das Volk für Gott. So gab Gott ihnen Regeln für ein Leben in Freiheit und die Zusage, sie nach Kanaan zu führen – einem Land, in dem »Milch und Honig fließen«. Die Israeliten wiederum versprachen sich an diese Regeln zu halten. MOSE erhielt die Gebote und brachte sie dem Volk. Es waren nicht viele – man kann sie an den Fingern abzählen; ihr findet sie im zweiten Buch der Torah*:

Diese Weisungen werden auch »Dekalog« (griechisch = Zehn Worte) genannt. In der Torah ist zu lesen, dass Gott selbst diese Gebote auf zwei Steintafeln geschrieben und Mose übergeben hat. Sie sind bis heute nicht nur für Juden, sondern auch für Christen bedeutsam.

DIE ZEHN GEBOTE

ICH BIN DEIN GOTT, DER DICH AUS ÄGYPTEN HERAUSGEFÜHRT HAT, AUS DER SKLAVEREI.

DU SOLLST KEINE ANDEREN GÖTTER HABEN NEBEN MIR.

MACHE DIR KEIN BILD VON MIR.

DU SOLLST DEN NAMEN DEINES GOTTES NICHT MISSBRAUCHEN.

DU SOLLST DEN SCHABBAT ALS RUHETAG FEIERN.

DU SOLLST VATER UND MUTTER ACHTEN, DAMIT ES DIR GUT GEHT UND DU LANGE LEBST.

DU SOLLST NICHT MORDEN.

DU SOLLST NICHT EHEBRECHEN.

DU SOLLST NICHT STEHLEN.

DU SOLLST NICHTS FALSCHES GEGEN DEINE MITMENSCHEN AUSSAGEN.

DU SOLLST NIEMALS ETWAS HABEN WOLLEN, WAS DIR NICHT GEHÖRT: DAS HAUS EINES ANDEREN, SEINE FRAU ODER SONST ETWAS.

1 Beschreibt die Situation der Hebräer in Ägypten. Zieht dazu auch das Bild heran (vgl. Methodenkasten, Seite 141).

2 Bereitet ein Streitgespräch der Hebräer über ihren Exodus vor. Benennt zuerst ihre Gefühle. Tragt dann Gründe für und gegen das Bleiben in Ägypten zusammen. Spielt das Gespräch in einem Rollenspiel. Ihr könnt auch MOSES' Gespräch mit dem Pharao in einem Rollenspiel darstellen.

3 Überlegt, warum die Exodus-Geschichte die wichtigste Erinnerungsgeschichte der Juden ist.

4 Stellt fest: Was erlauben die Zehn Gebote, was erlauben sie nicht? Worauf weist ihre Aufteilung auf zwei Tafeln hin?

5 Schreibt die »Verbote« in »Gebote« um und diskutiert: Kann man auch ohne diese Gebote gut zusammenleben?

6 Welches Gebot hältst du für das wichtigste für ein Leben in Freiheit? Auf welches würdest du verzichten? Lässt sich eine Reihenfolge festlegen?

Woher kommen Welt und Mensch?

Die Nachfahren der Hebräer lebten nun im gelobten Land Kanaan, das sie Israel nannten. Ihr Heiligtum, den Tempel, bauten sie in Jerusalem. Im Jahr 586 v. Chr. eroberte NEBUKADNEZAR, der Feldherr der Babylonier, Jerusalem. Er zerstörte die Stadt und den Tempel. Wieder gerieten viele Israeliten der Oberschicht in Gefangenschaft und wurden verschleppt – diesmal nach Babylonien (dem Gebiet des heutigen Irak). Auch dort mussten sie Arbeitsdienst leisten. So lernten sie auch die Kultur* der Babylonier und ihr Weltbild kennen, das sie übernahmen.

Aber ihren eigenen Glauben und ihre Überlieferungen gaben die Israeliten nicht auf. In ihrer Verzweiflung stellten sie sich Fragen wie: »Gilt der Bund mit Gott noch?« oder »Hat Gott noch Macht?« Und ihre Antwort lautete: «Ja, denn er ist der Schöpfer der Welt!« So entstand das folgende Schöpfungslied – ursprünglich war es wohl zur Stärkung des Glaubens im Gottesdienst bestimmt; heute steht es am Anfang der jüdischen und christlichen Bibel:

Im Anfang schuf Gott Himmel und Erde, die Erde aber war wüst und wirr, Finsternis lag über der Urflut.

Gott sprach: Es werde Licht. Und Gott nannte das Licht Tag und die Finsternis nannte er Nacht. Das war am ersten Tag.

Dann sprach Gott: Ein Gewölbe entstehe. Und Gott nannte das Gewölbe Himmel. Das war am zweiten Tag.

Dann sprach Gott: Das Wasser sammle sich an einem Ort, damit das Trockene sichtbar werde. Und Gott nannte das Trockene Land und das Wasser Meer. Das Land brachte Pflanzen und Bäume mit Früchten hervor. Gott sah, dass es gut war. Das war am dritten Tag.

Dann sprach Gott: Lichter sollen am Himmel sein, um Tag und Nacht zu trennen. Und Gott machte die Sonne, den Mond und die Sterne. Gott sah, dass es gut war. Das war am vierten Tag.

DAN RUBINSTEIN, Die Schöpfung (Genesis): So wie die hebräische Schrift auf den Fensterbildern »Bereschit« (»Im Anfang«) von rechts nach links zu lesen ist, so sind auch die Bilder zu betrachten.

Dann sprach Gott: Das Wasser wimmle von lebendigen Wesen und Vögel sollen über dem Land dahinfliegen. Und Gott schuf die Fische und die Vögel. Gott sah, dass es gut war. Das war am fünften Tag.
Dann sprach Gott: Das Land bringe alle Arten von lebendigen Wesen hervor. Und Gott machte die Tiere. Gott sah, dass es gut war. Dann sprach Gott: Ich will Menschen machen. Sie sollen mir ähnlich sein. Und Gott schuf den Menschen, als Mann und Frau schuf er sie. Gott sprach zu ihnen: Seid fruchtbar und vermehrt euch und herrscht über die ganze Erde. Gott sah alles an, was er gemacht hatte. Es war sehr gut. Das war der sechste Tag.
Am siebten Tag ruhte Gott. Er segnete den siebten Tag und erklärte ihn für heilig, denn an ihm ruhte er.
Das ist die Entstehungsgeschichte von Himmel und Erde, als sie erschaffen wurden.

Der »siebte Tag« der Woche ist bis heute ein freier Tag. Er heißt bei den Juden »Schabbat« und wird im Kreis der Familie gefeiert. Der jüdische Ruhetag beginnt am Freitag, wenn die Sonne untergeht, und endet am Samstag Abend. Christen feiern als freien Tag den Sonntag, Muslime den Freitag.

Q Aus dem ersten Buch der Torah* (Genesis), Kapitel 1 und 2, Verse 1–4a

Das Babylonische Weltbild vor 2.500 Jahren: Es entsprach dem wissenschaftlichen Kenntnisstand seiner Zeit.

1 Sucht Hinweise, die zeigen, dass es sich beim ersten Text der Bibel um ein »Loblied« handelt. Welches Bild von Gott, dem »Gepriesenen«, wird deutlich?

2 Erklärt, wie in der Bibel der Anfang der Welt beschrieben wird: Übertragt in eine Tabelle, was an den einzelnen Tagen geschaffen wird. Wo findet ihr das babylonische Weltbild wieder?

3 Was wisst ihr aus dem naturwissenschaftlichen Unterricht über die Entstehung der Erde und des Lebens auf ihr?

4 Das Weltbild der Babylonier ist heute längst überholt: Gilt das zwangsläufig auch für die Aussagen des Schöpfungsliedes über Gott?

5 Nach jüdischem und christlichem Glauben hat Gott die Menschen ihm ähnlich gemacht. Überlegt, was dies für das Verhältnis der Menschen zueinander, zu den Tieren und zur Welt bedeutet: Wie soll der Mensch mit der Erde umgehen?

Leben in der Diaspora*

Jüdische Gemeinden gibt es heute fast überall auf der Welt. Oft wurden sie von Handelsreisenden gegründet, noch viel öfter aber von Flüchtlingen. Die erste größere Flüchtlingsbewegung fand im 6. Jahrhundert v. Chr. statt, als der babylonische König NEBUKADNEZAR Jerusalem, die Hauptstadt des südlichen Reiches Juda zerstörte, und große Teile der oberen Gesellschaftsschicht in seine Heimat verschleppte. Andere flohen nach Ägypten und blieben dort.
Der Glauben der Judäer wurde durch dieses Erlebnis erschüttert: Hatte Gott nicht Abraham das Land für alle Zeiten versprochen? War nicht der Tempel in Jerusalem Gottes »Wohnung«? Ein Teil der Judäer verlor in der Verbannung (Exil) seinen Glauben.
Andere Juden aber hielten gerade jetzt an ihm fest – und versuchten bewusster denn je nach den Weisungen der Torah zu leben. Die sich neu bildenden jüdischen Gemeinschaften feierten ihre Gottesdienste ohne Opfer-Zeremonien und ohne Tempelpriester. Wo immer Juden lebten, entstanden Synagogen als Versammlungsorte der Gemeinden. Auch in der Diaspora* glaubten und bekannten diese Juden: JHWH, der Gott unserer Vorfahren, ist der einzige Gott – er hat die Welt erschaffen, er bleibt seinem Volk Israel treu.

Feindschaft gegen Juden

Als Jerusalem durch die Römer 70 n. Chr. erneut zerstört und ein jüdischer Aufstand unter BAR KOCHBA gut 50 Jahre später niedergeschlagen wurde, flüchteten zahlreiche Juden auch nach Europa. Dort lebten sie mit den Christen im Mittelalter eng zusammen. Viele Christen entwickelten den Juden gegenüber feindselige Gefühle – auch, weil sie ihre Religion nicht verstanden und akzeptierten. So begannen sie Schauermärchen über Juden zu verbreiten, ihnen eine Kleiderordnung aufzuzwingen und getrennte Wohnbezirke (Gettos) festzulegen.
Im 19. Jahrhundert, nach langen Zeiten der Ausgrenzung, wurden den Juden in Deutschland und Europa allmählich annähernd gleiche Rechte zugestanden. Doch zugleich verbreiteten sich neue »Rassenlehren«. Ihre Anhänger behaupteten, die »Rasse der Arier« sei höherwertig gegenüber der »Rasse der Semiten« (gemeint waren die Juden). Erneut machten viele Menschen die Juden für allerlei Probleme verantwortlich.
Unter dem Eindruck des »modernen« Antisemitismus entstand unter den bedrängten Juden die Idee einer jüdischen »Heimstätte«, wo sie vor Verfolgung sicher sein konnten. Der Wiener Journalist THEODOR HERZL (1860–1904) wurde zum Begründer des Zionismus* – einer überwiegend nicht-religiösen Bewegung von Juden, die sich von der »Rückkehr« nach Palästina ein selbstbestimmtes Leben in Freiheit versprachen.

Seite 172 ◄

Landung eines schrottreifen Flüchtlingsdampfers am Strand von Tel Aviv (1939)

FELIX NUSSBAUM, Jaqui auf der Straße (1944)

Schoah* und die Folgen

An den überlieferten Antisemitismus konnten in den 1930er Jahren die Nationalsozialisten anknüpfen und schließlich mit Unterstützung breiter Bevölkerungskreise ihre Verfolgungs- und Massenmordpläne durchsetzen. Die wenigen Juden, die der systematischen Ausrottung (Schoah*) entkommen konnten, versuchten vor allem nach Amerika oder Palästina zu flüchten.

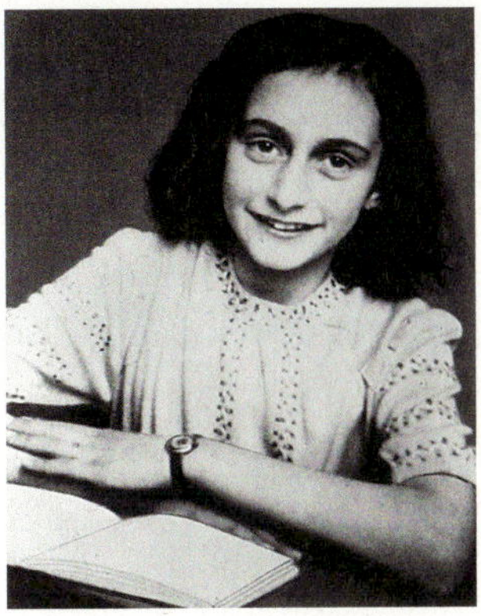

Die deutsch-jüdische ANNE FRANK lebte von 1942 bis 1944 in Amsterdam mit ihrer Familie in einem Versteck. Dort führte das Mädchen ein Tagebuch. 1944 wurde die Familie verraten. ANNE starb im Konzentrationslager Bergen-Belsen. Wie ANNE FRANK wurden sechs Millionen jüdische Frauen, Männer und Kinder ermordet, viele von ihnen in eigens errichteten Vernichtungslagern.

Wie konnte es geschehen?

Einmal wird dieser schreckliche Krieg doch vorbeigehen, einmal werden wir doch wieder Menschen und nicht nur Juden sein! […] Wer hat uns bis jetzt so leiden lassen? Es ist Gott, der uns so gemacht hat, aber es wird auch Gott sein, der uns aufrichtet.

Q ANNE FRANK, Tagebucheintrag (Dienstag, 11. April 1944)

Wie kam es, dass ein Volk, das der Menschheit das Erhabenste schenkte, was Poesie, Philosophie und Musik hervorgebracht haben, das furchtbarste Verbrechen in der Geschichte beging? […] Juden und Deutsche, die beiden Völker, die sich dieselbe Frage stellen, haben keine Antwort darauf.

Q YORAM KANIUK, israelischer Schriftsteller (2002)

1 Arbeitet heraus, aus welchen Gründen es den Juden in der Diaspora* gelingen konnte, als jüdische Gemeinschaft weiter zu bestehen.

Seiten 150–159 ◀

2 Benennt Ursachen der Judenfeindschaft. Zieht dazu auch die Seiten über das Christentum hinzu.

3 Betrachtet das Bild von FELIX NUSSBAUM: Was könnt ihr darin »lesen«?

4 Informiert euch über ANNE FRANK: Wer kann ihr Tagebuch vorstellen? Vergleicht und diskutiert danach die Aussagen von ANNE und YORAM KANIUK.

Vom Jungsein im Judentum: Wann bin ich erwachsen?

Schabbat-Feier in jüdischer Schule, Berlin

Juden haben als Ritual* für das Erwachsenwerden der Jungen die Bar-Mizwah. An seinem dreizehnten Geburtstag darf ein Junge zum ersten Mal aus der hebräischen Torahrolle vorlesen. Darauf hat er sich lange und sorgfältig vorbereitet. Damit feiert er, dass er in religiösen Dingen ab sofort als Erwachsener angesehen wird. Ein Junge, der aus der Torah vorliest, gibt seiner Gemeinschaft – und Gott – zu verstehen, dass er bereit ist, ein bewusster Jude zu sein. Er zeigt, dass er nach den Geboten und Regeln der jüdischen Gemeinschaft leben will. Er kann jetzt, als vollwertiges Gemeindemitglied, in der Synagoge zusammen mit anderen Juden einen Gottesdienst durchführen.

Die erste Bat-Mizwah (das entsprechende Fest für Mädchen) fand vor etwa achtzig Jahren statt. Seitdem lesen insbesondere in liberalen Gemeinden viele jüdische Mädchen genauso wie die Jungen aus der Torah vor. Rabbiner* Marc Gellman meint dazu:

»Nach der Lesung wird für das Bar- oder Bat-Mizwah-Kind, das nun zum Erwachsenen geworden ist, normalerweise ein Fest veranstaltet. Manchmal ist das Fest klein und schön, manchmal groß und schön und manchmal groß und doof. Meist gibt es gehackte Leber zu essen, viele machen heute aber auch ganz andere Sachen wie Sushi. Dass die Feier nicht größer ist als ihr eigentlicher Anlass, die religiöse Zeremonie, scheint heutzutage für alle Religionen ein Hauptproblem zu sein.«

Als Jude in Deutschland: Paul Spiegel

Paul Spiegel wurde 1937 in Warendorf geboren. Er musste als Kind mit seiner Familie vor den Nazis nach Belgien fliehen. Seine elfjährige Schwester wurde im Konzentrationslager Auschwitz ermordet. Nach dem Krieg kehrte die Familie nach Deutschland zurück. Spiegel wurde Journalist. Seit 2000 vertrat er als Präsident des Zentralrats der Juden in Deutschland die jüdische Gemeinschaft in unserem Land, bis er im Mai 2006 nach einer schweren Krankheit starb.

Paul Spiegel als junger Schüler

Paul Spiegel hat zwei Bücher geschrieben. In dem einen beschreibt er den jüdischen Glauben und jüdisches Leben; in dem anderen Buch erzählt er aus seinem Leben, von seiner Kindheit bis heute. Die Antworten im folgenden Interview sind aus Äußerungen seiner Bücher zusammengestellt:

Herr Spiegel, wer ist eigentlich ein Jude?
Jude ist, wer als Kind einer jüdischen Mutter geboren wurde.
Welche Rolle spielte für Sie der Religionsunterricht?
Mein Lehrer verstand es, in mir die Liebe zum jüdischen Glauben zu wecken.
Warum haben Sie sich entschieden, trotz der schlimmen Erlebnisse Ihrer Familie in der Nazizeit, als Jude in Deutschland zu wohnen?
Wir wollen alles tun, damit das gegenseitige Verständnis von Juden und Christen zunimmt.
Wenn Sie Ihrer toten Angehörigen gedenken, wie beten Sie dann?
»Fülle des Friedens und Lebens möge uns und ganz Israel zuteil werden.« Das ist das so genannte Kaddisch-Gebet und auch meine Hoffnung.
Wie versuchen Sie Ihren jüdischen Glauben zu leben? Was ist Ihnen dabei am wichtigsten?
Nächstenliebe und die daraus entspringende Verantwortung für die Mitmenschen.

Paul Spiegel als Erwachsener mit einer Torah-Rolle

Paul Spiegel wünscht sich, dass die Schülerinnen und Schüler in Deutschland nicht nur etwas über den Völkermord an den Juden lernen. Er findet es auch wichtig, dass »die deutsch-jüdische Geschichte in ihrer ganzen Breite erzählt wird, wobei auch ihre Glanzseiten und -zeiten dargelegt werden sollten.« Schön fände er es, wenn Kinder und Jugendliche »zumindest zuhören, besser noch sogar davon fasziniert sind.«

1 Welche Feste zum Erwachsenwerden kennst du? Wie werden sie gefeiert?

2 »Bar-Mizwah« bedeutet »Sohn des Gebotes« (»für die Gebote und Lebensregeln befähigt«), Bat-Mizwah »Tochter des Gebotes«. Beschreibt, worauf sich jüdische Jugendliche mit dieser Feier und ihrem Ritual* einlassen.

3 Sucht weitere Fragen, die ihr Paul Spiegel stellen würdet – und versucht Antworten mit Hilfe eures Wissens über das Judentum.

Abraham ist ein Stammvater des jüdischen Volkes – für religiöse Juden zugleich ein Vorbild im Glauben und Vertrauen auf Gott. Juden erinnern sich besonders in der Exodusgeschichte an die befreienden Taten Gottes. Für sie ist Gott auch der Schöpfer der Welt. Die Zehn Gebote bilden für Juden (und Christen) die Grundlage, um ein gutes und freies Leben führen zu können. Besonders in der Diaspora hielten der gemeinsame Glaube und die Einhaltung der Zehn Gebote die Juden als ein über die Welt zerstreutes Volk zusammen.

Jesus: göttlicher Mensch?

Israel war zu Jesu Lebzeiten eine Unterprovinz Syriens und den Römern unterstellt. Jesus von Nazareth wurde nach zwei- bis dreijähriger Wirksamkeit von den Römern als politischer Aufrührer zum Tod am Kreuz verurteilt. Jesus schien ihnen bedrohlich, da er als »König der Juden« ihren Herrschaftsanspruch untergrub. Viele politisch Verfolgte wurden auf diese Weise von den Besatzern zu Tode gefoltert.

Christen glauben, dass Jesus ebenso Mensch wie Gott war (und ist). Seine ersten Anhänger waren Juden. Sie gaben ihm den griechischen Titel »Christus« (hebräisch: Messias*, »der Gesalbte«) und benannten sich nach ihm. Im 1. Jahrhundert schrieben die »Evangelisten« Matthäus, Markus, Lukas und Johannes auf, was sie über Jesus mündlich und schriftlich erfahren konnten. Ihre Schriften (Evangelien*: »gute Nachrichten«) sind wie Bekenntnisse verfasst. Die Evangelien enden nicht mit Jesu Tod, sondern erzählen davon, dass er von den Toten auferweckt wurde.
Im Zentrum der Lehre Jesu steht weniger eine politische als vielmehr eine religiöse Botschaft: die Verkündigung des Reiches Gottes. Seine Wundertaten und seine Zuwendung zu den Außenseitern der jüdischen Gesellschaft – den Zöllnern*, den Armen und jenen, die sich nicht streng an die religiösen Gebote hielten, sollten auf das kommende Gottesreich hinweisen – hier gelten Regeln wie z. B. diese: »Nicht die Gesunden brauchen den Arzt, sondern die Kranken. Ich bin gekommen, um die Sünder zu rufen, nicht die Gerechten« (Jesus nach Markus 2, 17).
Jesus erregte viel Aufmerksamkeit, machte sich unbeliebt vor allem unter Frommen, gewann aber auch eine Reihe Anhänger – meist einfache Fischer am See Genezareth, die ihren Beruf aufgaben und ihm als »Jünger« nachfolgten.

Jesus von Nazareth

… ist im Judentum als umstrittener Wanderprediger und Wunderheiler bekannt. Josephus Flavius, ein jüdischer Geschichtsschreiber aus dem ersten Jahrhundert, erwähnte Jesus in seinen Schriften. Er bezeichnete ihn als weisen Menschen.

… wird auch mehrmals im Koran erwähnt. Muslime verehren Jesus als Propheten Gottes, Diener und Gesandten Gottes. Im Koran steht nichts über Jesu Kreuzigung. Muslime betrachten Jesus nicht als Gottes Sohn.

Lies dazu Lukas 12, 15–21: ◄ Risiken der Habgier

Eine Darstellung des »verkündigten Christus« aus dem 11. Jahrhundert in Griechenland.
Könnt ihr die Schriftzeichen auf der Christusdarstellung entschlüsseln?
Tipp: Die zwei zusammenstehenden Buchstaben sind Anfangs- und Endbuchstaben eines Wortes. »C«« steht für ein griechisches »S«.

Christen glauben, dass Jesus am Kreuz gestorben, nach drei Tagen aber von Gott zu neuem Leben auferweckt worden ist. Damit habe Gott das Handeln und die Botschaft von Jesus endgültig bestätigt. Über die Auferstehung berichtet z.B. der Evangelist Markus (Markus 16, 1–8).
Von der Auferweckung Jesu und der Wahrheit seiner Botschaft war auch der Evangelist Lukas überzeugt. In einer Legende (Glaubenserzählung) berichtet Lukas über die Geburt von Jesus: Die Eltern, Josef und Maria, sind auf dem Weg nach Bethlehem. Josef muss sich wegen einer Volkszählung durch den Kaiser Augustus in seinem Geburtsort melden. Maria ist hochschwanger – sie bringt ihr Kind in einem Stall zur Welt, da sie keine Unterkunft bekommen. Mitten in der Nacht werden Hirten der Umgebung durch helles Licht aufgeschreckt:

Da trat ein Engel des Herrn zu ihnen, und Lichtglanz des Herrn umleuchtete sie, und sie fürchteten sich sehr. Und der Engel sprach zu ihnen: »Fürchtet euch nicht! Denn siehe, ich verkündige euch große Freude, die allem Volke widerfahren wird; denn euch ist heute der Heiland geboren, welcher der Christus ist, der Herr, in der Stadt Davids. Und das sei euch das Zeichen: Ihr werdet ein Kind finden, in Windeln gewickelt und in einer Krippe liegend.« Und auf einmal war bei dem Engel die Menge des himmlischen Heeres, die lobten Gott und sprachen: »Ehre sei Gott in den Höhen und Friede auf Erden unter den Menschen, an denen Gott Wohlgefallen hat!«

Q Nach Lukas 2, 1–14

Seiten 126/127 ◀

1 Sucht Gründe, weshalb die Botschaft Jesu die Menschen bis heute in Bewegung versetzt. Lest dazu weitere Gleichnisse, in denen Jesus seine Vorstellung vom Reich Gottes verdeutlicht (Lukas 14, 15–24; 15 sowie Matthäus 20, 1–16).

2 Sucht und benennt anhand der Bilder dieser Doppelseite Merkmale des verkündigten Jesus. Der Evangelist Lukas bekennt sich hingegen zu einem »König«, der nicht im Luxus, sondern in ärmlichen Verhältnissen geboren wurde. Welche Botschaft steckt (für Christen heute noch) dahinter?

3 »Der Glaube Jesu eint uns, der Glaube an Jesus trennt uns!« An wen richtet sich dieser Satz des jüdischen Schriftstellers Schalom Ben-Chorin?

4 »Auch wenn sich Christen nach Jesus Christus nennen, gehört er ihnen nicht allein.« Diskutiert, ob dieser Satz berechtigt ist.

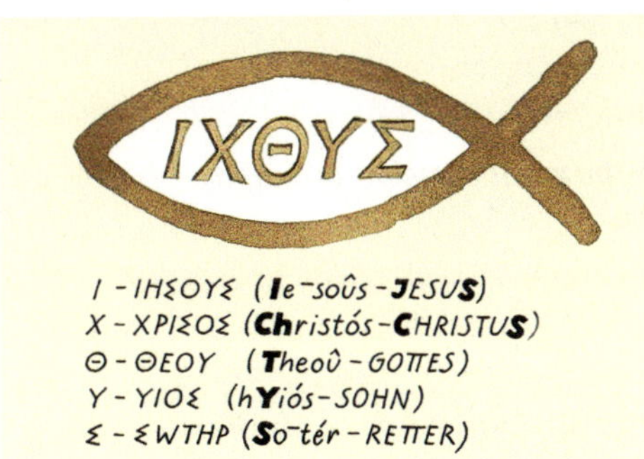

Der Fisch (griechisch: »ΙΧΘΥΣ«) war ein Erkennungszeichen der ersten Christen

Vom Zusammenleben

Viele Menschen halten JESUS für einen klugen Ethiklehrer, auch wenn sie keine Christen sind. Sie sind beeindruckt von seinen Worten über das Zusammenleben auf dieser Welt. Diese Worte sind in einer Rede zusammengefasst, die »Bergpredigt«* genannt wird.

Der Berg Tabor im heutigen Israel: Überlegt, warum JESUS zum öffentlichen Reden oder zum Unterrichtsgespräch häufig nicht in eine Schule oder Synagoge, sondern auf einen Berg wie diesen ging.

Aus der Bergpredigt

Worte, die Mut machen können:
Glücklich sind die, die freundlich mit anderen umgehen,
denn sie werden Freundlichkeit empfangen.
Glücklich sind die, die ihr Gewissen nicht verstecken müssen,
denn sie sind Gott ganz nah.
Glücklich sind die, die für Frieden sorgen, denn man wird
sie wahre Menschen nennen.
Q Matthäusevangelium, Kapitel 5, 7–9

Versucht, nach diesen Mustern Sätze zu bilden, die anderen Menschen Mut machen.

Worte, die sofort einleuchten:
So wie ihr von den Menschen behandelt werden möchtet,
so behandelt die Menschen auch.
Q Matthäus 7, 12a

Schwer verständliche Worte:
Ihr habt gehört, dass gesagt ist: »Auge um Auge, Zahn um Zahn«. Ich aber sage euch: Wehrt euch nicht gegen den, der euch etwas Böses antut, sondern wenn dich einer auf die rechte Wange schlägt, dann halte ihm auch die andere hin.
Q Matthäus 5, 38 und 39

Diskutiert, ob man mit dieser »Lebensregel« Probleme der Menschen lösen kann.

Was heißt »Nächstenliebe«?

Eines Tages kam ein Lehrer der Torah*, der alle Gebote Gottes streng einhalten wollte, zu Jesus. Er wollte wissen, welche Lebensregel denn wohl die wichtigste sei. Jesus antwortete: »Du sollst den Herrn, deinen Gott, lieben mit ganzem Herzen und ganzer Seele. Und: Deinen Nächsten sollst du lieben wie dich selbst!« Da fragte der Lehrer: »Und wer ist mein Nächster?« Jesus antwortete mit dieser Beispielgeschichte (Gleichnis*):

Seit 2000 Jahren, so sagen viele, haben die Worte der Bergpredigt unsere Welt immer wieder verändert, wenigstens für eine Weile. Dass 1989 die Wende in der ehemaligen DDR friedlich verlief, wird ebenfalls darauf zurückgeführt.

✝

Die Samariter galten in Judäa als Ausländer. Mit ihnen wollte niemand etwas zu tun haben – auch deswegen, weil sie Gottes Gebote nicht streng genug beachteten.

Ein Mann ging von Jerusalem nach Jericho. Unterwegs wurde er ein Opfer von Räubern. Sie überfielen ihn, nahmen ihm alles weg, schlugen ihn zusammen und ließen ihn halb tot liegen.
Nun kam zufällig ein Priester denselben Weg. Er sah den Mann liegen und – ging vorbei. Genauso machte es ein frommer Tempeldiener: Er sah ihn liegen und – ging vorbei. Schließlich kam ein Samariter. Er sah diesen armen Menschen – Mitleid ergriff sein Herz. Er kniete sich neben ihm nieder und verband seine Wunden. Dann setzte er ihn ganz vorsichtig auf sein Reittier und brachte ihn in die nächste Herberge, wo er sich weiter um ihn kümmerte. Am anderen Tag gab er dem Wirt genug Geld und sagte: »Pflege ihn! Wenn du noch mehr brauchst, zahle ich es bei meiner Rückreise.«
Was meinst du, sagte Jesus zu dem Lehrer der Torah*: »Wer von diesen Dreien hat sich als der Nächste dessen erwiesen, der von den Räubern überfallen wurde?« Dieser antwortete: [...]

Q Nach einer Übertragung aus dem Lukasevangelium, Kapitel 10, 25–36

1 Gebt die mögliche Antwort des Torahlehrers mit eigenen Worten wieder und überlegt die Begründung, die dieser geben könnte.

2 Beschreibt die Gefühle, die das Opfer, die vorübergehenden Menschen und der Samariter haben und stellt die Geschichte in einem Rollenspiel dar, das diese Gefühle verdeutlicht.

3 Überlegt, welche Lebensregel Jesus durch diese Geschichte dem Torahlehrer verdeutlichen will.

4 Informiert euch im Internet über den Arbeiter-Samariter-Bund: Vielleicht könnt ihr auch einmal eine Samariter-Station besuchen.

»Die Würde des Menschen ist unantastbar. Sie zu achten und zu schützen ist Verpflichtung aller staatlichen Gewalt.« Grundgesetz der Bundesrepublik Deutschland, Artikel 1

In Würde und ohne Gewalt?

Der Schutz der Menschenwürde geht auf die Ideen der Aufklärung* zurück und wurzelt darüber hinaus im jüdisch-christlichen Glauben. Heute gibt es Menschenrechte*, um die Menschenwürde in der Gesellschaft zu schützen.

Juden und Christen glauben, dass jeder Mensch eine von Gott geschenkte Würde besitzt, denn der Bibel zufolge schuf Gott den Menschen nach seinem Bild. Demnach hat jeder Mensch – ob arm oder reich, Frau oder Mann, krank oder gesund – einen Wert an sich. Seine Würde kann nicht verloren gehen, denn sie wurde ihm geschenkt.
JESUS lehrte die Menschen seiner Zeit, die eigene Würde und die anderer Menschen zu respektieren und das Leben darauf aufzubauen. Er starb für seine Überzeugung, dass Herrschaft von Menschen über Menschen überwunden werden kann – gewaltlos. Es wird überliefert, dass JESUS den Menschen, die ein Gespür für Ungerechtigkeiten hatten oder selbst darunter litten, Gottes Nähe zusprach.

JESUS handelt anders

Eine neutestamentliche Geschichte erzählt, wie Pharisäer* und Schriftgelehrte eine Ehebrecherin zu JESUS bringen. Soll die Frau tatsächlich gesteinigt werden, wie es ein altes Gebot scheinbar fordert? JESUS wird zur Rede gestellt:

Da bückte sich Jesus nieder und schrieb mit dem Finger auf die Erde. Als sie ihn aber beharrlich weiterfragten, richtete er sich auf und sprach zu ihnen: »Wer unter euch ohne Sünde ist, werfe den ersten Stein auf sie!« Und er bückte sich wiederum nieder und schrieb auf die Erde. Sie aber gingen, als sie es hörten, einer nach dem anderen hinaus […] und er blieb allein zurück mit der Frau […]. Da richtete sich Jesus auf und sprach zu ihr: »Frau, wo sind sie? Hat dich jemand verurteilt?« Sie aber sagte: »Niemand, Herr!« Darauf sprach Jesus: »Auch ich verurteile dich nicht; geh, sündige von jetzt an nicht mehr!«

Q Nach Johannes 8, 3–11

Gewaltfrei – immer und zu allen Zeiten?

Seite 156 Spaltungen im Christentum

Christliche Kirchen haben ihren Anspruch, die Menschenwürde zu achten und gewaltlos zu sein, oft selbst nicht eingelöst – während der Kreuzzüge des Mittelalters, aber auch in späteren Zeiten:

- Die katholische Kirche sah sich durch Reformbestrebungen im 16. Jahrhundert bedroht. In der Nacht zum 24. August 1572 ließ die Königsmutter KATHARINA DE MEDICI in Paris mehr als 3000 Hugenotten (evangelische Minderheit) ermorden.

Szene aus dem Kinofilm »Sophie Scholl – die letzten Tage« (2005)

Vergleiche Seite 147 ◂

• In der Zeit des Nationalsozialismus in Deutschland (1933–45) widersetzte sich innerhalb der Evangelischen Kirche nur ein kleiner Kreis den menschenverachtenden Überzeugungen Hitlers und seiner Anhänger. So trugen auch Christen Mitschuld an der Ermordung Millionen unschuldiger Menschen wie der 22-jährigen Christin und Widerstandskämpferin SOPHIE SCHOLL. Im »Stuttgarter Schuldbekenntnis« erklärte die Kirchenleitung kurz nach Kriegsende: »Durch uns ist unendliches Leid über viele Völker und Länder gebracht worden. [...] wir klagen uns an, dass wir nicht mutiger bekannt, nicht treuer gebetet, nicht fröhlicher geglaubt und nicht brennender geliebt haben.«

»Lass dich von deinem Gegner nicht beherrschen«

Die Aufforderung zur Gewaltlosigkeit steht in einem größeren Zusammenhang, der so genannten Bergpredigt. Darin ist wie in einer Grundsatzrede verfasst, was JESUS den Menschen als Richtlinie für ihr Zusammenleben empfiehlt.
Matthäus, Kapitel 5–7

Der christliche Theologe JÖRG ZINK legt die Bergpredigt so aus: »Gewaltlosigkeit, Verzicht auf Rache ist ein Weg für den, der die Spirale der immer weiter sich steigernden Gewalt in ihrer Sinnlosigkeit erkannt hat [...]. Lass dich von deinem Gegner nicht beherrschen. Lass dir von ihm dein Nachdenken nicht programmieren.«

Gewaltfrei – um jeden Preis?

Unter dem Eindruck der nationalsozialistischen Schreckensherrschaft brach der evangelische Theologe und Pfarrer DIETRICH BONHOEFFER mit seiner Idee der Gewaltlosigkeit. Er befürwortete, Hitler zu töten, um größeres Leid zu verhindern: »Wenn ein betrunkener Autofahrer mit hoher Geschwindigkeit den Kurfürstendamm herunterrast, kann es nicht meine [...] einzige und vornehmliche Aufgabe sein, die Opfer des Wahnsinnigen zu beerdigen und deren Angehörige zu trösten; wichtiger ist es, dem Betrunkenen das Steuerrad zu entreißen.« BONHOEFFER wurde 1945 von den Nazis hingerichtet.

1 Gegen welche Menschenrechte wird tagtäglich, auch durch Gesetze, verstoßen? Wer tut etwas dagegen? Sammelt dazu Zeitungsartikel und -bilder.

2 Die Geschichte über die Ehebrecherin erzählt, wie JESUS mit Menschen umgeht, die ihn angreifen: Mit welcher »Strategie« gelingt es ihm, seine Gegner zu »entwaffnen«? Was ist seine Botschaft?

3 DIETRICH BONHOEFFER entschied sich als gläubiger Christ für ein Attentat auf Hitler: Was hätte er auf die Argumentation von JÖRG ZINK antworten können?

Paulus-Darstellung aus dem 4. Jahrhundert

confessio: lateinisch »Bekenntnis«

Sich bekennen – in verschiedenen Konfessionen

Viele Juden, die sich zu Jesus als ihren Messias* bekannten, blieben zunächst unter dem schützenden Dach des Judentums. Für die weltweite Ausbreitung des Christentums sorgte Paulus. Er, der zuerst die Christen als Saulus erbittert verfolgte, wandelte sich nach einer visionären Begegnung mit dem auferstandenen Christus zum Missionar der Nicht-Juden und wurde zum Begründer der Kirche. Auf vielen gefährlichen Reisen versuchte er, den christlichen Glauben in andere Länder zu tragen. Einige seiner Mitstreiter starben als Märtyrer*. Seine Mission endete vor den Toren Roms, wo er 67 unter Kaiser Nero enthauptet worden sein soll.
Die heute etwa zwei Milliarden Christen gehören unterschiedlichen Bekenntnissen an, denn die christliche Kirche spaltete sich über die Jahrhunderte in verschiedene Konfessionen.

Der Wunsch nach Erneuerung – ein aufregendes 16. Jahrhundert

England trennt sich von der Katholischen Kirche, weil die dortige Kirche das Papsttum in Rom abzulehnen beginnt – die Anglikanische Kirche entsteht. In Deutschland kritisiert Martin Luther die katholische Kirche in einigen Punkten. Er lehnt z. B. die Lehre ab, dass Christen sich Gottes Liebe verdienen oder erkaufen könnten – es entstehen die Lutherischen Kirchen. Doch die Reformation bleibt nicht auf Deutschland beschränkt: In der Schweiz und in Frankreich bilden sich in Abgrenzung zu den lutherischen die so genannten Reformierten Kirchen.

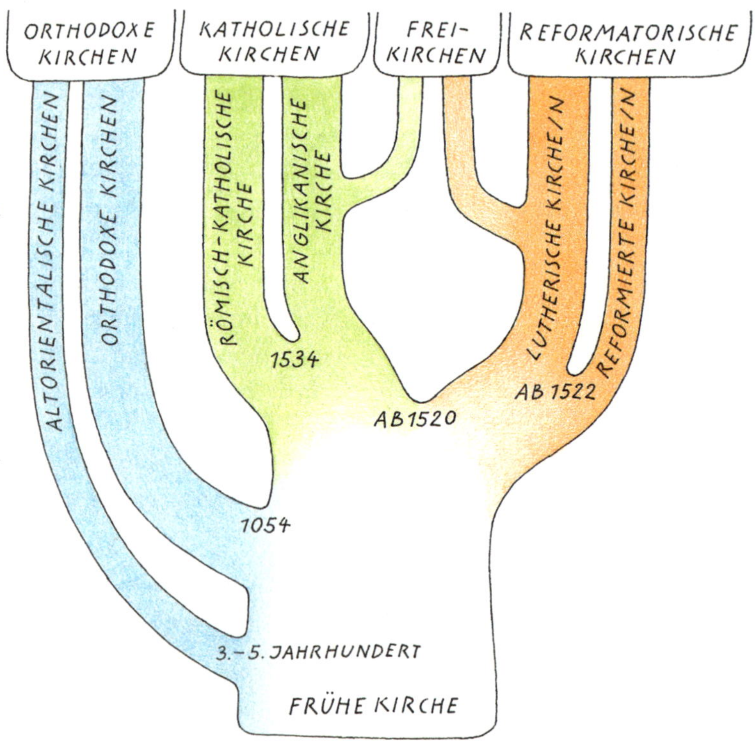

Und heute?

Messe in Narusk (Sudan)

Seiten 104–121 ◀
(Kapitel 5: Globalisierung)

Christen auf der ganzen Welt versuchen, die ursprüngliche Einheit der christlichen Kirche zu beleben. Sie treten für die Ökumene* ein. 1990 kamen viele christliche Kirchen zur Beratung in Seoul (Südkorea) zusammen. Die Katholische Kirche schickte Beobachter, nahm aber nicht aktiv teil. Für viele drängende Fragen konnten die versammelten Christen eine gemeinsame Glaubensgrundlage vereinbaren. Dabei nahmen sie auch zu sozialen und politischen Fragen Stellung. So heißt es unter anderem:
Christen glauben, dass Gott auf der Seite der Armen steht. Daraus ergibt sich die Pflicht für Christen, mit Gott gegen die Armut zu kämpfen.
Wir werden allen Kräften, politischen Maßnahmen und Einrichtungen widerstehen, die Armut verursachen und fortbestehen lassen oder sie als unvermeidlich hinnehmen.
Seit dem 20. Jahrhundert entstehen in der so genannten »Dritten Welt« viele neue Kirchen. Ihre Anhänger und Mitglieder leben den christlichen Glauben vielfach anders als Christen in den reichen Ländern.

Das Christentum	
Entstehungszeit	1. Jahrhundert n. Chr.
Ort der Entstehung	Israel (Judäa)
Religionsstifter oder wichtiger Vertreter	Jesus von Nazareth, Paulus
Heiliges Buch	Bibel (Altes und Neues Testament)
Heilige Räume	Kirche
Heilige Zeiten	Sonntag, Weihnachten, Ostern mit Karfreitag, Pfingsten
Verbreitung weltweit	Zwei Milliarden
In Deutschland	53 Millionen

Seite 156 ◀

1 Erweitert den Stammbaum der Konfessionen: Informationen zu Baptisten, Methodisten, Mennoniten, Orthodoxen, Pfingstlern und zu anderen Konfessionen bekommt ihr über www.oekumene-ack.de (Arbeitsgemeinschaft christlicher Kirchen).

Diakonie* ◀

2 Welche christlichen Organisationen kennt ihr, die sich um Menschen kümmern, die Hilfe benötigen? Recherchiert, ob es eine Einrichtung in eurer Nähe gibt, die ihr besuchen könnt.

3 Erkundigt euch, auf welche gemeinsamen Ziele sich Christen aus aller Welt 1990 geeinigt haben: Fragt z. B. direkt nach beim »World Council of Churches« (Weltkirchenrat) mit Sitz in Genf.

Christentum

Jesus sagte: Wenn ein Mensch nicht wie ein Kind zu Gott kommt, wird er den Weg zu ihm nicht finden (nach dem Markusevangelium, Kapitel 10)

Christ sein heute

Jugendfeier – Jugendweihe
Junge Menschen, die keiner Religionsgemeinschaft angehören, feiern häufig auch ein Fest, das ihre Aufnahme in die Welt der Erwachsenen anzeigen soll: die Jugendfeier oder Jugendweihe. Vorbereitungskurse helfen dabei, sich und die Welt der Erwachsenen zu entdecken. Die Jugendfeier ist für viele Jugendliche ein wichtiger Schritt auf dem Weg in das Erwachsensein.
Die Jugendweihe stammt ursprünglich aus dem 19. Jahrhundert und ist nach dem Zweiten Weltkrieg in der DDR neu ins Leben gerufen worden – auch, um Konfirmation und Kommunion zu ersetzen und so den Einfluss der Kirchen zurückzudrängen. Noch heute ist sie besonders in Ostdeutschland für viele Jugendliche ein wichtiger Schritt auf dem Weg in das Erwachsensein.

Seiten 20/21 ◄
(Kapitel 1: Ich werde erwachsen)

Konfirmation und Firmung

Mit 14 Jahren wird man in Deutschland religionsmündig. Dann kann man selbst entscheiden, ob man zu einer Religionsgemeinschaft gehören möchte oder nicht. Junge Menschen, die als Kinder getauft wurden, können sich mit der Konfirmation bewusst für ein Leben als evangelische Christen entscheiden. Ab da sind sie vollwertige Mitglieder einer Kirchengemeinde mit fast allen Rechten und Pflichten der Erwachsenen. Auch zum Abendmahl sind sie jetzt ausnahmslos zugelassen. Als Vorbereitung auf die Konfirmation erhalten sie einen mindestens einjährigen kirchlichen Unterricht.
Katholische Christen werden bereits mit acht Jahren beim Fest der Erstkommunion zum Abendmahl (Eucharistie) zugelassen. In der Firmung erfahren sie, mit 12 bis 14 Jahren, eine erneute Bestätigung der Taufe, durch die sie als Erwachsene in die Kirche aufgenommen werden.

Als Christin in Deutschland: Elfriede Begrich

Elfriede Begrich ist evangelische Pfarrerin. Sie lebt in Erfurt. Die Bibel hat für ihr Leben und Handeln eine große Bedeutung. Sie ist gegen Krieg, weil es in der Bibel heißt: »Du sollst nicht morden!« Und sie setzt sich für mehr Gerechtigkeit in der Welt ein, weil geschrieben steht: »Teil mit den Hungrigen dein Brot!«

Woran merkt man, dass sie Christin sind?
Wenn ich in der Öffentlichkeit rede oder ein Interview gebe, greife ich immer auf Worte aus der Bibel zurück.

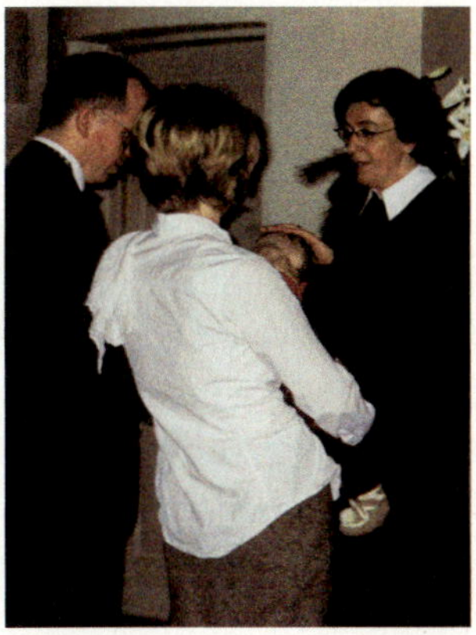

Elfriede Begrich (rechts) bei einer Taufe

Welches ist ihr Lieblingsfest?
Mein Lieblingsfest ist Ostern – es erzählt davon , dass Gott Jesus auferweckt hat und dass wir deshalb keine Angst vor dem Tod haben müssen.
Worauf hoffen Sie?
Dass der Traum der Menschen, von dem die Bibel erzählt, Wirklichkeit wird: dass alle sich verstehen, alles, was Menschen trennt, überwunden wird und diese Welt voll Frieden ist.
Sind Ihnen Islam und Judentum wichtig?
Am Islam gefällt mir gut, dass Muslime sich an äußeren Zeichen zu erkennen geben und sich nicht schämen, öffentlich zu beten. Das Judentum ist mir noch wichtiger, weil es die Quelle des Christentums ist, weil Jesus Jude war und wir ohne das Judentum die Bibel nicht verstehen können.
Was sollten alle Schülerinnen und Schüler über ihre Religion lernen?
Dass Christen glauben, dass Gott die Welt geschaffen hat, dass er die Welt und die Menschen liebt, dass Jesus Gottes Sohn ist und man an ihm sehen kann, wie Gott ist, dass sein Tod am Kreuz den Hass dieser Welt überwindet, dass die Menschen sich deshalb nicht fürchten müssen und dass das Leid dieser Welt einmal nicht mehr sein wird.

1 Sucht Eigenschaften von Kindern, die Erwachsene sich bewahren sollten. Was will Jesus damit ausdrücken, dass man nur wie ein Kind zu Gott gelangen kann?

Seiten 20/21 ◀ **2** Informiert euch genauer über die Feste der Konfirmation, Firmung, Jugendfeier (Jugendweihe) und stellt einander gegenüber: die Vorbereitung, den Ablauf und Sinn dieser Feste.

3 Organisiert ein Interview mit Christen zum Thema »Christsein heute« und/oder besucht eine Kirche in eurer Nähe. Welche christlichen Symbole* könnt ihr entdecken und erklären?

4 Gestaltet eine Mindmap zum Thema »Christentum«.

→← Jesus von Nazareth lebte im 1. Jahrhundert in Israel und wurde wegen Aufruhr zum Tode verurteilt. Seine Anhänger bekennen sich zu ihm als dem Christus (Messias*). Ihre »frohe Botschaft« (Evangelium*), dass jeder Mensch von Gott geliebt wird, ging um die ganze Welt. Sie lebt heute auch außerhalb der christlichen Religion weiter: in der Aufforderung zur Nächstenliebe und in der Überzeugung, dass jeder Mensch eine unverfügbare Menschenwürde besitzt.
Es gibt zahlreiche christliche Kirchen, die sich in ihren Bekenntnissen an der einen oder anderen Stelle unterscheiden. In der Ökumene* drückt sich der Wunsch von Kirchen nach der ursprünglichen Einheit der Christen aus.
Den Eintritt in das Erwachsenenalter feiern evangelische Christen mit der Konfirmation; für Katholiken ist die Firmung das Zeichen der vollwertigen Mitgliedschaft in ihrer Kirche.

Mohammeds Weg zum Propheten*

Oft haben Menschen Angst, bevor sie einen neuen Weg im Leben einschlagen. So ging es auch MOHAMMED. Als erfolgreicher Kaufmann lebte er in der Handelsstadt Mekka, in der die meisten Menschen verschiedene Götter und Göttinnen verehrten, auch Geister und Dämonen sowie Stein- und Baumgottheiten; andere interessierten sich nur für ihre Geschäfte. Kaufleute aus Übersee machten MOHAMMED mit Juden und Christen bekannt. Von ihnen erfuhr er vom Glauben an einen einzigen Gott, der seinen Willen durch Menschen, die Propheten, ausdrücke. Wie MOHAMMED selbst ein solcher Prophet* wurde, darüber gibt der Koran* Auskunft.

Islam
Wörtlich übersetzt: »Hingabe, Annahme, Unterwerfung«; in der arabischen Wortwurzel »s-l-m« sind auch »Friede« und »Heil« enthalten – eng verwandt mit dem Wort »Salam« (Frieden). Muslime sind demzufolge »Gott Ergebene« und »Friedenssucher«.

Der Islam	
Entstehungszeit	7. Jahrhundert n. Chr.
Ort der Entstehung	Arabien
Religionsstifter oder wichtiger Vertreter	Mohammed
Heiliges Buch	Koran
Heilige Räume	Moschee
Heilige Zeiten	Freitag, Ramadan (Fastenmonat)
Verbreitung weltweit	1,3 Milliarden
In Deutschland	3,2 Millionen

Der Engel Gabriel gibt Mohammed den Koran

Mohammed machte sich oft auf den Weg in die Wüste in eine Höhle am Berg Hira. Er dachte dort über seinen Gott Allah und dessen Willen nach, denn nur wenige Menschen verstanden seine Predigt und glaubten an Allah.
An einem sehr heißen Tag schlief er in der Höhle ein. Im Traum erschien ihm der Engel Gabriel. In seinen Händen hielt er eine mit Schriftzeichen bedeckte Schriftrolle. »Lies!«, rief der Engel mit mächtiger Stimme. »Ich kann nicht lesen«, rief Mohammed in großer Angst. »Lies!«, rief der Engel wieder. »Ich muss sterben«, antwortete Mohammed, »ich kann nicht lesen!« Doch der Engel ließ nicht von ihm ab. Ihm war, als würgte ihn der Engel. »Lies«, hörte er zum dritten Mal. In Todesangst stieß er die Frage aus: »Was soll ich lesen?« Dann hörte er den Engel sprechen: »Allah wird dir sagen, was er von den Menschen will, und du wirst es wortwörtlich aufschreiben lassen. Wahrlich, die Menschen sind aufsässig und schlecht. Aber wenn du ihnen den Koran gibst, werden sie an Allah glauben und sich nach seinen Worten richten.«
Als Mohammed aufwachte, fühlte er sich, als ob die Schriftrolle, die der Engel Gabriel in seiner Hand gehabt hatte, nun in seinem Herzen sei. Er

ging nach Hause und erzählte den Leuten, was der Engel Gabriel ihm gesagt hatte. Später ließ Mohammed alles in arabischer Sprache aufschreiben, damit die Menschen an Allah glaubten und Gutes taten. Alles, was der Engel Mohammed gesagt hatte, steht heute im Koran. Es ist daher das heilige Buch der Muslime, das vielen Gläubigen als direktes Wort Gottes gilt.

Q Nach Mohammed Ibn Ishâq: Das Leben des Propheten

Eine prächtig beschriftete und verzierte Seite aus einem mittelalterlichen Koran

Mohammed, dargestellt ohne Gesichtszüge, erhält den Koran* auf dem Berg Hira bei Mekka. Für Muslime ist Mohammed, der Verkünder des Islam, der letzte und wichtigste Prophet* Gottes – nach Jesus, Moses und Abraham: Um 570 n. Chr. in Mekka/Arabien geboren und von seinem Onkel erzogen, wird er zu einem viel gereisten und erfolgreichen Kaufmann. Doch dann macht er tiefe Erfahrungen, die ihn dazu bringen, seine Landsleute zur Umkehr und zum Glauben an Allah aufzurufen.

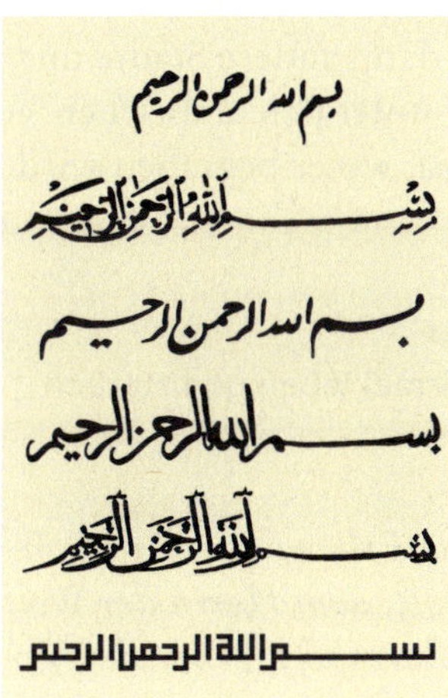

»Im Namen Gottes, des Erbarmers, des Barmherzigen«: die geläufige Eingangsformel des Koran in verschiedenen Schriftstilen

1 Erkläre, warum Muslime allein die arabische Fassung des Koran* (und nicht zum Beispiel eine englische oder deutsche Übersetzung) für die wirklich richtige halten.

2 Beschreibe das Bild des Propheten. Wie mag er ausgesehen haben, als er den Koran* empfing?

3 Entnimm dem Text Informationen darüber, woran man einen Propheten* erkennt.

4 Was mag Mohammed den Mut gegeben haben, den Koran* weiterzugeben, obwohl er anfangs von vielen verlacht und verspottet, später sogar lebensgefährlich bedroht wurde?

Was der Koran den Muslimen bedeutet

Schriftzeugnisse aus dem 9. und 10. Jahrhundert (Hadithe*) führen den Koran auf MOHAMMEDS Verkündigung zurück. MOHAMMED wird dort als arabischer Prophet beschrieben, dem Gottes Wort eingegeben wurde. MOHAMMEDS Offenbarungen sollen 18 bis 24 Jahre nach seinem Tod vom dritten Kalifen* (»Nachfolger«) aufgeschrieben und zum Koran zusammengestellt worden sein. Einige Islamwissenschaftler hinterfragen die historische Echtheit dieser Überlieferung.

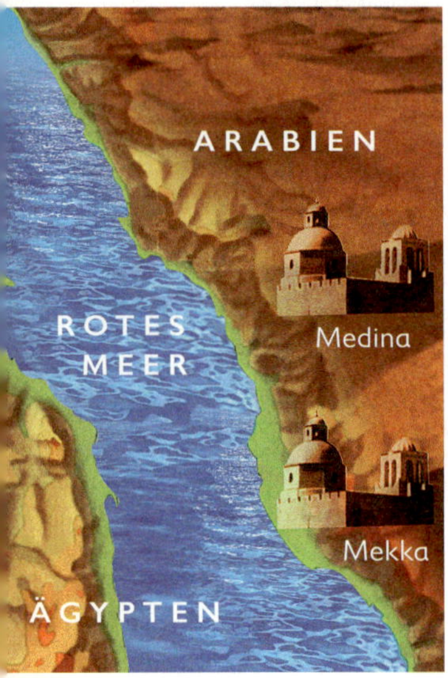

Was bis heute über MOHAMMED erzählt wird

- 570 n. Chr. wird MOHAMMED in Mekka (Arabien) geboren. Er gehört einem mächtigen arabischen Stamm an.
- Er wächst in Mekka auf, einer Stadt, in der Menschen verschiedener Religionen aufeinander treffen: Juden, Christen und Polytheisten (Verehrer vieler Götter).
- Schon der 12-jährige MOHAMMED geht mit seinem Onkel auf lange Handelsreisen nach Syrien und wird ein angesehener Kaufmann.
- Im Monat Ramadan hat MOHAMMED seine erste Vision – ihm soll der Koran innerhalb von 23 Jahren eingegeben worden sein.
- MOHAMMED tritt für den Glauben an einen Gott ein (arabisch »Allah«) und für eine übergreifende Gemeinschaft aller Muslime (Umma). Mächtige Stämme, die sich zu MOHAMMEDS Lebzeiten nicht unterwerfen wollen, fürchten um ihre Vormachtstellung.
- MOHAMMED flieht mit seinen Anhängern 622 zunächst nach Medina; doch die Anhänger des Propheten setzen sich nach acht Jahren mit kriegerischen Mitteln durch, erobern Mekka, dann andere Städte und große Gebiete – sie gewinnen weitere Anhänger unter den arabischen Volksgruppen. 632 stirbt MOHAMMED in Medina, wo er begraben wird.

Mit dem Koran als religiöse Grundlage begann für die junge Religion eine religiöse und kriegerische Erfolgsgeschichte: Sie führte zum Aufstieg und Niedergang islamischer Großreiche – z. B. unter den vier »rechtgeleiteten« Kalifen* (632–661), den Umayyaden-Herrschern mit Sitz in Damaskus (661–750) oder den Abbasiden mit der Hauptstadt Bagdad, die ab 749 die östlichen Teile der islamischen Welt beherrschten. Daneben und danach entwickelten sich bis in die Gegenwart weitere islamische Machtzentren.

Eröffnung des Korans

Mit dieser Glaubensformel leben und sterben gläubige Muslime:

Im Namen Gottes, des Erbarmers, des Barmherzigen. / Lob sei Gott, dem Herrn der Welten, / dem Erbarmer, dem Barmherzigen, / der Verfügungsgewalt besitzt über den Tag des Gerichtes! / Dir dienen wir, und Dich bitten wir um Hilfe. / Führe uns den geraden Weg, / den Weg derer, die Du begnadet hast, die nicht dem Zorn verfallen und nicht irregehen.

Q Sure 1

Den Koran verinnerlichen

Koran heißt übersetzt »Rezitation«. Für gläubige Muslime ist der Koran in seiner arabischen Fassung Gottes Rede, die durch ständiges Wiederholen einzelner Suren (Kapitel, insgesamt 114) erfahren werden kann. Mit der Koran-Rezitation verbinden viele Muslime das Herbeirufen des göttlichen Segens. Die Sätze und Schriftzeichen des Koran sowie seine hocharabischen Laute gelten gläubigen Muslimen als außergewöhnlich »schön« und kunstvoll. Überall in der islamischen Welt ordnen Koran und Hadithe* das alltägliche Leben der Muslime und ihrer Gemeinschaften.

Auf einem 2285 Meter hohen Berggipfel der Halbinsel Sinai befindet sich eine kleine christliche Kapelle, die mit den Steinen einer älteren Kirche erbaut wurde. Daneben steht eine kleine Moschee zu Ehren des Propheten Mose, der hier die Gesetzestafeln empfangen haben soll (vgl. S.129). Der sogenannte Mosesberg ist noch immer Wallfahrtsziel von Christen und Muslimen: Überlegt, warum der Sinai gerade auch für religiöse Juden bedeutsam ist.

Gebote aus dem Koran

Und setze Allah keinen anderen Gott zur Seite, sonst wirst du in die Hölle geworfen, getadelt und verstoßen.

Und tötet nicht eure Kinder aus Furcht vor Verarmung. […] Sie töten ist eine große Sünde. […] Und tötet nicht den Menschen, den Gott für unantastbar erklärt hat, es sei denn bei vorliegender Berechtigung.

Und nähert euch nicht der Unzucht. Sie ist etwas Schändliches und sie ist ein übler Weg.

Und nähert euch nicht dem Vermögen des Waisenkindes an, es sei denn auf die beste Art, bis es seine Vollkraft (Volljährigkeit) erreicht hat.

Und gebt volles Maß, wenn ihr messt. Und wägt mit der richtigen Waage. Das ist besser und führt zu einem schöneren Ergebnis.

Q 17. Sure, Verse 39 b, 31 und 33 a, 32, 34 a, 35

Seiten 140–149 ◄ und 150–159

1 Muslime verehren ihre heilige Schrift, den Koran, auf besondere Weise. Entdeckt ihr darin Übereinstimmungen mit und Unterschiede zu den Religionen der Juden und Christen?

2 Vergleicht die Verse der 17. Sure auf dieser Seite mit 2. Mose 20, 1–17 (Hebräische Bibel).

Tipp: ◄ Mondkalender berücksichtigen

3 Die islamische Zeitrechnung beginnt mit dem Jahr 622 – warum wohl? Findet heraus, in welchem Jahr sich gläubige Muslime heute ungefähr befinden.

Wie gläubige Muslime ihren Alltag leben

Gegen 14 Uhr startet mein Flugzeug in Richtung Damaskus (Syrien). Zwei Stunden später zwängen sich die Stewardessen durch den Gang und teilen Essen aus. Von der Familie vor mir essen nur die Kinder. Bald beginnen die Männer eine Unterhaltung, während sie immer wieder auf die untergehende Sonne zeigen. Erst als kein Sonnenstrahl mehr das Flugzeug streift, beginnen sie zu essen. Ich schaue meinen Nachbarn fragend an, der mit einem Wort –»Ramadan!« – antwortet. Jetzt erst verstehe ich.
Am nächsten Morgen werde ich um vier Uhr von Trommelwirbeln geweckt. Später erklärt mir jemand, dass überall in den Stadtvierteln von Damaskus die Menschen vor Sonnenaufgang aus dem Schlaf geholt werden, damit sie noch genügend Zeit haben für das Frühstück. Die älteste Stadt der Welt hat viel zu bieten. Ich wandere durch den langen und vornehmen Suk von Damaskus, einen endlos scheinenden Bazar mit unzähligen kleinen Geschäften. Ich folge den Gerüchen und finde mich vor Ständen mit Gewürzen wieder, vor Nüssen und Gebäck, Obst und Seifen aus Olivenöl. Dann stehe ich plötzlich vor der Omajjaden-Moschee.
Der Marmor in dem riesigen Innenhof ist angenehm warm unter meinen nackten Füßen. Und es ist still. Die Moschee selbst hat die Ausmaße eines Doms und gründet tatsächlich auf einer Kirche. Innen sind Teppiche ausgelegt. Überall stehen und knien Männer, beten und lesen im Koran, unterhalten sich. Die Frauen sind unter sich. Von den Türmen der Moscheen ruft der Muezzin zum Gebet. An Hausdächern hängen bunte Papierstreifen, auf denen Koranverse stehen. In den Bussen höre ich immer wieder gesungene Koran-Rezitationen. An einigen Hauswänden steht in großen schwarzen arabischen Schriftzeichen, dass hier jemand wohnt, der als Pilger in Mekka war.

Q Ralf-Uwe Beck: Als Reisender in einem arabischen Land (2005)

Viele Moscheen haben einen Brunnen zur rituellen Reinigung. Vor der Gebetshalle werden die Schuhe ausgezogen, der Boden ist mit Teppich ausgelegt. Größere Moscheen haben eine Kanzel. Das Gemeinschaftsgebet findet am Freitag statt.
Jedes Jahr am 3. Oktober laden alle Moscheen in Deutschland zu einem »Tag der offenen Moschee« ein. Findet heraus, ob es in eurer Nähe eine Moschee gibt, die ihr besuchen könntet: www.islam.de

Omajjaden-Moschee, Damaskus (Syrien)

Die fünf Säulen des Islam

Gläubige Muslime richten ihr alltägliches Leben nach fünf Grundpflichten aus:

Glaubenszeugnis (schahāda)
»Ich bezeuge, dass es keine Gottheit außer Allah gibt und dass Mohammed der Gesandte Gottes ist« – in diesem Satz fassen gläubige Muslime ihre Zugehörigkeit zum Islam wie in einem Bekenntnis zusammen.
Q Aus dem Koran

Fünfmaliges rituelles Pflichtgebet (salāt)
Das Gebet verläuft nach festgelegten Regeln. Am Freitag findet es in der Moschee statt.

Fasten (saum)
Alle Muslime, sofern sie gesund und erwachsen sind, fasten während des Fastenmonats Ramadan. Damit wird auch daran erinnert, dass in dieser Zeit Mohammed der Koran offenbart wurde.

Pilgerfahrt nach Mekka (hadsch)
Alle gläubigen Muslime versuchen mindestens einmal in ihrem Leben nach Mekka zu pilgern. Im Mittelpunkt der Wallfahrt steht die Erinnerung daran, dass Abraham die Kaaba erbaute. Der Beginn der Pilgerfahrt ist zehn Wochen nach dem Fastenbrechen am Ende des Monats Ramadan.

Armensteuer (zakāt)
Mit der Armensteuer wollen Muslime ihre Dankbarkeit gegenüber Gott zum Ausdruck bringen und ärmere Muslime am Reichtum teilhaben lassen. Mit der »zakāt« soll Freigiebigkeit und Liebe unter den Menschen gefördert werden.

Muslime in Deutschland, die während des Ramadan keinen Platz mehr in der Moschee bekommen haben und deshalb im Freien beten

1 Welche islamischen Grundpflichten entdeckt ihr im Reisebericht? Erläutert sie.

2 Versetzt einen gläubigen Muslimen aus Damaskus in eine deutsche Großstadt. Wie würde er das Leben dort beschreiben? Was müsste er tun, um die religiösen Pflichten des Islam einhalten zu können?

3 Kennt ihr Muslime, die sich zwar zum Islam bekennen, aber nicht so streng nach den Grundpflichten leben? Ladet sie doch mal zu einem Gespräch in euren Unterricht ein oder macht ein Interview mit ihnen. Vielleicht gelingt es, auch eine Muslima einzuladen?

Gibt es den einen Islam?

»Sprich zu den gläubigen Männern, sie sollen ihre Blicke senken und ihre Scham bewahren. [...]
Und sprich zu den gläubigen Frauen, sie sollen ihre Blicke senken und ihre Scham bewahren, ihren Schmuck (d.h. die Körperteile, an denen sie Schmuck tragen) nicht offen zeigen, mit Ausnahme dessen, was sonst sichtbar ist. Sie sollen ihren Schleier auf den Kleiderausschnitt schlagen und ihren Schmuck nicht offen zeigen, es sei denn ihren Familienmitgliedern [...].«
Sure 24, 30 und 31

Im Koran gibt es Hinweise, dass muslimische Frauen einen Schleier tragen sollen. In Sure 24 werden die muslimischen Männer und Frauen aufgerufen, ihre »Blicke« zu senken und ihre »Scham« zu bewahren – die Frauen sollen insbesondere vor den Blicken der Männer geschützt werden. Die Auslegung dieser Sure ist allerdings unter Muslimen umstritten.

Frauen in Saudi-Arabien

Fereshta Ludin klagte bis vor das Bundesverfassungsgericht, dass sie mit Kopftuch in der staatlichen Schule unterrichten darf. Baden-Württemberg entschied sich dagegen. Warum ist das Kopftuch bei uns derart umstritten?

In der islamisch geprägten Türkei, die vor gut 80 Jahren die Unterordnung der Moschee unter den Staat eingeführt hat, ist es Frauen bis heute verboten, an »staatlichen« Plätzen einen Schleier zu tragen.

Umstrittenes Kopftuch – zwei deutsch-türkische Frauen melden sich zu Wort

Neutralität und Toleranz stehen im Widerspruch zu den Werten einer Muslima, die der Ansicht ist, dass der Koran das Tuch vorschreibt. Lehrerinnen mit einem Kopftuch wären also eine Unterstützung fundamentalistischer Männer, die kopftuchtragende Frauen als sittsam und tugendhaft ansehen, Frauen ohne Kopftuch dagegen als unmoralisch. Schülerinnen und Schüler sollten davon nicht beeinflusst werden.
Q Seyran Ates, Rechtsanwältin (Berlin)

Nicht jede muslimische Frau, die sich für das Kopftuch entscheidet, sympathisiert mit dem Islamismus*. Gerade Frauen außerhalb der muslimischen Welt greifen auf das Kopftuch zurück, um mit Selbstbewusstein ihr Anderssein zu markieren. Emanzipation und Kopftuch sind für viele Muslima eben kein Widerspruch. [...] Weil in vielen islamischen Ländern Frauen und Mädchen gezwungen werden, ein Kopftuch zu tragen, wollen wir sie zwingen, es abzusetzen? Fällt uns wirklich nichts Besseres ein, um ihnen zu mehr Bildung und Selbstbestimmung zu verhelfen?
Q Yasemin Karakasoglu, Hochschullehrerin (Bremen)

Islamisches Recht – die Scharia

Der Koran ist kein Gesetzbuch. Er bildet zusammen mit der islamischen Glaubens- und Pflichtenlehre (Sunna) die Basis für die rechtliche Ableitung von Gesetzen. Diese sind in der Scharia festgehalten. Einige Bestimmungen der Scharia sehen harte Körperstrafen vor. In radikal-islamischen Ländern wird auf der Grundlage der Scharia sehr streng Recht gesprochen, wie z. B. das Abhacken der rechten Hand bei Diebstahl oder die Steinigung bei Ehebruch.

Seite 63 ◄

Vor diesem Hintergrund sagen auch viele Muslime, dass die Auslegung der Scharia der jeweiligen Zeit angepasst werden muss. In strittigen Fragen können theologische Rechtsgutachten (Fatwas) eingeholt werden; unter Sunniten* ist dazu die Al-Azhar-Universität in Kairo befugt. Einige Muslime sind dafür, eine eigene Scharia für in Europa lebende Muslime zu entwickeln, die im Einklang mit den europäischen Gesetzen steht. In England können sich heute Muslime in strittigen religiösen Fragen an das »Islamic Sharia Council« wenden. In Deutschland gibt es keine vergleichbare Einrichtung.

»Die Herausbildung ◄ einer eigenen muslimischen Identität* in Europa ist notwendig.«
Zentralrat der Muslime, 2002

Werden Frauen im Islam unterdrückt?

Ja, diese Tatsachen sind nicht zu leugnen. Frauen in ein bestimmtes Muster einpassen zu wollen, ist allerdings keine ursächlich islamische Angelegenheit. Auf alle Fälle geben die Korantexte keinen Grund, die Bevorzugung des Mannes zu rechtfertigen – nur werden sie leider häufig so ausgelegt. Eine Sache, die es auch unter Juden und Christen gibt. […] Zunächst muss man sagen, dass es im Islam immer zwei gegenläufige Strömungen gegeben hat. Die einen folgten fast von Beginn an der Idee der Macht – und die Religion band sich an eine bestimmte Vorstellung von dieser Macht. […] Die anderen fragen nach dem Koran als einem göttlichen Wort, das in den Kontext seiner Zeit gesprochen wurde und folglich für andere Zeiten interpretiert werden muss. Aber diese zweite Gruppe war immer die kleinere – und ist es bis heute.

Q Aus einem Interview mit Luise Becker, einer deutschen Muslima

Muslimische und nichtmuslimische Schüler/innen in einer Frankfurter Schule

1 Lasst Muslimas oder Muslime von ihren Erfahrungen mit ihrem Glauben in Deutschland berichten.

2 Mit welchen Begründungen tragen muslimische Mädchen ein Kopftuch – oder lehnen es ab? Befragt Muslimas an eurer Schule oder in der Umgebung: Erstellt ein Stimmungsbild.

3 Erklärt die Bedeutung von Koran, Scharia und Fatwa für das Leben gläubiger Muslime. Welche Probleme können sich daraus für Muslime ergeben, die in Deutschland leben?

4 Informiert euch über die Gesetze der Scharia und bekannte Fatwas: Diskutiert, welche Bestimmungen (nicht) mit deutschem Recht und den Menschenrechten vereinbar sind.

Muslime heute: Pflicht zum Frieden

Ausgelöst besonders durch die Selbstmordattentate islamischer Terroristen fragen sich viele Menschen heute, ob diese Attentate mit dem Koran* gerechtfertigt werden können – so wie die Kreuzfahrer im Mittelalter ihre blutige Eroberung Jerusalems mit der Bibel zu begründen versuchten. Doch insbesondere gelehrte Muslime weisen darauf hin, dass der Koran das Töten von Menschen verbietet – sie lesen den Koran als Quelle des Friedens:

Und die wahren Diener des Allbarmherzigen sind jene, die sanftmütig auf Erden einhergehen, und wenn die Unwissenden sie ansprechen, sagen sie: »Friede!« […]
Und die (sind die wahren Diener Gottes), die keine Götter neben Gott anbeten, und die keine Seele töten, die zu töten Gott verboten hat, es sei denn nach dem Recht. […]. Und wer dies aber tut, den soll Strafe treffen.
Q Koran, Suren 25, 64 und 68

Heiliger Krieg?

Jedoch kennt der Islam auch den »Dschihad«, einen so genannten heiligen Krieg, zu dem gläubige Muslime unter bestimmten Umständen verpflichtet sind: Er ist in erster Linie eine innere Bemühung (»Krieg«): um Hingabe an Gott – gegen den eigenen Unglauben oder gegen ein ausschweifendes Leben (»Großer Dschihad«).
Der Dschihad kann aber auch zum äußeren Krieg werden, wenn sich Muslime von sogenannten Ungläubigen angegriffen fühlen (»Kleiner Dschihad«). Im Koran* heißt es zum Beispiel: »Und erschlagt sie, wo immer ihr auf sie stoßt, und vertreibt sie, von wo sie euch vertrieben haben« (Sure, 2, 187). Auf Koranverse wie diese berufen sich heute radikale Muslime – ohne die besonderen Umstände zu berücksichtigen, in denen solche Aussagen aus der Frühzeit des Islam entstanden sind.

Als Muslima in Deutschland – Hamideh Mohaghegi

Hamideh Mohaghegi ist islamische Theologin. Im Iran geboren, lebt sie heute im niedersächsischen Hannover. Frau Mohaghegi setzt sich besonders für Frauenrechte und den Frieden ein. Große Bedeutung für ihr Leben spielt der Koranvers aus Sure 2, 204a: »Oh, die ihr glaubt. Tretet allesamt ein in den Frieden«.

wörtlich: ◄ »… in den Islam«

Hamideh Mohaghegi auf einem Fest der Religionen in Wunstorf bei Hannover

Warum sind Sie Muslima, Frau Mohaghegi?
Ich bin in einer muslimischen Familie geboren und aufgewachsen. In meiner Erziehung habe ich festgestellt, dass der Islam für mich eine gute Orientierung im Leben ist.
Woran merkt man, dass Sie Muslima sind?
Ich versuche, die islamischen Regeln zu befolgen. Ich glaube an den barmherzigen Gott als Schöpfer und Erhalter der Schöpfung, bete fünfmal am Tag und faste einen Monat im Jahr. Werte wie Freundlichkeit, Friedfertigkeit und das Maßhalten in allen Bereichen sind mir sehr wichtig.
Welches ist Ihr Lieblingsfest?
Das Fest nach der Fastenzeit (id fitr). Das Fasten bewirkt das innere und äußere Wohlgefühl. In den Festtagen teilt man die persönliche Freude intensiv mit anderen.

Straßenszene in einem muslimisch geprägten Stadtteil Berlins

Worauf hoffen Sie?
Auf eine bessere Welt, in der die Menschen in Frieden miteinander leben.
Sind ihnen Judentum und Christentum wichtig?
Alle Religionen kommen von einem einzigen Gott und sie lehren die Menschen, wie sie am besten ihr Leben gestalten können. Das Kennenlernen der anderen Religionen ist notwendig und hilfreich, um deren Anhänger zu kennen und zu respektieren. So kann man sich näher kommen, um in Freundschaft und Frieden miteinander zu leben.
Was sollten alle Schülerinnen und Schüler über Ihre Religion lernen?
Sie sollten die islamische Lehre kennen lernen. Dafür sollte man ergänzend zur Begegnung mit Muslimen auch die Quelle dieser Lehre lesen. Sie sollten wissen, dass die Anerkennung eines barmherzigen Gottes als Schöpfer und Erhalter der wichtigste Punkt im Glauben ist, der den Menschen innere Sicherheit und Frieden schenkt.

1 Beschreibe die Haltungen zum »Krieg« im Islam und womit sie begründet werden.

2 Überlegt, warum die meisten Muslime sehr daran interessiert sind, in Frieden mit sich selbst und mit anderen Menschen zu leben.

3 Sucht den Kontakt zu muslimischen Mitschülern und befragt sie zum Islam*: Vielleicht habt ihr auch die Möglichkeit, eine Moschee zu besuchen und dort eure Fragen los zu werden.

Für gläubige Muslime gilt, dass der Koran* Gottes Wort ist, das vom Propheten MOHAMMED wörtlich weitererzählt und dann niedergeschrieben wurde. Sie vertrauen ihr Leben Allah (Gott) an. Er allein ist für sie der Schöpfer der Erde und der Erhalter allen Lebens, auch über den Tod hinaus.
Die tägliche Einhaltung von fünf Pflichten zeigt Dank und Respekt gegenüber Allah an. Dazu gehören die Unterstützung armer Mitgläubiger. Aus den religiösen Festen ragt der Fastenmonat Ramadan heraus. Obwohl muslimische Gewalttäter versuchen, ihre Taten mit dem Koran zu rechtfertigen, treten die meisten Muslime für ein Leben ohne Gewalt ein – weil sie als »wahre Diener des Allbarmherzigen« (Sure 25, 64) leben möchten.

Missbrauchte Religion

Die Kreuzzüge – Gottes Wille?

Im Mittelalter breitete sich der Islam über Nordafrika nach Spanien aus. Europäische Christen trafen hier zum ersten Mal auf Muslime. Die Begegnung der beiden Religionen führte zu Konflikten.

Ein Christ konnte im Neuen Testament lesen:

[Jesus:] »Denkt nicht, ich sei gekommen, um Frieden auf die Erde zu bringen. Ich bin nicht gekommen, um Frieden zu bringen, sondern das Schwert«.
Matthäus 10, 34

Ein Muslim konnte im Koran lesen:

»Kämpft gegen diejenigen (Juden und Christen), die nicht an Gott und nicht an den Jüngsten Tag glauben und nicht verbieten, was Gott und sein Gesandter verboten haben, und nicht der Religion der Wahrheit angehören. [...] Denen, die auf dem Weg Gottes getötet werden, lässt Er ihre Werke niemals fehlgehen. Er wird sie [...] ins Paradies eingehen lassen [...]«.
Sure 9, 29 und 47, 4–6

Obwohl die Bibelstelle aus dem Matthäus-Evangelium, im Zusammenhang gelesen, keinen Aufruf zur aktiven Gewalt beinhaltet, forderte Papst URBAN 1095 die Christen auf:

Kampf um das Heilige Land

Ein gottloses Volk hat die Länder der Christen besetzt. Tretet den Weg zum heiligen Grab an. Nehmt dem gottlosen Volk das Land weg und macht es euch untertan. [...] Jeder, der Frau und Kinder um Gottes Willen verlässt, bekommt hundertfachen Lohn und ewiges Leben. Eure Sünden werden euch vergeben sein, ewiger Ruhm im Himmel ist euch gewiss.

Q Aus einer Rede von Papst URBAN II

Nur wenige Zeitgenossen nahmen kritisch Stellung zu den Kreuzzügen. RADULFUS NIGER, ein christlicher Geistlicher aus England, schrieb 1188: »Wer immer also den Glauben mit Gewalt zu verbreiten sucht, verlässt den Weg Gottes.«

Und so machten sich 1096 hunderttausende Kämpfer auf den Weg nach Jerusalem. Ein Teil von ihnen begann am Rhein die jüdischen Stadtviertel zu plündern und Juden zu ermorden – um angeblich Jesus zu rächen, den die Juden hingerichtet hätten. In Jerusalem überfielen die Christen die »Ungläubigen« und schlugen vielen die Köpfe ab. 1099 eroberten sie die Stadt.

Christ und Muslim spielen friedlich Schach

Jerusalem wird geplündert

Töten für Allah?

Am 11. September 2001 zerstörten islamistische Terroristen die Twin Towers in New York, indem sie amerikanische Linienflugzeuge in ihre Gewalt brachten und in die Türme steuerten. Mehr als 3000 Menschen kamen an diesem Tag durch mehrere solcher Anschläge ums Leben.

»Schlage hart in das Genick der Ungläubigen, ja töte sie. Und wisse, dass das Paradies auf dich wartet.«
Q Aus einem Schriftstück, das in der Reisetasche eines der Selbstmord-Attentäter gefunden wurde

Tu Gutes, so wie Allah dir Gutes getan hat. Und suche nicht Unheil auf der Erde, denn Allah liebt nicht die Unheilstifter.
Q Aus dem Koran, Sure 28, 77

Wer sich des Terrorismus, der Gewalt und der Ermordung unschuldiger Zivilisten als politisches Mittel bedient, kann sich nicht auf den Islam berufen. Wir beten für eine friedliche Welt, die frei ist von Gewalt und Terrorismus.
Q Zentralrat* der Muslime in Deutschland, 16.09. 2001

1 Klärt, wodurch sich im Mittelalter Spannungen zwischen Christen und Muslimen ergaben und was die Gründe für Spannungen heute sind.

2 »Gott will es!«, riefen die Zuhörer Papst URBANS II. Nehmt Stellung zu dem Satz.

3 Überlegt, warum sich christliche Ritter und Krieger vor mehr als 900 Jahren in so großer Zahl auf den Weg nach Jerusalem machten. Sind sie mit heutigen islamischen Terroristen oder Selbstmord-Attentätern vergleichbar?

4 Nehmt Stellung zu den Überzeugungen, die zur Gewalt gegen Andersgläubige aufrufen.

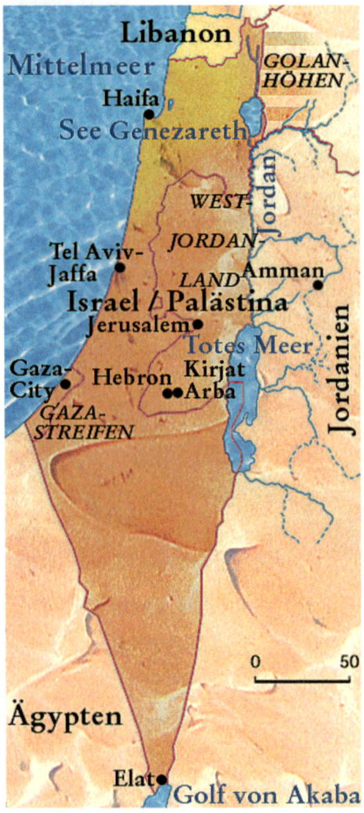

Das ganze Land Israel?

Als nach der Zerstörung des jüdischen Tempels durch die Römer die Juden in die ganze Welt zerstreut wurden, ließen sich andere Völker in der Region nieder; zum Teil hatten sie schon früher dort gelebt. Erst seit mehr als 100 Jahren sind wieder zahlreiche Juden zurückgekehrt. Viele von ihnen waren nach den andauernden Verfolgungen, insbesondere nach der Schoah*, fest entschlossen, in ihrer biblischen Urheimat einen eigenen Staat Israel zu errichten – er existiert in einem Teilgebiet seit 1948. Doch auch die arabischen Palästinenser erhoben den Anspruch, in ihrer jahrhundertealten Heimat einen Staat errichten zu können – in ganz Palästina. Und so streiten sich Israelis und Palästinenser, trotz aller Friedensbemühungen, bis heute um dasselbe Land.

Seiten 146/147 ◄

Hass ohne Grenzen?

1981 gründete Rabbiner Meir Kahane die Partei »Kach«. Er legte die Hebräische Bibel in militanter Weise aus. Sein Ziel war es, Israel auf »biblische Grenzen« zu erweitern. So forderte er, die palästinensischen Araber zu vertreiben und ihre Moscheen zu zerstören. 1988 wurde die Partei in Israel verboten, aber ihre Ideen leben teilweise weiter.
Die größte Friedensbewegung Israels heißt »Schalom Achschaw« (Frieden jetzt). Sie wurde 1978 gegründet. Ihre Anhänger kritisieren eine einseitig militärische Lösung des Nahostkonflikts und befürworten einen politischen und gebietsmäßigen Kompromiss.

»Alle Menschen sind frei und gleich an Würde und Rechten geboren. Sie sind mit Vernunft und Gewissen begabt und sollen einander im Geiste der Brüderlichkeit begegnen.« ◄
Allgemeine Erklärung der Menschenrechte, Artikel 1 (1948)

New Kach Movement כך

PEACE NOW
سلام الان
שלום עכשיו

»Wir kennen die Antwort« – Fundamentalismus im Christentum

In Deutschland und in Afrika aktiv – Prediger REINHARD BONNKE

Heute ist REINHARD BONNKE einer der Prediger mit dem größten Zulauf weltweit – besonders in Nigeria. Millionen kommen dort zu seinen Massenveranstaltungen, die er gerne als »Ernteeinsätze« bezeichnet – was ihm auch den Beinamen »Mähdrescher Gottes« eingebracht hat. Bei perfekt inszenierten Auftritten verkörpert Bonnke eine Mischung aus Popstar, Prediger und Wunderheiler, meint OBIORA IKE, katholischer Professor und Kirchenmann aus Nigeria. Katholiken und Protestanten, die BONNKES Auftritte miterleben, kritisieren sein »fundamentalistisches Schriftverständnis« und dass »ethische Fragen« bei ihm keine Rolle spielten. Außerdem trete er in Nigeria aggressiv gegenüber anderen Religionen auf – insbesondere gegenüber dem Islam. Das verstärke dort die ohnehin enormen Spannungen zwischen Christen und Muslimen.

Religionswissenschaftler sagen: Fundamentalismus ist …

a) eine Bewegung gegen die Lebensweise der modernen Gesellschaft;
b) eine Reaktion auf eigene Chancen- und Hilflosigkeit, die politisch verursacht ist;
c) ein Ausdruck der Sehnsucht nach Klarheit und Ordnung, nach einem Weltsystem mit Gut und Böse;
d) eine Bestätigung, dass man selbst gut und richtig lebt, die anderen hingegen nicht.

Christliche Fundamentalisten

finden nicht nur in den USA, sondern auch in Deutschland Zulauf. Sie geben einfache Antworten auf komplizierte Fragen, nehmen die Bibel als »unfehlbares Wort Gottes« wörtlich, betrachten ihre Art der Bibelauslegung als die einzig gültige (wobei einzelne Stellen absolut gesetzt werden), lassen Zweifel, Fragen und Kompromisse nicht zu.

1 Formuliert, wie Israelis und Palästinenser ihren Anspruch auf Israel/Palästina begründen.

2 Wenn Recht gegen Recht steht – welche Mittel gibt es, den Konflikt zu beenden?

3 Worauf berufen sich diejenigen Israelis und Palästinenser, die Gewalt als Mittel wählen? Seht ihr Ansätze, dass beide Seiten aufeinander zugehen?

4 Überlegt, ob sich die vier genannten Merkmale des christlichen Fundamentalismus auch im jüdischen und islamischen Fundamentalismus finden und wo die Unterschiede liegen.
Wie könnten die jeweiligen Religionsgemeinschaften darauf reagieren?

5 Begründet: Welche der Erklärungen für den Fundamentalismus überzeugt euch am meisten?

Die drei monotheistischen* Religionen sind sich nie ohne Spannungen begegnet. Obwohl sie alle den Frieden predigen, ließen sich nicht wenige ihrer Anhänger immer wieder, bis heute, zu Gewalt und Krieg hinreißen. Dabei stütz(t)en sie sich oft auf bestimmte Aussagen ihrer heiligen Schriften, die sie fundamentalistisch ausleg(t)en. Um sich von diesem Missbrauch zu befreien, müssen sich die Religionen auf verallgemeinerbare ethische* Maßstäbe der Vernunft und der Menschlichkeit besinnen.

Leben im Kloster

Junge Menschen auf der Suche

Roger Schutz wurde 2005 in Taizé von einer verwirrten Frau getötet.

Viele Jugendlichen sind schon in Taizé gewesen, einem kleinen Ort in Südfrankreich. Die 15-jährige Katharina berichtet:

Als ich nach Taizé kam, war ich erst einmal überrascht, wie es dort aussieht. Danach stand auch schon der erste Gottesdienst an und den fand ich sehr merkwürdig, da man zehn Minuten schwieg – ich rede sehr viel und dadurch fiel mir das Schweigen am Anfang sehr schwer. Die Lieder hatten meistens nur einen Satz, der aber mindestens sechsmal wiederholt wurde. Aber nach zwei Gottesdiensten gefielen sie mir richtig gut.
Am besten war das Schweigen, da man so richtig in sich hineinhören konnte. Außerdem kann man dann über Dinge nachdenken, über die man sonst nicht nachdenken würde, weil man vielleicht nicht die Ruhe dazu hat. Am meisten hat mich erstaunt, dass, wenn ich jemanden angelächelt habe, man mir meistens zurückgelächelt hat. Dann hatte man einfach das Gefühl akzeptiert zu werden, so wie man ist, ob nun zu dick, zu groß, zu dünn oder zu viele Sommersprossen. Jeder hat mit einem gesprochen. Ich glaube, dass das typisch für Taizé ist.

Was ist dieses Taizé?

Im August 1940 kam »Bruder« Roger zum ersten Mal auf den Hügel von Taizé und gründete dort eine ökumenische* Gemeinschaft – hier lebte er zusammen mit evangelischen und katholischen »Brüdern«. Zunächst nahm »Frère« Roger politische Flüchtlinge auf, nach dem Krieg deutsche Kriegsgefangene. Seit den 1960er Jahren kamen immer mehr junge Menschen in die Zeltstadt. Dort beten, singen, sprechen und leben sie eine Zeitlang miteinander – nach einem Tagesablauf ähnlich wie in einem Kloster.

Leben im Kloster

Das Leben in einer Gemeinschaft hat im Christentum eine lange Tradition. Manche Menschen wollen ihr Leben so nach dem Evangelium* ausrichten, dass sie meinen, dies am besten in einer Gemeinschaft Gleichgesinnter tun zu können – in Armut, Ehelosigkeit und Gehorsam.
Sie gehen in ein Kloster (lateinisch: abgeschlossener Bereich).
Seit dem 9. Jahrhundert gibt es zahlreiche Ordensgemeinschaften.
Im Mittelalter waren die Angehörigen von Klöstern die Hauptträger von Wissenschaft und Literatur – meist konnten nur Mönche lesen und schreiben. Auch die ersten Schulen entstanden in Klöstern. Einige Klosterbauten sind heute noch berühmt. Viele Klöster laden heutzutage zu »Tagen der Einkehr« auch Jugendliche ein.

Ein Jugendlicher möchte Mönch werden

Den Entschluss, Mönch werden zu wollen, traf ich sehr früh, mit fünfzehn Jahren. Aber ich weiß heute noch nicht, ob dieser Weg der richtige sein wird. Ich habe die Frage nach dem Sinn des Lebens gestellt – wie es jeder Jugendliche macht, spätestens, wenn es um die Wahl eines passenden Berufes geht. Es sind vor allem die klösterliche Gemeinschaft und der klar strukturierte Rhythmus zwischen Gebet und Arbeit, die mich faszinieren.
Ein Freund von mir sagte einmal: »Das Klosterleben ist doch sowieso nur Gefangenschaft in einem Mönchsbunker mit Langeweilegarantie auf Dauer.« – Eben nicht! Mönche erarbeiten sich das, was sie zum Leben brauchen, größtenteils selbst. Das kann harte Arbeit im Garten, aber auch in der Buchbinderei oder in der Bäckerei bedeuten. Ich spüre ein Gefühl von Geborgenheit und Heimat im Kloster.
Für andere ist dies eher eine fremde und nicht zu verstehende Atmosphäre. Für mich ist es das Schönste im Leben.
Benjamin G., 17 Jahre

Klosterleben in Tabgha (Israel)
Es gibt »beschauliche« Ordensgemeinschaften und »tätige«, die sich z.B. um Jugendliche kümmern oder um Obdachlose. Bekannte Ordensgemeinschaften der Christen sind Benediktiner (hier im Bild), Franziskaner und Dominikaner. Aber nicht nur im Christentum gibt es Klöster, auch in Hinduismus, Buddhismus und Islam.

Pilgerreise (Wallfahrt) in Thüringen:
Sich Zeit nehmen – aufbrechen aus dem Gewohnten – sich auf einen Weg machen – mit anderen etwas erleben – dabei sein – Gastfreundschaft erleben – Traditionen leben.

1 Frühes Aufstehen, kein Alkohol, regelmäßiges Gebet. Trotzdem oder gerade deshalb strömen jährlich Tausende von Jugendlichen aus aller Welt nach Taizé. Warum tun sie das? Welche Sehnsüchte verbinden sie miteinander?

2 Informiert euch über ein Kloster in eurer Nähe: Welche Regeln und welchen Tagesablauf halten die Angehörigen ein? Könnt ihr euch ein solches Leben vorstellen?

3 Das, was Menschen auf Pilgerreisen suchen – sucht ihr das auch manchmal? Berichtet und diskutiert …

Seit den Anfängen des Christentums gibt es Klöster, in denen Mönche (oder Nonnen) in Abgeschiedenheit von der Welt versuchen, nach Gottes Willen zu leben. Auch heute zieht es Jugendliche an Orte, an denen religiöse Erfahrungen gemacht werden können. Manche suchen die Stille, andere den Austausch – alle aber begeben sich auf die Suche nach einem sinnvollen Leben.

Medientipp

Die große Stille (2005): ein ungewöhnlicher Film über das abgeschiedene Leben hinter Klostermauern in den französischen Alpen. Philip Gröning erzählt von Menschen, die ihre Lebenszeit Gott gewidmet haben.

Fragen, die bleiben

Ihr habt drei große monotheistische* Religionen und ihre ethischen Grundsätze kennengelernt. Versucht jetzt, eure Entdeckungen, Erfahrungen und auch Fragen zu bündeln:

1. Ordnet die Bilder auf dieser Doppelseite den drei Religionen zu.
2. Schaut euch die Infoboxen noch einmal genau an:
   • Ergänzt Informationen zu den Festen – im Jahreskreis und im Lebenslauf, zu bedeutenden Orten sowie zu den wichtigsten Lebensregeln.
3. Judentum, Christentum und Islam – sie geben unterschiedliche, aber auch ähnliche Antworten auf Fragen, die Menschen auf ihrem Lebensweg stellen, besonders, wenn es um das richtige Handeln geht:
   • Stellt eigene Fragen nach dem, wie man richtig leben und handeln soll und einigt euch auf die wichtigsten.
   • Sucht nun aus diesem Kapitel, am besten arbeitsteilig in Gruppen, die Antworten der drei Religionen auf die genannten Fragen heraus – und stellt sie dann vergleichend gegenüber.
   • Versucht für die Fragen, die nicht beantwortet werden, die treffende Antwort aus der Sicht der jeweiligen Religion zu erschließen.
4. Stellt euch vor, ihr müsstet vor eurer Geburt eine der drei vorgestellten Religionen wählen, in der ihr dann erzogen würdet: Welche würdet ihr wählen? Warum? Wonach würdet ihr entscheiden?
5. In welchen Punkten, glaubt ihr, wird ein Mensch durch seine religiöse Erziehung besonders geprägt? (Schaut euch dazu nochmals die Interviews mit den jeweiligen Vertretern der drei Religionen an.) Würdet ihr eure Kinder religiös erziehen?

Seite 78 ◄ Methode: Mit Gedanken experimentieren*

Seiten 148/149, 158/159 und 168/169 ◄

Projekt: Religionen in unserer Umgebung

Judentum – Christentum – Islam: Wo begegnet ihr diesen Religionen in eurer Umgebung? Sucht nach ihren Zeichen, Zeugnissen und Zeugen:

- Wählt eine Religion aus und schaut sie euch näher an.
- Sprecht mit Menschen, die dieser Religion angehören.
- Informiert euch auch in Zeitungen, im Fernsehen, in Filmen oder im Internet.
- Unternehmt einen Ausflug zu Synagogen, Kirchen und Moscheen.
- Haltet eure Eindrücke und Erlebnisse in Bildern und Aufzeichnungen fest.
- Erstellt eine Wandzeitung oder einen Bericht.
- Ladet, vielleicht zusammen mit der Religionsgruppe, jemanden ein, der euch von einer dieser Religionen mehr erzählen kann.
- Wenn ihr selbst einer der drei vorgestellten Religionen angehört: Informiert euch genauer über sie und stellt sie euren Mitschülern vor. Versucht dabei, deren Fragen und Einwände zu beantworten.

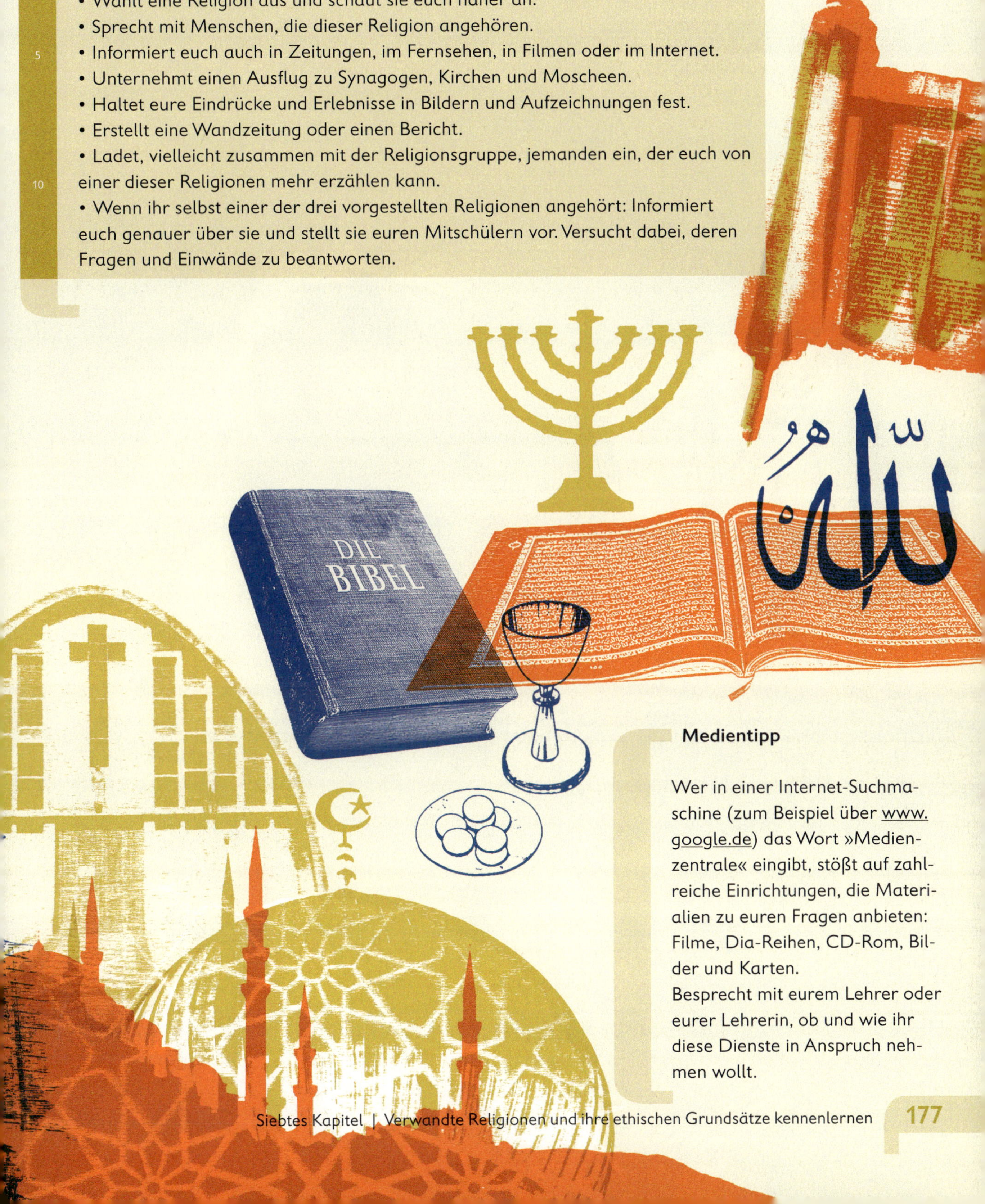

Medientipp

Wer in einer Internet-Suchmaschine (zum Beispiel über www.google.de) das Wort »Medienzentrale« eingibt, stößt auf zahlreiche Einrichtungen, die Materialien zu euren Fragen anbieten: Filme, Dia-Reihen, CD-Rom, Bilder und Karten.
Besprecht mit eurem Lehrer oder eurer Lehrerin, ob und wie ihr diese Dienste in Anspruch nehmen wollt.

Der Weltraum, unendliche Weiten.
Wir schreiben das Jahr 2200.
Dies sind die Abenteuer des Raumschiffs Enterprise,
das mit seiner 400 Mann starken Besatzung
fünf Jahre lang unterwegs ist, um neue Welten zu erforschen,
neues Leben und neue Zivilisationen.
Viele Lichtjahre von der Erde entfernt,
dringt die Enterprise in Galaxien vor,
die noch nie ein Mensch zuvor gesehen hat.

Achtes Kapitel

Technik – Nutzen oder Risiko?

1 Nehmen wir einmal an, du hättest die Chance, mit einem Raumschiff in den Weltraum zu fliegen. Was erzählst du morgen deinen Klassenkameraden darüber?

2 Was fühlst du, wenn du dir vorstellst, vom Weltall auf deinen Heimatplaneten Erde zu blicken?

3 Man bietet dir an, Astronaut zu werden. Begründe, warum du das Angebot annimmst oder ablehnst.

Raumfahrt – ein Menschheitstraum

Bevor der Mensch zum Mond fliegen konnte, waren der Fantasie keine Grenzen gesetzt.

Der Grieche Anaxagoras mutmaßte, der Mond sei so groß wie der Peloponnes (für damalige Begriffe also gewaltig), zusammengesetzt wie die Erde aus Stein und deshalb wahrscheinlich bewohnbar. Seinen Zeitgenossen war das suspekt: Sie verurteilten den Philosophen zum Tode, und erst nach massivem Einspruch seiner Freunde wurde das Urteil in lebenslängliches Exil umgewandelt. [...]

Tycho Brahe, Johannes Kepler, Galileo Galilei, die Neuerer des Weltbildes hatten es da schon einfacher. Kaum war das Fernrohr erfunden, richteten sie es als erstes auf den benachbarten Himmelskörper. Auf diese Weise fand [Galilei] ihn dicht bedeckt mit »ungeheuren Schwellungen, tiefen Mulden und Krümmungen«, was ihn und seine Zeit tief erschütterte. [...]

Die Fantasie war der Wissenschaft in der Zwischenzeit wieder einmal vorausgeeilt.

Wie seit den frühesten Tagen der Menschheit wollten Etliche den Mond nicht bloß still betrachten, sondern besuchen, erobern, in Besitz nehmen. Johannes Kepler selbst verfasste einen als Traum deklarierten, gleichwohl detaillierten Bericht über seine Mondexpedition. Andere fantasierten von Luftschiffen, gezogen von Schwänen oder emporgehoben durch heiße Luft. Der jederzeit zu Scherzen aufgelegte Graf Cyrano de Bergerac schlug vor, die Reise auf einem Stuhl zu unternehmen, der durch Raketen befeuert würde.

Der »Mann im Mond«

Dagegen sieht die Kanone, mit der Jules Verne im Jahre 1865 seine Romanhelden die Reise zum Mond antreten lässt, schon sehr komfortabel aus.
Holzstich 1865

Eine Reise um den Mond – ein Vision nimmt Gestalt an.

1867 veröffentliche JULES VERNE seinen Roman: »Reise um den Mond« – eine Vision, die 1969 Wirklichkeit wurde.

Lesetipp
JULES VERNE: Reise um den Mond, Zürich: Diogenes Verlag 1976

Titelblatt einer Romanausgabe um 1890

JURI GAGARIN

Die Erregung der drei Reisenden wurde größer, je mehr sie sich dem Ziel der Reise näherten. Sie machten sich auf Unvorhergesehenes gefasst, auf neue Naturerscheinungen. Und in der Gemüts- und Geistesverfassung, in der sie sich befanden, dürfte sie kaum noch etwas erstaunt haben; ihre überreizte Einbildungskraft jagte dem Geschoss voraus, dessen Geschwindigkeit sich beträchtlich verringerte, ohne dass sie etwas davon wahrnahmen. Aber der Mond wurde größer und größer und sie glaubten schon, sie brauchten bloß die Hand auszustrecken, um ihn zu fassen. [...]

Die Reisenden, die nun ihrem Ziel so nahe gerückt waren, ließen keine Sekunde mehr verstreichen, ohne diese neue Welt scharf zu beobachten. Ihre Fantasie spazierte mit ihnen in diesen unbekannten Gebieten herum, sie kletterten auf die höchsten Spitzen, stiegen auf den Boden der breiten Ringgebirge; hin und wieder glaubten sie, weite Meeresflächen zu sehen, die unter solch verdünnter Atomsphäre kaum daseinsfähig schienen, und Flüsse, die den Meeren ihre Wasser zuführten; vornübergebeugt, hofften sie Geräusche von diesem Gestirn zu vernehmen, das in der ewigen Einsamkeit des Raumes stumm blieb.

Q JULES VERNE: Reise um den Mond

Fachübergreifend (Geschichte, Physik): Wettlauf zum Mond
Am 12. April 1961 umrundete der sowjetische Kosmonaut JURI GAGARIN als erster Mensch die Erde. Er öffnete damit der Menschheit den Weg ins All. Im Mai 1961 gab der damalige Präsident der USA, JOHN F. KENNEDY, der amerikanischen Nation das Versprechen, Menschen auf dem Mond landen zu lassen und sie sicher wieder zur Erde zurückzubringen.

- Informiert euch über die geschichtlichen Umstände, die zu diesem Versprechen geführt haben.
- Welche Motive haben die Amerikaner bewogen, das Mondprogramm in Angriff zu nehmen?
- Welche technischen Hindernisse mussten überwunden werden, damit das Versprechen von JOHN F. KENNEDY eingelöst werden konnte?
- Wie hat sich der Wettlauf ins All auf die Beziehung der USA zur Sowjetunion ausgewirkt?

1 Warum war die Reise zum Mond über Jahrtausende ein Menschheitstraum?

2 Sucht nach Gründen, die diesen Traum beflügelt haben.

3 Welche Gründe sprechen heute für die bemannte Weltraumfahrt?

4 Informiert euch über die unterschiedlichen Stationen auf dem Weg zur ersten Landung von Menschen auf dem Mond.

Recherchetipp
www.raumfahrtgeschichte.de

1969 – ein Traum erfüllt sich

Am 21. Juli 1969 (MEZ)ist es soweit. Die Astronauten NEIL ARMSTRONG, MICHAEL COLLINS, EDWIN ALDRIN landen auf dem Mond. Erstmals betritt ein Mensch einen anderen Himmelskörper.

Wie haben Sie die Landung von Apollo 11 erlebt?

»Für mich war das damals ein Jahrhundertereignis – und ist heute noch eines. Das ist die Tradition der westlichen Kultur: Die Menschen brechen zu neuen Horizonten auf, wenn die Werkzeuge reif dafür sind. So war es auch mit der Mondlandung.«
ULF MERBOLD (geb. 1941), Physiker und Astronaut

Apollo 11 erreicht das große Ziel: Der erste Mensch auf dem Mond

»Ein kleiner Schritt nur für einen Menschen, aber ein gewaltiger Sprung für die Menschheit!« Das waren die ersten Worte eines Menschen auf dem Mond, die Worte, die ihm einfielen, als er seinen Fuß auf den Boden des Erdtrabanten setzte. Dieser Mensch war der Amerikaner NEIL ARMSTRONG. Am 21. Juli 1969 um 3.40 Uhr mitteleuropäischer Zeit, 109 Stunden, sieben Minuten und 35 Sekunden nach dem Start der »Saturn V«-Rakete mit »Apollo 11« in Kap Kennedy, hatte die Ausstiegsluke der Mondlandefähre »Eagle« (Adler) geöffnet. 16 Minuten später betrat NEIL ARMSTRONG die Oberfläche des Erdtrabanten, kurz darauf folgte ihm der Astronaut EDWIN ALDRIN. Und unsere Menschheit erlebte eine ihrer wenigen Sternstunden. Denn einer ihrer größten Träume hatte sich erfüllt. [...] Zum ersten Mal betraten Menschen ein fremdes Gestirn. Das Unternehmen »Apollo 11« wurde zum Meilenstein einer Entwicklung, die noch nicht abzusehen ist. Das bisher größte Unternehmen der amerikanischen Raumfahrt war auch ihr perfektestes. [...] RICHARD NIXON, der 37. US-Präsident, telefonierte mit den Astronauten: »Durch euch ist der Himmel ein Teil der Welt der Menschen geworden. Und während ihr zu uns aus dem ›Meer der Ruhe‹ sprecht, fühlen wir uns aufgefordert, unsere Anstrengungen zu verdoppeln, Frieden und Ruhe auf die Welt zu bringen. Für einen unvergleichlichen Augenblick in der Geschichte sind die Menschen auf der Erde wahrhaftig einig; sie sind einig stolz auf eure Leistung!«

Die Mondlandefähre EAGLE des Apollo 11 Programms konnte mehrere Astronauten vom Raumschiff auf den Mond befördern. Sie bestand aus zwei Stufen: einer Abstiegs- und einer Aufstiegsstufe. Jede der beiden Stufen war mit einem Haupttriebwerk ausgestattet.

Mit dem rechten Fuß steht NEIL ARMSTRONG noch in einem Eagle-Landeteller, mit dem linken Fuß berührt er die Mondoberfläche.

20.7.1969 – 22:56:20 Uhr – 109:24:20 Bordzeit: Der erste Mensch betritt den Mond. Der Ausflug auf dem Mond dauert nur etwa zweieinhalb Stunden. Dann folgen eine längere Ruhepause und die Vorbereitungen für den Rückflug. 15 Stunden nach dem Mondspaziergang heben die beiden Astronauten mit 22 Kilogramm Mondgestein im Gepäck von der Oberfläche des Erdtrabanten ab und treffen sich mit Columbia in der Mondumlaufbahn. Der Rückflug zur Erde beginnt um 135:23:42 Bordzeit. Die Landung im Pazifik absolvieren Aldrin, Armstrong und Collins um 195:18:35 – am 24. Juli 1969 um 12:50:35 Uhr Eastern Daylight Time.

Die Mission Apollo 11 löst das Versprechen ein, das der US-Präsident John F. Kennedy im Mai 1961 in seiner Rede zur „Lage der Nation" gegeben hat.

Seit Kolumbus 1492 Amerika entdeckte und die Zeremonie der Besitznahme abschloss, indem er die Fahnen von Kastilien und Aragon hisste, wird der Anspruch aus einer Entdeckung kenntlich gemacht durch das Hissen der Flagge.
Auch wenn es in der heutigen Zeit nicht mehr um tatsächliche Souveränität geht, haben die Symbole trotzdem überlebt.
So gibt es auf dem Mond eine amerikanische Flagge. Sie dokumentiert die Macht der Nation und den starken Willen der Bevölkerung dieses Landes. Sie versinnbildlicht, was Macht und Wille zustande bringen.

1 Informiert euch im Internet über die genauen Umstände der Mission Apollo 11 und der vorbereitenden Forschung in den USA.

2 Warum kann Richard Nixon sagen: Die Menschen sind stolz auf eure Leistung? Worin bestand diese Leistung?

3 Ist der Stolz, den Richard Nixon betont, berechtigt?

4 Es gibt auch Spekulationen, die besagen, dass die Mondlandungen in den Jahren 1969 bis 1972 nicht stattgefunden hätten, sondern nur vorgetäuscht worden seien.
Welche Motive könnten hinter solchen Behauptungen stehen?

5 Welche Anstrengungen wurden seit 1969 unternommen, Frieden und Ruhe in die Welt zu bringen? (fachübergreifend mit Politik)

Apollo 13 – SOS aus dem All

Der Film Apollo 13 schildert den dramatischen Unfall der Mission Apollo 13, bei der das primäre Ziel einer Landung auf dem Mond nicht erreicht wurde. Alle drei Besatzungsmitglieder kehrten nach dramatischen Stunden im All lebend zur Erde zurück. 1995 wurde die Aktion von Ron Howard mit Tom Hanks in der Hauptrolle verfilmt auf der Grundlage des Buches »Lost Moon« von Jim Lovell.

Filmtipp
Apollo 13, USA 1995.
Regie: Ron Howard
Buch: Jim Lovell, Jeffrey Kluger
140 Minuten

US-Astronaut Jim Lovell und seine Besatzung, bestehend aus den Astronauten Fred Haise und Ken Mattingly, haben Glück: Eigentlich waren sie erst für die übernächste Mondmission der NASA, Apollo 14, vorgesehen, doch aus Krankheitsgründen übernimmt Lovells Team die Rakete, die im Jahre 1970 als mittlerweile drittes Raumschiff den Erdtrabanten erreichen soll: Kurz vor dem Start der Apollo 13 trifft Pilot Ken Mattingly ein Schicksalsschlag: Bei einer letzten medizinischen Untersuchung werden erste Anzeichen für Masern bei ihm festgestellt. Der untröstliche Mattingly muss auf der Erde bleiben und wird durch den unerfahrenen Ersatzmann Jack Swigert vertreten. Ansonsten verlaufen die Vorbereitungen ohne jegliche Probleme. Am 10. April 1970 hebt Apollo 13 mit Lovell, Haise und Swigert an Bord vom Weltraumbahnhof Cape Canaveral ab und macht sich auf den Weg zum Mond. Am dritten Tage passiert es dann: Ein Sauerstofftank explodiert, die Strom und Sauerstoffversorgung der Raumkapsel bricht zusammen, die CO_2-Gase werden nicht mehr abgesaugt und vergiften die Männer an Bord, außerdem ist die Heizung ausgefallen, der Kältetod droht. Fieberhaft arbeitet das Bodenteam der NASA in Houston unter der Leitung von Gene Kranz daran, die Männer zurück zur Erde zu holen. Kranz weist die Besatzung an, aus dem havarierten* Raumschiff in die noch intakte Mondlandefähre umzusteigen, wo ein Überleben möglich ist. Hier müssen die drei Astronauten auf engstem Raum eine gefährliche manuelle Kurskorrektur vornehmen, die beim geringsten Fehler Apollo 13 für immer in die Weiten des Weltraumes befördern würde. Derweil ist der auf der Erde zurückgebliebene Ken Mattingly verzweifelt bemüht, unter den eingeschränkten Bedingungen an Bord der Rakete eine mögliche Landung durchzuspielen. Die Chancen für ein Gelingen stehen äußerst schlecht, doch Gene Kranz hat eine Parole ausgegeben, an die sich alle halten wollen: Ein Fehlschlag kommt nicht in Frage. Und tatsächlich: Die Kurskorrektur gelingt, das defekte Raumschiff umrundet einmal den Mond und rast auf die Erde zu, wo die härteste Prüfung noch wartet: Wird die Isolierung der Mondlandekapsel, die als einzige für die Landung in Frage kommt, der enormen Reibungshitze der Erdatmosphäre standhalten?

havariert: beschädigt

Wie würdest Du entscheiden?

JIM LOVELL, Kommandant der Apollo 13, muss sich entscheiden, als die Ärzte keine Masern-Antikörper bei KEN MATTINGLY finden. Entweder er fliegt mit JACK SWIGERT, dem erfahrenen, aber zurzeit untrainierten Astronauten, als Pilot oder aber die gesamte Stamm-Mannschaft wartet auf eine spätere Mission.

Weltraumhelden

»Weltraumhelden« heißen sie in der Presse.
Helden? Sind sie das wirklich? Dadurch Helden, dass sie aus ich weiß nicht wie vielen möglichen Kandidaten aufgrund der Auswertung gewisser Human Engineering Tests ausgewählt worden sind? Wären nicht Hunderttausende genau so bereit gewesen? Hätten sich nicht Tausende dazu gedrängt? Ist es heldenhaft, sich verwenden zu lassen? Und dazu noch als Geschossteil? Wäre es nicht vielleicht heldischer gewesen, Schande zu riskieren, nämlich laut und vernehmlich zu fragen: »Wozu?« Ist nicht Angst vor Schande stets größer als die vor dem Sterben? War nicht auch *ihre* Angst vor der Schande größer als die vor dem Sterben? Ist nicht die Gefahr, die Millionen Anonyme in anonymen Kämpfen, also ohne die geringsten Ruhmchancen, seit Jahrtausenden riskiert haben, genau so groß gewesen wie ihre? Nämlich genau so tödlich? Ist ihre Kühnheit nicht Trug? War nicht ihre Leistung längst schon von anderen beschlossen? Ihre »Größe« längst schon von anderen einkalkuliert? Inwiefern ist die Leistung überhaupt ihre? Sind sie in diese einfach nur einmontiert? Als die letzten für die Durchführung unerlässlichen Monteure? Als „einmontierte Monteure"?

Q GÜNTER ANDERS: Der Blick vom Mond

Seite 95 ◄
Methode: Mit einem Dilemma umgehen
http://www.terranischer-club-eden.com/mond/html/k22.html

1 Triff eine entsprechende Entscheidung in der Dilemmasituation, in der die Mission Apollo 13 steht. Begründe deine Entscheidung.

2 Informiert euch über weitere Unglücke in der Weltraumfahrt.

3 Sind die Astronauten der Apollo 13-Mission für dich Weltraumhelden? Argumentiere.

4 Überprüfe an Hand der Filmhandlung, ob die Vorwürfe von GÜNTHER ANDERS zutreffen.

5 Sucht nach Argumenten für und gegen das Mondfahrtprogramm angesichts der noch zu lösenden Probleme auf der Erde.

6 Formuliere die Botschaft von MAX BORN mit deinen eigenen Worten.

»Ich gehöre zu der Generation, die zwischen Verstand und Vernunft unterschied. Von diesem Standpunkt ist die Raumfahrt ein Triumph des Verstandes, aber ein tragisches Versagen der Vernunft.«
MAX BORN (1882–1970), Nobelpreisträger für Physik

►◄ Bei der Mission Apollo 13, in der die Astronauten ihr Leben riskierten und ihr Ziel verfehlten, kamen auch kritische Stimmen zu Wort. Kritiker fragten nach Sinn und Nutzen der ungeheuren Kosten des Mondfahrtprogramms angesichts noch ungelöster Probleme auf der Erde.

Leben auf fremden Planeten

Das Lunar Hilton

Es war eine dieser Nächte in einem einsamen Hotelzimmer. Meilenweit weg von Zuhause. Allein. Gelangweilt. Aus der Wanduhr tropft die Zeit. Und deshalb macht PETER INSTON, was jeder in seiner solchen Lage tut: Er schaltet den Fernseher ein. Auf CNN kommt diese Meldung: *NASA-Wissenschaftler entdecken Hunderte von Millionen Tonnen Wasser auf dem Mond. +++ 25 Jahre zuvor ist den Astronauten von Apollo 17 bei der letzten Mondlandung nichts als Fels und Staub begegnet, alles knochentrocken, +++ Genug* H_2O, *um tausende Zweipersonenhaushalte über Jahrhunderte mit Wasser zu versorgen. +++*
Wasser auf dem Mond? PETER INSTONS Interesse ist geweckt. Mit dem Kugelschreiber entwirft der Architekt auf einen Bogen Hotel-Briefpapier eine zeltartige Konstruktion aus riesigen Sonnenpaneelen. Eine gigantische gläserne Kuppel, mit Blick auf die Krater einer fremden Welt. Hinterm Horizont der Erdball in leuchtendem Blau. Gedankenverloren starrt PETER INSTON auf seine Rohskizze eines Hotels auf dem Mond – und vergisst sie wieder.
Zwei Wochen später, beim Treffen mit PETER GEORGE, dem Chef der Hilton-Hotelgruppe, fiel ihm die kleine Spinnerei wieder ein. »Wie wär's mit einem Lunar Hilton?« scherzte er. […]

Kein Projekt scheint zu phantastisch. Ein Hotel auf dem, Mond? Detaillierte Pläne sind ausgearbeitet. Urlaubsreisen ins Weltall? Der größte britische Reiseveranstalter nimmt Reservierungen an.

Lesetipp
DOUGLAS ADAMS: Per Anhalter durch die Galaxis, München: Heyne

Sojus ist mit erster Weltraumtouristin zur ISS gestartet.

Mit der ersten Weltraumtouristin Anousheh Ansari an Bord ist am Morgen des Montag, 18. September 2006 eine russische Sojus Rakete zur internationalen Raumstation ISS gestartet. … Ansari erlebte den Start mit weit aufgerissenen Augen, wie Bilder der US-Weltraumbehörden zeigten. … Nach drei Männern hatte Ansari als erste Frau für mehr als 20 Millionen US-Dollar ein Touristenticket für die ISS gelöst. Sie verwirklichte damit einen Kindheitstraum.

»Wenn alles schief geht, haben wir eine Ersatzerde«

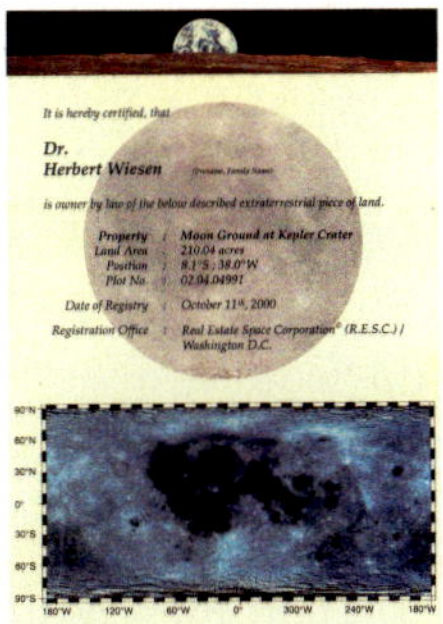
Besitzurkunde über ein Grundstück auf dem Mond

Astronom Stéphane Udry ist begeistert. »Wenn wir irgendwo im All Leben finden, dann auf dem Planeten, den wir entdeckt haben«, sagt er [...]
Mit seinen Kollegen hat er in Chile ein 3,6-Tonnen-Teleskop gebaut. Damit suchen sie den Himmel nach neuen Planeten ab. Und plötzlich entdecken sie diese wunderbare neue Welt. Weil der neue Planet fünfmal schwerer ist als unsere alte Welt, nennen ihn die Forscher die »5M-Erde«. Die Entdeckung der 5M-Erde ist eine Sensation. Denn sie ist unserer Welt verblüffend ähnlich. »Alles deutet darauf hin, dass sie bewohnbar ist«, sagt Udry. [...] Die Temperaturen auf anderen bekannten Planeten sind entweder extrem heiß oder extrem kalt. Nicht so auf 5M. Es herrschen angenehme 20 Grad. Zudem gibt es Wasser. Aber nicht gefroren, wie auf vielen anderen Planeten. Wegen der moderaten Temperaturen ist es flüssig. Planschen wir also bald auf 5M statt an der Adria?
Das ist ungewiss. Denn es gibt noch ein Problem, kein unwesentliches. »Wir sind noch nicht sicher, ob es auf 5M tatsächlich Sauerstoff gibt«, sagt Udry. Neuste Methoden sollen helfen, diese Frage zu klären. Außerdem ist 5M ziemlich weit weg: im Sternbild Waage, etwa 20 Lichtjahre von uns entfernt. Das ist die Distanz, die das Licht in 20 Jahren zurücklegt. In astronomischen Dimensionen ist das relativ nahe. Aber für uns ist 5M vorerst unerreichbar. Wir können nicht annähernd so schnell fliegen. Trotzdem wäre ein Ausflug reizvoll. [...] 5M hat sogar eine eigene Sonne. Forscher nennen sie Giese 581. Sie erscheint am Himmel von 5M etwa doppelt so groß wie unser Vollmond.

Ggf. fachübergreifend mit Physik

1 Man stelle sich vor, die Information, dass Wasser auf dem Mond existiert, stimmt wirklich. Wie könnte ein Leben auf dem Mond konkret aussehen. Entwickelt die Vision eines Mondaufenthaltes. Berücksichtigt dabei auch die physikalischen Gegebenheiten (veränderte Gravitation, ...)

2 Stell dir vor, du hast gewonnen – eine Reise im Wert von 1 Million Euro. Man bietet dir die einmalige Chance, eine Woche Urlaub auf dem Mond im Lunar Hilton zu machen. Eine Barauszahlung des Gewinns ist nicht möglich, daher musst du dich entscheiden, ob du zusagst. Würdest du mitfliegen? Begründe deine Antwort.

3 Handelt es sich bei dem Hotel auf dem Mond um eine Vision, die berechtigt nach technischer Verwirklichung ruft? Sammle Argumente dafür und dagegen.

4 Unsere Erde wird in ca. 3,5 Milliarden Jahren nicht mehr bewohnbar sein. Müssen wir also nach einer Ersatzerde suchen? Welche Gründe könnten die Suche rechtfertigen?

5 Sammle weitere Gründe für die Suche nach der Ersatzerde.

Der Mensch nimmt den Weltraum und die Planeten in Besitz. Reisen in den Orbit dienen nicht mehr allein Forschungszwecken. Die Vision eines Lebens auf fremden Planeten nimmt Gestalt an. Die Frage »Was will der Mensch eigentlich auf fremden Planeten?« muss aber noch beantwortet werden.

Terraforming – gilt die Verantwortung des Menschen auch im Weltall?

Werden Menschen so auf einem anderen Planeten wohnen?

Gibt es noch in diesem Jahrhundert Siedlungen auf dem Mars?

Aus dem einst so beliebten Science-Fiction-Thema ist ein ernsthafter Forschungsgegenstand geworden. Die grundlegenden Technologien für die Schaffung einer »neuen Erde« sind schon in Ansätzen vorhanden.

Alles, was wir sind, und alles, was wir je berührt haben – Seewasser, Sonnenblumen, die fruchtbare Erde eines toskanischen Bauernhofes –, besteht aus Atomen, die einst zwischen den Sternen schwebten. Diese Atome finden sich auch auf Nachbarplaneten, so dass es im Prinzip möglich sein sollte, sie auf derartige Weise neu zu ordnen, dass z. B. der Mars eine für die Atmung geeignete Atmosphäre erhielte und zu einer Landschaft wie Kansas mit seinen Gewitterwolken und Kornfeldern werden könnte.
Jedoch werden die gewaltigen technologischen Schwierigkeiten, vor die das »Terraforming« uns stellt, durch die damit verbundenen ethischen Probleme ergänzt. Wenn wir uns gut um unseren eigenen Planeten kümmerten, könnten wir auch guten Gewissens versuchen, den Samen des irdischen Lebens auf bisher unfruchtbaren Planeten keimen zu lassen. Wenn wir dagegen das Terraforming als einen Fluchtweg aus unserer eigenen ökologischen Katastrophe betrachten, wird dieser ungünstige Ausgangspunkt so gut wie sicher zu einem unglücklichen Ende führen. Die Raumfahrt kann die Bevölkerungsprobleme nicht lösen – hierfür wird es niemals genug Raumschiffe geben –, und es erscheint sowieso ziemlich sinnlos, eine andere Welt zu kolonisieren, nur um sie zu verdrecken.
Einfach ausgedrückt, lautet die Frage, ob unsere Spezies gut genug ist, um eine neue Welt zu verdienen.

Q TIMOTHY FERRY: Das Weltall und ich

Du kannst dich über das Terraforming-Programm für den Mars informieren unter: http://www.raumfahrer.net/astronomie/sonnensystem/mars_terraforming.shtml

Moralische Verantwortung in der Wissenschaft

CARL FRIEDRICH VON WEIZSÄCKER (1912–2007), Philosoph und Physiker

Es gibt eine moralische Einsicht, der ich mich nicht habe entziehen können. [...] Sie heißt, in einem Satz zusammengedrängt: Die Wissenschaft ist für ihre Folgen verantwortlich.

[...] Der Satz meint nicht, die Wissenschaft selbst sei um ihrer weltverändernden Folgen willen betrieben worden. Ich habe meinen eigenen Weg zur Wissenschaft geschildert, um deutlich zu machen, dass mir bei der Wahl eines Faches wie Astronomie oder Physik nichts ferner gelegen hat als Weltveränderung. Ich war ein neugieriges Kind; ich wollte wissen, wie das alles zugeht. Natürlich hatte ich Ehrgeiz; ich wollte berühmt werden unter denen, die für ihr Wissen berühmt sind. [...] Aber Wissen ist Macht, auch wenn man es nicht um der Macht willen gesucht hat. [...] Jedenfalls aber ist moralische Reife einem Menschen nicht erreichbar, der sich für die faktischen Folgen seines Handelns nicht verantwortlich weiß. Wenn die Eltern dem dreijährigen Kind zeigen, wie man ein Streichholz anzündet, und bei der Rückkehr vom Spaziergang ihr Haus in Flammen finden, so hat nicht das Kind die Streichhölzer „missbraucht". Das fällt mir immer ein, wenn ich die Rede vom Missbrauch der Wissenschaft durch die Inhaber der Macht höre.

Q CARL FRIEDRICH VON WEIZSÄCKER: Wahrnehmung der Neuzeit

1 Informiere dich über die Möglichkeiten und Grenzen des Terraforming.

2 Argumentiere: Darf der Mensch Probleme, die er auf der Erde noch nicht gelöst hat, auf andere Planeten exportieren?

3 Welche Rolle spielt die Neugier eines Forschers bei einer Entdeckung? Erläutere deine Überlegungen am Beispiel von Weltraumforschern.

4 Muss der Verantwortungsbegriff auf die Verantwortung für den Kosmos erweitert werden?

5 Welche Konsequenzen hätte eine solche Erweiterung unserer Verantwortlichkeit auf den Kosmos für unser Handeln, für die Forschungstätigkeit, für politische Entscheidungen?

→← Die technischen Möglichkeiten des Terraformings auf fremden Himmelskörpern scheinen gegeben. Es ist jedoch fraglich, ob die technischen Möglichkeiten die Realisierung rechtfertigen. Darüber hinaus muss die Frage beantwortet werden, ob es richtig ist, dass der Mensch sich als Zentrum des Universums versteht.
Der Mensch als neugieriger Entdecker wird in der Anwendung seines Wissens zum Eroberer, der nicht nur Segen bringt, sondern auch zerstört, wenn man ihm keinen Einhalt gebietet. Aus diesem Grunde ist es wichtig, dass der Entdecker verantwortlich mit seinem Wissen umgeht: zum Wohl der Menschheit und zum Wohl des Kosmos.

ISS – der erste Schritt zur Eroberung fremder Planeten

Der erste Schritt zur Eroberung fremder Planeten ist bereits getan. Am 29.1.1998 unterzeichneten 15 Raumfahrtminister aus aller Welt in Washington das Abkommen über die ISS (International Space Station) – einen Außenposten der Menschheit im All.
Das größte und ehrgeizigste Technologieprojekt der Menschheitsgeschichte nimmt konkrete Formen an. Bis zum Jahr 2010 soll die ISS ausgebaut und fertig gestellt werden.

ISS – noch mehr Visionen

Das »fliegende Labor«, das ab 1999 »Stück für Stück« verfügbar sein wird, eröffnet der Wissenschaft und Entwicklung, aber auch der Industrie ein weites Spektrum fachübergreifender Forschungs- und Testmöglichkeiten. Dabei konzentriert sich die Arbeit auf vier große Nutzungsfelder: Forschung in Schwerelosigkeit, Technologie, Erderkundung und Erforschung des Weltalls. [...]
Auf der Erde überlagert die Schwerkraft viele andere Effekte oder verhindert zumindest deren Wahrnehmung. Dadurch, dass die Wirkung der Schwerkraft im Orbit nahezu ausgeschaltet werden kann, lassen sich im Weltraum Experimente anstellen, die die auf der Erde nicht wahrnehmbaren Effekte deutlich werden lassen. [...] Das gilt zum Beispiel für den Bereich der Rehabilitations-Medizin, für Kreislaufstörungen und Bluthochdruck, Zuckerkrankheit, Osteoporose und Ödembildung, Grüner Star, Störungen des Gleichgewichtsinnes und Immunschwäche-Krankheiten.

Q Schulinformation Raumfahrt, Nr. 2/98

Über seine greifbaren Taten hinaus ist Kolumbus zu einem Symbol geworden: dem Idealbild eines Entdeckers. Seine erste Reise ist noch immer der Welt mächtigste Metapher für Entdeckungsreisen sowie den Mut und die Überzeugung, die solche Unternehmungen erfordern. Sein Name steht für die Summe aller Werte, die wir verehren: Risikobereitschaft, Unternehmergeist, Ausdauer – und so benennen wir Städte, Länder und Raumfahrzeuge nach ihm.
Zoi Dor Nev: Kolumbus

Sind wir die Kolumbusse unserer Tage? – die Raumstation ISS

Über den Nutzwert der Station gibt es derzeit nur sehr verschwommene Vorstellungen. [...] Im Wissenschaftsmagazin Nature spottet ein amerikanischer Wissenschaftler: »Selbst wenn ein Rumpelstilzchen Stroh zur Raumstation fliegen und es dort in Gold verwandeln könnte, wäre das Unternehmen noch immer ein Verlustgeschäft.«
Für ein globales Prestigeprojekt, wie es die Internationale Raumstation ist, zählt solch wissenschaftlicher Krämergeist kaum. Nicht auf einen konkreten Nutzwert kommt es an, sondern darauf, dass das Projekt überhaupt zustande kommt. »Die Entdecker sind früher auch nicht in See gestochen, weil sie konkrete Erwartungen hatten«, sagt ein NASA-Sprecher. »Damit haben sie lediglich ihre Finanziers überzeugt. Sie sind in das Unbekannte aufgebrochen, weil sie ihr Entdeckergeist dazu trieb. Wir sind die Kolumbusse unserer Tage.«

… und wozu das Ganze?

Schwer zu sagen. Dan Golding, Chef der US-Raumfahrtbehörde Nasa, argumentiert zurzeit vornehmlich mit neuen Medikamenten, die in der Schwerelosigkeit (genauer: Mikrogravitation) entwickelt werden könnten. Tatsächlich lassen sich im All größere Proteinkristalle züchten als auf der Erde, was die Analyse erleichtert. Viel gebracht hat diese Art Forschung, die seit Jahren in amerikanischen und russischen Raumlabors betrieben wird, bisher allerdings nicht. Gleiches gilt für die Entwicklung neuer Materialien, die ebenfalls gerne […] ins Feld geführt wird. Astrophysik und Erdbeobachtung lassen sich ohnehin besser mit Satelliten betreiben. […]
Nun waren wissenschaftliche Zwecke sowieso nie ausschlaggebend für die bemannte Raumfahrt. Stets diente sie der politischen Symbolik sowie dem Geschäft der Raumfahrtindustrie. Und da sie Bürokratie voraussetzt, dient sie zugleich bürokratischen Zwecken – nach dem Gesetz der Rückkopplung. Schon Wernher von Braun […] plädierte für Raumstationen. Er wusste sehr gut: Sind sie erst einmal oben, dann müssen sie auch genutzt und intakt gehalten werden. Raumstationen sind eine Garantie für kostspielige Raumfahrtprogramme.

Q Die Zeit, 6/1998

Wernher von Braun (1912–1977), deutsch-amerikanischer Raketentechniker, Visionär der Raumfahrt

1 Informiert euch über weitere Details der ISS unter: www.raumstation.dlr.de und unter www.rp-online.de/iss .

2 2006 war der deutsche Astronaut Thomas Reiter im All – informiert euch über seinen Aufenthalt auf der ISS unter http://www.dlr.de/iss/ .

3 Unter www.dlr.de/iss könnt ihr nachlesen, zu welchen zentralen Themen aus Biowissenschaften und Materialwissenschaften deutsche Astronauten auf der ISS zurzeit forschen. Welche Auswirkungen hat die Forschung für euer tägliches Leben?

4 Die Kosten der ISS belaufen sich auf ca. 110 Milliarden Dollar. Stellt euch vor, ihr seid Vertreter der Regierung, die dafür stimmen, dass das Projekt durchgeführt wird. Mit welchen Argumenten würdet ihr eure Gegner überzeugen wollen?

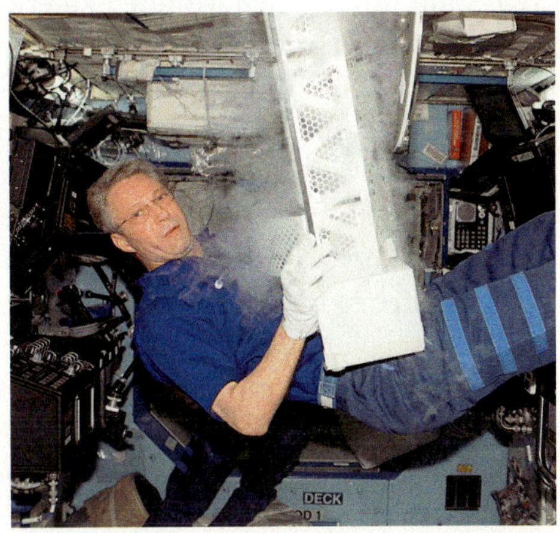

Thomas Reiter hantiert auf der ISS mit einer Laborgefriereinrichtung.

5 Mit welchen Argumenten kämpfen die Gegner der ISS? Führt ein Streitgespräch zur Frage: Ist die ISS nützlich oder überflüssig? Benutzt bei eurer Argumentation die Informationen dieser Doppelseite.

Die internationale Raumstation ISS ist das größte von Menschen entworfene und konstruierte Bauwerk im Erdorbit. Auf der ISS ist auf Grund der speziellen Rahmenbedingungen ein umfassendes Forschungsprogramm geplant. Die Forschungsschwerpunkte beinhalten sowohl anwendungsbezogene Themen als auch Fragen der Grundlagenforschung.

Was bringt uns die Weltraumerforschung?

Zur Erkundung des Weltalls werden Satelliten und Sonden ins All geschickt, die möglichst präzise Informationen über fremde Planeten zurück zur Erde senden. Die Nutzung der darauf basierenden Technologien ist inzwischen ein selbstverständlicher Teil unseres Lebens geworden. Im Auto nutzen wir Navigationsgeräte, die Erdkartografie wird vereinfacht durch Google Earth-Bilder, der Wetterbericht ist dank Satellitenbildern relativ verlässlich. Sind die Errungenschaften der Technik jedoch nur positiv zu bewerten?
Suche nach Beispielen, wie Satelliteninformationen auch gegen den Menschen eingesetzt werden können.

Die Erkundung des Sonnensystems mit Voyager 1 und 2 – auf der Suche nach intelligentem Leben im All.

Die beiden Voyager-Missionen (Voyager 1 + 2) zählen zu den erfolgreichsten Missionen überhaupt, die jemals zur Erkundung des Sonnensystems gestartet wurden. Voyager 2 wurde am 20. August 1977 gestartet, Voyager 1 folgte in einem Abstand von 16 Tagen.
Voyager 1 hat ihre Mission, die Planeten Jupiter und Saturn mit ihren vielen Monden zu erkunden, erfolgreich abgeschlossen und befindet sich nun jenseits des Sonnensystems im tiefen Raum. Voyager 2 war ihrer Schwester Voyager 1 zu Jupiter und Saturn gefolgt und besuchte den Uranus im Januar 1986 und Neptun im August 1989. Im Herbst 1990 sandte Voyager die ersten Bilder zur Erde zurück, die jemals von so weit draußen im Weltraum, – jenseits des Sonnensystems –, aus aufgenommen wurden. Das dominanteste Erscheinungsbild der Sonden sind wohl die 3,5 Meter großen Hochleistungsantennen, die für die Datenübertragung zwischen den Voyager-Sonden und den Kontrolleuren auf der Erde verantwortlich sind. Des Weiteren tragen die Voyager-Sonden eine gold-schimmernde »Schallplatte« mit sich, die »Klänge der Erde« (»Sound of Earth«) genannt wird. Auf diesen Platten sind Grußbotschaften der Menschen mit Bildern und Geräuschen unseres Planeten vorhanden, um eventuellen Intelligenzen, die auf die Sonde stoßen sollten, zu offenbaren, woher dieser »Reisende« kommt. Beide Voyager-Sonden setzen die Erkundung nun außerhalb des Sonnensystems fort. Die Raumsonde Voyager 1 stellte am 17.2.1998 einen neuen Rekord auf: Voyager 1 ist nun das Raumfahrzeug, das am weitesten von der Erde entfernt ist.
http://www.space-odyssey.de/voyager.htm

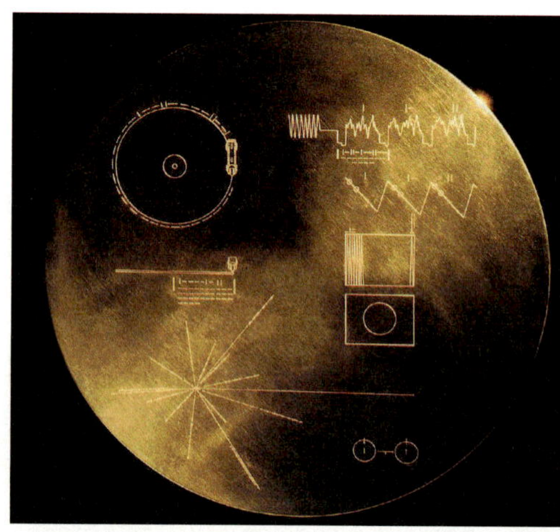
Die goldene Platte der Sonde Voyager 2

Von Läusen und Menschen

Der Philosoph Immanuel Kant erzählt in seinem Werk »Allgemeine Naturgeschichte und Theorie des Himmels« folgende satirische Fabel.

Auf dem Kopf eines Bettlers wohnten Läuse. Sie hielten ihren Aufenthaltsort für eine unendlich große Kugel, bewachsen mit riesigen Wäldern, und sahen sich selbst als Krone der Schöpfung an. Eines Tages entdeckte eine Laus, die gescheiter und wissbegieriger als ihre Artgenossen war, in großer Entfernung unvermutet den Kopf eines Edelmanns. Daraufhin rief sie alle Läuse zusammen, zeigte ihnen ihre Entdeckung und sprach: »Wir sind nicht die einzigen belebten Wesen der gesamten Natur. Seht her: ein anderer Planet, auf dem es auch Läuse gibt.«
Menschen leben in dem gleichen Irrtum wie die Läuse, aber der Irrtum der Läuse verdient mehr Entschuldigung.

1 Informiere dich über weitere Aktivitäten bei der Suche nach außerirdischer Intelligenz.

2 Stelle dir vor, du bist ein intelligentes Lebewesen, das außerhalb unseres Sonnensystems lebt. Du findest die Voyager-Sonde und auf ihr die goldschimmernde Schattplatte »Sound of Earth«. Welche Fragen würdest du den Erdbewohnern stellen wollen? Notiere.

3 Welche Konsequenzen hatte eine erfolgreiche Suche von Voyager 1 für uns Menschen?

4 Vergleiche die Situation der Läuse mit der der Menschen. Warum verdient der Irrtum der Menschen keine Entschuldigung?

→← Die Weltraumerforschung bringt viele Vorteile, jedoch kann die Technik auch gegen die Menschen und zu ihrer Vernichtung eingesetzt werden. Sollte die Suche nach außerirdischer Intelligenz erfolgreich abgeschlossen werden, muss das Selbstbild des Menschen neu definiert werden.

Der Blick zurück – Kostbarkeit Erde

Was der Außerirdische sehen kann, ist dies: unsere Erde – der blaue Planet. Nur auf ihr ist Leben entstanden.

Verglichen mit den Gasgiganten Jupiter und Saturn erscheint die Erde klein und unscheinbar. Doch sie ist einzigartig, denn kein anderer Planet in unserem Sonnensystem außer ihr hat Leben hervorgebracht. Das Alter der Erde schätzt man auf circa 4,6 bis 5 Milliarden Jahre.
150 Millionen Kilometer von der Sonne entfernt, beträgt die mittlere Temperatur auf unserem Planeten 14° C. Umhüllt von einer Atmosphäre, die zu einem Fünftel aus Sauerstoff und zu vier Fünfteln aus Stickstoff besteht, und zu circa 70 Prozent bedeckt von Ozeanen, erscheint die Erde aus dem Weltraum als strahlend blauer Planet.

»Was würde ein Reisender von einem anderen Planeten wohl von unserer Erde denken? Und wo würde er landen?«
Astronaut James Lovel beim ersten bemannten Flug zum Mond 1968

1 Wie würde er seine Eindrücke während der Anreise beschreiben?

2 Welche Fragen würde der Reisende von einem anderen Planeten den Menschen stellen?

3 Welchen Rat würde er ihnen geben?

Im Jahre 1948 bemerkte der britische Astronom FRED HOYLE:
»Wenn die Erde irgendwann vom Weltraum aus fotografiert werden kann, wird dies einen so starken Eindruck auslösen, wie kaum ein anderes Bild der Geschichte.«

Deutsches Zentrum für Luft und Raumfahrt e.V. (DLR)
Linder Höhe
51147 Köln
www.dlr.de

Projekt: Besuch des DLR – fachübergreifend mit Physik

1. Organisiert einen Besuch im Deutschen Zentrum für Luft- und Raumfahrt in Köln.
2. Informiert euch vor eurem Besuch über die Homepage des DLR, welche Informationen zum Thema Raumfahrt euch bei eurem Besuch erwarten. Achtet dabei besonders auf Schüler- und Jugendprogramme.
3. Informiert euch, ob und wann ihr im DLS School-Lab forschen könnt. Das DLR School-Lab in Köln Porz bietet beispielsweise zurzeit acht Experimente an:

- Kometensimulation
- Solare Wasserreinigung
- Lärmkontrolle
- Werkstoffkennwerte
- Gravitationsbiologie
- Schwerelosigkeit
- Luftverkehr
- Kreislaufphysiologie

Mensch braucht …

Essen und Trinken,
braucht
guten Schlaf und
ein
Dach
überm Kopf.

Mensch braucht
Mensch,
braucht jemand
zum Reden,
jemand,
der ihn
versteht.

Reden muss aber
nicht immer
sein.
Manchmal
genügt schon
eine kleine Geste
oder
ein aufmerksamer
Blick.

Manfred Berg:
Mensch braucht (2005)

Neuntes Kapitel

Wahr oder falsch?

»Ist doch logo!« – hört man immer wieder, wenn einer den anderen von etwas überzeugen möchte, was seiner Meinung nach offensichtlich ist. Wo die Logik ins Spiel kommt, da hat der andere nicht mehr viele Ausweichmöglichkeiten. Er muss zustimmen. So weit so schön. Nur ist das, was in den Gesprächen des Alltags als logo verkauft wird, nicht selten sachlich falsch und obendrein noch unlogisch. Um dieses nachzuweisen, bedarf es freilich einiger Kenntnisse.

1 Erzähle die Geschichte des Comicstrips.

2 Ist das, was in dem Comic passiert, wahr oder falsch? Suche nach einer Begründung.

3 Wann nennst du eine Aussage wahr? Suche nach Beispielen und entscheide bei jeder Aussage, ob sie wahr oder falsch ist.

Wahre und falsche Aussagen

Harry macht eine Entdeckung

Das alles wäre nicht passiert, wenn Harry an diesem Tag in der Naturkundestunde nicht eingeschlafen wäre. Eigentlich ist er ja auch nicht richtig eingeschlafen. Nur seine Gedanken schweiften ab. [...]
Auf einmal spürte Harry, dass Herr Brandner ihn direkt ansah. Harry versuchte, einen klaren Kopf zu bekommen, um sich auf die Frage zu konzentrieren: »Was hat einen langen Schweif und dreht sich in 77 Jahren einmal um die Sonne?« [...]
»Ein Planet?« war seine unsichere Antwort.
Auf das Gelächter der Klasse war er nicht vorbereitet. [...] Harry hatte [...] noch auf dem Heimweg ein schlechtes Gefühl, weil er Herrn Brandners Frage nicht hatte beantworten können. Er war auch verwirrt. Wo war ihm der Fehler passiert? Er ging noch einmal die einzelnen Gedankenschritte durch. Wie hatte er versucht, auf eine Antwort zu kommen? »Alle Planeten drehen sich um die Sonne«, hatte Herr Brandner betont. Und dieses Ding mit dem Schweif dreht sich ja auch um die Sonne, trotzdem ist es kein Planet.
»Also gibt es Dinge, die sich um die Sonne drehen und keine Planeten sind«, dachte Harry. »Alle Planeten drehen sich um die Sonne, aber nicht alles, was sich um die Sonne dreht, ist ein Planet.«
Und dann hatte Harry eine Idee. »Eine Aussage ist nicht umkehrbar. Wenn du den letzten Teil einer Aussage an den Anfang stellst, ist sie nicht mehr wahr. Nimm zum Beispiel die Aussage: ›Alle Eichen sind Bäume‹. Wenn du sie umdrehst, dann wird daraus: ›Alle Bäume sind Eichen.‹ Aber das ist falsch. Wenn du jedoch den Satz umdrehst und sagst: ›Alle Dinge, die sich um die Sonne drehen, sind Planeten‹, dann ist die Aussage nicht mehr wahr – sie ist falsch!«

Er versuchte es mit einer anderen Aussage: »Alle Gurken sind Gemüsepflanzen.« (Harry mochte Gurken besonders gern!) Aber die Umkehrung war absolut nicht wahr. »Alle Gemüsepflanzen sind Gurken?« Natürlich nicht! [...]
Dann sah er Lisa. [...]
»Lisa, ich hatte gerade eine lustige Idee«, rief Harry ziemlich laut.
Lisa lächelte und sah ihn erwartungsvoll an.
»Wenn du Aussagen umdrehst, sind sie nicht mehr wahr!« sagte Harry.
Lisa rümpfte die Nase. »Was ist daran so besonders?« fragte sie.
»Okay«, sagte Harry, »nenn mir einen Satz, irgendeinen Satz, und ich werde es dir zeigen.« [...]
Lisa dachte nach. Dann – gerade als sie etwas sagen wollte – Harry wartete schon ungeduldig darauf – schüttelte sie den Kopf und überlegte weiter. [...]

Schließlich entschied sich Lisa. »Kein Adler ist ein Löwe«, verkündete sie.
Harry stürzte sich auf den Satz, wie sich sein Kater Mario auf ein Wollknäuel stürzt, das man ihm entgegenrollt. Im Nu hatte Harry den Satz umgedreht: »Kein Löwe ist ein Adler.« Er war überrascht. »Kein Adler ist ein Löwe« war wahr. Aber das galt auch für die Umkehrung, denn »Kein Löwe ist ein Adler« war auch wahr! Harry konnte nicht verstehen, warum es nicht geklappt hatte. »Vorhin hat es funktioniert…«, begann er laut, aber er konnte nicht weitersprechen. […]
Zum zweiten Mal an diesem Tag fühlte Harry, dass er irgendwie versagt hatte. Sein einziger Trost war, dass Lisa ihn nicht auslachte.
»Ich dachte wirklich, ich hätte es gefunden«, sagte er zu ihr. »Ehrlich!«
»Hast du es ausprobiert?« fragte sie. Ihre grauen, weit auseinander stehenden Augen blickten klar und ernst.
»Natürlich. Ich nahm Aussagen wie: ›Alle Planeten drehen sich um die Sonne‹ und ›Alle Modellflugzeuge sind Spielsachen‹ und ›Alle Gurken sind Gemüsepflanzen‹, und ich fand heraus, dass die Aussagen nicht länger wahr sind, wenn man den letzten Teil zuerst nimmt.«
»Aber der Satz, den ich dir gegeben hatte, war anders als deine Sätze«, antwortete Lisa schnell. »Jeder deiner Sätze begann mit dem Wort ›Alle‹. Aber mein Satz begann mit dem Wort ›Kein‹.«
Lisa hatte Recht! Aber war das der Unterschied? Da gab es nur eine Möglichkeit: noch einige Sätze auszuprobieren, die mit dem Wort »Kein« anfangen.
»Wenn die Aussage ›Kein Unterseeboot ist ein Känguru‹ wahr ist«, sagte Harry, »wie ist es dann mit ›Kein Känguru ist ein Unterseeboot‹?« […] »Genau!« sagte Harry aufgeregt. »Ich hab's! Wenn eine wahre Aussage mit dem Wort ›Kein‹ beginnt, dann ist ihre Umkehrung wahr. Aber wenn sie mit dem Wort ›Alle‹ beginnt, dann ist ihre Umkehrung falsch.«[3]
Matthew Lipmann: Harry Stottelmeiers Entdeckung

1 Suche selbst nach Beispielen, die mit »alle« und mit »keine« beginnen und bilde die Umkehrung.

2 Die Regel, die Harry entdeckt hat, nennt man Konversionsregel. Formuliere die Regel mit deinen eigenen Worten.

3 Harry hört zu, wie seine Mutter sich mit einer Nachbarin unterhält. Die Nachbarin behauptet: »Diese Frau Beermann, die eben hier eingezogen ist, spricht immer davon, dass man die Armen und die Minderheiten unterstützen soll. Nun, das glaube ich auch, aber dann überlege ich mir, dass alle Radikalen auch immer davon sprechen, und dann denke ich mir, ob Frau Beermann auch so eine Radikale ist?«

4 Welche Antwort würdest du der Nachbarin geben? Begründe deine Antwort.

Wahre und falsche Aussagen

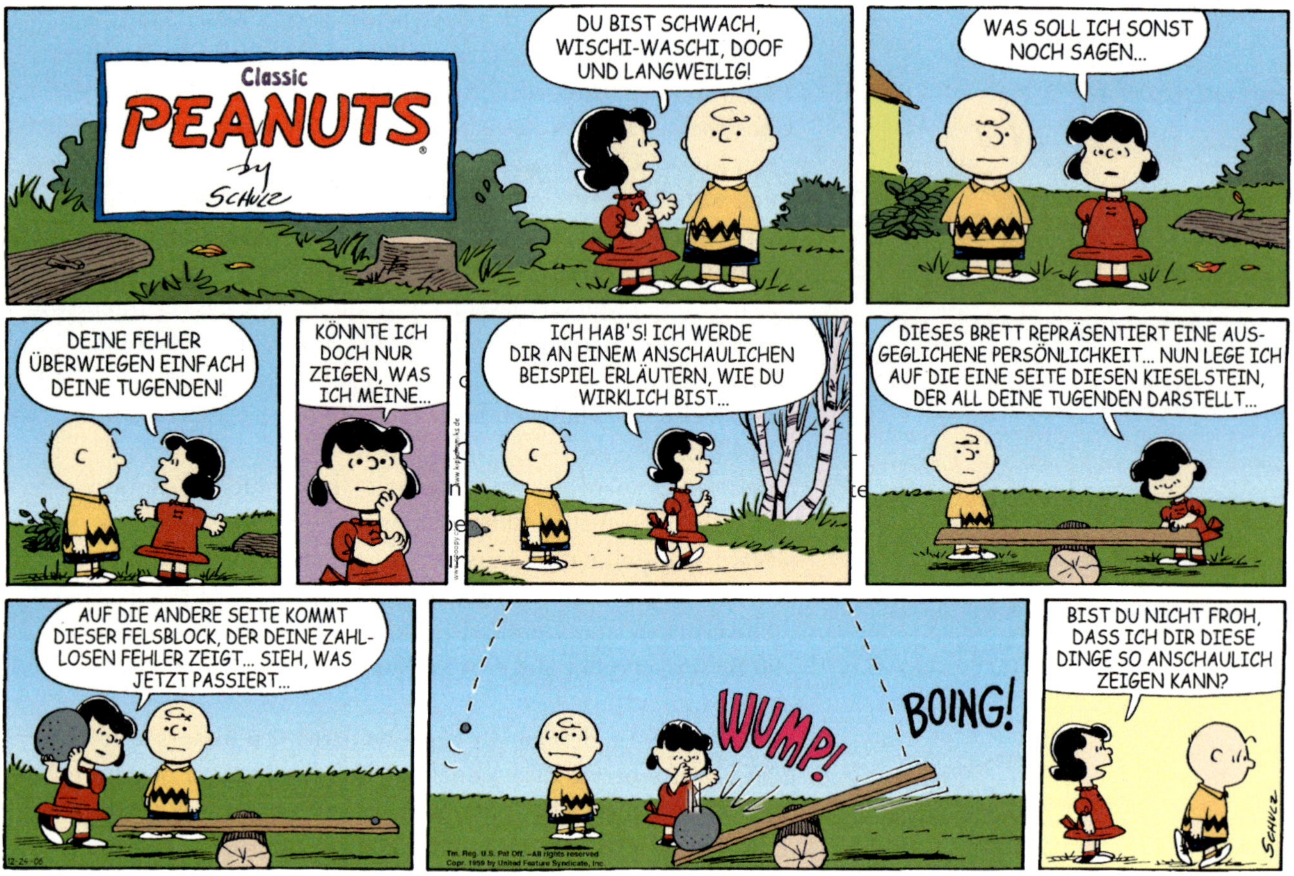

1 Untersuche, wie Lucy zeigen will, dass Charlie Brown ein Schwächling ist. Handelt es sich bei Lucys Behauptung um eine wahre oder falsche Aussage? Begründe.

2 Stell dir vor, du bist Charlie Brown. Was würdest du Lucy antworten?

Es gibt unterschiedliche Arten von Gründen dafür, dass eine Aussage wahr ist. Eine Aussage kann beispielsweise wahr sein aufgrund der Wortbedeutung, und eine Aussage kann wahr sein aufgrund von Tatsachen. Will man die Wahrheit einer Aussage feststellen, muss man Wortbedeutung und Übereinstimmung mit Tatsachen überprüfen. Schlussregeln wie die Konversionsregel sind dabei hilfreich.

3 Entscheide, ob es sich bei den Aussagen auf S. 201 um wahre oder falsche Aussagen handelt. Entscheide, ob es sich um Wahrheit aufgrund von Wortbedeutungen oder aufgrund von Tatsachen handelt. Einige Aussagen lassen sich nicht eindeutig zuordnen. Suche nach Gründen.

Ein Quadrat hat vier Ecken.

Mäuse fressen gewöhnlich gerne Käse.

Autos haben normalerweise vier Räder.

Kein Kreis ist ein Quadrat.

Menschen sind immer nur auf ihren Vorteil bedacht.

Einige Dreiecke sind nicht rechtwinklig.

Alle Lehrer sind nett.

Es gibt keine Menschen auf dem Mars.

Pilze machen krank.

Kein Raucher ist ein Sportler.

Feuer verbrennt Papier.

Einige Hunde sind Dalmatiner.

Logisch argumentieren

Der König sprach: »Ehrwürdiger Nagasena, möchtest du noch weiter mit mir diskutieren?«
»Wenn du nach Art eines Weisen diskutieren willst, o König, dann schon; willst du aber nach Art eines Königs diskutieren, dann nicht.«
»Wie diskutieren denn Weise, ehrwürdiger Nagasena?«
»Bei den Diskussionen der Weisen, o König, zeigt sich ein Auf- und Abwickeln, ein Überzeugen und Zugestehen; Nebeneinanderstellungen und Gegenüberstellungen werden gemacht. Und doch geraten die Weisen dabei nicht außer sich. So, o König, diskutieren Weise.«
Aus dem Milinda-Panha, einem altindischen Text aus dem 1. Jahrhundert v. Chr.

Ist es euch auch schon einmal so ergangen wie Nagasena, der mit seinem Gesprächspartner nur dann weiter streiten will, wenn dieser bestimmte Gesprächsregeln einhält? Nagasena stellt der Macht des Königs eine andere Macht gegenüber: die der klugen Gesprächsführung. Nur diese akzeptiert er, denn sie zielt auf gegenseitige Überzeugung.
Eine Möglichkeit, andere zu überzeugen, ist es, nach den Gesetzen der Logik zu argumentieren. Der Begriff »Logik« stammt vom griechischen »logos« und meint soviel wie »vernünftige Rede«. Der griechische Philosoph Aristoteles hat ein regelrechtes System logischer Schlussfolgerungen entwickelt. Es geht dort um die Frage, wie man von gegebenen Aussagen zu einer neuen Aussage gelangen kann – und zwar so, dass sich die neue Aussage sicher aus den vorhandenen ergibt. Das logische System des Aristoteles war bis in die Gegenwart die Basis wissenschaftlicher Argumentation.
Aber auch im Alltag spielt die Logik eine wichtige Rolle, denn auch hier gilt oft die Kraft des vernünftigen Arguments. Allerdings ist nicht selten das, was in Alltagsgesprächen als logisch bezeichnet wird, sachlich falsch und oft auch unlogisch. Um dies nachzuweisen, muss man manchmal genau hinsehen.

Wirklich schlüssig?

Muslime sind Monotheisten*.
Monotheisten sind religiöse Menschen.
Also: Alle religiösen Menschen sind Muslime.

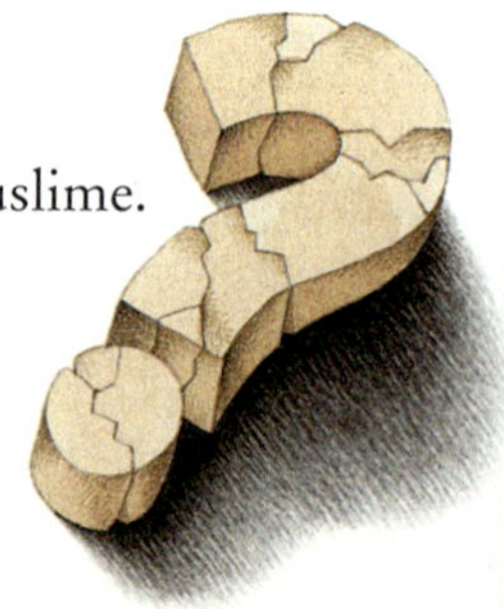

Juden essen kein Schweinefleisch.
Vegetarier essen kein Schweinefleisch.
Also: Alle Juden sind Vegetarier.
Oder: Alle Vegetarier sind Juden.

Christen glauben an ein Leben nach dem Tod.
Mustafa glaubt an ein Leben nach dem Tod.
Also: Mustafa ist Christ.

Merke: Damit die beiden Prämissen überhaupt zu einer Konklusion führen können, müssen sie einen Begriff haben, der in beiden erscheint (hier: Mensch bzw. A) und der sie miteinander verbindet.

Was ist ein Syllogismus?

Eine häufige Form des logischen Schließens ist der Syllogismus. Der Begriff stammt wie der Begriff »Logik« aus dem Griechischen. »Syllogistai« heißt »zusammenrechnen«. Ein berühmter Syllogismus lautet folgendermaßen:

Alle Menschen sind sterblich.	A : B
Sokrates ist ein Mensch.	C : A
Also: Sokrates ist sterblich.	C : B

Zwei Aussagen werden so miteinander verknüpft, dass sich daraus zwingend eine dritte Aussage ergibt. Man bezeichnet die beiden ursprünglichen Aussagen als Prämissen (Voraussetzungen), die neue sich daraus ergebende Aussage als Konklusion (Schlussfolgerung).
Wer logisch argumentiert, bedient sich dabei der Schlussregeln der antiken Logik des Aristoteles. Jeweils zwei Prämissen führen unter genau festgelegten Bedingungen zu einer Konklusion.

1 Findet eine Begründung dafür, wieso die Aussage »Die Kugel ist eckig« nicht nur falsch, sondern unlogisch ist. Formuliert ähnliche unlogische Aussagen und formuliert eine Spielregel der Logik.

2 Untersucht die drei vorgestellten Schein-Syllogismen (Seite 202) und findet heraus, worin jeweils die Fehlschlüsse bestehen. Versucht gültige Syllogismen zu formulieren, indem ihr Prämissen oder Konklusion verändert.

3 Formuliert eigene Syllogismen.

4 Tauscht euch aus: Können ausschließlich Aussagen, die nach den Gesetzen der Logik verknüpft sind, überzeugen? Bezieht den Blick auf die Wirklichkeit, wie er sich in Magrittes Gemälde gestaltet, in eure Überlegungen mit ein.

5 Überprüft, ob Syllogismen auch bei ethischen Argumentationen angewendet werden können. Dabei enthält die erste Prämisse (Voraussetzung) eine Norm, z.B.: »Menschen sollten immer die Wahrheit sagen.«

René Magritte, Das Reich der Lichter
Zeigt das Bild Tag oder Nacht? Oder beides zugleich? Oder vielleicht auch nichts von beiden?

Logik oder Gefühl?

Eine irakische Mutter lässt an jener Stelle Erde durch ihre Finger rieseln, an der ihr Kind wenige Tage zuvor durch ein Attentat ums Leben gekommen ist: Ist es die »Logik des Herzens«, die bei diesem Anblick Betroffenheit auslöst, so dass viele Menschen innerlich Anteil nehmen?

Die Fähigkeit zur Empathie* schließt auch die Anteilnahme an positiven Gefühlen ein: GELAYE aus Westafrika hat sich zum Geburtstag besonders schön gemacht und alle freuen sich mit ihr.

Der französische Mathematiker und Philosoph BLAISE PASCAL hat einen merkwürdigen Satz geprägt: »Das Herz hat seine Gründe, die der Verstand nicht kennt.«
Tatsächlich wird niemand erst einen Syllogismus bilden, um das sichere Gefühl zu haben: Zu diesem Menschen fühle ich mich hingezogen, weil er oder sie mich versteht und ich ihn oder sie mag. Und niemand wird einen logisch strengen Beweis führen, um ganz sicher zu sein: »So muss ich mich entscheiden, weil die Stimme meines Gewissens das von mir verlangt.« Aber es gibt auch Leute, die sagen: »Gefühle sind keine Argumente!« Was ist nun richtig?
Vielleicht muss man beides können: logisch und mit dem Herzen denken, um nicht nur ein Mensch, sondern »menschlich« zu sein.

Verwirrende Gefühle

Tom Sawyer, der jugendliche Held des Romans von MARK TWAIN, hat durch eine mutige Aussage vor Gericht Indianer-Joe als Mörder bloßgestellt. Seither muss Tom ständig um sein Leben fürchten, denn Indianer-Joe hat sich der Strafe durch Flucht entzogen. Bei einem Schulausflug verirren sich Tom und Becky, seine liebste Freundin, in der weit verzweigten McDougals-Höhle. Doch der tapfere Tom gibt nicht auf und tastet sich durch die dunklen Gänge, um irgendwo doch einen Ausgang zu finden. Plötzlich sieht er in einiger Entfernung, mit Todesschrecken, den rachedurstigen Indianer-Joe – ohne selbst von ihm gesehen zu werden. Wie durch ein Wunder entdeckt Tom eine kleine Öffnung, die ins Freie führt. Richter Thatcher, Beckys Vater, veranlasst, dass der Haupteingang von nun an aus Sicherheitsgründen durch eine dicke Eichentür verschlossen wird. Da erst lüftet Tom sein Geheimnis: Indianer-Joe sitzt in der Falle …

Innerhalb weniger Minuten hatte sich die Nachricht verbreitet und ein Dutzend Bootsladungen Männer waren unterwegs zu McDougals Höhle und die Fähre voller Passagiere folgte. Tom Sawyer saß im Boot von Richter Thatcher.
Als der Eingang zur Höhle aufgeschlossen wurde, bot sich in dem dort herrschenden Dämmerlicht ein trauriger Anblick. Indianer-Joe lag ausgestreckt am Boden, tot, das Gesicht nahe dem Türspalt, als seien seine Augen bis zuletzt sehnsüchtig auf das Licht der Welt draußen gerichtet gewesen. Tom war bewegt, denn er wusste aus eigener Erfahrung, wie dieser Kerl gelitten hatte. Er empfand Mitleid, trotzdem erfüllte ihn aber ein ungeheures Gefühl von Erleichterung und Sicherheit, und das machte ihm in einem bisher ungeahnten Maße klar, welche schwere Bürde der Furcht auf ihm gelastet hatte, seit dem Tag, an dem er seine Stimme gegen diesen blutdürstigen Ausgestoßenen erhoben hatte.

Gibt es zwei Arten zu denken? ◂

Das meinen etliche Hirnforscher: Sie behaupten, die linke Hälfte des Hirns sei hauptsächlich für das logische Denken und für das Argumentieren zuständig, während die rechte Hälfte eher für gefühlsmäßiges »Denken« genutzt werde. Es ist nach dieser Theorie möglich, dass jemand mathematisch ein »Genie«, was aber Gefühlsreichtum, Einfühlungsfähigkeit und Verständnis für sich und andere angeht, gleichzeitig ein »Trottel« sein kann.

Ein Mensch ohne Einfühlungsgabe – ein Vogel im Gefängnis des eigenen Ich?

Dicht neben Indianer-Joe lag sein Bowie-Messer; die Klinge war zerbrochen. Der große Balken, der als Türschwelle diente, war in mühsamer Arbeit durchgeschnitzt worden – eine ganz sinnlose Arbeit, denn draußen bildete der Fels eine natürliche Schwelle, und auf dieses harte Material hatte das Messer keinerlei Wirkung gehabt, es war dabei zerbrochen. Aber auch ohne das steinerne Hindernis wäre die Arbeit umsonst gewesen, denn selbst wenn Indianer-Joe den Balken fortgeschnitzt hätte, wäre es ihm niemals gelungen, seinen Körper unter der Tür hindurchzuzwängen, und das hatte er gewusst. Also hatte er nur die Schwelle zerhackt, um die öde Zeit zu verbringen – um seine gemarterten Sinne zu beschäftigen. Gewöhnlich waren immer ein halbes Dutzend Kerzenstümpfe ringsum in den Spalten der Eingangshalle zu finden, zurückgelassen von den Touristen; jetzt aber war keine mehr da. Der Gefangene hatte sie zusammengesucht und gegessen. Es war ihm auch gelungen, einige Fledermäuse zu fangen; die hatte er ebenfalls gegessen und nur ihre Krallen zurückgelassen. Der unglückliche Mensch war verhungert.

Q MARK TWAIN: Die Abenteuer von Tom Sawyer (Auszug)

1 Indianer-Joe wird von MARK TWAIN einerseits als »blutdürstiger Ausgestoßener«, andererseits als »unglücklicher Mensch« bezeichnet: Versuche diesen Gegensatz zu erklären.

2 Tom fühlt sich in die Verzweiflung eines Menschen ein, der ihm nach dem Leben trachtete: Was sagt diese Haltung über Tom aus?

3 Können Einfühlungsversuche auch lästig werden? Beratet euch gegenseitig, wie man sich dagegen wehren kann, mit Verständnis »zugeschüttet« zu werden.

→← Der Mensch ist mehr als logisches Denken. Häufig handeln wir allein auf Grund unserer Intuition, unseres Gefühls. Da, wo es um wirkliches Verständnis geht, ist mehr die Logik des Herzens gefragt. Die richtige Balance zwischen Gefühl und Logik zu finden, ist eine ständige Aufgabe.

Ethisch argumentieren

Ein heißes Thema

Julia, Sebastian und Benedikt arbeiten in ihrer Freizeit bei der Stadtteil-Zeitung »Die Stechmücke« mit. Als der Hurrikan »Katrina« mehrere große Staaten im Süden der USA verwüstet und dadurch der Benzinpreis in ungeahnte Höhen steigt, kommen sie auf eine Idee: Sie stellen Menschen aus ihrer Umgebung folgende Frage: »Können wir uns den Luxus des Autofahrens in Zukunft noch leisten?« In der nachfolgenden Redaktionssitzung diskutieren sie die eingeholten Meinungen.

Klimaexperten befürchten, dass der wachsende Treibstoffverbrauch zu einem gefährlichen Klimawandel beiträgt (Stürme, Überschwemmungen, aber auch Dürren); durch den Ausstoß von Abgasen werde die Erde immer mehr aufgeheizt.
In der großen Elbflut von 2002 gingen auch viele Autos unter. Zur Rettung von Menschen war der Einsatz mächtiger Fahrzeuge nötig, die einen weitaus größeren Treibstoffverbrauch als Autos haben. Menschlich verständlich – und trotzdem Irrsinn?

»Ich denke, dass das gerade noch eine Generation lang gut geht. Was dann kommt, ich meine nach mir, ist mir so ziemlich egal. Hauptsache, gut gelebt! Und der Fahrspaß gehört für mich einfach dazu.«
MATTHIAS U., Schüler (16 Jahre)

»Aus ganz Deutschland jetzt ein einziges riesiges Rapsfeld machen, um biologisch Dieselkraftstoff zu gewinnen? Sich selbst ändern wollen diese Leute nicht, z. B. mal aufs Auto verzichten.«
LISA H., Studentin (25 Jahre)

»Die Erde ist auf dem besten Weg, zur Mülldeponie zu werden – eine Schöpfung im Rückwärtsgang, wenn ich an all die ausgerotteten Tierarten denke. Ob wir unserer Aufgabe als fürsorgliche ›Verwalter‹ der Schöpfung wirklich nachgekommen sind?«
INGO B., Lehrer (42 Jahre)

»Die Menschen dieser kommenden Zeit werden es schwer haben. Ich jedenfalls möchte nicht in einer Welt leben, die von Wirbelstürmen, Überschwemmungen durch Pol- und Gletscherschmelze, Waldbränden und ähnlichen Sachen bestimmt wird, weil wir die Erde durch unser Autofahren zum Fieberpatienten gemacht haben. Und ich möchte das auch keinem anderen, der nach mir kommt, zumuten.«
MAI-ANH W., Schülerin (18 Jahre)

»Viele sagen: ›Wir rasen mit Vollgas in die Klimakatastrophe.‹ Erstens heißt es richtig ›Klimawandel‹. Und zweitens: Wir Deutschen haben das Auto erfunden. Wenn wir so clever sind wie Gottfried Daimler und Adam Opel, könnten wir mit Brennstoffzellen in Autos den ganz großen Schnitt machen und zum Schluss sind alle happy.«
FRED H., Diplom-Ingenieur (28 Jahre)

Methode: Schriftlich argumentieren

Wer zu einem Thema schriftlich Stellung bezieht, sollte seine Position durch Gründe bzw. Begründungen stützen, die auch von anderen verstanden und anerkannt werden können. Dazu sollte man eigene und fremde Argumente einbeziehen.

Folgende Tipps können hilfreich für euch sein:

1. Formuliert das Problem möglichst präzise.
2. Sammelt Pro- und Kontra-Argumente zu möglichen Lösungen des Problems.
3. Macht jede Position so stark wie es geht: Sucht dazu nach aussagekräftigen Beispielen, welche die Argumente stützen.
4. Trefft auf Grund der gesammelten Argumente eine Entscheidung.
5. Begründet eure Entscheidung schriftlich. Schreibt dazu einen Text, in dem erst die Argumente und Beispiele der Kontra-Seite und dann die der Pro-Seite, für die ihr euch entschieden habt, aufgeführt und durch Überleitungen miteinander verbunden werden. Ihr könnt die Argumentation auch so abfassen, dass ihr in einem durchgehenden Text eure eigenen Argumente darstellt und dabei jeweils auf die Kontra-Argumente widerlegend Bezug nehmt. Am Schluss sollte ein Fazit stehen, das am besten das wichtigste Argument (nochmals) anspricht.

Spektakuläre Motorsport-Veranstaltungen sind aus unserer Welt nicht mehr wegzudenken. PS-starke Rennwagen sind aber auch enorme »Benzinfresser«. Mit welchen Gefühlen werden Menschen späterer Zeiten, denen eine menschenfeindlich gewordene Natur die Rechnung für unser Vergnügen präsentiert, solche Bilder sehen?

1 Untersucht in kleinen Teams die Meinungsäußerungen von Seite 206. Nutzt dazu die oben stehenden Tipps.

2 Gestaltet einen Zeitungsartikel, in dem ihr schriftlich für das Autofahren als Zukunftsprojekt argumentiert.

3 Gestaltet auch die Alternative, die sich gegen das Autofahren als Zukunftsprojekt wendet.

4 Achtet bei beiden Artikeln auf die Wahl der Argumente: Sind die getroffenen Aussagen wahr oder falsch? Wird logisch geschlussfolgert? Werden (moralische) Gefühle angesprochen?

Ethisch argumentieren

Märchen und Sagen legen häufig dar, wie starke und mutige Helden an eine schicksalhafte Weggabelung geraten: Der eine Weg würde ins Verderben leiten; der andere aber, den sie mit beneidenswerter Sicherheit erkennen und wählen, führt zu neuen Prüfungen – die sie ebenso wie alle früheren Aufgaben kraftvoll und selbstsicher bewältigen.
Das wirkliche Leben ist oft nicht so einfach und überschaubar: Es gibt Situationen, in denen du spürst: »Wie ich's auch anstelle, ich werde es falsch machen.« Schlimmer noch: Erst mal abwarten, geht nicht. Auch der »goldene Mittelweg« scheint so unauffindbar zu sein, als sei er selbst nur ein Märchen.

Herakles im Kampf mit der vielköpfigen Hydra. An Stelle jedes abgeschlagenen Kopfes wuchsen dem Ungeheuer zwei neue. Überlegt, welche Erfahrung im Umgang mit »Problemen« dieser Teil der griechischen Sage ausdrückt.

Eine Freundschaft in der Zwickmühle

Wütend verlässt Robi die Spielfläche: »Herr Marksen, ich glaube, ich habe die falschen Schuhe an. Jedenfalls rutsche ich mehr, als ich stehe. Darf ich noch mal in die Umkleide, da hab ich noch ein anderes Paar?« Der Sportlehrer reagiert wie immer mit einer Mischung aus Strenge und Humor: »Okay, aber spute dich, in fünfzehn Sekunden wirfst du den nächsten Korb!« Robi nimmt auf der Treppe immer drei Stufen auf einmal und ist im Nu in der Kabine. Sofort merkt er, dass da noch jemand ist. »Mensch Paul, du hier? Du hast dich doch vorhin bei Herrn Marksen krank gemeldet? Ich denke, du bist schon halb zu Hause?!« Robi reiht betroffen Satz an Satz – was er gesehen hat, hat er gesehen. Wie kommt Paul, sein bester Freund, dazu seine Klassenkameraden zu beklauen, während die ahnungslos unten in der Halle …? Atemlos stößt er hervor: »Paul, Paul, was machst du da für Sachen? Ich versteh die Welt nicht mehr!« »Halt's Maul!«, zischelt Paul, »und übrigens muss ich weg, ich bin ja krank!« – »Ja, irgendwie schon!«, kann Robi nur noch traurig stammeln – da ist der Mensch, für den er vor wenigen Augenblicken noch durchs Feuer gegangen wäre, auch schon durch den Haupteingang weg.
»Ich kann das so nicht weiterlaufen lassen«, denkt Robi. Am Nachmittag sitzen die beiden in Pauls Bude. Robi verlangt nach Klarheit: »Wie bist du überhaupt auf den Dreh, ich meine das Zeug gekommen?«, will er wissen. »Na wie schon?«, kommt es von Paul: »Bei Micha auf der Fete war's; da ging so 'ne Zigarre herum. Habe ich halt mal probiert. Hat ja nix gekostet!« Robi geht ein Licht auf: »Gib's zu, jetzt bist du schon so weit, dass du am Tropf hängst! ›Kost nix‹ ist vielleicht gut; jedenfalls weiß ich jetzt, warum du bei den anderen die Knete …« –

»An deinen Sachen war ich nicht!«, protestiert Paul schwach. »Und wie kommst du überhaupt an das Mistzeug dran?«, bohrt Robi weiter. »Na ja«, antwortet Paul mit einem schiefen Lächeln: »Man hat halt so seine Freunde …« – »Müssen ja schöne Freunde sein, die dich so herunterziehen!«, protestiert Robi: »Und ich dachte, ich wäre dein Freund …« – »Das bleibst du ja auch«, kommt es von Paul, »vorausgesetzt, du kannst den Mund halten …«
Am nächsten Morgen wird Robi in die Direktion gebeten. Dr. Kramers wirkt streng: »Tatsache ist, dass bei fünf Schülern Geld aus der Börse entwendet wurde – genau wissen wir das noch nicht, weil einige behaupten schon früher bestohlen worden zu sein. Robi, ehrlich gesagt, ich bin enttäuscht. Auch über die Art, wie du Herrn Marksen ausgetrickst hast. Ich muss aber noch abwarten, wie die Klassenkonferenz entscheidet. Jedenfalls werde ich solche Dinge an unserer Schule nicht dulden. Du musst mit einem Schulverweis rechnen.«

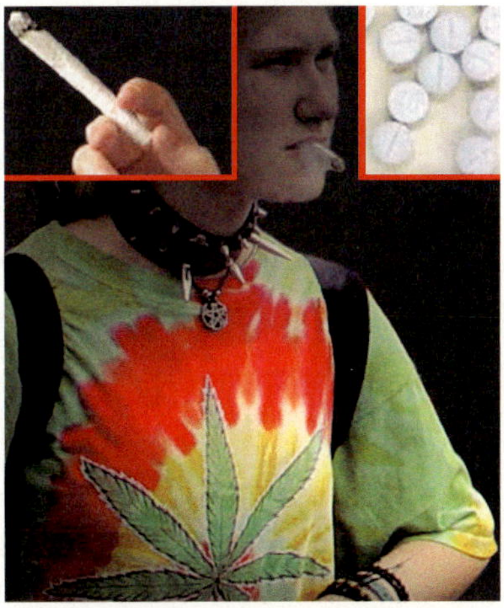

Was als lockendes Abenteuer und vermeintlich beherrschbares Risikospiel beginnt, kann in der Ausweglosigkeit enden.

1 Robi muss erkennen, dass er sich in Paul getäuscht hat: Beschreibt seine Gefühle, die er in jenem Augenblick erlebt, als er »durchblickt«.

2 Paul verwendet das Wort »Freund« in einer Weise, die Robi verunsichert: Diskutiert, ob Robi dem »Freund« gegenüber noch irgendwie verpflichtet ist. Findet Gründe, die für oder gegen eine solche Annahme sprechen.

3 Robi erfährt vom Verbindungslehrer, dass Drogenkonsum häufig zu einer starken Persönlichkeitsveränderung führt: In welcher Weise könnte dieses Wissen Robis Gefühl von Verantwortlichkeit verändern?

4 Mit welchen Risiken muss Robi bei einer Entscheidung für oder gegen die Aufdeckung der wirklichen Zusammenhänge rechnen? Setzt die Geschichte eigenständig fort.

Seite 95 ◄ Methode: Mit einem Dilemma umgehen

5 Robi wird durch einen unglücklichen Zufall an Pauls Stelle zum Verdächtigen. Worin besteht sein Dilemma? Welchen Rat würdet ihr ihm geben, wenn er euch um Hilfe bei der Entscheidung bitten würde.
Argumentiert zuerst für jede der beiden Möglichkeiten und begründet anschließend euren Rat mit Hilfe logischer Argumente..

→← Bei einem ethischen Dilemma kommt es darauf an, mögliche Argumente von verschiedenen Seiten aus zu betrachten und miteinander abzuwägen. Dabei ist es nützlich, die Argumentationsformen und ethischen Begründungen der Diskussionspartner zu erkennen und kritisch zu prüfen. Wenn eine Entscheidung zwischen zwei Handlungsmöglichkeiten ansteht, für die etwa gleich starke, wenn auch widersprechende ethische Gründe sprechen, ist das Dilemma perfekt. Egal, für welche Alternative man sich entscheidet, man muss die eigene Entscheidung logisch schlüssig begründen.

Quasilogik

Nun noch ein kleiner Anhang zur Logik – die Quasilogik. Das ist eine Bezeichnung für Schlüsse, die zwar eine Berechtigung haben, die aber im Gegensatz zu den zuvor besprochenen Schlüssen nicht streng gelten. Diese Schlüsse handeln von Wahrscheinlichkeiten. Auch zwischen Wahrscheinlichkeiten gibt es plausible Schlüsse. Ein besonders wichtiges Muster sieht so aus: [...]

Beispiel:
Der kann doch nicht einmal eine Tiefkühlpizza backen!
Wie soll der Weihnachtskekse zustande bringen?

Die Überlegung, die dahinter steht, lautet: Wer das Leichtere nicht zuwege bringt, der wird auch am Schweren scheitern. Natürlich ist das kein absolut sicherer Schluss – das unterscheidet ihn von den oben besprochenen. Wenn man sich aber innerhalb ein- und desselben sachlichen Zusammenhangs bewegt, hat der Schluss einiges für sich.

Nun zu einem weiteren quasilogischen Schluss, der gewissermaßen die Umkehrung des vorigen ist: [...]

Beispiel:
Der hat doch Mathematik studiert!
Dann kann er auch unsere Vereinskasse verwalten.

Auch dieses Schlussmuster ist oft gültig. Aber in manchen Fällen führt es auf eine falsche Schlussfolgerung. Es gilt nicht streng. Quasilogische Schlüsse dürfen nur im Bewusstsein ihrer begrenzten Reichweite eingesetzt werden – sonst werden sie zu einem Nährboden für Vorurteile.

1 Konstruiere selbst Beispiele für logische und entsprechende quasilogische Schlüsse.

2 Welche Absicht versuchst du durchzusetzen, wenn du quasilogische Schlüsse in deine Argumentation integrierst. Konstruiere ein Beispiel.

Projekt: Logisches Argumentieren – in der Form eines Rollenspiels

Drei Männer sind Gangstern in eine Falle gegangen und gefangen genommen worden. »In eine so einfache Falle zu tappen! Ihr seid Schwachköpfe! Wir werden euch hängen!«, höhnten die Gangster. »Das ist eine Beleidigung! Wir sind keine Schwachköpfe!«, riefen die drei Gefangenen. »Gut, ich will gnädig sein, und ich lasse euch am Leben, wenn ihr beweist, dass ihr schnell und scharf denken könnt«, sagte der Gangsterboss. Er holte drei schwarze und zwei weiße Vogelfedern und zeigte sie ihnen. Den drei Gefangenen wurden danach die Augen verbunden, jeder bekam eine der fünf Federn ins Haar gesteckt und die beiden überzähligen wurden beseitigt. Dann stellte man die drei Männer im Dreieck zueinander auf. Man entfernte ihnen die Augenbinden, und sie konnten die Federn ihrer Schicksalsgenossen sehen, nicht aber ihre eigene. Jeder sollte herauskriegen, ob ihm eine schwarze oder eine weiße Feder aufgesteckt worden war. Sie durften sich keinerlei Zeichen geben, sondern mussten die Aufgabe allein kraft ihres Denkvermögens lösen.
Zwar nicht blitzschnell, aber nach recht kurzer Bedenkzeit, sagte einer der drei Männer: »Ich habe eine schwarze Feder im Haar!« Das stimmte. Die beiden anderen Gefangenen retteten ebenfalls ihr Leben, weil auch sie messerscharf nachgedacht hatten.

- Stellt die Situation nach und versucht das Problem durch logisches Denken zu lösen.
- Die nicht Beteiligten beobachten die Reaktion der drei Gefangenen und analysieren anschließend genau, was sie gemacht haben.

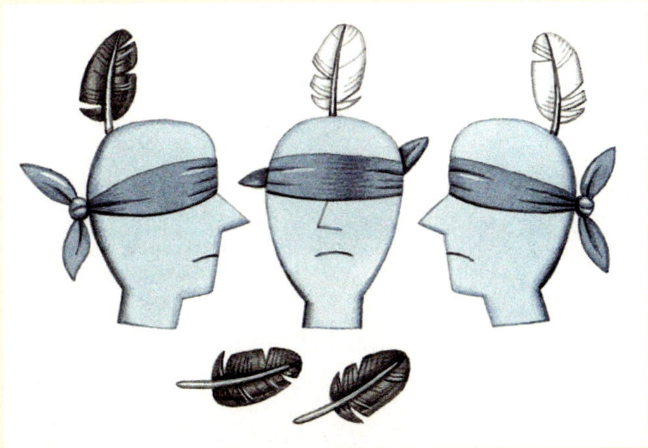

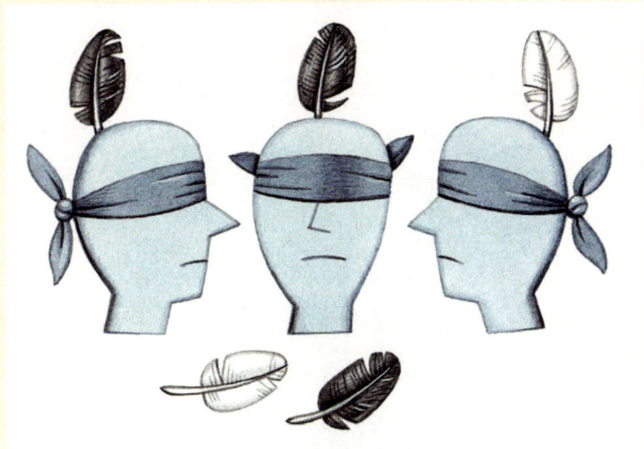

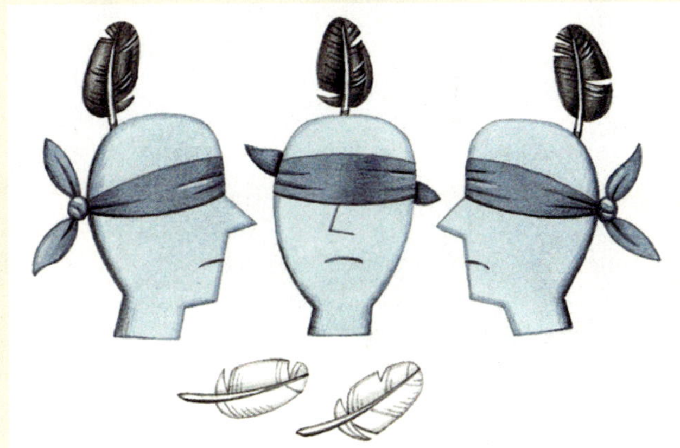

Die Gänsefeder – ein kleines, scheinbar unbedeutendes Schreibgerät, aber Beginn einer Entwicklung, die bis heute währt.
Die Gänsefeder formt Zeichen – Schriftzeichen –, hält Gedanken fest. Mit ihrer Hilfe überbrücken wir Räume und überdauern Zeiten, bahnen wir uns Wege zu anderen, Fremden, manchmal auch zu uns selbst. Was war vor der Gänsefeder? Wie lebten Menschen vor der Erfindung der Schrift?

Q »Die Gänsefeder war nur der Anfang – Ausgangspunkt für Orientierung, Schritt vom Dunkel des Vergessens und Nichtwissens ins Licht des Geistes und der Freiheit …«
Nach dem kanadischen Medienfachmann MARSHALL MCLUHAN
(Das Medium ist Massage)

Als Erfinder der Buchdruckerkunst gilt JOHANNES GUTENBERG (ca. 1394–1468). Er konstruierte die erste Druckerpresse mit beweglichen gegossenen Lettern. In Mainz errichtete er eine Druckerei, in der die lateinische Bibel, die sogenannte Gutenberg-Bibel, entstand. Der Buchdruck schuf die Voraussetzung, Schriften schneller und in größerem Umfang zu verbreiten. Damit blieb geistliches und zunehmend auch weltliches Schrifttum nicht länger einer kleinen Elite aus Wissenschaftlern, Mönchen und Adligen vorbehalten; Bücher und andere Schriften erreichten von nun an auch breitere Schichten des Bürgertums. So war eine wichtige Voraussetzung für allgemeine Bildung und politische Emanzipation (Befreiung, Gleichberechtigung) geschaffen.

Zehntes Kapitel

Medien – ein Spiegel der Wirklichkeit?

Durch die Schrift lernen die Schüler vieles, aber nicht die Sachen selbst. Sie meinen, sie wüssten viel, aber oft sind sie unwissend. Im Vertrauen auf das Geschriebene vernachlässigen sie ihre unmittelbaren Erfahrungen und hören nicht auf ihre innere Stimme. Ihr Wissen bleibt oft angelernt und äußerlich und die Schüler sind nicht von ihrem Wissen durchdrungen. Wissen und Wissende stehen beziehungslos einander gegenüber.

Q Nach dem griechischen Philosophen Platon* (Phaidros)

1 Schreibe den Text »Gänsefeder« weiter, indem du nachvollziehst, wie sich die Kommunikation* mit Hilfe der Schrift bis in die Gegenwart technisch weiter entwickelt hat. Verdeutliche die Leistung der Schrift für den Menschen.

2 Denke über die Einwände gegen die Schrift nach: Hast du ähnliche Erfahrungen gemacht?

3 Welche anderen wichtigen Mitteilungsformen außer der Schrift kennt ihr?

4 Untersucht das Verhältnis von Schrift und Wirklichkeit: Klärt dazu die Begriffe »Medium« und »Medien«.

5 Überlegt gemeinsam: Sind Medien ein Spiegel der Wirklichkeit?

Medien kennen und vergleichen

Aus dem Tagebuch eines 14-Jährigen

6.30 Uhr – der Wecker klingelt, schnell aus den Federn! Heute ist Montag, der Sportteil wieder besonders lang, die Fußballberichte vom Wochenende müssen noch vor der Schule wenigstens überflogen werden.
Kurz vor halb acht, eben noch den Rucksack überprüfen, ja, die Internet-Recherche zum Thema »Konklave*« ist eingesteckt! – Im Bus wie immer Gedränge, am Fenster neben dem Ausstieg ist noch eine kleine Lücke. In dicken schwarzen Lettern fliegen Schlagzeilen am fahrenden Bus vorbei: »Wir sind Papst!« Komisch, so was! – »Wir sind Meister!« Ja, das wäre man schon eher gewöhnt!
16.00 Uhr – endlich zu Hause. Zum Abspannen erst mal 'ne halbe Stunde ans Computerspiel. Dann ist wohl Hausaufgabenzeit, wenn noch Zeit fürs Kicken mit den Freunden auf dem Bolzplatz bleiben soll. Die Zeit ist knapp, denn um 19.15 Uhr läuft »Berlin. Berlin«. Das darf ich auf keinen Fall verpassen!

Freizeitbeschäftigungen Jugendlicher

Nach Untersuchungen haben Schüler an Wochentagen rund 4,1 Stunden frei verfügbare Zeit. Beliebteste Freizeitaktivitäten sind Musik hören, Fernsehen, DVD, danach folgen Sozialkontakte wie Ausgehen und Freunde treffen. Die Bedeutung verschiedener Medien* (Audio, Video und PC) ist enorm. Im Vergleich zu älteren Jugendlichen sehen Kinder im Alter von 12 bis 14 Jahren häufiger fern, spielen sehr oft Computer, hängen einfach nur herum oder treiben in ihrer Freizeit mehr oder weniger organisiert Sport. Das Schaubild unten zeigt, wie junge Leute im Alter von 12 bis 25 Jahren im Laufe einer Woche ihre Freizeit verbringen.

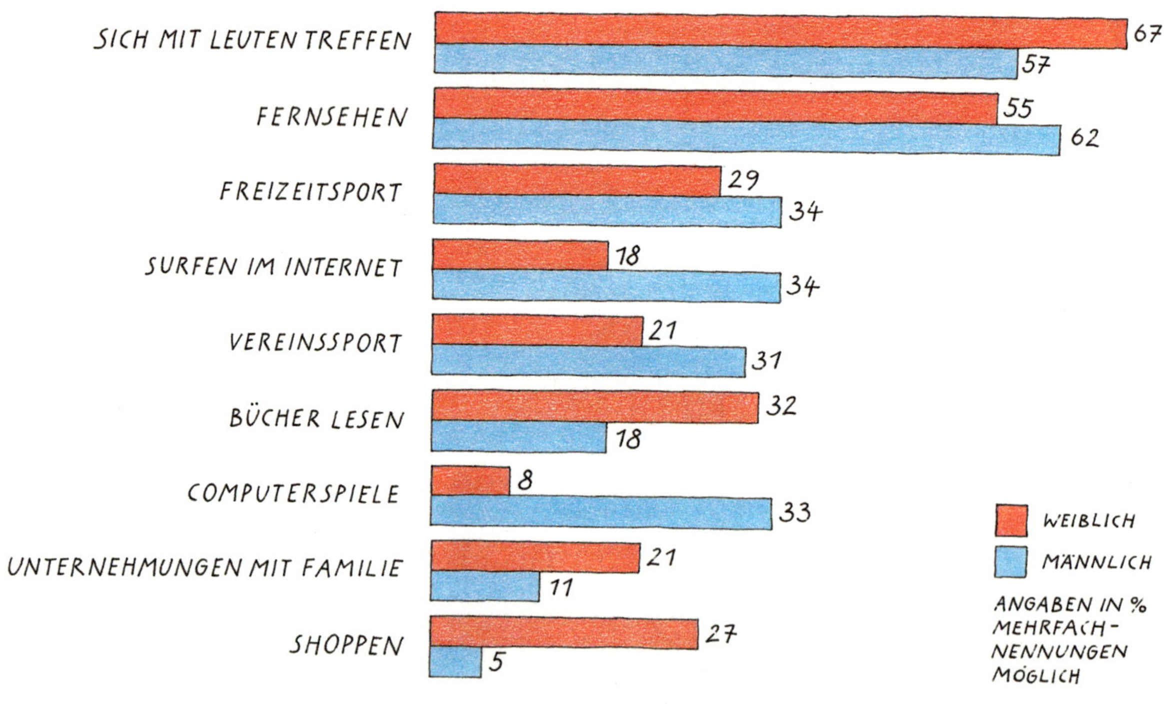

Nach der Shell Jugendstudie 2002 (Infratest Sozialforschung), S. 78

»Was mache ich in meiner Freizeit?« Eine Umfrage		Ja	Nein
1	Wir haben zu Hause mehr als ein Fernsehgerät.		
2	Wir haben mindestens einen DVD-Spieler.		
3	Wir haben einen Computer, den ich für Computerspiele nutze.		
4	An Schultagen verbringe ich mehr als drei Stunden vor dem Bildschirm (Fernsehgerät, Videorekorder und Computer).		
5	An freien Tagen verbringe ich mehr als drei Stunden vor dem Bildschirm.		
6	Wenn ich vor dem Bildschirm sitze, bin ich meistens allein.		
7	Ich schaue fern, weil ich mich über etwas informieren möchte.		
8	Meine Lieblingsfilme sind: …		

Methode: Eine Umfrage auswerten

- Fertige einen Auswertungsbogen an, in dem die Zahl der Beteiligten, der Jungen/Mädchen sowie die Klassenstufen verzeichnet sind. Den Antworten kannst du dann ebenfalls eine Rubrik »Mädchen« und »Jungen« zuordnen.
- Sortiere die Fragebögen nach Mädchen und Jungen und trage die entsprechenden Zahlen ein – zum Beispiel mit Hilfe einer Strichliste auf dem Auswertungsbogen. Kontrolliere alle Zahlen.
- Versuche die Auswertung zu beurteilen: Gibt es Auffälligkeiten – z.B. im Vergleich »Mädchen/Jungen« oder zwischen den Klassenstufen? Notiere deine Beobachtungen und diskutiere sie anschließend in deiner Lerngruppe.

Beispiel ◄ Seite 214

1 Protokolliere eine Woche lang deinen Medienkonsum in Form eines Tagebuchs. Unterscheide, welche Medien du nutzt und erstelle dein persönliches Mediendiagramm*.

2 Führt eine Umfrage unter Jugendlichen eures Alters durch, zum Beispiel in den Klassen 7 und 8. Nutze dazu die obige Umfrage. Ihr könnt den Fragebogen auch ergänzen.

3 Stellt die Ergebnisse im Diagramm* dar: Wertet sie aus und vergleicht.

4 Unterscheide Kommunikation* durch Medien und andere Verständigungsformen. Wie beurteilst du den hohen Stellenwert medialer Kommunikation bei Jugendlichen deiner Altersgruppe?

→← Massenmedien prägen unsere Lebenswelt in besonderem Maße. Sie sind Einrichtungen der Gesellschaft, die sich zur Verbreitung von Informationen (Kommunikation*) technischer Mittel bedienen: vor allem Erzeugnisse der Druckpresse (Bücher, Zeitschriften, Zeitungen) und die elektronischen Funkmedien (Television, Hörfunk, Internet).
Typisch für moderne Massenmedien ist die Trennung zwischen Sendern und Empfängern, dem Publikum – es findet kein unmittelbarer Kontakt statt. Erst das Internet hat eine Überwindung dieser starren Grenzen in Gang gesetzt: Jeder kann sich heute online öffentlich austauschen.

Medien durchschauen

Kontaktadresse: www.isi-tv.de

Näheres zum Thema „Praktische Medienarbeit“ in Nordrhein-Westfalen: www.mekonet.de

Bundesweit ermöglichen zahlreiche Projekte Kindern und Jugendlichen aktive Medienarbeit in den Bereichen Fernsehen, PC oder Internet. Auf diesem Weg sollen sie sich selbstständig mit Inhalten auseinandersetzen, ihre Interessen artikulieren und die Mechanismen der Medienwelt kennen lernen. Im Projekt i:si-tv, einem Fernsehprojekt für Kinder und Jugendliche zwischen 9 und 14 Jahren, produzieren junge Medienmacher einmal pro Woche ihre eigene Fernsehsendung.

Vom Konsumenten zum Produzenten

Malte, 13 Jahre alt, vom i:si-Team weiß ganz genau, was er beim Zuschauer erreichen will: »Für eine Reportage nehmen wir natürlich nur die besten Ausschnitte. Wenn wir zum Beispiel mit unserer Aktion ›Nichtrauchen ist cool‹ bewirken wollen, dass die Kinder nicht rauchen, dann zeigen wir natürlich nur die negativen Seiten des Rauchens. Das ist ja klar.« Dass die Zuschauer von Fernsehbildern oft getäuscht werden, wissen die Kinder genau: »Im Fernsehen wird ganz viel geschummelt, das weiß ich, wir selbst machen das ja auch. Mit Hell-Dunkel-Effekten können wir später noch die Tageszeit verändern, oder wir können es sogar regnen lassen.« Diese Erfahrungen tragen dazu bei, dass Kinder und Jugendliche lernen, wie Fernsehen gemacht wird. Sie erfahren, dass Medien nie ein 100%iges Abbild der Wirklichkeit zeigen können, sondern nur einen Ausschnitt.

Q Schau hin! Nr. 12 Winter 2006/07, S. 5

Schüler machen Pausenradio

»Man muss es selber gemacht haben, um zu wissen, was i:si ist.« (Tobias 12 Jahre)

Kleines Glossar zur Analyse von Filmbeiträgen

Inszenierung Inszenierung ist ein Oberbegriff für alle stilistischen Regeln, nach denen Bilder aufgenommen, vertont und zu einem fertigen Film zusammen geschnitten werden. Die Inszenierung für einen Filmbeitrag in einem TV-Magazin erfolgt nach anderen Regeln als die für einen »Tatort«. Die Inszenierung in einem TV-Magazin versucht in der Regel, einen Film so stimmig und schlüssig erscheinen zu lassen, dass der Zuschauer den Eindruck hat, dass alles genauso wie in der Realität abgelaufen ist (»mediale Realität«).

Einstellung Die kleinste Einheit eines Films, die durch Schnitte von anderen Einheiten getrennt wird. Einstellungen werden zu Szenen [...] zusammengesetzt, Szenen zu einem Film.

Subjektive Kamera Eine subjektive Kamera macht menschliche Bewegungen nach. Beispiel: Man sieht einen Betrunkenen im Bild torkeln. Das ist eine objektive Kamera. Man sieht mit den Augen des Betrunkenen auf die Welt vor sich, indem die Kamera hin- und hergeschwenkt wird, wie der Betrunkene auch hin- und herschwankt. Das ist eine subjektive Kamera.

Kameraperspektive Die Kameraperspektive bestimmt die Bildgröße einer Einstellung von der Nahaufnahme bis zur Totalen, die Brennweite von Weitwinkel bis Tele und den Aufnahmewinkel von Untersicht (Froschperspektive) bis zur Draufsicht (Vogelperspektive). Dabei gilt als Faustregel der Inszenierung: Die Mittelwerte werden vom Zuschauer als normal empfunden, die Extremwerte als irritierend, beunruhigend. Um Spannung zu erzeugen gehen Filmemacher oft in den extremen Bereich.

Ernst Schreckenberg

Surfen und chatten – Neue Wege der Information und Kommunikation

Jeder kann sich im Internet öffentlich zu Wort melden – auf der eigenen Homepage oder in einem Online-Forum. Viele Websites laden zum Schreiben ein. So erlauben Menschen im Internet freiwillig einen Einblick in ihr Privatleben. Manche führen öffentlich Tagebuch oder übertragen Livebilder. Im Chat herrscht eine ganz eigene Art von Kommunikation: Wir wissen nicht, wer unser Gegenüber ist. Die wahre Identität unseres Kommunikationspartners bleibt uns verborgen. Hinter »Falko, 14« kann der vierzehnjährige Falko oder ein Pädophiler stecken. Daher bleibt ungewiss, an wen sich unsere Informationen richten und zu welchem Zweck sie verwendet werden. Wichtig ist, dass du dir über diese eigenen Gesetzmäßigkeiten der Kommunikation im Internet im Klaren bist und genau abwägst, welche Informationen du öffentlich machst. Dann lassen sich die Chancen des neuen Mediums nutzen und seine Gefahren meiden.

Geschützte Foren gewähren nur Kindern und Jugendlichen unter Angabe ihrer persönlichen Daten den Zugang z.B. lizzynet.de oder spionlino.de.

1 »Im Fernsehen wird ganz viel geschummelt...« – Diskutiert darüber, welche Schlüsse über den Informationsgehalt des Fernsehens, aber auch anderer Medien, z.B. der Print-Medien und des Internet man aus Maltes Erfahrung ziehen muss. Bezieht in eure Überlegungen die Hinweise aus dem kleinen Glossar ein und ergänzt es.

2 Einigt euch auf ein Thema, das euch interessiert und das ihr gern im Fernsehen präsentieren würdet. Klärt in verschiedenen Gruppen, welche Akzente ihr jeweils setzen und aus welcher Perspektive ihr berichten möchtet und bereitet eine Inszenierung vor. Vergleicht anschließend die verschiedenen Ergebnisse.

3 Simuliert in einem Rollenspiel die Kommunikationssituation im Chat: Die Teilnehmer wählen eine beliebige Identität, die nicht zwingend mit der vorgegebenen identisch sein muss, und sind z.B. durch Trennwände am Blickkontakt gehindert.

→← Die neuen Medien bieten ein hohes Maß an Möglichkeiten der Information und Kommunikation. Wer ihre Strukturen kennt und ihre Mechanismen durchschaut, wer also Medienkompetenz erworben hat, kann sich dieser Vorzüge bedienen, ohne ihrem Einfluss ausgeliefert zu sein.

Gewalt durch Medien – in Medien?

Gewalt im Fernsehen

Vor einer Reihe von Jahren strahlte das ZDF die Serie »Tod eines Schülers« aus, in der sich der Held nachts vor einen nahenden Zug wirft. Anschließende Studien über Eisenbahnselbstmorde junger Männer im Alter von 15 bis 29 Jahren in Deutschland zeigten, dass die Selbstmordrate in den Jahren 1981 und 1982 wesentlich über derjenigen in den vorangegangenen oder nachfolgenden Jahren lag. Im Gefolge des Kult-Films »Scream« wurde Frankreich von einer Welle der Gewalt erfasst. Im Film ermordet ein Killer mit einer Maske, die dem berühmten Bild von EDWARD MUNCH »Der Schrei« nachempfunden ist, ahnungslose Opfer auf brutale Weise. Mehrfach wurden die betreffenden Filmszenen Vorbild für wirkliche Morde.
Der Zusammenhang zwischen Film und Tat konnte hier eindeutig nachgewiesen werden. Aber kann man das verallgemeinern? Bringt ein Mensch jemanden oder sich selbst um, nur weil er dies im Fernsehen gesehen hat?

Der Ballade (dramatisches Gedicht) liegt ein Pressebericht aus dem Jahr 1930 zugrunde.

Die Ballade vom Nachahmungstrieb

Es ist schon wahr: Nichts wirkt so rasch wie Gift!
Der Mensch, und sei er noch so minderjährig,
ist, was die Laster dieser Welt betrifft,
früh bei der Hand und unerhört gelehrig.

Im Februar, ich weiß nicht am wievielten,
geschah 's, auf irgendeines Jungen Drängen,
dass Kinder, die im Hinterhofe spielten,
beschlossen, Naumanns Fritzchen aufzuhängen.

Sie kannten aus der Zeitung die Geschichten,
in denen Mord vorkommt und Polizei.
Und sie beschlossen, Naumann hinzurichten,
weil er, so sagten sie, ein Räuber sei.

Sie steckten seinen Kopf in eine Schlinge,
Karl war der Pastor, lamentierte viel
und sagte ihm, wenn er zu schrei 'n anfinge,
verdürbe er den anderen das Spiel.

Fritz Naumann äußerte, ihm sei nicht bange.
Die andern waren ernst und führten ihn.
Man warf den Strick über die Teppichstange.
Und dann begann man, Fritzchen hochzuziehn.

Er sträubte sich. Es war zu spät. Er schwebte.
Dann klemmten sie den Strick am Haken ein.
Fritz zuckte, weil er noch ein bisschen lebte.
Ein kleines Mädchen zwickte ihn ins Bein.

Er zappelte ganz stumm, und etwas später
verkehrte sich das Kinderspiel in Mord.
Als das die sieben kleinen Übeltäter
erkannten, liefen sie erschrocken fort.

Noch wusste niemand von dem armen Kinde.
Der Hof lag still. Der Himmel war blutrot.
Der kleine Naumann schaukelte im Winde.
Er merkte nichts davon. Denn er war tot.

Frau Witwe Zickler, die vorüberschlurfte,
lief auf die Straße und erhob Geschrei,
obwohl sie doch dort gar nicht schreien durfte.
Und gegen sechs erschien die Polizei.

Die Mutter fiel in Ohnmacht vor dem Knaben.
Und beide wurden rasch ins Haus gebracht.
Karl, den man festnahm, sagte kalt: »Wir haben
es nur wie die Erwachsenen gemacht.«

Q ERICH KÄSTNER, 1899–1974

In 78,7 % aller Sendungen im deutschen Fernsehen kommt Gewalt vor. In jeder Stunde Fernsehprogramm werden durchschnittlich 4,12 schwerste Gewalttaten wie Morde und 5,11 schwere Gewalttaten, zum Beispiel grobe Körperverletzungen, also gut neun Gewalttaten gezeigt. In nur 26,2 % der Fälle haben die gezeigten Gewalthandlungen negative Folgen für den Gewalttäter.

Wer hat Recht?

»Gewalt durchs Fernsehen – bloße Panikmache!«
Dass die Kinder (durch Gewaltszenen im Fernsehen) wirklich gewalttätiger und hemmungsloser wurden, ist nicht bewiesen. Direkte Nachahmung ist nur eine von verschiedenen möglichen Reaktionen. Andere bekannte Reaktionsarten sind Abwehr, Fiktionalisierung (etwas als bloße Fiktion – wie ein Märchen – wahrnehmen) oder Abscheu.

Q NACH ALLAN GUGGENBÜHL: Die unheimliche Faszination der Gewalt

»Fernsehen macht gewalttätig!«
Wichtig ist der Befund, dass der Fernsehkonsum mit späterer Aggressivität auch bei denjenigen Jugendlichen zusammenhängt, die zuvor keine aggressiven Verhaltensweisen gezeigt hatten. Das Fernsehen macht also nicht nur diejenigen gewalttätig, die hierzu ohnehin neigen, sondern auch jene, die eigentlich nicht dazu neigen.

Q Nach MANFRED SPITZER: Vorsicht Bildschirm

Seiten 60/61

1 Vergleiche die beiden Positionen von SPITZER und GUGGENBÜHL: Beziehe dazu begründet Stellung.

2 Verfasse einen Leserbrief an Sendeanstalten, in dem du die These, Gewalt im Fernsehen mache gewalttätig, unterstützt oder ablehnst.

3 Werde dir über deine vorläufige eigene Position klar. Führt dann eine Diskussion in eurer Lerngruppe durch: »Gewalt durchs Fernsehen?«

Werbetext aus der Zeitschrift »Video Games«

Entfesseln Computer- und Videospiele Gewalt?

Am 1. November 1999 erschoss ein 16-Jähriger in Bad Reichenhall vier Menschen und danach sich selbst. Im selben Monat ermordete ein 15-jähriger Schüler seine Lehrerin mit 22 Messerstichen. Am 27. April 2002 erschoss ein 19-jähriger Schüler in seiner Erfurter Schule 17 Menschen, darunter 13 Lehrer. Als die Polizei das Gebäude stürmen wollte, tötete er sich selbst.
In allen drei Fällen hatten die Täter einen großen Teil ihrer Freizeit mit Gewalt-Videospielen verbracht: Sind die genannten Gewalttaten Auswirkungen brutaler Videos und Computerspiele?

Ego-Shooter Spiele

Bei dieser Art von Video- oder Computerspielen kämpft der Spieler hinter der Waffe gegen den Feind. Er sieht das gesamte Geschehen aus der Perspektive des Schießenden. Er schaut nicht zu, sondern befindet sich selbst mitten im Spiel, was den Realitätsgrad des Spiels verstärkt. Die erschossenen Gegner verschwinden nicht einfach, sondern gehen zu Boden und verbluten. Durch die im letzten Jahrzehnt wesentlich verbesserte Grafik sind die Spiele immer realistischer geworden, so dass auch die Verletzungen, die dem Feind zugefügt werden, wirklichkeitsgetreu gezeigt werden. In vielen Spielen ist die Tötung des Gegners ausdrückliches Ziel, da ein nicht ausgelöschter Gegner umgekehrt zur Bedrohung für den Spieler wird. In solchen realistisch vorgestellten Tötungsszenerien verwandelt sich das Opfer in »blutig auseinander strebende Fleischfetzen«.

Kann man Gewalt lernen?

Neuere Ergebnisse der Hirnforschung unterstützen die Ansicht, dass Computerspiele einen schädlichen Einfluss auf die Benutzer haben können. Bei der Entwicklung des Gehirns, die mit der Pupertät noch längst nicht abgeschlossen ist, legen sich Erfahrungen wie Spuren auf die Gehirnrinde und prägen so seine Struktur. Zu diesen Erfahrungen gehört auch der Umgang mit Computerspielen.

Lernen durch Nachahmung?

In Ego-Shooter-Spielen ist man selber an gewalttätigen Aktionen beteiligt. Es besteht ein Unterschied zwischen dem aktiven Ego-Shooter-Spieler und dem vergleichsweise passiven Zuschauer von Gewaltfilmen. Das Spielen von Ego-Shooter-Gewalt-Videospielen führt zu einer Verknüpfung des Selbst des Spielers mit Gewalthandlungen. Dieses [...] geschieht automatisch und ohne bewusste Entscheidung. Jeder unterliegt diesen Prozessen, auch wenn er es nicht will [...].

Unempfindlich werden gegenüber Gewalt ist ein kaum merklicher Prozess, der durch wiederholtes Erleben von realer Gewalt oder Gewalt in den Medien eintritt. Er zeigt sich als Verminderung emotionaler (gefühlsmäßiger) Reaktionen auf Ereignisse, die normalerweise eine starke emotionale Reaktion hervorrufen würden. Er zeigt sich aber auch an der Veränderung von Einstellungen – von der Meinung, Gewalt sei selten und unwahrscheinlich, bis zur Meinung, Gewalt sei normal und unvermeidbar. Zusammen führen emotionale Verrohung und veränderte Einstellungen zu einer Verminderung der Kritikfähigkeit gegenüber gewalttätigen Verhaltensweisen.

Q Nach Manfred Spitzer: Vorsicht Bildschirm

1 Stellt eine Rangliste der unter euch beliebtesten Computerspiele auf und informiert euch über deren Inhalte.

2 Vergleiche, wie jugendliche Fernsehkonsumenten und Ego-Shooter-Spieler jeweils mit Gewalt in Berührung kommen.

3 Liste die Gefahren von Gewaltdarstellungen in den Medien auf. Berücksichtige insbesondere mögliche Auswirkungen auf das moralische Empfinden und Handeln.

4 Diskutiert abschließend: Wird unsere Gesellschaft durch Medien gewalttätiger? Wie sollen wir reagieren?

Vergleicht eure Ergebnisse mit der vorläufigen Diskussion von Seite 219.

→← Das Sehen von Gewalt am Bildschirm und das Trainieren von Gewalt in Computerspielen zählen zu den Erfahrungen, die Menschen prägen – sie wirken sich auf ihre Einstellungen und ihr Verhalten, auf Gewaltbereitschaft und Gewalttätigkeit aus.

Vom schönen Schein der Dinge

Wunschbild oder Wirklichkeit?

THERESA hat sich in den italienischen Popstar Luca verliebt. Ihr ganzes Zimmer ist mit Postern von ihm tapeziert; sie wünscht sich nichts sehnlicher, als ihrem Idol einmal wirklich zu begegnen. In der »Bravo« liest sie einen Bericht über eine Tournee:

Seite neunzehn, mein Herz beginnt zu bibbern – Luca! Ich blättere hastig weiter. Wow! Ein riesengroßes, wunderschönes Foto und dazu zwei kleinere. Er sieht noch süßer aus als auf den anderen Bildern, die ich sonst von ihm habe, schöner und zärtlicher und – ach!
Ich bleibe stehen. Auf dem großen Foto ist Luca im Halbprofil zu sehen. Seine leicht gebogene Nase, seine langen Wimpern … Es sieht so aus, als würde er mich direkt angucken und mir irgendwas zuflüstern – »Ich liebe dich«, vielleicht … Die zwei kleinen Fotos sind bei einem Konzert aufgenommen. Luca trägt eine schwarze Schiebermütze und sieht einfach umwerfend aus.
Zu Hause schließe ich meine Zimmertür ab, damit mich niemand beim Lesen stört. Dann überfliege ich den Text. Eigentlich stehen nur die alten Kamellen über Luca drin: dass er in Padua wohnt und am liebsten mit seinem Hund Yoshimoto spazieren geht und gebratene Sardinen sein Leibgericht sind. Erst im letzten Abschnitt wird es spannend. Luca hat immer noch keine Freundin – puh! – und auf die Frage, welche Frauen er mag, antwortet er, sie sollten nicht so groß sein. Außerdem mag er braune Haare und rot geschminkte Lippen …
Super! Ich bin gerade mal einen Meter fünfundsechzig groß und ich habe braune Haare, nur Lippenstift konnte ich bisher auf den Tod nicht ausstehen. Vielleicht muss ich mir einfach einen Ruck geben und mir vornehmen, Farbe auf den Lippen zu mögen – wer weiß.
Ohne zu zögern laufe ich ins Bad. Überall fliegen Tinas grässliche Schminkutensilien herum. Ich schraube einen Lippenstift auf – er ist leuchtend rot. Bäh! Der nächste ist etwas braunstichig – schon besser. Vorsichtig ziehe ich meine Lippenkonturen nach und male dann das Innere aus. Ein mindestens fünfzehnjähriges und ziemlich fremdes Mädchen guckt mich aus dem Spiegel an. […]
Zurück ins Zimmer. Ich baue mich vor dem größten und schönsten Luca-Poster auf und lächle ihn an. Und er? Er lächelt zurück, irgendwie breiter als sonst, und zwinkert mir schließlich kurz zu.

Q SUSANNE FÜLSCHER: Fever

Viele Jugendliche identifizieren sich mit Stars oder Idolen. Manche richten ihre Glückserwartungen auf die ganze Person ihres Stars, so wie bei Theresa. Oft stehen die Stars auch für ein bestimmtes Lebensgefühl, einen »Lifestyle«, der sie mit ihren jugendlichen Anhängern verbindet. Daher haben viele Stars großen Einfluss auf ihre Fans.

Kann man mit Gesichtern wie diesen für alles werben, wie Fachleute aus der Werbebranche meinen? Kritiker fürchten, dass Werbung süchtig macht. – Und was meint ihr …?

1 »Er lächelt zurück, irgendwie breiter als sonst […]« – Was ist mit Theresa los? Wie beurteilst du ihre Wahrnehmung?

2 Gibt es für dich auch einen Luca oder eine …? Oder vielleicht einen Sport-/ Fußballverein? Tauscht euch in eurer Gruppe aus.

3 »Mit diesem Gesicht kann man für alles werben …«: Welche Werbestrategie verbirgt sich hinter diesem Slogan.

4 Verändere und gestalte die Werbung auf dieser Seite, indem du deinen eigenen Star an die Stelle der obigen Bilder setzest und ein beliebiges Produkt aus den Bereichen Mode, Nahrung oder Lifestyle in den Werbetext einfügst.

5 Tausche nun das Produkt deiner Werbung aus: Lass deinen Star für etwas werben, das zu seinem Image nicht so recht passt: zum Beispiel ein Model mit Superfigur für Schokolade. Sprecht gemeinsam über die Wirkung einer solchen Werbung.

6 Überlegt, warum Unternehmen ihre Produkte gerne durch Stars anpreisen lassen. Erörtert dann das Für und Wider von Werbung mit Stars.

Seite 221 ◂ (Zusammenfassung)

7 Gibt es für euch einen Unterschied zwischen Werbung für Erwachsene und Werbung für Kinder und Jugendliche? Diskutiert in eurer Gruppe und bezieht in eure Überlegungen die Ergebnisse der Hirnforschung mit ein.

In Deutschland sind 20 Prozent der gesamten Werbung an Kinder und Jugendliche adressiert. Werbeführer sind die im Fernsehen ausgestrahlten Werbespots. Kommerzielle Sender wie RTL, SAT 1, PRO 7, RTL 2 und Kabelkanal produzieren schätzungsweise etwa 900 Stunden Kinderwerbung im Jahr. Werbung funktioniert nach relativ einfachen Mechanismen: Ein Produkt wird angepriesen, Informationen werden gegeben und Bedürfnisse werden geweckt. Der Konsument kann aus den gegebenen Informationen Kaufentscheidungen ableiten oder sie kritisch hinterfragen.

Wir machen Werbung

Im August 2005 fand in Köln der Weltjugendtag der katholischen Kirche statt. Etwa eine Million Jugendliche aus allen Teilen der Welt kamen zusammen. Sie dokumentierten ihr Bedürfnis nach Gemeinschaft und religiöser Orientierung. Bereits im Vorfeld wurden die Jugendlichen eingeladen, einander vorzustellen, wen oder was sie verehren. Ihre Ideen dazu präsentierten viele von ihnen auch in Bildern und Installationen.

Meine Idole von einst: Sterne, die nur so aufflackern. Wenn du morgen nicht mehr da bist, interessiert das, ehrlich gesagt, doch kein Schwein. Mein Stern ist Jesus. *Sabrina, 18 Jahre*

Ich glaube nicht an Gott. Religion hat für mich keine Bedeutung. Mir ist wichtig, sich gegen Ausländerhass und Rassismus einzusetzen. *Anke, 13 Jahre*

Ich glaube, dass es einen Gott gibt, der die Menschen beschützt und der in schwierigen Zeiten den Menschen zu Seite steht. Damit Gott einem hilft, soll man beten, fasten und nach Mekka reisen. *Serab, 15 Jahre*

»Was betet ihr an?«
Menschen sind und bleiben Wesen, die danach suchen, was sie verehren können. Die Anbetung des Gottes in der Bibel war niemals selbstverständlich. Normal ist vielmehr, dass sich Menschen Idole machen, die ihnen entsprechen. Sie streben nach Symbolen und Bildern, die Wege zum Letzten und absolut Gültigen weisen. Welche Wege suchen junge Menschen, um sich im Leben zurechtzufinden?

Lukas Hänsch, Alltagshelden (2005). Über seine Collage schreibt er: »[…] Und so habe ich mich in meinem Projekt mit den Helden der Geschichte, der Politik, der Musik, aus dem Sport usw. oder ganz einfach aus dem Alltag beschäftigt. Mit Persönlichkeiten – egal ob real oder fiktiv –, die für bestimmte Gruppen ein Vorbild sind: jemanden, den sie »anbeten«; jemanden, den sie verehren.«

Was Jugendlichen heilig ist

Meine Familie ist mir heilig, weil ich zu ihr den größten Bezug habe und weil ich ohne meine Familie nicht leben könnte. *Elena, 14 Jahre*

Basketball ist mir heilig, weil ich diesen Sport liebe, weil es etwas ist, was mir Spaß macht und weil es etwas ist, was ich beherrsche. *Kevin, 15 Jahre*

Was ist mir heilig? Die Fähigkeit, nicht das gehorsam zu übernehmen, was andere sich ausgedacht haben. Ein individuelles Lebewesen zu sein.
Philipp, 17 Jahre

Fachübergreifend (Religion, Deutsch, Kunst): Eine Werbeanzeige gestalten

Manche Jugendliche schließen sich einer religiösen Gemeinschaft an; andere haben keine religiösen Bindungen. Doch wisst ihr genug über die Sehnsüchte oder Überzeugungen anderer in eurer Umgebung? Wenn nein, dann organisiert eine Gesprächsrunde, in der ihr euch mit gleichaltrigen Jugendlichen trefft. Sprecht darüber, welche Lebensfragen, Ängste oder Hoffnungen euch bewegen und ob Religion dabei eine Hilfe sein kann. – Versucht, eure Altersgenossen durch eine eigene Werbeanzeige für ein solches Vorhaben zu gewinnen.

1. Gestaltet eine ganzseitige Werbeanzeige für einen Gesprächsaustausch junger Leute zum Thema: »Was sind eure Idole?«
2. Zur Vorbereitung sammelt ihr Werbeanzeigen, die euch ansprechen: Analysiert, wodurch die positive Wirkung auf euch ausgelöst wird.
3. Listet auf, welche Informationen eure Werbeanzeige enthalten und welche Wirkung sie haben soll. Überlegt, auf welche Weise ihr dieses Ziel erreichen wollt. Ihr könnt euch auch zusätzliche Hilfe von euren Deutsch- und Kunstlehrern holen.
4. Bildet Gruppen, die für Einzelfragen (Werbeslogan, Textinformationen, Grafik) zuständig sind: Organisiert eine Redaktionskonferenz, in der die unterschiedlichen Gestaltungsvorschläge besprochen und angeglichen werden.

Eine gute Werbeanzeige steht und fällt mit einem griffigen Slogan, klaren Informationen und einer ins Auge springenden visuellen (bildhaften) Gestaltung. Wichtig ist auch, dass die Aufmachung die Gefühle des Adressatenkreises (zum Beispiel die der Kunden) positiv anspricht.

Virtuelle Welten

Die Interaktion des Spielers mit der Figur verläuft auf verschiedenen Ebenen: Sie beginnt mit der Einübung in die richtige Lenkung der Figur. Hierzu wird der Spieler von Lara selbst angeleitet. Auf der zweiten Ebene kann er sich dann vollends der Interaktion mit Lara widmen. Dazu muss der Spieler ihre Perspektive zu seiner eigenen machen. Dies führt zu einem solch hohen Maß von Identifikation, dass nicht mehr eindeutig zwischen Spieler und Spielfigur getrennt werden kann.

Pixelbrei oder Traumfrau?

Lara beherrscht Freeclimbing, kann kriechen, rückwärts springen, Saltos vorwärts und rückwärts machen, sich unter Minendrähten entlang robben. Der Spieler muss lernen, diese Dinge zu ›tun‹, und selbst wenn Lara den ständig-gegenwärtigen Blick nie wendet, zeigt sie doch auf anderen Wegen, dass sie den Spieler wahrnimmt: Ihr einziges gesprochenes Wort ist ein kurz angebundenes, leicht ungeduldiges ›Nein‹, wenn du versuchst, sie eine Bewegung ausführen zu lassen, die nicht möglich ist. Dem Anfänger, der sich in einem toten Punkt verfangen hat, scheint in der Art, wie sie steht und atmet, eine frustrierte Potentialität [hier: gebremste Energie] zum Ausdruck zu kommen, da die Unfähigkeit des Users all ihre Beweglichkeit und Tödlichkeit niederhält. In ihrer gelassenen Ungeduld leitet sie an. Möglicherweise verschwindet die Ungeduld, wenn die ctrl-, alt-, ins- und anderen Tasten zur zweiten Natur werden. Dann gibt es keine Sackgassen mehr, sondern nur eine flüssige, reflexgesteuerte Verbindung, eine Virtuosität, die Lara und den Spieler in einem Körper zu verschmelzen scheint, so dass der Ursprung ihrer Bewegungen nicht mehr auszumachen ist. Und selbst wenn sie meine Banalität, meine Gewöhnlichkeit verkörpert, so ist sie immer noch schön. Der Blick [...] des Spielers ist ein seltsamer geschlossener Kreis von begehrlichem Schauen [...] und schöner, machtvoller Darstellung.

Mike Ward. Being Lara Croft, or, We Are All Sci Fi. Popmatters. Film Critic

»Virtuell« ist ein Begriff aus dem Bereich der Optik und meint Lichtwellen-täuschende Bilder, zum Beispiel Spiegelbilder. Sie täuschen vor, die gespiegelten Objekte befänden sich hinter der Spiegelfläche. Dreidimensionale Bilder am Computerbildschirm, die über die Tastatur oder die Maus verändert und manipuliert werden können, die – wie Lara Croft – umgekehrt auch den Benutzer manipulieren, erzeugen eine virtuelle Welt. Virtuelle Welten zeichnen sich dadurch aus, dass man mit ihnen in Kontakt treten und interagieren kann. Dadurch wohnt ihnen die Tendenz inne, ihre Virtualität abzustreifen. Sie machen sich selbstständig und entwickeln ein Eigenleben.

Der Philosoph Wolfgang Welsch vertritt die These, dass Verhaltensweisen, die im Umgang mit virtuellen Welten eingeübt würden, zunehmend unser Alltagsverhalten beeinflussen. [...]
Welsch erläutert dies am Beispiel eines in den USA vertriebenen 8-Minuten-Bands mit Namen »Video-Baby«: »Der Benutzer hat sein Wunschbaby vor sich auf dem Bildschirm und kann sich ungestört an ihm erfreuen. Es reagiert auf Sätze wie ›Iss den Brei‹, ›Lächle Mammi an‹ [...]: die Folgsamkeit dieses Kindes ist perfekt. Am Ende der acht Minuten lässt es sich auch noch in den Schlaf singen. Auf der Verpackung steht: ›Die volle, reiche Erfahrung der Elternschaft ohne das Durcheinander und die Lästigkeit der wirklichen Dinge! Lieben Sie Kinder, haben aber keine Zeit, sich um sie zu kümmern? Video-Baby ist für Sie!‹ – Die Vor-Täuschung wird Ersatz für die Wirklichkeit, die Abweichung vom Idealbild gilt als lästige Unvollkommenheit [...].«

Die Virtualisierung der Wirklichkeit

Da die Medien immer mehr unsere Auffassung der Realität insgesamt prägen, verliert unsere Wirklichkeitserfahrung nicht nur innerhalb, sondern auch außerhalb der Medien zunehmend an [...] Verbindlichkeit; Wirklichkeit wird [...] immer mehr als leicht veränderlich, verschiebbar begriffen. Wir nehmen sie nicht mehr ganz so ernst wie ehedem. Unsere Einstellung zur Wirklichkeit wird immer mehr so, wie wenn diese insgesamt Simulation* wäre. Und das führt natürlich auch zu einer Veränderung unserer alltagspraktischen Verhaltens- und Handlungsweisen: Auch diese werden [...] veränderlich, austauschbar. [...] Ich vermute generell, dass die Menschen heute zu etwas werden, was dic Tradition nie schätzte: zu Nomaden – freilich habe ich dabei weniger ein buchstäblich-geografisches als vielmehr ein mentales, psychisches [...] Nomadentum im Sinn. Wir beginnen generell, zwischen unterschiedlichen Wirklichkeitsformen wie selbstverständlich hin und her zu gehen.

Q Wolfgang Welsch: Eine Doppelfigur der Gegenwart: Virtualisierung und Revalidierung.

1 Beschreibe die Interaktion zwischen Lara und dem Spieler und die Wirkung auf dessen Wahrnehmungen und sein Selbstverständnis. Handelt es sich um ein virtuelles oder um ein reales Verhältnis?

2 Ist die Virtualisierung der Wirklichkeit gefährlich? Zeige Gefahren und Möglichkeiten einer beeinflussten, veränderten Einstellung zur Wirklichkeit auf.

→← Im Umgang mit den elektronischen Medien lösen sich die Grenzen zwischen Wirklichkeit und virtuellen Welten auf. Virtuelle Welten werden ein Bestandteil unserer Wirklichkeit. Damit einher geht eine veränderte Wirklichkeitssicht. Wirklichkeit wird wahrgenommen als eine von vielen Möglichkeiten. Man spricht nicht mehr von der Wirklichkeit, sondern von vielen Wirklichkeiten. So können uns die Medien einen Anstoß geben, unsere Vorstellungen von dem, was wir für Wirklichkeit halten, zu hinterfragen.

Was wird aus der Wirklichkeit?

Der erste Fernsehapparat hieß »elektronisches Teleskop« und sollte die Reichweite der menschlichen Wahrnehmung vergrößern. Aus der Bildübertragung wurde der Weltempfang, ein Massenmedium. Seit der Einführung der elektronischen Medien sind die Distanzen endgültig aufgehoben. Inzwischen können wir in »real-time«, in »Echtzeit« sehen, was am anderen Ende der Welt passiert. [...]

Aber sind das wirklich echte Bilder? [...] Wenn man sich überlegt, welche Möglichkeiten das Werbefernsehen heute ausnutzt, um Bilder zu manipulieren, kann man sich vorstellen, dass [...] etwas so verändert werden kann, dass der Laie unmöglich noch unterscheiden kann, was echt ist und was ihm simuliert (vorgetäuscht) wird. – Alles kann Täuschung sein.

Nach Jochen Köhler und Hanns-Christoph Koch (WDR, 17.4.1994)

1. Formuliere die Aussagen der Karikatur und des Textes jeweils in einem Satz: Wie wird in beiden Fällen die Beziehung zwischen Medien und Wirklichkeit dargestellt?
2. In diesem Kapitel habt ihr über verschiedene Medien sowie deren Methoden und Wirkungen nachgedacht: Überprüft mit Hilfe der Bilder, ob und auf welche Medien die Aussagen der Karikatur und des Textes zutreffen.
3. Blickt noch einmal zurück auf die Auftaktseite dieses Kapitels und diskutiert anhand der Gedanken McLuhans und Platons* die Frage: Sind Medien ein Spiegel der Wirklichkeit? Oder ist unsere Wirklichkeit ein Spiegel der Medien?

Projekt: Wie Medien sich verändern

Um zu ermessen, welchen Einfluss moderne Medien auf den Umgang der Menschen miteinander haben, muss man genau hinschauen:

- Erforscht, wie sich die persönliche Kommunikation* durch die Erfindung des Internets und der SMS-Nachrichten verändert hat?
- Tragt Material zusammen, das dokumentiert, wie sich die Menschen z.B. vor 50 Jahren untereinander verständigt haben. Befragt dazu eure Großeltern – vielleicht stellen sie euch alte Briefe zur Verfügung. Sicher habt ihr auch eigene Briefe – von Freunden oder Verwandten ...
- Vergleicht die Art der Kommunikation in Briefen und Telefongesprächen mit dem Stil in E-Mails und SMS-Nachrichten: Stellt z.B. jeweils ein Verzeichnis gebräuchlicher Abkürzungen zusammen.
- Fazit: Was hat sich im Laufe der Zeit verändert? Denkt über Vor- und Nachteile der neuen Kommunikationsformen nach.

Eure Ergebnisse könnt ihr in einer Bilddokumentation oder als Fotoroman präsentieren.

Lesetipp

NARINDER DHAMI: Alice Fernsehsuperstar, Berlin: Carlsen Verlag 2001 (Eine ganz normale Familie wird für eine Fernsehserie ausgewählt: Alice wird dabei zum Star und plaudert allerlei Geheimnisse ihrer Familie aus ...)

Caspar David Friedrich, Blick aus dem Atelier des Künstlers (um 1805/06)

Elftes Kapitel

Glück und Sinn im Leben finden

Eine Frage

Sinn des Lebens: Was verstehst du darunter?

Mensch

Ich bin ein Mensch – ein Kind
auf der Schwelle zum Erwachsensein
gefangen in Problemen
hin- und hergerissen zwischen
Spiel und Ernst
hoffnungslos verliebt und doch auch
einsam und allein
Eltern, die sich nur noch streiten
Schule, Job und Freunde
Bücher, Filme, Rockballaden
Zukunftsangst
Heirat, Kinder und Karriere
Abitur
gute Noten – werd' ich 's schaffen
Sinn des Lebens?
Liebe, Küsse, Zärtlichkeit
Ich bin ein Kind –
NEIN –
Ich bin ein Mensch.

Andrea, 17 Jahre

Drei Antworten

Lion *Dass ich immer was verändern muss. Mein Drummen zum Beispiel. Wenn ich da besser werden will, brauch ich Vorbilder und Mitspieler, die Drive haben.*

Lisa *Meine Eltern sagen, ich gäbe ihrem Leben Sinn. Deswegen will ich ihnen Freude machen. Ganz schön schwierig, manchmal.*

Mark *Sinn des Lebens? Gute Frage. Also, da müsste ich erst nachdenken.*

1. Versuche die Frage nach dem Sinn für dich persönlich zu beantworten. Nimm dir Zeit dazu.
2. Interviewt euch zu dieser Frage anschließend gegenseitig und präsentiert die Ergebnisse auf einer Collage, die ihr z. B. an der Wand befestigen könnt.
3. Finde eine Erklärung dafür, warum in Andreas Gedicht zweimal die Identität* von Kind und Mensch betont wird.

Wenn das Leben gelingen soll

Christoph war 17, als er starb. Hat er Selbstmord begangen oder war es ein echter Fahrradunfall? Diese Gedanken quälen Martin, Christophs Freund. Christoph hatte sich unverstanden und ungeliebt gefühlt – von seinen Eltern, den Lehrern und auch den meisten Klassenkameraden. Einige Reaktionen Christophs in den letzten Wochen vor seinem Tod deuten daraufhin, dass es Selbstmord gewesen sein könnte.

Heute haben wir Christoph begraben.
Nein, nicht wir.
Sie haben ihn begraben.
Ich war nicht dabei.
In die Kirche bin ich noch gegangen. Sie liegt oben auf einem Hügel, mitten zwischen den Gräbern, eine kleine weiße Dorfkirche mit rundem Turm und einem Altarbild ganz in Rosa und Hellblau, von dem Christoph einmal gesagt hatte, dass es sicher ein Gemeinschaftswerk des Oberrieder Jungfrauenvereins sei.
Jetzt stand sein Sarg vor dem Bild.
Die Beerdigung sollte um elf anfangen. Kurz vor elf, als ich kam, war die Kirche schon voll. Das halbe Dorf war da, und die Schule natürlich: unsere Klasse, die Parallelklasse, fast sämtliche Lehrer. Die meisten wohnen nicht in Oberried. Sie waren zusammen mit der Bahn herausgefahren, wie bei einem Schulausflug, und eine halbe Stunde zu früh eingetroffen. Ich bekam keinen Platz mehr und musste stehen. Ich stand an der Wand und sah sie in den Bänken sitzen, einen neben dem andern, die Göbler, Mathe-Mayer, Bio-Mayer, Hansen, den Musiklehrer …
Nur der Hansen hatte Christoph gemocht, die anderen nicht, und ich konnte sie kaum aushalten mit ihren dunklen Kleidern und diesen passenden Gesichtern dazu. Der dicke Morgenfeld bekam es sogar fertig, unglücklich auszusehen. Vor ein paar Tagen hatte er noch zu Christoph gesagt: »Das Leben wird Ihnen schon genug blaue Flecken verpassen, Sie arroganter Kerl, und weiß Gott, die gönne ich Ihnen.«
Dass er es überhaupt gewagt hatte herzukommen, nach allem, was geschehen war. Er hätte in die Schule gehen sollen, er und die anderen, vor allem die Göbler, bei der wir im letzten Jahr Deutsch hatten und die wenigstens ehrlich genug war, keine Trauermiene aufzusetzen. Niemand von denen hätte kommen dürfen, auch die Klasse nicht. »Die Meute« hatte Christoph sie genannt, obwohl sie ihn nicht gehetzt hatten, weil es nicht ging, weil sie sich nicht rantrauten. Nur Ulrike hätte dabei sein dürfen, Ulrike und ich. Aber da saßen sie und glotzten auf den Sarg, und ich biss mir die Lippen kaputt, weil ich es nicht aushalten konnte, dass sie ihn anstarrten, den braunen Sarg mit Christoph darin, und sich vorstellten, wie er aussähe, vielleicht in einem weißen Hemd und die Hände gefaltet. Ja, so war es, ich hielt es nicht aus. Ich hatte noch nicht begriffen, dass sie ihm nichts mehr antun konnten. Dass er tot war. Nein, das hatte ich noch nicht begriffen. […]

Wer die Geschichte weiterverfolgen will, kann dazu ein Buch lesen: Irina Korschunow: Die Sache mit Christoph, München: dtv 1993

»Tot müsste man sein«, hatte Christoph am Sonntagabend gesagt, bevor es passiert war. »Schluss mit dem ganzen Zoff, nicht mehr aufstehen, nicht mehr zur Schule, nicht mehr antworten auf blöde Fragen, nichts mehr zu tun haben mit dieser dreckigen Welt ...«
»Und auch keine Musik mehr hören?«, war Ulrike ihm ins Wort gefallen, mit so einer schrillen Stimme, ganz anders als sonst.
Er hatte sie angesehen und gesagt: »Ach, das ist doch alles bloß Ablenkung. Oder Ersatz.«

Q Irina Korschunow: Die Sache mit Christoph

Hat mein Leben einen Sinn?

Jugendliche haben mit vielen Problemen zu kämpfen: Schwierigkeiten in der Schule, im Freundeskreis, in der Familie, mit sich selbst. Manchmal erscheinen die Probleme so drängend und ausweglos, dass sie Depressionen* auslösen können – und das Gefühl, alles sei sinnlos. Dann werden Fragen laut, ähnlich wie bei Christoph: »Ist mein Leben überhaupt noch lebenswert? Hat es einen Sinn?« Das Gefühl von Sinnverlust führt junge und alte Menschen in einigen Fällen in den Selbstmord. Die Mehrzahl reagiert jedoch nicht so und findet andere Wege, mit großen Krisen* und der Frage nach dem Sinn des eigenen Lebens umzugehen.

Selbsttötungen bei Jugendlichen

Durch Selbstmord sterben bei uns fast so viele Jugendliche wie im Straßenverkehr. Doch darüber wird in unserer Gesellschaft kaum gesprochen, obwohl Selbstmorde im Kindes- und Jugendalter die zweit- bis dritthäufigste Todesursache sind. Allein 2002 starben in Deutschland 11.163 Menschen durch eine Selbsttötung; 774 waren jünger als 25 Jahre. Über Selbstmordversuche gibt es keine Statistik.

Nach Informationen des Jugendhilfevereins »Neuland«

1 Versetz dich in die Situation von Christoph, der über sein Leben nachdenkt. Schreibe einen Tagebucheintrag.

2 Entwickelt gemeinsam Ideen, wie und was man Christoph erwidern könnte.

3 Bist du auch schon einmal in eine Situation geraten, in der dir der Sinn deines Lebens oder sogar des Lebens überhaupt fragwürdig erschienen ist? Tauscht euch über mögliche Anlässe solcher Krisen aus. Findet ihr Gemeinsamkeiten – trotz aller Unterschiede?

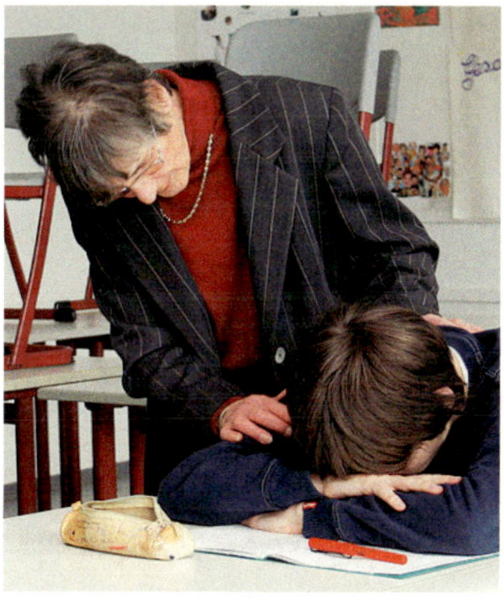

Grenzsituationen: Was tun?

Die »Thamani« ist eine Dhau – ein Segelboot mit hölzernem Rumpf und nur einem großen, dreieckigen Segel. Mit ihm fährt Hassans Onkel Touristen zum Fischen aufs Meer oder von der Insel zum Festland. Bei schwachem Wind darf Hassan manchmal das Steuer übernehmen. In solchen Momenten fühlt er sich vollkommen frei und träumt von seinem ersten großen Wettsegeln.

Oft vermissen Menschen eine Perspektive, an der sie sich orientieren können. Aber der Wunsch nach einem sinnvollen Leben, für das es sich zu leben lohnt, ist ein zutiefst menschlicher Wunsch. Was für ein Leben kann das sein?

Hassan segelt vor den Mangroven

Als der Windstoß ins Segel fährt und sich die »Thamani« bedenklich zur Seite neigt, rutscht Hassan sofort auf dem Ausleger ganz nach außen. Langsam richtet sich das Schiff wieder auf. »Das war knapp!«, ruft der 13-Jährige seinem Onkel am Steuer zu und juchzt.

Die »Thamani« ist eine Dhau, eines der schnellsten Segelboote von Lamu, Hassans Heimatinsel vor der Nordostküste Kenias. Schon mehrere Male hat die Crew von Hassans Onkel das jährliche Insel-Wettsegeln gewonnen. Leider ohne Hassan – er ist noch zu leicht. Bei starkem Wind reicht sein Gewicht nicht aus, um das Boot aufrecht zu halten. Die »Thamani« könnte kentern – und Hassan würde dann von seinem Ausleger aus in hohem Bogen ins Wasser geschleudert. Das ist erst vor kurzem geschehen, in einem Kanal. Zum Glück waren keine Haie in der Nähe. Und selbst das dort lebende Nilpferd hatte sich so erschrocken, dass es gleich in den Mangrovenwald flüchtete. Doch solche Abenteuer sind selten.

Hassan lernt fleißig, um eine höhere Schule besuchen zu können. Was er mal werden will, weiß er längst: Steuermann einer Dhau.

Q Geolino (2005)

Q *Was mir wertvoll ist? Nichts – denn es gibt keinen Sinn des Lebens!*
The Untouch, 16 Jahre

Q *Wer ein Warum zu leben hat, erträgt fast jedes Wie.*
Friedrich Nietzsche, deutscher Philosoph (1844–1900)

Q *Um glücklich zu sein, muss man ein Ziel haben. Denn es ist das Mittel, um unseren Handlungen Leben zu verleihen.*
Charles-Louis de Montesquieu, französischer Philosoph (1689–1755)

»Die Glückseligkeit in dieser Welt besteht im Fortschreiten, also kann sie niemals völlig erreicht werden; jeder Augenblick treibt uns aus dem gegenwärtigen Zustande hinaus.«
Immanuel Kant, Philosoph (1724–1804)

Seite 233, Aufgabe 1 ◄
1 Schreibe aus Hassans Sicht einen Tagebucheintrag zur Frage: »Hat mein Leben einen Sinn?« – Vergleiche ihn mit dem Tagebucheintrag Christophs und erkläre den Zusammenhang von Sinn und Ziel.

Seite 234 ◄
2 Hassan hat schon ein klares Ziel – das ist mit 13 nicht selbstverständlich. Nenne weitere Ziele, die Jugendlichen so viel bedeuten können, dass sie ihrem Leben Sinn verleihen. Beziehe in deine Überlegungen die Äußerungen von Lion, Lisa und Mark sowie das Zitat von Immanuel Kant ein.

Immer wieder geraten junge Menschen auf ihrem Lebensweg an Unverhofftes – Glücksumstände, Hindernisse, Misserfolge. Auch Hartes kann ihnen zustoßen. Es ist eine große Herausforderung, angesichts der Vielzahl von Einflüssen den eigenen Weg einzuschlagen. Herausfinden, was einem lieb und teuer ist, persönliche Ziele setzen – all dies kann helfen, das Leben lebenswert zu finden und ihm Sinn abzugewinnen.

Lebenssinn – wer kann ihn wissen?

Nichts von Bedeutung?

Vielleicht hattest du schon einmal den Gedanken, dass in Wirklichkeit alles egal ist, da wir in zweihundert Jahren alle tot sein werden. Eigentlich eine komische Idee, denn es ist nicht klar, warum aus dem Umstand, dass wir in zweihundert Jahren alle tot sein werden, folgen soll, dass nichts von dem, was wir jetzt tun, wirklich von Bedeutung ist.

Man denkt hier offenbar, dass wir uns in einer Art Tretmühle befinden, wenn wir uns für unsere Ziele abstrampeln und etwas aus unserem Leben machen, dass all dies jedoch nur dann sinnvoll ist, wenn unsere Errungenschaften von ewiger Dauer sind. Das wird jedoch nicht der Fall sein. Selbst wenn du ein großes literarisches Werk hervorbringst, das auch in tausend Jahren noch gelesen wird, irgendwann wird das Sonnensystem erkalten oder das Universum wird ausgehen oder zerplatzen, und jede Spur deiner Bemühungen wird verschwinden. Jedenfalls dürfen wir noch nicht einmal auf einen Bruchteil einer derartigen Unsterblichkeit hoffen. Wenn etwas von dem, was wir tun, überhaupt einen Sinn haben soll, dann haben wir ihn in unserem eigenen Leben zu suchen.

Warum gibt es hier überhaupt ein Problem? Wir können bezüglich der meisten Dinge, die wir tun, erklären, warum sie sinnvoll sind. Wir arbeiten, um Geld zu verdienen und uns und vielleicht unsere Familie zu ernähren. Wir essen, weil wir hungrig sind, schlafen, weil wir müde sind, gehen spazieren oder rufen einen Freund an, weil wir Lust dazu haben, lesen die Zeitung, um herauszufinden, was auf der Welt passiert. Würden wir nichts von alledem tun, so wären wir unglücklich; worin liegt also das Problem?

Es liegt darin, dass es zwar *innerhalb* des Lebens Rechtfertigungen und Erklärungen für die meisten unserer großen und kleinen Taten gibt, dass jedoch keine dieser Erklärungen den Sinn unseres *Lebens* als Ganzes angeben – des Ganzen, von dem diese Aktivitäten, diese Erfolge und Fehlschläge, Bemühungen und Enttäuschungen, Teile sind. Wenn wir über die *ganze* Sache nachdenken, so scheint sie überhaupt keinen Sinn zu haben. Von außen betrachtet wäre es ganz egal, wenn es uns überhaupt nicht gegeben hätte. Und wenn es uns einmal nicht mehr gibt, so wird es egal sein, dass es uns gegeben hat.

Q Thomas Nagel: Was bedeutet das alles? (I)

Thomas Nagel beschäftigt offenbar eine ganz andere Frage nach dem Sinn des Lebens als Christoph oder Hassan. Ihm geht es nicht so sehr darum, ob mein und dein Leben lebenswert ist, sondern ob es aus einer Perspektive außerhalb meiner selbst eine Bedeutung hat. Das Wissen, dass Menschen und sogar die ganze Menschheit sterblich sind, hat auch viele Philosophen dazu veranlasst, die Frage nach dem Sinn des Lebens grundsätzlich zu stellen. So gibt es zahlreiche unterschiedliche Antwortmodelle.

Einige Antworten

Was wäre jedoch, wenn unser Leben als Ganzes in Beziehung auf etwas Größeres einen Sinn hätte? Würde dies bedeuten, dass es schließlich doch nicht sinnlos wäre? Es gibt verschiedene Möglichkeiten, wie unser Leben einen größeren Sinn haben könnte. Wir könnten Mitglied einer politischen oder sozialen Bewegung sein, die zum Wohle künftiger Generationen die Welt verbessert. Oder wir könnten lediglich unseren Kindern und ihren Nachkommen ein gutes Leben zu sichern versuchen. Oder wir suchen den Sinn unseres Lebens in einem religiösen Kontext, so dass unsere Zeit auf Erden bloß eine Vorbereitung auf eine Ewigkeit in direktem Kontakt mit Gott sein würde.

Q THOMAS NAGEL: Was bedeutet das alles? (II)

Der Schaffner (Eisenbahngleichnis)

Wir sitzen alle im gleichen Zug
Und reisen quer durch die Zeit.
Wir sehen hinaus. Wir sehen genug.
Wir fahren alle im gleichen Zug.
Und keiner weiß wie weit.

Ein Nachbar schläft, ein andrer klagt,
ein dritter redet viel.
Stationen werden angesagt.
Der Zug, der durch die Jahre jagt,
kommt niemals an sein Ziel.

Wir packen aus. Wir packen ein.
Wir finden keinen Sinn.
Wo werden wir wohl morgen sein?
Der Schaffner schaut zur Tür herein
Und lächelt vor sich hin.

Q ERICH KÄSTNER, Schriftsteller (1899–1974)

JOSEPH WILLIAM TURNER, Regen, Dampf und Geschwindigkeit

1 Was der Sinn des Lebens sein soll, bleibt für die Menschen ein Rätsel und führt sie an die Grenzen ihres Wissens: Diskutiert die Möglichkeiten, die der amerikanische Philosoph THOMAS NAGEL als Antworten auf die Frage nach dem Sinn des Lebens aufführt.

2 Bei KÄSTNERS Gedicht handelt es sich um ein »Gleichnis«. Formuliert mit eigenen Worten, worum es geht und weshalb KÄSTNER eine Zugfahrt als »Bild« gewählt hat. – Erklärt die Rolle und das Verhalten des Schaffners.

3 TURNER hat sein Bild 1844 gemalt – zu einer Zeit, als die ersten Dampf-Lokomotiven gebaut wurden und die Menschen großes Zutrauen in den technischen Fortschritt und die Bezwingbarkeit der Natur durch den Menschen hatten. Überlegt, ob man das Gemälde als Gleichnis auffassen kann – ähnlich dem Eisenbahngleichnis von KÄSTNER.

Lebenssinn – wer kann ihn wissen?

ERNST FUCHS, Moses vor dem brennenden Dornbusch
»Und der Engel des Herrn erschien ihm in einer feurigen Flamme aus dem Dornbusch. Und Mose sah, dass der Busch im Feuer brannte und doch nicht verzehrt wurde.«
2. Mose (Exodus) 3, 2

Wenn ihr mehr über die im Bild dargestellte Situation erfahren wollt, schlagt in der Bibel nach.

»Ja, und worin liegt nun der Sinn von alledem?« – Man kann die Frage ewig weiterstellen, ohne eine letzte Antwort zu bekommen. Daher suchen viele Menschen eine endgültige Antwort im religiösen Glauben.

Worin siehst du den Sinn deines Lebens?
Ich will die Zukunft meiner Kinder sichern.

Worin liegt der Sinn des Lebens deiner Kinder?
Sie sollen die Fortdauer der kommenden Generationen sichern

Worin liegt der Sinn zukünftiger Generationen?
???

Worin liegt der Sinn der Menschheit
???

Alles Glaubenssache?

Wenn du glaubst, dass der Sinn deines Lebens darin besteht, das Gebot Gottes, der dich liebt, zu erfüllen und Ihm von Ewigkeit zu Ewigkeit ins Angesicht zu blicken, so scheint man nicht mehr weiterfragen zu können: »Und warum *das*? Hier soll man es mit etwas zu tun haben, dessen Sinn und Zweck [Ziel] in ihm selbst liegt, und das keinen Zweck außer sich selbst haben kann. […]
Es ist jedoch nur sehr schwer zu sehen, wie es so etwas geben kann. […] Wenn man Gott und seine Ziele anführt, dann erklärt man den Sinn unseres Lebens dadurch, dass wir mit diesem Gottes Plan erfüllen. Man soll dann nicht mehr weiterfragen: Worin besteht denn nun der Sinn und Zweck Gottes? Aber welche Antwort könnte unsere Sinnfragen ein für allemal zum Schweigen bringen? Doch nur eine verstehbare. Und Gott steht ja gerade für einen höheren Sinn, den wir nicht verstehen können, der aber gerade dadurch unserem Leben Wert verleiht. […]
Wenn Gott unserem Leben einen Sinn geben soll, den wir nicht verstehen können, so ist das ein schwacher Trost. „Gott" ist womöglich eine unverständliche Antwort auf eine Frage, die wir nicht loswerden können. […]
Vielleicht ist der Glaube an Gott die Überzeugung, das Universum sei verstehbar, jedoch nicht für uns.

Q Nach THOMAS NAGEL: Was bedeutet das alles? (III)

Methode: (Philosophische) Texte verstehen
Philosophische Texte sind unbequem – ständig stellen sie scheinbar Selbstverständliches in Frage und beleuchten es von verschiedenen Seiten. Dabei kann es passieren, dass am Ende das Problem nicht gelöst worden ist, dass offene Fragen bleiben. Ihr habt die Sache vielleicht tiefer durchdrungen, genauer erfasst – aber sie ist nicht aus der Welt. Denn viele philosophische Fragen überschreiten den menschlichen Verstand.
Entscheidend für das Verstehen eines philosophischen Texts ist es, sich seine Probleme – am besten schriftlich – zu verdeutlichen. Dann kann man versuchen, die Antwort, die er gibt, in eigenen Worten zu notieren. Nun gilt es, die Begründung für die Antwort nachzuvollziehen und festzustellen, welche Argumente und Beispiele verwendet werden. Es folgt die eigene begründete Stellungnahme, denn erst das eigene Nachdenken kann den philosophischen Text zum Leben erwecken.

Sinn stiftender Glaube muss nicht zwingend religiös sein. Glauben kann auch einfach bedeuten, dass man eine Idee, ein bestimmtes Ziel des Lebens für richtig und gut hält und sich dafür einsetzen will, es zu verwirklichen.

Man muss glauben, dass das Leben mit Glück und mit Sinn erfüllt werden kann.
Glauben ist überzeugt von dem, was sein könnte. Darin liegt die Beziehung von Glauben und Glück.
Glauben schafft Sinnvertrauen. – Der Glaube begründet Engagement, stiftet Haltungen und Handlungen.

Q Nach Jörg Zirfas: Lebenskunst

1 Informiert euch in der angegebenen Bibelstelle über die Beziehung zwischen Mose und Gott.

2 »Vielleicht ist der Glaube an Gott die Überzeugung, das Universum sei verstehbar – jedoch nicht für uns.« – Kläre die Bedeutung des Glaubens für die Suche nach dem Sinn des Lebens und beziehe dich dabei auf Nagels Überlegungen.

3 Finde Beispiele aus deinem persönlichen Leben oder Umfeld, wo der Glaube an »etwas« viel bewirkt hat.

Auf die große Frage nach dem Sinn des Lebens finden wir keine letzte Antwort. Der menschliche Verstand ist zu begrenzt, um auf letzte Gewissheiten zu stoßen, die seine drängenden Fragen beantworten könnten. Der Lebenssinn lässt sich möglicherweise nicht finden, aber Menschen können ihn schaffen. Dabei mag es eine Hilfe sein, an etwas zu glauben, was außerhalb des eigenen Horizonts ist. »Der Glaube versetzt Berge«, lautet eine alte Redensart: Ob vom Glauben eine so große Kraft ausgehen kann?

Grenzüberschreitungen

Alles Aberglaube?
Pendeln, Gläserrücken, … – was weißt du über diese oder andere magische* Praktiken? Erzähle deinen Mitschülern

Fragen wie die nach dem Sinn des Lebens überfordern offenbar den menschlichen Verstand. Vielleicht suchen deshalb viele Erwachsene, aber auch Jugendliche in magischen* Ritualen Antworten auf ihre Fragen. Sie glauben an einen Kontakt mit übersinnlichen Mächten, die ihnen Vergangenheit, Gegenwart und Zukunft deuten (vergleiche die Seiten 178–181).

Okkultismus* und Magie*

Informiere dich im »Kleinen Lexikon des Okkultismus: http://www.religio.de/okk/a.html

Unter Okkultismus versteht man alle geheimen Wissenschaften, die sich mit übersinnlichen, naturwissenschaftlich nicht erklärbaren Phänomenen befassen. Die Bezeichnung stammt aus dem Lateinischen und meint all das, was der bloßen Sinneswahrnehmung verborgen ist. Magische* Praktiken sind Hellsehen, Gläserrücken, Pendeln, Wahrsagerei und vieles andere. Typisch ist der Glaube an die Existenz von Geistern und übernatürlichen Mächten, die man sich dienstbar machen will. Dabei gehen die Anhänger des Okkultismus davon aus, dass die menschlichen Seelenkräfte den Gesetzen der Natur überlegen sind.
Die Magie hatte lange Zeit großen Einfluss in unserem Kulturkreis: Im Mittelalter war sie das Vorrecht von Gelehrten, die über die Kraft zu heilen, aber auch zu schaden verfügten und ihre Kräfte in magischen Ritualen entfesselten. Nachdem in der Neuzeit zunächst das naturwissenschaftliche Denken um sich gegriffen hatte, sind heute überall magische Vorstellungen und Praktiken wiedergekehrt – dort sucht man nach Heilung oder Sinnstiftung. Viele sehen darin eine Gegenströmung zum modernen wissenschaftsorientierten Denken.

Der Zauberlehrling

Hat der alte Hexenmeister
Sich doch einmal wegbegeben!
Und nun sollen seine Geister
Auch nach meinem Willen leben.
Seine Wort' und Werke
Merkt' ich und den Brauch,
Und mit Geistesstärke
Tu' ich Wunder auch. …

Q JOHANN WOLFGANG VON GOETHE (1797)

Endlich ist es so weit: Der Meister ist außer Haus und der Lehrling ergreift die Gelegenheit. Er will es seinem Meister gleichtun und Geister beschwören. Anfangs ist er guten Mutes, wie in der ersten Strophe von JOHANN WOLFGANG VON GOETHES Ballade »Der Zauberlehrling« deutlich wird. Doch bald entgleitet dem Jungen das Ganze und eine Katastrophe droht. »Die ich rief, die Geister, Werd' ich nun nicht los«, ruft er schließlich verzweifelt aus. In GOETHES Gedicht geht das Abenteuer dann doch noch glimpflich aus. Lest selbst nach, warum.

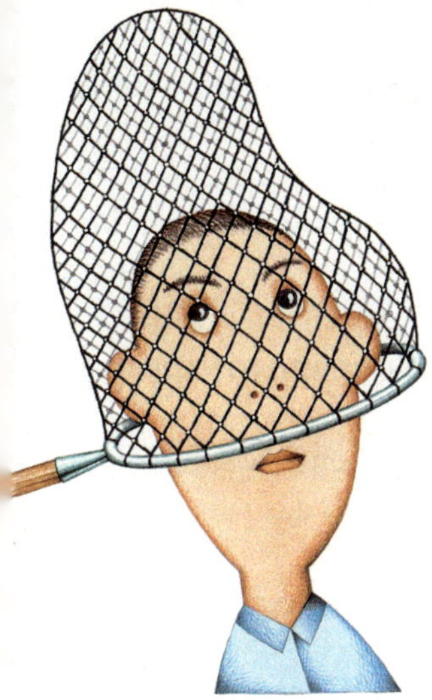

Überzeugungen eines Okkultismus*-Anhängers

- Ich kann Kontakt aufnehmen mit Verstorbenen und mit Geistern und übersinnlichen Mächten.
- Wenn ich die richtigen Rituale anwende, kann ich Geister und übersinnliche Mächte in meinen Dienst stellen.
- Es gibt Menschen, die die Fähigkeit haben, die Zukunft vorauszusagen.

1 Besuche eine Buchhandlung und verschaffe dir einen Überblick über die Abteilung Esoterik*.

2 Finde eine Erklärung für die zunehmende Wiederkehr von Okkultismus* und Magie* seit Ende des 20. Jahrhunderts.

»Wenn Magie und Okkultfaszination im Denken und Handeln eines jungen Menschen ein vorherrschendes und dauerhaftes Gewicht bekommen haben, ist seine Welt verzaubert.«
DIETLIND FISCHER: Horoskope, Heilsteine und Feng-Shui

3 In GOETHES Ballade geht das Abenteuer gut aus, weil der Zaubermeister die Situation unter seine Kontrolle bringt. Sprecht gemeinsam darüber, ob die Begegnung mit magischen Praktiken im wirklichen Leben auch immer so glimpflich verläuft.

4 Diskutiert, welche Auswirkungen okkultistische Überzeugungen und Praktiken auf das Leben von jungen Menschen haben können.

Auf der Suche nach Sinn sind Menschen auch bereit, Grenzen zu überschreiten. Dabei kann es passieren, dass sie sich selbst verlieren und die Sinnstiftung anderen überlassen, anstatt sie selbst wahrzunehmen. Dann droht die Gefahr, die eigene Freiheit und Verantwortung aufzugeben.

Lebensziel Glück

Glück ist, wenn …

Hector ist Psychiater. Er ist traurig, denn er hat es in seinem Beruf mit vielen unglücklichen Menschen zu tun. So begibt er sich auf eine Weltreise, um nach dem Geheimnis des Glücks zu suchen. Auf dem Weg durch China bittet er in einem abgelegenen Kloster einen alten Mönch um Antwort. Doch dieser gibt ihm lachend eine Aufgabe auf: Auf seiner weiteren Reise soll Hector viele Glücksvorstellungen sammeln und notieren.

Lektion Nr. 1	Vergleiche anzustellen ist ein gutes Mittel, sich sein Glück zu vermiesen.
Lektion Nr. 2	Glück kommt oft überraschend.
Lektion Nr. 3	Viele Leute sehen ihr Glück nur in der Zukunft.
Lektion Nr. 4	Viele Leute denken, dass Glück bedeutet, reicher oder mächtiger zu sein.
Lektion Nr. 5	Manchmal bedeutet Glück, etwas nicht zu begreifen.
Lektion Nr. 6	Glück, das ist eine gute Wanderung inmitten schöner unbekannter Berge.
Lektion Nr. 7	Es ist ein Irrtum zu glauben, Glück wäre das Ziel.
Lektion Nr. 8	Glück ist, mit den Menschen zusammen zu sein, die man liebt.
Lektion Nr. 9	Glück ist, wenn es der Familie an nichts mangelt.
Lektion Nr. 10	Glück ist, wenn man eine Beschäftigung hat, die man liebt.
Lektion Nr. 11	Glück ist, wenn man ein Haus und einen Garten hat.
Lektion Nr. 12	Glück ist schwieriger in einem Land, das von schlechten Leuten regiert wird.
Lektion Nr. 13	Glück ist, wenn man spürt, dass man den anderen nützlich ist.
Lektion Nr. 14	Glück ist, wenn man dafür geliebt wird, wie man eben ist.
Anmerkung	Zu einem lächelnden Kind ist man freundlicher (sehr wichtig).
Lektion Nr. 15	Glück ist, wenn man sich rundum lebendig fühlt.
Lektion Nr. 16	Glück ist, wenn man richtig feiert. Frage: Ist Glück vielleicht einfach eine chemische Reaktion im Gehirn?
Lektion Nr. 17	Glück ist, wenn man an das Glück der Leute denkt, die man liebt.

Q FRANÇOIS LELORD: Hectors Reise (I)

Lesetipp

FRANÇOIS LELORD: Hectors Reise oder die Suche nach dem Glück, München: Piper Verlag 2004 (ein philosophisches Märchen – nicht nur für Erwachsene)

Ist Glück machbar?

Für den griechischen Philosophen ARISTOTELES (384–322 v. Chr.) ist das letzte Ziel alles menschlichen Handelns die Glückseligkeit. Darunter versteht er keinen zufällig eintretenden Glücksfall, auch

keinen harmonischen Dauerzustand. Vielmehr ist Glückseligkeit gebunden an das Tätigsein des Menschen: eine ständige Herausforderung für den Einzelnen: »Das Glück ist kein Zustand (der Ruhe), denn sonst könnte es auch dem gehören, der ein Leben lang schläft, der das Leben einer Pflanze lebt.«
Aristoteles: Nikomachische Ethik

Ein Rezept für das Glück?

Am Ende seiner Reise trifft Hector den Mönch noch einmal und präsentiert ihm seine Liste.

Er las das Notizbüchlein zu Ende, schaute noch einmal auf die Liste und sagte: »Sie haben wirklich gute Arbeit geleistet. All Ihre Lektionen sind gut. Ich habe nichts hinzuzufügen.
Hector freute sich, aber gleichzeitig war er ein wenig enttäuscht. Er hatte erwartet, dass ihm der alte Mönch noch ein paar andere Lehren geben würde oder vielleicht eine schöne Theorie über das Glück. [...]
Hector hatte schon die ganze Zeit Lust gehabt, ihm eine Frage zu stellen, und so brachte er sie jetzt vor: »Als wir uns das erste Mal sahen, haben Sie mir gesagt: Es ist ein Irrtum zu glauben, Glück wäre das Ziel. Ich bin nicht sicher, ob ich das richtig begriffen habe.«
»Ich meinte so ein Ziel, wie ihr es in eurer Kultur immer so schön abzustecken wisst; dadurch habt ihr ja übrigens so viele interessante Dinge vollbracht. Aber Glück gehört nicht in diese Kategorie. Wenn Sie es sich abstecken, werden sie es mit großer Wahrscheinlichkeit verfehlen. [...]«
»Möchten Sie damit sagen, dass die besten Lehren nicht für alle Menschen gleich gut sind?«
Der alte Mönch schaute Hector an und sagte: »Erzählen Sie denn jedem Patienten das Gleiche?«
Hector überlegte ein wenig und antwortete dann, so sei es nicht, es hänge von ihrem Charakter ab und davon, ob sie jung oder alt waren und ob sie großes Unglück erlebt hatten oder nicht.
»Nun, sehen Sie«, sagte der alte Mönch, »das ist ein und dieselbe Sache.«
François Lelord: Hectors Reise (II)

1 Erstelle eine eigene Glücksliste nach deinen persönlichen Vorstellungen.

2 Fasse die Lehre des Mönchs in Worte. Erläutere, inwiefern sie ein Appell an die Verantwortung des Einzelnen ist.

Seite 242 ◄ **3** Verdeutliche, welche Herausforderung Aristoteles' Bestimmung des Glücks für die Lebensgestaltung jedes Einzelnen darstellt.

Mit zunehmenden Freiheiten fangen die Probleme der Lebensgestaltung erst an. Für ein sinnvolles und glückliches Leben gibt es kein Rezept. Jeder – auch du – ist vor die (oft schwierige) Aufgabe gestellt, es für sich selbst zu (er)finden. Daher muss der freie Mensch sein Handeln verantworten – vor sich selbst und vor den anderen.

Glücksvorstellungen – hier und dort

Vorstellungen vom Glück – wie kommen sie zustande? Sicher ist, dass sich Glücksdefinitionen mit dem politischen, sozialen, wirtschaftlichen und kulturellen Umfeld verändern. Und so dürfte eine Suche nach Glück in verschiedenen Kulturen neben Gemeinsamkeiten auch Unterschiede ergeben. In einem literarischen »Brief« lässt der Reiseschriftsteller Hans Paasche den Afrikaner Lukanga Mukara eine Sicht des Glücks formulieren, die sich erheblich von der der Mitteleuropäer unterscheidet.

Die Sungu und das Glück

Ich ging einem großen Rauch nach und kam in einen Trupp von Leuten, die denselben Weg gingen. Es waren Männer und Frauen, die alle nicht froh aussahen. Ich fragte einen jungen Sungu [Europäer], weshalb er so schnell gehe, ob es da, wo er hingehe, etwas Schönes zu sehen gäbe? Er lachte spöttisch und unfreundlich und sagte, er gehe zur Arbeit und wenn er zu spät komme, schelte »der Alte«. Und der Eilige hatte nicht Zeit, mit mir weiter zu sprechen.
Es gibt überhaupt keinen Sungu, der es nicht eilig hat. Jeder hat immer etwas vor und jetzt weiß ich auch, weshalb der Sungu, der Kitara [Fantasieland in Afrika] bereiste, die Männer oft fragte: »Was arbeitest du?« Und weshalb er sich erregte, wenn er die Antwort bekam: »Tinkora mlimo mingikala.« – »Ich arbeite nicht; ich bin vorhanden.« Das erboste ihn, weil es in Deutschland keinen Mann gibt, der ohne Arbeit zufrieden sein dürfte; es sei denn, er habe viel Geld. Sie arbeiten alle, weil sie Geld haben wollen. Und wenn sie Geld haben, benutzen sie es nicht dazu, sich Glück zu verschaffen, was ja nichts kosten würde, sondern sie lassen sich von anderen, die Geld gewinnen wollen, einreden, sie müssten, um glücklich zu sein, alle möglichen Dinge kaufen. Dinge, die ganz unnütz sind und da gemacht werden, wo der Rauch aufsteigt.
Ich glaube, ein Mann, der mit wenigem auskommt und nichts kauft, ist in Deutschland nicht angesehen. Ein Mann aber, der sich mit tausend Dingen umgibt, die er aufbewahren, beschützen, verschließen und reinigen, ja, die er täglich ansehen muss, der gilt etwas. Und solch ein Mann kann doch zu nichts Rechtem Zeit haben, er kann auch nichts Nützliches tun. Er wird immer auf seinen Sachen sitzen müssen, anstatt in die Welt hinauszugehen und Lieder kennenzulernen.

Q Lukanga Mukara: Briefe aus Kitara (1912/13)

Fachübergreifend (Geografie, Politik): Arm, aber glücklich?

Kirsten Resch arbeitete im Auftrag der Organisation »Ärzte ohne Grenzen« ein Jahr lang in Indien. Durch das extreme Klima stieß sie an ihre Grenzen: »Entweder man hat das Gefühl davon zu fließen oder man muss schauen, wie man bei 5 Grad Celsius ohne Heizung zurechtkommt.« Dennoch bedeutet die Zeit in Indien für die Ärztin eine große persönliche Bereicherung. Der Aufenthalt habe sie ausgeglichener gemacht und sie habe das Gefühl intensiver Erfüllung erlebt, berichtet sie. In dieser »abgelegenen Welt«, wie Resch die Provinz Assam bezeichnet, völlig losgelöst von materiellen Werten, bekomme man den Blick für das Wesentliche. »Ich habe noch nie in meinem Leben so viel gelacht.« Besonders glücklich ist die Ärztin darüber, dass es ihr gelang, viele nationale Helfer dazu zu motivieren, sich um ihre eigenen Leute zu kümmern. »Die Arbeit hat enorm viel Spaß gemacht, weil ich den Leuten viel beibringen konnte. Es hat mich sehr berührt, zu sehen, wie das Engagement der Einheimischen füreinander immer größer wurde.«

So bleiben trotz Armut und Leid gute Erinnerungen an die Zeit in Indien. »Ich habe die Menschen dort als sehr glücklich in Erinnerung, viel glücklicher als die Menschen hier.« Meist war der Dank, den sie für ihre Arbeit bekommen hat, ein Lächeln – bei der schüchternen Mentalität der Menschen in Assam ein großer Vertrauensbeweis.

- Sucht nach Erklärungen, warum Kirsten Resch und ihre indischen Kollegen trotz der schwierigen Lebensbedingungen ein hohes Maß an Zufriedenheit und Glück ausstrahlen.
- Diskutiert, ob Menschen unter materiell schwierigen Bedingungen »Glück« anders empfinden als wenn sie wohlhabend sind.

1 Fasst zusammen, wie der Afrikaner Lukanga uns Europäer (Deutsche) beschreibt und welches Glücksideal er selbst (bzw. sein Volk) vertritt. Könnt ihr seiner Kritik zustimmen?

2 Die Geschichte über den türkischen Eulenspiegel verdeutlicht, wovon menschliches Glücksempfinden abhängt und dass es sehr relativ ist. Erkläre beides, auch anhand eigener Erlebnisse.

3 Erläutert die Fotos und Materialien dieser Seite. Informiert euch dabei auch über die unterschiedlichen Lebensbedingungen der Menschen – hier in Europa und »dort« in Afrika oder Asien.

→← Während in den westlich geprägten Kulturkreisen die Vorstellung von Glück sehr stark auf das Individuum – seine Bedürfnisse und Wünsche – konzentriert ist, wird das Glück in vielen afrikanischen Kulturen in eine enge Beziehung zur umgebenden Gemeinschaft (Gesellschaft) gerückt. Auch in vielen asiatischen Ländern ist das individuelle Glück ohne Gemeinschaft mit anderen nicht vorstellbar, denn traditionell erfordern die Lebensbedingungen das Zusammenleben in großen Familienverbänden.

»Wie im Paradies«

Eine arme Frau, die in einem Vorort von Ak-Schehir eine elende Hütte bewohnte, kam eines Tages zu Nasreddin und erbat sich seinen Rat. »Mein Mann, meine fünf Kinder und ich«, jammerte sie, »sind in unserem einzigen Raum schrecklich schlecht dran. Was könnten wir nur tun, um unsere Lage zu verbessern?« Der Hodscha dachte einen Augenblick nach, dann rief er: »Trage deine Hühner ins Zimmer!« Die Frau blickte ihn erstaunt an: »Ich will es tun, Meister Hodscha.« Am nächsten Tag: »Jetzt ist es noch viel schlimmer.« – »Nimm deine Hasen herein!« – »Es wird immer ärger.« – »Hole den Hund zu dir!« – »Es ist fürchterlich.« – »Dann zögere nicht länger und nimm auch noch den Ziegenbock dazu!« – »Hodscha, bei uns geht es wie in der Hölle zu.« Wiederum überlegt Nasreddin, dann erklärte er: »Trage die Hühner wieder hinaus!« – »Nun ist es etwas besser, Herr« – »Nimm die Hasen fort!« – »Wir haben es bequemer.« – »Lasse den Hund wieder draußen schlafen!« – »Es wird immer leichter.« – »schaffe dir den Ziegenbock vom Hals!« – »Hodscha, jetzt ist es bei uns wie im Paradies!«

Volkstümliche Erzählung über den türkischen »Eulenspiegel« Mullah Nasreddin

Welchen Vorbildern folgen?

Viele Jugendliche in Deutschland streben nach Konsum, Karriere und privatem Glück. Sie orientieren sich dabei verstärkt an Idolen, haben Forscher der Universität Siegen herausgefunden. Bei Mädchen stehen demnach – neben Sängerinnen aus den Hitparaden – die eigenen Mütter als Vorbilder vorne. Bei den Jungen dienen nicht Popstars und Mütter als Vorbilder, sondern eher erfolgreiche Sportler – ihre Väter folgen mit deutlichem Abstand.

Für den Erfolg leben

»Ich wollte mich gerade auf mein Fahrrad schwingen, als eine Frau mittleren Alters auf mich zugeschossen kam und mich am Arm festhielt. Ich dachte zuerst, ich hätte irgendeine Verkehrsregel missachtet oder einen Rentner angerempelt, aber da fragte sie mich, ob sie ein Polaroid von mir machen dürfe.«
Dass die Frau ein »Model-Scout« sein könnte, hätte die siebzehnjährige Karen nicht gedacht. Irritiert und unsicher stimmte sie den Aufnahmen zu, ohne zu ahnen, was sich daraus ergeben wird. […]
Karen kann es nicht fassen, dass gerade sie, so »dünn und bleich«, mit »Minibrüsten« und »Haaren voller Spliss«, zum Model geeignet sein soll. Doch sie erfährt, dass die Agentur mit ihr einen »neuen Typ« aufbauen möchte. […] Dieser Typ, prophezeien ihr die Mitarbeiter der Agentur, sei »ganz stark im Kommen.«
Doch Karen ist skeptisch: »War es nicht ziemlich idiotisch, sich ein neues Outfit aufs Auge drücken zu lasen, nur weil irgendjemand sich das so ausgedacht hatte?« Doch die Neugier und der Wunsch nach Erfolg und Berühmtheit sind größer als die Bedenken. Sie stimmt den Plänen der Agentur zu. Eine rasende Karriere beginnt.
Karen weiß sich bald vor Aufträgen nicht mehr zu retten. Überall scheint der neue Typ in der Modebranche gefragt. Für die Schule, ihre Eltern und für ihren Freund Robin bleiben kaum noch Zeit. Hotels in München, Paris, Milano – Visagisten, Probeaufnahmen, und immer wieder die Agentur. Mit ihr muss Karen jeden Schritt genau absprechen, bei ihr hat sie sich täglich zu melden, von ihr erfährt sie, ob Termine angenommen oder abgesagt werden.
Trotz dieser Erfolge fühlt sie sich immer öfter einsam. Dennoch macht sie weiter. Doch dann schlägt ihr die Agentur eine Schönheitsoperation vor, um ihre Chancen auf dem Markt noch weiter zu verbessern.

Q SUSANNE FÜLSCHER: Schöne Mädchen fallen nicht vom Himmel

Sinnvoll für andere leben

Nicht nur Jugendliche orientieren sich an Vorbildern, wie eine Umfrage der Illustrierten »Stern« unter Bundesbürgern aller Altersklassen bestätigt. In der Rangliste erscheinen Namen von Idolen des Erfolgs wie MICHAEL SCHUMACHER, ROBBIE WILLIAMS und MADONNA. »Doch, wenn es um echte Vorbilder geht, scheint mehr gefragt als Fahrstil und Stimme. Unter den Top Ten [...] finden sich fünf Männer und Frauen, die mit dem Friedensnobelpreis geehrt wurden, darunter ALBERT SCHWEITZER, MARTIN LUTHER KING und MICHAIL GORBATSCHOW – Ikonen des Friedens, Selige, Ideale. Ganz oben jedoch steht jemand, der nicht täglich über den Bildschirm flimmert, sondern eine, die manchmal gern davor sitzt – Mama. Wer hätte das gedacht? Die eigene Mutter ist das Vorbild der Deutschen. Die andere, Mutter Teresa, belegt Platz zwei.«

Fotos, von links nach rechts:

ALBERT SCHWEITZER, deutscher Theologe, Philosoph und Arzt im afrikanischen Lambarene/Gabun (1875–1965); MARTIN LUTHER KING, afroamerikanischer Baptisten-Pfarrer und Bürgerrechtler (1929–1968); MICHAIL GORBATSCHOW, ehemaliger sowjetischer Präsident und Reformer (geboren 1931); MUTTER TERESA, katholische Ordensfrau in Indien, Friedensnobelpreis-Trägerin (1910–1997)

1 Tauscht euch aus: Habt ihr einen Star als Vorbild? Wer ist es? Was ist an ihm oder ihr vorbildlich?

2 Schildert Karens Erfahrungen als Star. Überlegt, inwieweit sie glücklich ist.

3 Besprecht: Würdet ihr euch – wie Karen – für ein Leben als Star entscheiden und auch noch die Schönheitsoperation machen lassen?

4 Welche Eigenschaften hat ein Mensch, der für euch ein Vorbild sein könnte?

5 Informiert euch genauer über das Leben und die Ideale der abgebildeten Menschen, die für viele Vorbilder in der Lebensführung sind.

6 Gestaltet in Gruppen eine Collage aus Illustrierten und Tageszeitungen, die gesellschaftliche Leitbilder von Glück und Sinn heute zeigt.

→← Vorbilder und Idole spielen für viele Menschen eine große Rolle, da sie sich auf der Suche nach Glück und Lebenssinn an Menschen orientieren, die etwas Besonderes erreicht oder geleistet haben. Solche Vorbilder verkörpern häufig auch Ideale, die viele ansprechen. Bei den meisten Menschen stehen »klassische Vorbilder« in höherem Ansehen als erfolgreiche Stars und Idole aus Film, Sport und Musik – das Leben dieser Vorbilder gilt als besonders sinnvoll und wird daher auch für nachhaltig glücklich gehalten.

Die Hoffnung ist eine Hauptnahrung für den Lebenswillen, sie verleiht diesem Kräfte, jeglicher Schwierigkeit zum Trotz, gewünschten und erreichbaren Möglichkeiten, die in näherer oder weiterer Zukunft liegen, entgegenzustreben.
Nach Ernst Bloch, Philosoph (1885–1977)

Sind deine Hoffnungen auch schon mal enttäuscht worden? Oder ist dir einmal etwas passiert, das alle Hoffnungen übertroffen hat? Ernst Bloch hat die Bedeutung der Hoffnung für den Menschen in seinem Zitat zum Ausdruck gebracht. Denke einmal darüber nach, was für dich »Hoffnung« bedeutet, was es bedeuten kann, die Hoffnung zu verlieren oder gar ohne jede Hoffnung zu sein. Und vor allem: Worauf hoffst du selbst?

Christianes Hoffnung

Schon im Hausflur kann Christiane (17) den abgestandenen Qualm riechen, als sie nach Hause kommt. Sie klingelt. Ihr kleiner Bruder Timm macht auf. Dicker Zigarettenrauch hängt in der Luft der engen 2-Zimmer-Wohnung. Christiane bekommt kaum noch Luft. Panik. Sie stürzt ans Fenster und reißt es auf. Nach zehn Minuten beruhigt sich ihre Lunge. »Christiane, mach das Scheißfenster zu. Es zieht!«, brüllt ihre Mutter aus der Küche. »Mama, bitte«, fleht Christiane. »Ich bekomme doch bei dem Rauch keine Luft.« – »Ah, unsere Prinzessin will mal wieder eine Extrawurst gebraten haben.« – »Du weißt, ich bin krank. Aber dir ist das total egal.« – »Ganz recht. Und mach jetzt endlich das Fenster zu.« Christiane weint. – »Passt dir hier was nicht? Dann hau doch ab!«
Genau das hat Christiane getan. Mit Unterstützung des Jugendamtes hat sie ein Zimmer im Sonnenhof bekommen, einem Berliner Hospiz für schwerst- und unheilbar kranke Kinder, Jugendliche und junge Erwachsene. Manche von ihnen verbringen hier die letzten Wochen ihres Lebens. Aber vor allem will man im Sonnenhof den Kranken und ihren Angehörigen die Möglichkeit geben, Kraft zu tanken. Wie auch Christiane, die an Mukoviszidose leidet, einer unheilbaren Lungenkrankheit.
In ihrer ehemaligen Schule, erinnert sie sich, verstanden ihre Kumpels nicht, dass sie nicht rauchen darf und »wie schwierig es für mich ist, ein halbwegs normales Leben zu führen.« Oder einfach nur ganz normale Teenagerträume zu haben. Christiane würde so gerne Schauspielerin werden – aber sie weiß, dass ihr dafür nicht viel Zeit bleibt. Christiane weiß: »Vor 20 Jahren sind Menschen mit Mukoviszidose nicht älter als 16 geworden. Heute schafft man die 30, wenn man seine Lungen schont. Und den Therapieplan einhält.« Vor kurzem hat sie gelesen, dass ein 42-jähriger Muskoviszidose-Patient beim Köln-Marathon mitgelaufen ist, was ihr Mut gemacht hat. »Ich habe nicht vor, schon zu sterben. Ich werde die älteste Mukoviszidose-Patientin, die Deutschland je gesehen hat«, gibt sie sich kämpferisch. Doch ihre Betreuer wissen, dass es ihr oft schlechter geht als sie zugibt. Vor allem, wenn sie sich nach ihrer Mutter sehnt. Christianes Hoffnung: »Dass meine Mutter einmal sagt, dass sie mich liebt.«

Q Nach Sandra Adler: »Ich bin todkrank, meiner Mutter ist das egal«

Kinder in Not

Jährlich veröffentlicht UNICEF, das Kinderhilfswerk der Vereinten Nationen, einen ausführlichen Bericht über die Lage der Kinder in der Welt. Seine Zahlen dokumentieren das Ausmaß von Krankheiten, Gesundheitsschäden, Bildungsnot und Heimatlosigkeit von Millionen Kindern und Jugendlichen.

Kind landloser Bauern in Brasilien.
Viele von ihnen leben in Behelfslagern abseits der Straßen. Sie hoffen, irgendwann eine unbewirtschaftete Farm besetzen zu können.

Elternlos aufwachsen in Indien – nur ein Einzelschicksal?

1 Versucht, euch in Christiane hineinzuversetzen und zu analysieren: Worauf kann sie hoffen?

2 Fragt euch, wie viel Hoffnung auf Verständnis sich Christiane in ihrer alten Schulklasse machen durfte und wie das in eurer Klasse aussehen würde.

3 Betrachtet die Fotos: Was werden die Kinder wohl empfinden? Sprecht darüber, was den Kindern und Jugendlichen Hoffnung machen könnte.

4 Erläutert an Beispielen, inwiefern die Hoffnung auf etwas eine Voraussetzung sinnvoller Lebensgestaltung ist. Bezieht den Ausspruch Blochs ein. Berücksichtigt auch, inwieweit die berechtigte Hoffnung eines Einzelnen andere in die Pflicht nimmt.

Lesetipp

Ernst Tugendhat, Celso López, Ana María Vicuña: Wie sollen wir handeln? Schülergespräche über Moral, Stuttgart: Philipp Reclam jun. 2000, insbesondere S. 161–173

»s' ist Krieg! s' ist Krieg!
O Gottes Engel wehre,
Und rede du darein!
s' ist leider Krieg – und ich begehre
Nicht schuld daran zu sein«!
MATTHIAS CLAUDIUS: Kriegslied (1778)

Seiten 66/67 ◄

Die Geschichte der Menschen ist, soweit wir uns erinnern können, durch Kriege bestimmt worden – und wird es noch heute. Trotz der Erfahrungen mit den schrecklichen Folgen des Kriegs versuchen Gruppen und Länder auch heute, Konflikte mit kriegerischen Mitteln zu lösen. Am meisten leiden darunter die Kinder: Sie werden aus ihrem Zuhause vertrieben, erfahren, dass Nachbarn plötzlich zu Feinden werden, sind Zeugen von Gewalt und blutigen Massakern. Nicht selten erleben sie, wie nahe Angehörige gefoltert oder getötet werden. Oft werden sie selbst Opfer von Gewalt. Wie kommt es, das immer wieder Menschen anderen Menschen Böses antun? Liegt es an der menschlichen Natur – und wir müssen uns damit abfinden?

Hoffen auf eine friedliche Welt – aussichtslos?

1

2

3

Fotos von 1–3:
Bosnisches Flüchtlingskind (1994);
Tutsi-Flüchtlingskind aus Ruanda (1995);
vertriebene Kinder in Afghanistan (1996)

Prominente wie die Schauspielerin MICHAELA MAY setzen sich für neue SOS-Kinderdörfer ein – hier in Port Elizabeth (Südafrika).

»Die Hoffnung ist die Erkenntnis, dass das Böse in uns endlich ist und dass die geringste Hinwendung der Seele auf das Gute, dauerte sie auch nur einen Augenblick, ein wenig des Bösen austilgt, und dass, im geistigen Bereich, jedes Gute unfehlbar Gutes erzeugt.«
SIMONE WEIL, französisch-jüdische Philosophin (1909–1943)

»Nicht ›Nie wieder Krieg‹, sondern ›Nie wieder Diktatur‹ oder ›Nie wieder Auschwitz‹ lautet die richtige Schlussfolgerung aus den Völkermorden des 20. Jahrhunderts, die durch frühzeitiges militärisches Eingreifen – und sei es nur die Bombardierung der zu den Vernichtungsstätten führenden Bahnlinien – hätten verhindert werden können.«
HANS CHRISTOPH BUCH, Schriftsteller (2003)

Wofür ich gelebt habe

Drei einfache, doch übermächtige Leidenschaften haben mein Leben bestimmt: das Verlangen nach Liebe, der Drang nach Erkenntnis und ein unerträgliches Mitgefühl für die Leiden der Menschheit. Gleich heftigen Sturmwinden haben mich diese Leidenschaften bald hier, bald dorthin geweht, in einem launenhaften Zickzackkurs über ein Weltmeer von Qual hinweg bis zum letzten Rand der Verzweiflung. […]
Liebe und Erkenntnis, soweit sie erreichbar waren, führten empor in himmlische Höhen. Doch stets brachte mich das Mitleid wieder zur Erde zurück. Widerhall von Schmerzensgeschrei erfüllt mein Herz: Verhungernde Kinder, gefolterte Opfer von Unterdrückern, hilflose alte Menschen, ihren Kindern zur verhassten Bürde geworden – die ganze Welt der Verlassenheit, der Armut, des Leids, all das ist ein hohnvolles Zerrbild dessen, was Menschenleben eigentlich sein soll. Es verlangt mich danach, dem Übel ein Ende zu setzen, allein ich vermag es nicht, und so leide auch ich.

Q BERTRAND RUSSELL, englischer Philosoph (1872–1970)

Fachübergreifend (Geschichte, Geografie, Politik): Kriege ohne Ende?
Informiere dich über die Kriege, die die Kinder auf den Fotos dieser Doppelseite erlebt haben. Gehe dazu in die Bibliothek oder ins Internet. Dabei kannst du nachforschen, in welchen Ländern heute Kriege geführt werden.

- Vergleiche die Hoffnung, von der SIMONE WEIL spricht, mit der Hoffnung Christianes (S. 202). Wo siehst du Gemeinsamkeiten, wo Unterschiede?
- Denke mit deinen Mitschülern darüber nach, wie das Mitleid, das BERTRAND RUSSELL empfindet, und die Hoffnung auf das Gute zusammenhängen.
- Diskutiert die Hoffnung auf eine friedliche Welt: Was müsste sich ändern, damit sie nicht aussichtslos bleibt?

Fern in den Wolken
Verhallt die Klage.
Bittere Tränen trocknet der Wind.
Und aus Kränzen stiehlt sich
Die zitternde Frage:
Wohin sie gegangen sind.
Q JOACHIM RINGELNATZ

Wohin gehen die Toten?
Was glaubst du?
Tauscht euch über eure
Vorstellungen aus.

Darstellung des Jüngsten Gerichts (1493)

Seiten 126–169 ◄
(Religionen)

Bleibt etwas von uns nach dem Tod?

Wäre das Leben ein Videospiel, dann hätte der Tod nichts Beängstigendes. Man hätte ja mehrere Leben und könnte jederzeit ein neues Spiel starten. Manch einer tröstet sich mit dem Glauben an ein Leben nach dem Tod. In den Religionen sind unterschiedliche Vorstellungen von einem Leben nach dem Tod oder vom Kreislauf einer Wiedergeburt verbreitet – sie alle gründen in der Überzeugung, dass mit dem Tod nicht alles zu Ende sei. Allein die Aussicht darauf erfüllt viele Menschen mit Hoffnung. – Wäre denn unser Leben ohne ein Leben nach dem Tod sinnlos?

In Deutschland glauben 31 Prozent aller Jugendlichen an ein Leben nach dem Tod. Der Anteil von Jugendlichen, die an ein solches Weiterleben glauben, ist unter Muslimen deutlich höher. Die Mehrzahl der Befragten setzt auf den Tod als absolutes Ende ihres Lebens.
Nach der Shell-Jugendstudie 2000

Raubt der Tod dem Leben seinen Sinn?

Der Sinn des Lebens umfasst sogar den Sinn des Leidens und des Todes. Wir haben nicht nur die Möglichkeit, unserem Leben durch schöpferische Akte, Natur- und Kulturerlebnisse oder die Erfahrung von Liebe einen Sinn zu geben; nicht nur, indem wir schaffen und lieben, können wir das Leben sinnvoll gestalten: sondern auch indem wir leiden, durch die Art, wie wir unserem Schicksal begegnen und wie wir das Leiden auf uns nehmen. […]
Doch nicht nur durch das Leiden, auch durch den Tod wird der Sinn des Lebens bedroht. Vernichtet der Tod nicht jeglichen Sinn? Keinesfalls. Die Menschen scheinen zu vergessen, dass das Vergangene nicht verloren ist, sondern, ganz im Gegenteil, aufgehoben und vor der Vergänglichkeit bewahrt. Normalerweise schaut der Mensch nur auf das Stoppelfeld der Vergänglichkeit, und er übersieht die Kornspeicher der Vergangenheit, in denen ein für alle Mal lagert, was er erreicht hat – sei es durch schöpferische Akte, durch die Liebe oder durch das richtige Erleiden dessen, was er nicht ändern noch verhindern konnte. Gewesen zu sein ist auch eine Art zu sein, und vielleicht die sicherste. Und alles, was jemand in seinem Leben vollbracht hat, kann aus dieser Sicht als ein Bergen [Konservieren] – durch Verwirklichen! – von Möglichkeiten erscheinen. Gewiss, Zeit, die vergangen ist, lässt sich nicht zurückrufen; aber was in ihr geschehen ist, ist unangreifbar und unverletzlich geworden.

Q VIKTOR FRANKL: Sinn des Lebens

»Nutze die Zeit!«

Der griechische Philosoph EPIKUR (341–271 v. Chr.) fordert dazu auf, die Furcht vor dem Tod zu überwinden und stattdessen das Leben in allen seinen Facetten zu genießen. Sein Wahlspruch ist: »Nutze die Zeit!«

Gewöhne dich an den Gedanken, dass der Tod uns nichts angeht. Denn alles Gute und Schlimme beruht auf der Wahrnehmung. Der Tod aber ist der Verlust der Wahrnehmung. Darum macht die rechte Einsicht, dass der Tod uns nichts angeht, die Sterblichkeit des Lebens genussreich.

Q EPIKUR: Brief an Menoikeus

1 Tragt die unterschiedlichen Hoffnungen zusammen, die dem Tod das Furchterregende nehmen sollen. Worauf hoffen die Anhänger eines Lebens nach dem Tod? Worauf setzt VIKTOR FRANKL und worauf EPIKUR?

2 Diskutiert: Muss man resignieren ohne Aussicht auf ein Leben nach dem Tod? Bezieht die oben vorgestellten Gedanken in eure Überlegungen ein.

Seiten 204/205

Hoffen und Tun hängen miteinander zusammen. Wer ohne Hoffnung ist, sieht keine Chance, etwas zu tun und versinkt in Teilnahmslosigkeit. Schon das kleinste Fünkchen Hoffnung kann Kräfte wecken und Mut machen. Oft sind moralische Gefühle wie das Mitleid Antriebsfedern, etwas zu tun und die Hoffnung nicht aufzugeben.
Ob es ein Leben nach dem Tod gibt? Für die einen ist der Sinn des Lebens an die Hoffnung auf Weiterexistenz gebunden; andere, die das Leben ebenso wertschätzen, bedürfen keiner solcher Hoffnung.

Ob das Leben an sich einen Sinn hat, ist eine unbeantwortbare Frage. Anders liegt der Fall beim individuellen Leben. Manche sagen, es sei sinnlos, weil jedes Menschenleben endlich ist. Aber jeder Mensch hinterlässt Spuren seines Tuns. Das gibt seinem Leben einen Sinn. Welchen? – Das hat jeder in seiner Hand; dafür bist du verantwortlich.

AUGUSTE RODIN, Der Denker (1904)

Die Frage der Fragen

In der kommenden Welt wird man mich nicht fragen: Warum bist du nicht Mose gewesen? – Man wird mich fragen: Warum bist du nicht Sussja gewesen?

Q Nach dem polnischen Rabbi SUSSJA (1718–1800)

Infobox Sinn

- Seinem Leben einen Sinn geben wollen, heißt: ein Ziel anstreben, sich dafür entscheiden und entsprechend handeln.
- **Entscheidung** heißt, an einem Scheideweg eine von mehreren möglichen Richtungen auszuwählen.
- **Risiken** stecken in jeder Entscheidung und in allem zielstrebigen Handeln: Erst dann, wenn das Ergebnis vorliegt, steht fest, ob die Entscheidung richtig war.
- **Chancen** sind günstige Gelegenheiten, die im Umfeld des Handelns auftreten. Wer Chancen wahrnimmt und nutzt, vergrößert seine Aussichten auf Erfolg.
- **Gefahren** sind bedrohliche Umstände: Sie können Handeln oder sogar das Leben unmöglich machen. Auch wer Risiken falsch einschätzt und Chancen übersieht, lebt gefährlich.
- **Schicksal** wird häufig verknüpft mit einer schweren Gefahr oder Zwangslage, die über Betroffene hereinbricht. Es nimmt einzelnen Menschen, auch Menschengruppen, die Möglichkeit eines sinnvollen Lebens. Mitunter gelingt es, ein auferlegtes »Schicksal« mit aller Kraft zu wenden.

Werde dir klar darüber, welche Umstände die Sinnsuche und Sinnfindung jedes Einzelnen bestimmen. Ergänze die Liste in der Infobox durch weitere Begriffe, die dir wichtig erscheinen. Übertrage die unvollständige Mindmap in dein Heft und ergänze sie so, dass deutlich wird, in welchen Beziehungen die aufgezählten Faktoren zueinander stehen.

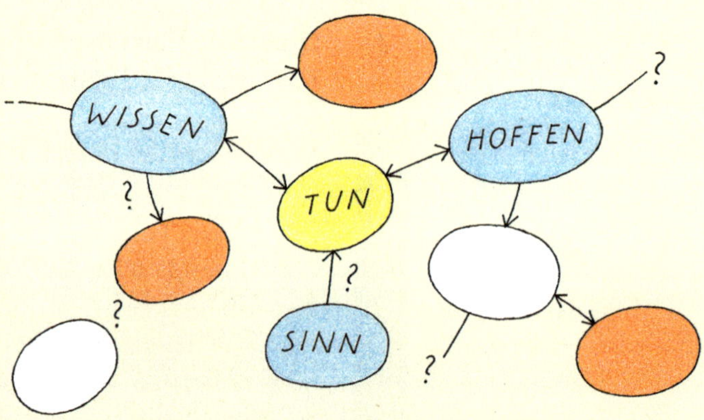

»Sie lebt, was ich nicht leben konnte«

HANNE MEURES, 79 und SUSANNE MEURES, 28

ZEIT *Frau Meures, wie sah Ihr Leben aus, als Sie 28 waren, so alt wie Ihre Enkelin heute?*

Großmutter Da hatte ich vier Kinder. Susannes Mutter war fünf Jahre alt. 1955 war das, da sind Opa und ich vom Hunsrück nach Kirchdaun gezogen. Er war Lehrer, und ich war bis zur Hochzeit 1949 auch Lehrerin gewesen, aber damals war Doppelverdienst bei Beamten verboten. Deshalb gab es ja das »Fräulein Lehrerin«. Meine Schwester, Tante Hedwig, war mit 75 noch das Fräulein im Dorf.

ZEIT *Naiv zu fragen, ob zur Debatte stand, dass Ihr Mann den Job aufgibt und die Kinder versorgt?*

Großmutter Wer hat denn so was gemacht?

Enkelin *Hattet ihr damals eine Lebensplanung?*

Großmutter Wir waren gut katholisch und wollten dem lieben Gott nicht ins Handwerk pfuschen. Am Ende waren's dann sieben Kinder. [...]

Enkelin *Die damalige Verbindlichkeit hatte sicherlich ihre Vorteile. Andererseits: Es gibt heute so viele Leben, die ich leben könnte. [...] Ich stehe morgens auf und weiß nicht, wie der Tag verlaufen wird. Ich habe 50 Alternativen – das ist ein gutes Gefühl, auch wenn ich am Ende möglicherweise keine davon nutze. [...]*

Großmutter Ich kannte damals keine Alternativen. Ich muss von mir ausgehen, mir haben die Normen eher geholfen. Ich freue mich aber auch für Susanne – weil sie schon ein Stück dessen lebt, was ich nicht leben konnte. Aber das weiß ich ja erst heute.

Q Aus einem Gespräch in der Wochenzeitung »Die Zeit« (2006)

Lesetipp

FERNANDO SAVATER: Die Fragen des Lebens, Frankfurt/Main: Campus Verlag 2000

Projekt: Welche Träume haben (ältere) Menschen?

Die Menschen von heute werden immer älter. Welche Träume, welche Hoffnungen haben sie? Im abgedruckten Interview-Auszug reden Großmutter und Enkelin über ihre unterschiedlichen Lebensweisen, Lebensumstände und Wünsche für die Zukunft. Großmutter HANNE MEURES gab ihren Beruf als Lehrerin für ihre Familie auf; Enkelin SUSANNE MEURES lebt als freiberufliche Kreativdirektorin für Zeitschriften auf einem Hausboot in London:

- Lass dich von den Gesprächsauszügen anregen und führe ein Interview mit deiner Großmutter, deinem Großvater, einer Tante, einem Onkel oder mit jemand anderem aus der »vorgestrigen« Generation. Befrage sie über ihre Träume als junge Menschen und über ihre Hoffnungen heute.
- Tausche dich im Interview mit ihnen auch über deine eigenen Träume aus und vergleiche.
- Sammelt alle Interviews und notiert die am häufigsten genannten Hoffnungen: Vielleicht kann daraus eine Ausstellung werden?

Aggression Feindselige Einstellung oder Handlung gegen andere.

Armut Man muss unterscheiden zwischen relativer Armut und absoluter Armut. Als relativ arm wird derjenige bezeichnet, der weniger als die Hälfte des Durchschnittseinkommens des jeweiligen Landes zur Verfügung hat. Absolut arm ist derjenige, dessen Einkommen unterhalb der Existenzgrenze liegt. Die Weltbankgruppe bezeichnet Menschen als absolut arm, die weniger als 1 US $ pro Tag verdienen.

Asket Mensch, der streng enthaltsame Lebensweise bevorzugt (z. B. regelmäßiges Fasten, Verzicht auf Besitz und Karriere, Keuschheit). Selbstbeschränkung von Asketen ist häufig religiös motiviert.

Aufklärung Bewegung, die Ende des 17. Jahrhunderts in England entstanden ist und im 18. Jahrhundert das Leben in zahlreichen Ländern Europas und Nordamerikas zu prägen begann. Ihre Anhänger wollten die Menschen aus herkömmlicher religiöser Unwissenheit, Furcht und Abhängigkeit befreien.

Bergpredigt In der Bergpredigt werden wichtige Lebensregeln des Christentums zusammengefasst – ihre kurzen und einprägsamen Sätze gehen auf Jesus von Nazareth zurück. Du findest die Bergpredigt im Matthäusevangelium (Kapitel 5–7).

Dalai Lama bedeutet »Ozean des gelehrten Wissens« und ist seit Jahrhunderten der Ehrentitel des buddhistischen Oberhaupts in Tibet: Der heutige 14. Dalai Lama wurde 1935 als Tenzin Gyatso geboren und 1940 zum Oberhaupt des Buddhismus in Tibet eingesetzt. Der Dalai Lama erhielt 1989 wegen seiner friedlichen Bemühungen um die Befreiung Tibets von der chinesischen Besatzung den Friedensnobelpreis.

Definition (auch: definieren) leitet sich aus dem lateinischen »definitio« (Bestimmung) ab: Die Definition ist ein Satzgebilde, das die Bedeutung und die Merkmale einer Sache präzise aufdeckt (Begriffsbestimmung).

Depression(en) Eine seelische Störung, die sich in gedrückter Stimmung (lateinisch »depressio«: Niederdrücken) und gehemmtem Antrieb äußert. Wer an einer Depression erkrankt, verliert seine Lebensfreude sowie das Interesse an anderen Menschen und Dingen.

Diagramm Schematische und vereinfachte Darstellung (Schaubild, Grafik).

Diakonie Jeder tatkräftige Ausdruck christlicher Nächstenliebe für Menschen in Not: z. B. Hilfen für Alte, Kranke, Behinderte, Strafgefangene oder Suchtgefährdete. Allein in den 26 »Diakonischen Werken« der Evangelischen Kirche in Deutschland sind 450.000 Mitarbeiter/innen und 400.000 Ehrenamtliche tätig.

Diaspora Menschen, die eine Minderheit unter der Mehrheitsbevölkerung bilden, leben in der Diaspora (»Zerstreuung«): z. B. Juden, die unter Christen oder Muslimen leben oder eine kleine Gruppe von Katholiken unter Protestanten.

DNA (auch: DNS) ist die amerikanische Abkürzung für DNS (»Desoxyribonukleinsäure«): Gemeint ist eine Grundsubstanz der Vererbung, die die stoffliche Substanz der Gene darstellt und als solche die Erbinformationen (Chromosomen) für die biologische Entwicklung in Zellen enthält.

Empathie Die Bereitschaft und Fähigkeit, sich in die Gedanken und Gefühle anderer Menschen einzufühlen.

Entwicklung, nachhaltige (nach Dennis L. Meadows) Ein international anerkanntes Leitbild, das die »Weltkommission für Umwelt und Entwicklung« 1987 so definiert hat: »Unter dauerhafter Entwicklung verstehen wir eine Entwicklung, die den Bedürfnissen der heutigen Generation entspricht, ohne die Möglichkeiten der zukünftigen Generationen zu gefährden, ihre eigenen Bedürfnisse zu befriedigen und ihren Lebensstil zu wählen.«

Esoterik (auch: esoterisch) Wörtlich bedeutet das griechische Wort »das innere, verborgene, geheime Wissen«. Heute ist Esoterik ein Sammelbegriff für Menschen, die die innere (»spirituelle«) Entwicklung des Menschen betonen, jedoch keiner herkömmlichen Religion folgen wollen. Esoteriker glauben, dass zur vollständigen Erklärung der Welt Kräfte einbezogen werden müssen, die außerhalb des wissenschaftlich Messbaren stehen.

Ethik (auch: ethisch) befasst sich mit dem kritischem Nachdenken über die Gewohnheiten der Menschen, ihre Sitten und Moral: Die Ethik fragt nach dem Warum und Wozu des Tuns: Wie gehen Menschen miteinander und mit der Natur um? Inwiefern sind Menschen frei, um wählen und entscheiden zu können? Sind Menschen für ihr Handeln verantwortlich?

Evangelium (auch: Evangelien) Die ersten Christen nannten die Geschichten von Jesus, die sie sich erzählten, Evangelium (»gute Nachricht«). Wer die vier Evangelien niedergeschrieben hat, kann man nicht mehr feststellen – doch sind sie nach herausragenden Jesus-Anhängern benannt worden: MATTHÄUS, MARKUS, LUKAS und JOHANNES.

Experiment (experimentieren) Wissenschaftlich versuchen, über eine Sache etwas probeweise herauszufinden.

Genom Das Erbgut eines Lebewesens, d. h. die Gesamtheit der vererbbaren Informationen einer Zelle (vgl. DNA*).

Gleichnis Eine kurze Beispielerzählung: Durch einen »Vergleich« wird eine Sache erklärt, die ansonsten nur schwer zu verstehen ist.

Globalisierung Spricht man von Globalisierung, so bezieht man sich auf einen Prozess der internationalen Verflechtung in unterschiedlichen Bereichen. Dazu zählen vor allem: Waren- und Kapitalströme, Kunst und Literatur, Verkehr, Nachrichten und Datennetze sowie Umweltveränderungen.

Hadith Sammlung überlieferter Aussprüche, Anordnungen und Handlungen, die auf den Propheten MOHAMMED zurückgeführt werden. In ihren schriftlichen Fassungen stammen viele dieser Textzeugnisse aus dem 9. und 10. Jahrhundert. Hadithe gelten den Muslimen als zweitwichtigste religiöse Quelle nach dem Koran.

Hebräer bedeutet »Wanderer« und ist zunächst ein Beiname Abrahams gewesen. Die Nachkommen ABRAHAMS nannten sich dann selber so. Erst nach der Befreiung aus der ägyptischen Sklaverei schlossen sich verschiedene Gruppen von Hebräern als »Israeliten« zusammen.

Identität Die völlige Gleichheit zweier Dinge: In der Ethik geht es um die Übereinstimmung der Ich-Identität (»Wer bin ich?«) mit der Einschätzung durch die Mitmenschen. Gemeint ist letztlich das »Im-Einklang-mit-sich-selbst-leben«.

Ideologie Feste Weltanschauung oder System von Wertvorstellungen (griechisch: »Ideenlehre«). Die Anhänger einer Ideologie erheben häufig den Anspruch, dass ihre Überzeugungen vollkommen »wahr« sind.

Initiation (auch: Initiationsritus) Der Übergang eines Menschen in eine neue Lebensphase oder die Einführung in eine neue Gruppe, z. B. Konfirmation oder Jugendweihe. Da die Initiation einer gleich bleibenden Form und einem festgelegten Ablauf folgt, wird sie zumeist feierlich begangen.

Islamismus (auch: Islamisten) Religiöse und politische Bewegung unter Muslimen, die den Islam in seiner angeblich »reinen« Ursprünglichkeit wiederherstellen und verbreiten will. Dabei soll das ganze Leben nach der »Scharia« ausgerichtet werden, jener nach islamischer Überlieferung von Gott gesetzten Ordnung. Islamisten sehen ihre Auslegung des Islam als die einzig richtige an; sie greifen im Kampf gegen Andersdenkende oder »Ungläubige« nicht selten zu gewalttätigen Mitteln.

Kalif(en) (auch: Kalifat) Weltlich-religiöse Herrscher in der muslimischen Welt früherer Zeiten.

Kommunion Junge Katholiken werden mit acht Jahren zum Abendmahl (Eucharistie) zugelassen – dieser Akt fällt mit dem Fest der Erstkommunion zusammen. In der Firmung erfahren sie als Jugendliche (mit 12 bis 14 Jahren) eine erneute Bestätigung der Taufe, durch die sie als Erwachsene in die Kirche aufgenommen werden.

Konfirmation Jugendliche, die als Kinder getauft wurden, werden mit der Konfirmation vollwertige Mitglieder einer Kirchengemeinde mit fast allen Rechten und Pflichten der Erwachsenen. Auch zum Abendmahl sind sie jetzt ausnahmslos zugelassen. Als Vorbereitung auf die Konfirmation erhalten sie einen mindestens einjährigen kirchlichen Unterricht.

Konklave Verfahren, Ort (»Wahllokal«) und Ablauf der Wahl eines neuen Papstes.

Konvention Hier: Übereinkunft oder international verbindliches Abkommen.

Koran Auf Deutsch heißt Koran »Lesung«. MOHAMMED ließ die Texte in der Zeit von 610 bis 632 aufschreiben. Der Koran ist für Muslime das Wort Allahs an die Menschen. Der Koran besteht aus 114 Abschnitten, den Suren. Bis auf eine fangen alle Suren mit den Worten an: »Im Namen Allahs, des Allbarmherzigen«. Für viele Muslime enthält nur die arabische Fassung das Wort Allahs.

Krise(n) Zeiten, die einen Menschen vor Entscheidungssituationen stellen, sind schwierig und manchmal sogar gefährlich – sie können aber auch eine positive Wende einleiten.

Kultur bezeichnet alles, was Menschen einer Region oder eines Volkes miteinander planen, gestalten oder erbauen: angefangen mit der Befriedigung von Grundbedürfnissen (zum Beispiel Nahrung, Kleidung) bis hin zu geistigen Fertigkeiten und Aktivitäten (zum Beispiel Sprache, Literatur, Kunst, Ethik, Religion, Musik, Wissenschaft). Menschen aus dem selben Kulturkreis haben ein gemeinsames »Wissen« darüber, wie man sich »üblicherweise« verhalten sollte und was als wichtig zu gelten hat.

Märtyrer Ursprünglich das »Blutzeugnis« eines Menschen, der wegen seines christlichen Glaubens den Tod erleidet. In der Alltagssprache wird der Begriff allerdings auch von radikalislamischen Vorstellungen eines »Selbstmord-Terrorismus« geprägt.

Magie (auch: magisch) Eine zeichenhafte (symbolische) Handlung, die bei Menschen oder Gegenständen eine bestimmte Wirkung erzwingen soll.

Manipulation (auch: manipulieren) bedeutet wörtlich »Handhabung«: der Versuch, bewusst Einfluss auf andere Menschen zu nehmen, um bei ihnen eine gewünschte Reaktion hervorzurufen. Wer manipuliert, verschleiert die Motive des eigenen Handelns und fälscht bei Bedarf bestimmte Informationen, um sich einen unlauteren Vorteil zu verschaffen.

Medien Sammelbezeichnung für alle Mittel und Verfahren zur Verbreitung von Informationen.

Mediendiagramm Siehe unter Diagramm*.

Menschenrechte Zu den ethischen* Grundlagen des menschlichen Zusammenlebens gehört die Überzeugung, dass alle Menschen von Geburt an bestimmte unantastbare Freiheits- und Gleichheitsrechte haben, die ihnen ein gesichertes und »würdiges« Leben erlauben sollen. Weltweit sind diese Rechte in der »Charta der Vereinten Nationen« zusammengefasst; bei uns sind sie auch im »Grundgesetz« enthalten (»Grundrechte«).
Da Menschenrechte immer wieder verletzt werden, ist es eine bleibende Aufgabe, betroffene Opfer – z. B. von Folter und Gewalt – vor Misshandlungen zu schützen.

Messias (auch: messianisch) Hebräisch: »der Gesalbte«. Im alten Israel wurden Könige mit Öl gesalbt, um zu bekräftigen, dass Gott sie »berufen« habe. Traditionell-religiöse Juden erwarten einen Gesandten Gottes, der die Menschen erlösen werde. Christen glauben, dass dieser Messias (griechisch: »Christus«) JESUS VON NAZARETH sei. Liberale Juden setzen auf eine messianische Zeit, deren Ankunft der Mensch durch eigenes gutes Tun unterstützen könne.

Mobbing Der Modebegriff stammt aus dem Englischen: Dort bedeutet »Mob« so viel wie »Pöbel«. Doch nicht jede Schikane ist schon »Mobbing«: Gemeint ist vielmehr eine andauernde feindselige Handlung mehrerer Menschen gegen einen anderen Menschen – mit dem Ziel, der angegriffenen Person zu schaden, sie aus der Gemeinschaft auszuschließen, zu zermürben oder »fertig« zu machen.

Monotheistisch (auch: Monotheismus) ist der Glaube an einen einzigen Gott. Zu den bekannten monotheistischen Religionen zählen das Judentum, das Christentum und der Islam.

Morus, Thomas Schriftsteller und englischer Politiker (1478–1553). Berühmt wurde der überzeugte Katholik mit seiner Traumvision »Utopia« (1516). Dort beschreibt MORUS ein ideales Inselkönigreich, wo Männer und Frauen als sozial Gleiche gemeinschaftlich leben und vernünftig miteinander umgehen – aufgeschrieben als ein Gegenbild zur europäischen Wirklichkeit seiner Zeit.

Mythos Geheimnisvolle Geschichte, in denen Menschen und Völker sich in Bildern erklären, woher sie kommen, wohin sie gehen und was ihre Aufgabe auf der Erde ist. Religiöse Mythen sagen z. B. aus, dass die Menschen mit der Welt nicht alles machen dürfen, was sie können, weil ihnen Gott die Welt anvertraut habe.

Ökologisch (auch: Ökologe) Wechselbeziehung zwischen Lebewesen und ihrer Umwelt (Ökosystem*)

Ökumene (auch: ökumenisch) Griechisch »der bewohnte Erdkreis«. Heute wird unter »Ökumene« das weltweite Bemühen christlicher Kirchen verstanden, ihre Spaltungen in verschiedene Bekenntnisse (= Konfessionen) zu überwinden. So kam es 1948 im schweizerischen Genf zur Gründung des »Ökumenischen Rats der Kirchen«, dem heute mehr als 340 Kirchenbünde angehören.

Okkult (auch: Okkultismus) Die lateinische Bezeichnung »occultus« wird mit »verborgen« übersetzt: Gemeint sind Versuche, Kontakte zum Übersinnlichen oder zur verborgenen Welt der »Geister« aufzunehmen. Dazu zählen magische* Praktiken wie »Gläser- und Tischrücken«, »Pendeln« sowie »automatisches Schreiben«. Bei den angeblichen »Botschaften aus dem Jenseits« stehen zwei Themen im Vordergrund: Was wird in der Zukunft passieren? Lassen sich Kontakte zu Verstorbenen aufnehmen?

Perspektive Eine Sicht- oder Betrachtungsweise, die einem bestimmten Standpunkt oder Blickwinkel folgt.

Pharisäer Angesehene Laienbewegung zur Zeit Jesu, die sich um eine verbindliche jüdische Lebenspraxis bemühte. Von allen Strömungen seiner Zeit stand JESUS den Pharisäern am nächsten.

Platon (427–347 v. Chr.) war der vermutlich wichtigste Philosoph der Antike. Er schrieb zahlreiche Dialoge auf, in denen sein Lehrer SOKRATES (470/469–399) eine herausragende Rolle spielt. Meist stellte SOKRATES geschickte Fragen, um seine Gesprächspartner zum Nachdenken anzuregen.

Prestige Übernahme des französischen Wortes »prestige«: Ansehen (Ruf) und Geltung, Status und Anerkennung.

Prophet Griechisch »Sprecher«: Damit werden Menschen bezeichnet, die sich in besonderem Maße von ihrem Gott berufen fühlen. Häufig gelten sie zu ihren Lebzeiten als unbequem, denn sie kümmern sich um vernachlässigte Probleme. Die Hebräische Bibel erzählt von

Propheten, die in Israel aufgetreten sind. Mohammed ist der Prophet des Islam.

Pubertät ist die Zeit der Geschlechtsreife im jugendlichen Alter.

Rabbiner (auch: Rabbi) Experte für religiöse Angelegenheiten in der jüdischen Gemeinde; er ist dort auch als Prediger und Streitschlichter tätig.

Retorte Eigentlich der Name eines Glasgefäßes. Von daher übernommene Bezeichnung für künstliche Befruchtung.

Rituale (auch: rituell) Gewohnheiten oder auch Bräuche, die in ihren Formen und Abläufen genau festgelegt sind.

Sabbat Bezeichnung für den Tag der Ruhe und Erholung im Judentum (Sonnabend)

Sanktion(en) Hier: Strafandrohung oder Zwangsmaßnahme gegen jemanden, dem ein Fehlverhalten vorgeworfen wird.

Schoah (auch: Holocaust) Das hebräische Wort bedeutet »Katastrophe«. Heute wird damit zumeist der millionenfache Mord an den europäischen Juden während der nationalsozialistischen Gewaltherrschaft bezeichnet.

Schöpfungsmythos Siehe unter Mythos*

Scholl, Sophie Zusammen mit ihrem Bruder Hans Mitglied der Münchner Widerstandgruppe »Weiße Rose«. Nach einer Flugblattaktion an der Universität verhaftet und am 22. Februar 1943 zum Tode verurteilt und hingerichtet.

Simulation Hier: Nachahmung eines Prozesses unter künstlich hergestellten Bedingungen

Stoa, stoisch Bezeichnung für eine philosophische Richtung, die für ein Leben in Übereinstimmung mit sich selbst und im Einklang mit der Natur eintritt (Selbstbeherrschung).

Strategie(n) Der Begriff stammt aus der Militärsprache. Im übertragenen Sinne ist »Strategie« die umfassende und langfristige Planung eines Vorhabens, das zu einem vorab festgesetzten Ziel führen soll.

Sucht (auch: Suchterkrankung) Zwanghaftes Verlangen nach etwas, das in Wechselwirkung mit dem Organismus einen angenehmen seelischen und/oder körperlichen Zustand erzeugt. Mit der Zeit steigert sich das Verlangen danach – die Dosis wird erhöht, um dem unangenehmen Zustand zu entgehen, der bei Nichteinnahme auftritt. Wird die Sucht durch einen Stoff (eine Droge) erzeugt, so spricht man von stoffgebundenen Süchten. Allerdings entwickeln manche Menschen auch stoffungebundene Süchte, bei denen die Sucht nicht von der Wirkung einer Droge ausgeht, sondern von Reizen, die man durch Gewöhnung als positiv erlebt (z. B. Arbeitssucht).

Sunniten (auch: sunnitisch) Seit dem 9. Jahrhundert die wichtigste Strömung im Islam, zu der heute mehr als 80 Prozent aller Muslime zählen.

Symbol Ein mehrdeutiges Zeichen (Sinnbild): zum Beispiel die Taube als ein Sinnbild des Friedens. Symbole haben immer einen sichtbaren Anteil (zum Beispiel die »Taube«) und einen unsichtbaren Anteil (zum Beispiel »Frieden«).

Synagoge Versammlungsstätte für den jüdischen Gottesdienst.

Taliban Radikalislamische Bewegung im Grenzgebiet von Afghanistan und Pakistan, die zwischen 1996 und 2001 mit harter Hand weite Teile Afghanistans regierte. Dabei wurden insbesondere Frauen, Andersgläubige und Andersdenkende grausam unterdrückt. Nachdem die Taliban jahrelang terroristischen Gruppen Unterschlupf und Trainingsmöglichkeiten geboten hatten, wurden sie nach dem 11. September 2001 von den USA und ihren Verbündeten im »Krieg gegen den Terrorismus« gestürzt. Seither bemühen sich in Afghanistan gemäßigte Strömungen unter schwierigen Bedingungen, Islam und Demokratie miteinander zu verbinden.

Teen Court Wörtlich »Jugendlichengericht«: Die Idee stammt aus den USA und erlaubt in einigen deutschen Bundesländern älteren Schülerinnen und Schülern, Maßnahmen gegen kleinkriminelle jugendliche Straftäter/innen aussprechen zu dürfen. Einzige Bedingung: Die Täter/innen müssen zunächst vor dem zuständigen Staatsanwalt geständig und reuig gewesen sein. Wenn der oder die Täter/in den Richterspruch des Schülergremiums akzeptiert, ist der Fall abgeschlossen.

Theorie Griechisch »Anschauen«: Wenn Forscher/innen eine »Theorie« aufstellen, haben sie zuvor Beobachtungen oder Versuche durchgeführt. Nach Auswertung aller möglichen Umstände und Ergebnisse können sie ein bisher unbekanntes Rätsel einigermaßen logisch erklären – eine neue Theorie ist geboren.

Torah ist das hebräische Wort für »Weisung« oder »Lehre«. Es bezeichnet die ersten fünf Bücher Moses in der Hebräischen Bibel*.

Tugend Das Wort leitet sich aus dem Mittelhochdeutschen ab (»taugen«). Gemeint ist die »Tauglichkeit« in einer dem Menschen gemäßen Bestimmung – d. h. die Fähigkeit, das Gute aus innerer Überzeugung mit Freude zu tun.

Utopie(n) Bezeichnung für geschichtliche Zukunftentwürfe oder Gegenkonzepte zu bestehenden Gesellschaftsordnung.

Versöhnung ist ein gegenseitiger Prozess der Annäherung zwischen verfeindeten Menschen oder Menschengruppen. Für die Zukunft kann daraus ein neues, womöglich dauerhaftes Vertrauen zwischen den Beteiligten entstehen. Für die Opfer ist es ungleich schwerer als für ihre ehemaligen Peiniger, den Weg der Versöhnung einzuschlagen.

Vision(en) Mehrdeutiger Begriff: hier sind (erhoffte) Zukunftsvorstellungen gemeint.

WHO Abkürzung für »World Health Organization« (Weltgesundheitsorganisation): Die Einrichtung wurde 1948 von den Vereinten Nationen ins Leben gerufen, um weltweit das Gesundheitswesen zu fördern.

Würde Grundlage und Zweck aller allgemein anerkannten Werte ist der Schutz der menschlichen Würde. Sie drückt sich in einer unantastbaren und einzigartigen Wertschätzung aus, die jedem Menschen zukommt. Manche Naturschützer sind der Meinung, dass auch Tiere das Recht auf eine solche Würde haben sollten.

Zentralrat der Muslime in Deutschland Eine der islamischen Dachorganisationen in Deutschland: Der Zentralrat will die Interessen der Moscheegemeinden, islamischen Vereine und Verbände vertreten. Dem Zentralrat gehören 19 Dachorganisationen mit hunderten Moscheegemeinden an. Dazu gehören u. a. deutsche, türkische, arabische, albanische, bosnische und persische Muslime. Eine andere bedeutende muslimische Dachorganisation in Deutschland ist der Islamrat.

Zionismus Aufgrund anhaltender Verfolgungen wanderten seit Ende des 19. Jahrhunderts Juden nach Palästina/Israel ein, um dort eine sichere Heimat zu finden. Nach 2.000 Jahren der Diaspora* leben heute wieder mehr als 40 Prozent aller Juden in Israel. Diejenigen Juden, die die Existenz eines jüdischen Nationalstaates unterstützen, werden auch »Zionisten« genannt – nach dem Berg »Zion« in Jerusalem, geografischer Mittelpunkt der jüdischen Religion.

Zivilcourage bedeutet den »Mut« oder die »Tapferkeit«, sich gegenüber anderen in der Gemeinschaft (außerhalb des Militärischen) aus eigenem Antrieb für etwas einzusetzen.

Zöllner Umstrittene Berufsgruppe von Zollpächtern zur Zeit JESU, die im Auftrag der römischen Besatzungsmacht Steuern eintrieben. Wegen ihrer Neigung, überhöhte Abgaben zu einzufordern, galten sie in der damaligen jüdischen Gesellschaft als korrupt und »unrein«.

Adressen

amnesty international (ai)
Sektion der BRD
Heerstraße 178
53108 Bonn
Telefon: 0228 98373-0
Fax: 0228 630036
E-Mail: info@amnesty.de
Internet: http://www2.amnesty.de

Archiv der Jugendkulturen
Fidicinstraße 3
10965 Berlin
Telefon: 030 6942934
Fax: 030 6913016
E-Mail:
archiv@jugendkulturen.de
Internet: http://www.jugend-kulturen.de
Öffnungszeiten: Mo. bis Fr. 10 bis 18.00 Uhr und nach Vereinbarung

Bundeszentrale für gesundheitliche Aufklärung
Ostmerheimer Straße 220
51109 Köln
Telefon: 0221 8992-0
Fax: 0221 8992-300
E-Mail: poststelle@bzga.de
Internet: http://www.bzga.de

Deutsche AIDS-Hilfe
Dieffenbachstraße 33
10967 Berlin
Telefon: 030 690087-0
Fax: 030 690087-42
E-Mail: dah@aidshilfe.de
Internet: www.aidshilfe.de

Evangelische Kirche in Deutschland
Herrenhäuser Straße 12
30419 Hannover
Telefon: 0511 2796-0
Fax: 0511 2796707
E-Mail: info@ekd.de
Internet: www.ekd.de

Humanistischer Verband Deutschlands
Wallstrasse 61–65
10179 Berlin
Telefon: 030 613904-0
Fax: 030 613904-50
E-Mail: hvd@humanismus.de
Internet: http://www.humanismus.de/

Institut für Friedenspädagogik Tübingen
Corrensstraße 12,
72076 Tübingen
Telefon: 07071 920510
Fax: 07071 9205111
E-Mail: kontakt@friedenspädagogik.de
Internet: http://www.friedenspaedagogik.de

Islamrat für die Bundesrepublik Deutschland
Osterather Straße 7
50739 Köln
Telefon: 0221 17049015
Fax: 0221 17049013
E-Mail: webmaster@islamrat.de
Internet:
http://www.islamrat.de

Katholische Kirche in Deutschland
Online-Redaktion Katholisch.de
Schönhauser Straße 8
50968 Köln
Telefon: 0221 95290313
E-Mail: info@katholisch.de
Internet: www.katholisch.de

Internet-Notruf Deutschland
(bei Problemen mit Schule, Gewalt oder Drogen)
Postfach 101312
45813 Gelsenkirchen
Fax: 0721 15554445
Internet: http://www.schueler-notruf.de
Voicebox: 0721 151554445
(Für Mitteilungen verbleiben 30 Sekunden; Rückruf innerhalb von 48 Stunden zu Festnetznummern – außer samstags, sonntags und an Feiertagen; keine Notrufe!)
Stiftung »kidsmobbing«
Internet: http://www.kidsmobbing.de

terre des hommes
Hilfe für Kinder in Not (internationales Kinderhilfswerk)
Postfach 4126
49031 Osnabrück
Telefon: 0541 7101-0
Fax: 0541 707233
E-Mail: post@tdh.deposttdh.de
Internet: www.tdh.de

Zentralrat der Juden in Deutschland
Leo-Baeck-Haus
Postfach 040207
10061 Berlin
Telefon: 030 284456-0
Fax: 030 284456-13
E-Mail: info@zentralratd-juden.de
Internet: http://www.zentralratdjuden.de

Zentralrat der Muslime in Deutschland
Indestraße 93
52249 Eschweiler
Telefon: 02403 702075
Fax: 02403 702076
E-Mail: service@islammail.de
Internet: http://www.islam.de

Text- und Bildnachweis

Textnachweis

8 Cornelia Funke: Herr der Diebe, Hamburg: Dressler Verlag 2000, S. 5.
10 Söhne Mannheims: Dein Leben. Text: Xavier Naidoo. © Edition Wortgewandt, Hamburg: Hanseatic Musikverlag.
10 Xavier Naidoo: Dieser Weg. Text: Xavier Naidoo. © Edition Wortgewandt, Hamburg: Hanseatic Musikverlag.
10 Zitat »Dalai Lama«. Aus: Kultura Postkarten-Kalender 2005 (Juli).
10 Zitat »Werner Bethmann«. Aus: Foto-Postkarte »Steine-Turm am Strand« (© Werner Bethmann).
11 Friedrich Schiller: Gedichte. Hrsg. von Norbert Oellers, Stuttgart: Reclam Verlag 1999, S. 80.
12 Walter Helmut Fritz: Augenblicke. In: Umwege. Prosa, Stuttgart: Deutsche Verlags-Anstalt 1964, S. 47f.
12 Antoine Saint Exupéry: Der kleine Prinz. Übers. v. Grete und Josef Leitgeb, Düsseldorf: Karl Rauch Verlag 1995, S. 67.
12 Georg Wilhelm Friedrich Hegel: (1806) Phänomenologie des Geistes, Hamburg: Felix Meiner 1952, S. 56.
14 Epiktet: Handbüchlein der Ethik. Modernisierte Übertragung von Roland W. Henke in Anlehnung an die Übersetzung aus dem Griechischen von Ernst Neitzke, Stuttgart: Reclam 1980, S. 17, 31, 19.
14 Benedikt de Spinoza: (1657) Die Ethik. Übersetzung, Anmerkungen und Register von Otto Baensch, Hamburg: Felix Meiner 1967, S. 253f; 267.
14 David Hume: Ein Traktat über die menschliche Natur. Buch II. Über die Affekte. Übersetzt, mit Anmerkungen und Register versehen von Theodor Lipps, Hamburg: Felix Meiner 1978, S. 152f.
14 (Text Marginalie) David Hume: Eine Untersuchung über die Prinzipien der Moral. Übers. und hrsg. von Gerhard Streminger, Stuttgart: Reclam 1996 (2. Aufl.), S. 224.
15 Daniel Golemann: Emotionale Intelligenz. Aus dem Englischen von Friedrich Griese. München: dtv 1995, S. 346.
15 Zitat zur Selbstbeherrschung. Aus: Bhagavadgita. Hrsg. von Helmuth von Glasenapp, Stuttgart: Reclam 1980, S. 33.
16 Petra Lenz: HipHop in Berlin. Originalbeitrag.
16 Zeitungsausschnitt »Jesusfreaks«. Aus: Märkische Allgemeine Zeitung, 5.8.2001, S. 9.
17 Zitat eines 17-Jährigen. Aus: Klaus Farin und Ingo Weidenkaff, Jugendkulturen in Thüringen, Bad Tölz: Thomas Tilsner Verlag 1999, S. 24.
18 Gesetz über die religiöse Kindererziehung, § 5 (Bundesgesetz in der Fassung vom 12.9.1990).
20 Kerstin Wohne: Ersatzritual? Jugendweihe, Jugendfeier. In: Schüler 2005, a. a. O., S. 27.
21 Zitat »Micha«. Aus: Schüler 2005, a. a. O., S. 27.
21 Zitate »Katharina« und »Simon«. Aus: Patricia Block, Christian John, Regina Malskies: Einmal im Leben! Ein Elternratgeber zur JugendFEIER/Jugendweihe. Hrsg. vom Humanistischen Verband Deutschlands. Landesverband Berlin, Berlin 2001, S. 17 und 19.
21 Frei nach Jugend 2002. 14. Shell Jugendstudie. Hrsg. von der Deutschen Shell, Frankfurt/Main: Fischer Taschenbuch Verlag 2002, besonders S. 214ff.
21 Zitat »Hans Jonas«. Aus: Hans Jonas: Das Prinzip Verantwortung. Versuch einer Ethik für die technologische Zivilisation, Frankfurt/Main: Suhrkamp Verlag 1984, S. 184.
22 »Besuch im Urwald«. Nach: Zwischen nicht mehr und noch nicht. Im Auftrag des Humanistischen Verbandes Deutschlands hrsg. von Patricia Block, Berlin: März 2004 (9. veränderte Aufl.), S. 76–78.
22f »Strenge Auswahl in Indien«. Nach Dela Kienle. In: Geolino (Hamburg), Nr. 12, Dezember 2002, S. 52–56.
23 Zitat »Montesquieu«. Aus: Montesquieu: Meine Gedanken. Auswahl, Übersetzung und Nachwort von Henning Ritter, München: Deutscher Taschenbuch Verlag 2001, S. 128.
24 Info zum Cartoon: Nach dem Jugendrecht, München: Deutscher Taschenbuch-Verlag 2002 (24. Aufl.), S. 172 und 174.
25 Robert Nozick: Anarchie, Staat, Utopia. Aus: Hans-Ludwig Freese: Abenteuer im Kopf. Philosophische Gedankenexperimente, Weinheim: Quadriga Verlag 1995, S. 289f.
26 Petra Lenz: Wenn Essen zur Last wird. Originalbeitrag.
28 Zitat »Plutarch«. Plutarchs Moralia, London/Cambridge 1962, zitiert nach Cord Riechelmann: Seit der Antike fragen wir uns, ob Tiere beseelt sind – und essen sie doch. Lasst sie uns lieben, bevor wir sie schlachten! Aus: Die Zeit, Nr. 10, 2.3.2006, S. 7 (ZEIT-Dossier).
29 Bildunterschrift in freier Anlehnung an Cord Riechelmann: Fleisch mit Seele«. Aus: Die Zeit, Nr. 10, 2.3.2006, S. 17f, hier S. 18.
29 Koran-Zitat nach der Übersetzung von Adel Theodor Khoury, unter Mitwirkung von Salim Abdullah, Gütersloh: Gütersloher Verlagshaus 1992 (2. durchgesehene Auflage).
34/35 Helga Huber: Das Fremde erkunden – eine Traumreise. Originalbeitrag
36/37 Gudrun Pausewang: Alptraum. Aus: Silvia Bartholl (Hrsg.): Texte dagegen, Weinheim/Basel: Beltz und Gelberg.
38 Auszug aus Artikel 3 des Grundgesetzes. Aus: Grundgesetz für die Bundesrepublik Deutschland. Textausgabe (Stand: Dezember 2000). Hrsg. von der Bundeszentrale für politische Bildung, Bonn 2001, S. 13
39 Interview mit Eva: Aus dem Katalog der Wanderausstellung »Ich bin

anders … als Du denkst«. Down-Syndrom – ein Menschenbild im Wandel, München 1999, o. Seitenangaben (Pasinger Fabrik).

39 Antoine de Saint-Exupéry: Der kleine Prinz, Düsseldorf: Karl Rauch Verlag, 51. Auflage 1977, S. 55

40 Daten des Statistischen Bundesamtes. Nach Aktuell. Das Jahrbuch 2007, Mannheim: Meyers Lexikonverlag, S. 32.

40 Heidrun Schliebner: Ein Gespräch zwischen den Generationen. Originalbeitrag.

41 Anneliese Rübesamen (Hrsg.): Arabische Weisheit; Schätze orientalischer Poesie, Berlin: Ullstein Verlag 1994, S. 17 und 33.

43 Dieter Grimm: Kann der Turbanträger von der Helmpflicht befreit werden. In: FAZ, 21. 6. 2002, S. 49

43 Zitat Stefan I: www.schader-stiftung.de/wohn_wandel/470.php

43 www.lernwerft.org/2007/seiteninhalte/aktuell/news_20070602.php.

44 Antoine de Saint-Exupéry: Der kleine Prinz, Düsseldorf: Karl Rauch Verlag 1952, zitiert nach der 51. Auflage, 1997, S. 66–72 (Auszüge).

45 Nach einem Dialog von Platon. Aus: Platon. Werke, Übersetzung und Kommentar Band V 4, Lysis, Göttingen: Vandenhoeck & Ruprecht 1998, S. 20 f, 212 b-d.

47 Erich Fried: Was es ist. Aus: Gesammelte Werke. Gedichte 3. Hrsg. von Volker Kaukoreit und Klaus Wagenbach, Berlin: Verlag Klaus Wagenbach 1993, S. 35.

47 Zitat »Lord Byron«. Aus: Ein Zettelkasten kleiner Freundlichkeiten. Hrsg. von Sichtwerke, Idee und Gestaltung C. Winter und H. Rumpel, printDruck GmbH 2002 (1. Aufl.), Karte 21.

47 Alle weiteren Sprichwörter. Aus: Anneliese Müller und Luise Otto Hegemann: Das kleine Sprichwörterbuch, Leipzig: VEB Bibliografisches Institut 1977, S. 78–81.

48 Petra Lenz: Liebes Tagebuch. Originalbeitrag.

49 Gerhard Schöne: Tagebuch. Zitiert aus : Textheft von Gerhard Schöne: Du hast es nur noch nicht probiert (Auszug), Hrsg.: VEB Deutsche Schallplatte Berlin (DDR): Union Druckerei Berlin – nach Aufnahmen vom März 1988 im Stadttheater Meißen

49 Platon: Phaidros, Reinbek: Rowohlt Verlag 1958 (Auszüge aus 251c-252b)

52f Monika Herrmann: Ey Schwuchtel. Aus: Publik-Forum (Oberursel), Nr. 1, 10. 1. 2003, S. 13 f.

57 Erich Fried: Gedichte Band 3. Hrsg. von Volker Kaukoreit und Klaus Wagenbach, Berlin: Wagenbach Verlag 1993 (gekürzt).

58 Gewalt in der Schule (fiktive Tagebuch-Auszüge). Aus: Elisabeth Zöller: Ich schieße … doch! Bindlach: Loewe Verlag 2005, S. 27 f und 36 ff.

58 Zitate der Hooligans (1–4). Aus: Gunter A. Pilz: Hooligans. In: Dossier Fußball-WM 2006. Hrsg. von der Bundeszentrale für politische Bildung, Bonn 2005 (Linkcheck: 9. 3. 2007: http://www.bpb.bund.de(themen/JJYQBK,0.0.Hooligans.html).

59 5. Zitat der Hooligans. Aus: Bill Buford: Geil auf Gewalt. Unter Hooligans. Aus d. Engl. von W. Krege, München: Hanser Verlag 1992, S. 234.

60 Zitate zweier Jugendlicher (gekürzt). Nach Jan-Uwe Rogge: Die Gefahr des Bösen, die Lust am Bösen. Über die Gewalt in den Medien. In: Susanne Bergmann (Hrsg.): Mediale Gewalt – Eine reale Bedrohung für Kinder= Bielefeld: AJZ-Druck & Verlag (GMK) 2000, S. 208 ff (gekürzt/bearbeitet).

60 Gewaltvideos auf dem Handy. Aus: Güner Yasemin Balci: Tritt ins Gesicht. Warum Gewaltvideos auf dem Handy so beliebt sind. In: DIE ZEIT, Nr. 15, 6. 4. 2006 (Auszüge).

61 Cathrin Kahlweit: Bilder mit Schlagkraft. Sie filmen, wie sie sich prügeln, und sie prügeln sich, um es zu filmen – wie auf Schüler-Handys alltäglich Gewalt inszeniert und konsumiert wird. In: Süddeutsche Zeitung, 31. 1. 2007 (gekürzt).

63 »Wenn Mädchen wieder hoffen.« Zusammengefasst nach Informationen von Andrea Böhm: Afghanistan. Tod im Feuer. In: Geo (Hamburg), Nr. 9, September 2005, S. 94–114.

64 Teilweise entnommen aus: Informationen zur politischen Bildung aktuell: Schritte gegen Gewalt, hrsg. von der Bundeszentrale für politische Bildung, Bonn 2000, S. 13 und 12.

67 Zeitungsaufmacher zum »Killer-Gen«. Aus: BILD (Bild-Zeitung), 2. 5. 2002.

70 Rudolf Hagelstange: Fabeln des Aesop, Ravensburg: Verlag Otto Maier 1976.

71 »Streiten kann Gelingen«. Nach Günther Gugel und Uli Jäger: Welt-Sichten. Die Vielfalt des globalen Lernens. Hrsg. vom Landesinstitut für Schule und Weiterbildung. In Kooperation mit dem Verein für Friedenspädagogik Tübingen, Bönen: Druckverlag Kettler 1999, S. 217 f.

72 Regeln zur Streitschlichtung. Aus: www.gutenberggymnasium.de – Linkcheck 30. 5. 2006.

72f Fünf Tipps zum »richtigen« Streiten. Nach Heinz Klippert: Kommunikationstraining, Beltz Verlag: Weinheim/Basel, 9. Aufl. 1995, S. 121.

75 Zitate von Sebastian und Manuel. Aus: Ernst Tugendhat u. a.: Wie sollen wir handeln? Schülergespräche über Moral. Aus dem Spanischen übersetzt von Reinhard Schwemmler, Stuttgart: Reclam Verlag 2004, S. 31 f. und 88–91.

76f »Wegschauen um jeden Preis?«. Aus: Anne und Abraham Teuter (Hrsg.): Du gegen Mich. Geschichten über Gewalt von jungen Autorinnen und Autoren, Frankfurt/Main: Alibaba Verlag 1997, S. 7 f.

78 Gedankenexperiment nach Ernst Tugendhat: Wie sollen wir handeln?

Stuttgart: Reclam Verlag 2004, S. 93.
79 »Projekt: Mit Sportspielen Fairness trainieren«. Nach: Global lernen. Service für Lehrerinnen und Lehrer. Thema: »Fair Play for Fair Life. Hrsg. von der Schulprojektstelle Globales Lernen in Zusammenarbeit mit dem Arbeitskreis Pädagogik und »Brot für die Welt« (Stuttgart/Tübingen), 11. Jahrgang, Nr. 2, 2005, S. 9.
80 Eva Strittmatter: Einst hab ich drei Weiden besungen. Gedichte, Berlin: Aufbau Taschenbuch Verlag 1995 (3. Aufl.), S. 110f.
82 Heidrun Schliebner: Nur so unter Freunden? Originalbeitrag.
83 »Reicht der gute Vorsatz?« Aus: Johannes von Mehling (Hrsg.): Buddhistische Märchen, Leipzig: Insel Verlag 1982, S. 122f.
84 Daten zur Wertorientierung auf Basis der Angaben von: Jugend 2002. 14. Shell Jugendstudie, a. a. O., S. 153 und 15. Shell Jugendstudie, 2006, S. 177.
84 Zitat »Vera Bohle«. Aus: GEO-Wissen, Nr. 35, 2005 (Hamburg), S. 47.
86 und **87** Heidrun Schliebner: Einer für alle – alle für einen? Am Tag danach. Originalbeiträge.
88 f »Die Arbeiter im Weinberg«. Aus: Das Neue Testament, übertragen von Jörg Zink, Stuttgart: Kreuz-Verlag 1965, S. 53f.
92 Zitat »Susannah Gerngreif«. Aus: Die Zeit, Nr. 10, 2. 3. 2006, S. 72.
93 Zitat einer berufstätigen Mutter. Frei nach Iris Radisch: Der Preis des Glücks. Aus: Die Zeit, Nr. 12, 16. 3. 2006.
94 Zitat »Ernst Tugendhat«. Aus Vorlesungen über Ethik, Frankfurt am Main: Suhrkamp Verlag 1993, S. 303f.
94 Fernando Savater: Tu was du willst. Ethik für die Erwachsenen von morgen, Frankfurt am Main, New York: Campus Verlag 1994, S. 24/25, 26, 25.
94 f Aristoteles: Nikomachische Ethik [III. 7]. Suttgart: Reclam Verlag 1969, S. 66–68.
96 Heidrun Schliebner: » … die Wahrheit vielleicht?« Originalbeitrag.
96 f »Denkmöglichkeiten erweitern«: Nach Anthony Weston: Einladung zum ethischen Denken, Freiburg im Breisgau: Herder Verlag 1999, S. 49 und 55.
98 Christine Brinck: Kopfnoten statt Kopfnüsse. Warum Sekundärtugenden wichtiger denn je sind und Disziplin nichts mit Kadavergehorsam zu tun hat. In: Die Welt vom 6. 3. 1999.
100 Zitat Randspalte: Aristoteles: Nikomachische Ethik, Stuttgart: Reclam Verlag 1969, S. 251.
100 Text: Aristoteles, a. a. O., S. 41 f.
100 f Ernst Tugendhat, Ehtik, a. a. O., S. 256f.
103 Adolph Freiherr von Knigge: Etwas über den Hofton junger Leute. In: Über den Umgang mit Menschen. Hrsg. v. Gert Keding. 3. Buch. Frankfurt am Main: Insel Verlag 2004.
106 Bericht »Gudissa«. Nach: Brot für die Welt/Institut für Friedenspädagogik (Hrsg.): Global Lernen: Gesichter des Hungers, Stuttgart/Tübingen, Ausgabe 1, 2005, S. 8.
110 Datenbasis nach dem »Hungerreport«. Aus: Brot für die Welt (Hrsg.), a. a. O., S. 1 f.
110 Zitat »Theodor W. Adorno«. Aus: Erziehung und Mündigkeit. Vorträge und Gespräche 1959–1969. Hrsg. von Gerd Kadelbach, Frankfurt/Main: Suhrkamp Verlag 1975, S. 20.
112 Moderationstext in Anlehnung an: Chaim Perelmann: Über die Gerechtigkeit, München: C. H. Beck 1967, S. 14ff.
113 Hans-Ludwig Freese: Abenteuer im Kopf. Philosophische Gedankenexperimente, Weinheim, Berlin: Beltz Quadriga 1995, S. 239.
114 Kofi Annan: Wir, die Völker. Die Rolle der Vereinten Nationen im 21. Jahrhundert. Hrsg. vom Informationszentrum der Vereinten Nationen, Bonn 2000, S. 12f.
115 Frei nach Aristoteles: Nikomachische Ethik. Buch V, Stuttgart: Philipp Reclam jun. 1969, S. 119–152.
115 Zitat »Ambrosius«. Aus: Erhard Meueler: Soziale Gerechtigkeit, Düsseldorf: Patmos Verlag 1971, ohne Seitenzahl (Eröffnungsseite).
115 John Rawls: Der Hauptgedanke der Theorie der Gerechtigkeit. Aus: Eine Theorie der Gerechtigkeit, Frankfurt/Main: Suhrkamp Verlag 1975, S. 32.
116 »Mein globaler Kleiderschrank«. Frei nach Tobias Reichet/James Desai: Die Welthandelsdebatte. Eine Herausforderung für den fairen Handel, hrsg. von Misereor u. a., Aachen 1999, S. 13 (© MV6 Medienproduktion 1999).
119 Horst Köhler: »Wir müssen begreifen …«. Aus: Das Parlament (Bonn), Nr. 19, 3. Mai 2004, S. 6 (gekürzt).
122 Thomas Rother: Lasst uns auf die Reise gehen. Hamburg: © Edition Intro Gebr. Meisel.
123 Steve Wozniak: Ich habe einen Traum. In: Die Zeit (Hamburg), Nr. 10, 1. 3. 2007, S. 70 (Auszüge).
124 Hermann Kahn, Anthony J. Wiener: Voraussagen der Wissenschaft bis zum Jahr 2000. In: Hermann Kahn, Anthony J. Wiener: Ihr werdet es erleben. Voraussagen der Wissenschaft bis zum Jahr 2000, Reinbek: Rowohlt Verlag 1971, S. 66–72 (Auszüge).
125 Zitat »Bernd Zabel«. Aus einem Interview von Florian Rötzer mit Zabel, Leben in Biosphäre II, 25. 9. 1996. In: Telepolis (Online-Magazin): www.heise.de/tp/r4/artikel/1/1064/1.html (Linkcheck: 12. 3. 2007).
126/127 Bibelstellen: Einheitsübersetzung der Heiligen Schrift. Das Neue Testament, Stuttgart: Katholische Bibelanstalt 1979.
127 „Engelgeschichte“: in: Willi Hoffsümmer (Hrsg.), Kurzgeschich-

ten 1. 255 Kurzgeschichten für Gottesdienst, Schule und Gruppe, Mainz: Matthias-Grünewald-Verlag 2004, Titelseite.
128 Jonathan Swift: Gullivers Reisen. Aus: Arbeitstexte für den Unterricht. Utopie, hrsg. von Wolfgang Biesterfeld, Stuttgart: Reclam Verlag 2000, S. 37 (Auszüge).
128 Karl Marx, Friedrich Engels: Werke Band 3. Hrsg. vom Institut für Marxismus-Leninismus beim ZK der SED, Berlin-Ost: Dietz Verlag 1978, S. 33 (Auszug).
128 Jesaja 2, 2–4 und Genesis 2, 8f Aus: Die Bibel. Altes und Neues Testament: Einheitsübersetzung, Stuttgart: Katholische Bibelanstalt 1980.
129 Zitate »Ordensfrau« und »Reinhard Mutz«. In: fluter, Februar 2004, a. a. O. (www.fluter.de – Archiv unter Rubriken »Private Utopien« und »Utopie und Frieden«).
130 Thomas Morus: Utopia. Aus: Der utopische Staat. Morus, Utopia – Campanella, Sonnenstaat – Bacon, Neu-Atlantis. Übersetzt und hrsg. von Klaus J. Heinisch, Reinbek: Rowohlt Verlag 1960, S. 48–60.
132 Sarah Schierack: Eine schwere Entscheidung. Entnommen: Brigitte Wiesen: (Un-) Sterblichkeit – der Wunsch von Zauberlehrlingen? Bericht über ein Unterrichtsprojekt in den Jahrgangsstufen 9 und 10. In: Zeitschrift f. Did. d. Philos. u. Ethik. Heft 1/2002, S. 22–31, hier S. 29f (Material 6).
133 Gero von Boehm: Odyssee 3000. Reisen in die Zukunft, München: Bertelsmann 1998, S. 15.
133 Richard von Weizsäcker: Rede »Es gibt keine Norm für das Menschsein«. Aus: Frankfurter Rundschau vom 20. 7. 1993.
134 Hans Moravec: Mind Children. Der Wettlauf zwischen menschlicher und künstlicher Intelligenz. In: Arbeit mit Texten zur Deutung des Menschen. Aus dem Amerikanischen übersetzt von Hainer Kober, Hamburg: Hoffmann und Campe 1990, S. 9–15.
136 Ernst Bloch: Abschied von der Utopie? Vorträge hrsg. von Hanna Gekle, Frankfurt am Main: Suhrkampf Verlag 1980, S. 76f.
137 Zitat »Robert Jungk«. Aus: Projekt Ermutigung, Streitschrift wider die Resignation, West-Berlin: Rotbuch Verlag 1988, S. 64.
137 Infos zur Zukunftswerkstatt nach www.jungk-bibliothek.at (Stichwort »Zukunftswerkstatt«): Linkscheck: 15. 3. 2007.
139 Max Frisch: Tagebuch 1946–49, Frankfurt/Main: Suhrkamp Verlag 1950, S. 297.
144/145 Schöfungsbericht (Genesis 1 und 2, 1–4a, Auszüge). Aus: Die Bibel. Altes und Neues Testament (Einheitsübersetzung), hrsg. von Günter Stemberger und Mirjam Prager, Augsburg: Pattloch Verlag 1991 (© Katholische Bibelanstalt, Stuttgart 1980).
147 Otto H. Frank und Mirjam Pressler (Hrsg.): Die Tagebücher der Anne Frank, deutsch von Mirjam Pressler, Frankfurt/Main: S. Fischer Verlag 1988 (©) – zitiert nach Anne Frank: Tagebuch, Frankfurt/Main: Fischer Taschenbuch Verlag 1996, S. 249 (Auszug).
147 Yoram Kaniuk: Der letzte Berliner. Aus dem Hebräischen von Felix Roth, München: List Verlag 2002, S. 61f.
148 Zitat »Marc Gellmann« nach Marc Gellmann und Thomas Hartman: Wie buchstabiert man Gott? Die großen Fragen und die Antwort der Religionen. Übersetzt von Christa Broermann, Hamburg: Carlsen Verlag 1997, S. 124–126.
149 Interview mit Paul Spiegel. Zitatweise zusammengestallt aus: Paul Spiegel: Was ist koscher? Jüdischer Glaube – jüdisches Leben, München: Ullstein Verlag 2003, S. 17; Paul Spiegel, Wieder zu Hause? Erinnerungen, München: Ullstein Verlag 2003, S. 115, 248, 288, 239, 260, 261.
151 Zitat »Schalom Ben-Chorin« (Eisenach 1986). Aus: Schalom Ben-Chorin: Von Angesicht zu Angesicht (Beiträge zum Gespräch zwischen Judentum und Christentum), Weimar: Wartburg Verlag 2000, S. 7.
152 Zitate »Bergpredigt«. Aus: Matthäus 5, 7–9; 7, 12 a; 5, 38 f. Nach einer Übertragung von Andreas Ziemer.
153 »Was heißt Nächstenliebe?« Aus: Lukas 10, 25–36. Nach einer Übertragung von Andreas Ziemer.
155 Zitat »Stuttgarter Schuldbekenntnis«. Aus: Herbert Michaelis und Ernst Schrapler (Hrsg.): Ursachen und Folgen. Vom deutschen Zusammenbruch 1918 und 1945 bis zur staatlichen Neuordnung Deutschlands in der Gegenwart (Bd. 23), Berlin o. J., S. 307f.
155 Zitat »Dietrich Bonhoeffer«. Nach Otto Dudzus: Dem Rad in die Speichen fallen. In: Wolf-Dieter Zimmermann (Hrsg.), Begegnungen mit Dietrich Bonhoeffer. Ein Almanach, München: Chr. Kaiser Verlag 1984, S. 66ff.
155 Jörg Zink: Die Bergpredigt – Vision für das 21. Jahrhundert, In: Publik-Forum, Dossier, April 2004, S. X.
157 Wortlaut »Christen glauben« (zweite Affirmation) nach Ulrich Schmitthenner (Hrsg.): Arbeitsbuch für Gerechtigkeit, Frieden und Bewahrung der Schöpfung (Ökumenischer Informationsdienst), Frankfurt/Main 1990, S. 144f (bearbeitet und gekürzt).
158/159 Interview mit Elfriede Begrich: Matthias Hahn (2004).
160/161 »Der Engel Gabriel gibt Mohammed den Koran«. Nach Mohammed Ibn Ishâq: Das Leben des Propheten. Aus dem Arabischen übertragen und bearbeitet von Gernot Rotter, Tübingen und Basel: Horst Erdmann Verlag 1976, S. 43ff.
163–166 und **170f** Koran-Zitate nach der Übersetzung von Adel Theodor Khoury, unter Mitwirkung von

Salim Abdullah, Gütersloh: Gütersloher Verlagshaus 1992 (2. durchgesehene Auflage).
164 Ralf-Uwe Beck: Als Reisender in einem arabischen Land. Originalbeitrag (2005).
166 Texte von Seyran Ates und Yasemin Karakasoglu. Aus: Publik-Forum, Dossier, Januar 2004, S. V und VI.
167 Interview mit Luise Becker. Aus: Publik-Forum, Dossier »Islam«, 2005, S. XI (bearbeiteter und gekürzter Auszug).
168 Koranverse zitiert nach: Adel Theodor Khoury, a. a. O.
169 Interview mit Hamideh Mohaghegi: Matthias Hahn (2004).
170 Aufruf des Papstes Urban II: Zitiert nach Georges Tate:, Die Kreuzritter, Ravensburg 1994, S. 173.
170 Zitat »Radulfus Niger« (1188). Zitiert nach Georges Tate, a. a. O., S. 173.
171 »Schlage hart ...«. Zitat Mohammed Atta. Aus: Udo Ulfkotte: Propheten des Terrors. Das geheime Netzwerk der Islamisten, München: Wilhelm Goldmann Verlag 2001, S. 81.
171 Koranzitat. Aus: Sure 28, 77.
171 Pressemitteilung des Zentralrats der Muslime in Deutschland e. V. vom 16. 9. 2001: http://www.zentralrat.de/2602.php (Linkcheck: 14. 3. 2006).
173 Zitate «Obiora Ike« Aus: Publik-Forum, Nr. 5, 11. März 2005, S. 51 f.
174 Bericht Katharina (»Junge Menschen auf der Suche«). Aus: www.jugendtreffen.info/?kategorie=intaize0507KathIsaHH (bearbeitet und gekürzt). Link-Check 14. 3. 2006.
175 Bericht Benjamin. Aus: http://www.schekker.de/25/ 1397.html (Online-Jugendmagazin des Presse- und Informationsamtes der Bundesregierung), Nr. 25, Juli/August 2005 (bearbeitet und gekürzt). Linkcheck 14. 3. 2006.
178 Gene Rodenberry, Raumschiff Enterprise 1966–69 zitiert nach: Kenneth C. Davies: Woher kommt der Mann im Mond. Alles was Sie über das Universum wissen sollten, aber nie gelernt haben. Lübbe: Bergisch Gladbach 2001, S. 111.
180 ZEITmagazin Nr. 29 vom 15. 7. 1994, S. 28–31.
181 Jules Verne: Reise um den Mond, Zürich: Diogenes 1976, S. 109–113.
182 Der Flug zum Mond, Burda Bildband Nr. 8, S. 9.
183 o.: ZEITmagazin Nr. 29 vom 15. 7. 1994.
184 Inhaltsangabe aus: DVD: Das neue Film Lexikon 2006, USM © Systhema in der United Soft Media Verlag GmbH, Thomas-Wimmer-Ring 11, 80539 München.
185 Günther Anders: Der Blick vom Mond. Reflexionen über Weltraumflüge, München: Verlag C. H. Beck: 2. Aufl. 1994, S. 27.
185 Zitat Max Born: Burda Bildband Nr. 8: Der Flug zum Mond, S. 121
186 AUDI das magazin Nr. 3/Oktober 1998, S. 14/15.
186 Zitat rechte Spalte: AUDI das magazin Nr. 3/Oktober 1998, S. 48.
186 Zitat u.: www.3sat.de/nano.
187 http://www.blick.ch/news/wissenschaftundtechnik/artikel61224 Blick online vom 25. 4. 2007 – von Reto Kohler.
188 Timothy Ferris: Das Weltall und ich, Frankfurt/Main: Insel Verlag 1995, S. 21.
189 Carl Friedrich von Weizsäcker: Wahrnehmung der Neuzeit, München/Wien: Hanser 1983, S. 340–342.
190 Schulinformation Raumfahrt Nr. 2/98 Naturwissenschaften. Eine Information des DLR, S. 1, 4, 5.
190 u.: AUDI. Das magazin Nr. 4, Dezember 1998, S. 46/47, Autor: Heinrich von Hollitscher.
190 Zitat: »Zoi Dor Ner«: Kolumbus, S. 1–2.
191 DIE ZEIT Nr. 6 vom 29. 1. 1998, S. 37.
192 Quelle: http://www.space-odyssey.de/voyager.htm.
193 Immanuel Kant: Allgemeine Naturgeschichte und Theorie des Himmels, A 176 f; Werke in 10 Bänden hrsg. von Wilhelm Weischedel, Bd. 1, Darmstadt: WBG 1968, S. 379.
194 http://www.stern.de/wissenschaft/kosmos/525839.html?eid-522928.
196 Manfred Berg: Mensch braucht. Originalbeitrag.
197 Jens Soentgen: Selbstdenken! 20 Praktiken der Philosophie, Wuppertal: Peter Hammer Verlag 2003, S. 119.
198/199 Matthew Lipmann: Harry Stottelmeiers Entdeckung, Wien: Verlag Hölder – Pichler – Tempsky 1990, S. 5–7 (gekürzt); © Daniela Carnhy.
199 Zitat in Aufgabe 3: Lipmann, a. a. O., S. 8.
202 Milinda-Panha. Aus: Jens Soentgen: Selbstdenken! Wuppertal: Peter Hammer Verlag 2003, S. 5 (Auszug).
204 Zitat »Pascal«. Aus: Blaise Pascal: Gedanken. Nach der endgültigen Ausgabe übertragen von Wolfgang Rüttenauer. Mit einer Einführung von Romano Guardini, Birsfelden/Basel: Verlag Schibli-Doppler o. J., S. 48.
204 f Mark Twain: Die Abenteuer von Tom Sawyer. Neu übersetzt von Gisbert Haefs, Frankfurt/Main: Verlag Zweitausendeins o. J., S. 269 f (Auszug).
208 f Manfred Berg: Eine Freundschaft in der Zwickmühle. Originalbeitrag.
210 Jens Soentgen: Selbstdenken! 20 Praktiken der Philosophie, Wuppertal: Peter Hammer Verlag 2003, S. 134/5.
211 Gerd Stein: Erkenntnistheorie, Logik, Düsseldorf: Patmos Verlag 2003, S. 71.
214 Daten auf Basis der Angaben von: Jugend 2002. 14. Shell Jugendstudie, a. a. O., S. 78.
215 Gekürzte Umfrage nach Ute Pres, Martin Beck, Rita Heil, Dagmar Tischmacher: Konfliktfeld Medien

und Gewalt, Weinheim/Basel: Beltz Verlag 1999, S. 68.
215 Zusammenfassung frei nach Niklas Luhmann: Die Realität der Massenmedien, Opladen: Westdeutscher Verlag 1996, 2. Aufl., S. 10f.
217 Ernst Schreckenberg. In: schlagzeilen. Materialien zur Boulevardberichterstattung. 2005 Landesanstalt für Medien NRW, S. 33.
218 f Erich Kästner. Die Ballade vom Nachahmungstrieb. Gesammelte Schriften für Erwachsene, Bd. 1, München: Atrium Verlag 1969.
219 Sachinfo zur Gewalt nach Manfred Spitzer: Vorsicht Bildschirm, Stuttgart: Klett Verlag 2005, S. 163 und 167.
219 »Gewalt durchs Fernsehen«. Nach Allan Guggenbühl: Die unheimliche Faszination der Gewalt. Denkanstösse zum Umgang mit Aggression und Brutalität unter Kindern (Raben–Reihe), Zürich: IKM Guggenbühl AG 1993, S. 46 (gekürzt und leicht verändert).
219 Nach Manfred Spitzer: Vorsicht Bildschirm, a. a. O., S. 196.
220 Werbetext »Video Games«, 12/1992. Zitiert nach Ute Pres u. a.: Konfliktfeld Medien und Gewalt, a. a. O., S. 161.
221 Nach Manfred Spitzer: Vorsicht Bildschirm, a. a. O., S. 236 und 237.
222 Nach Susanne Fülscher: Fever, Freiburg: Herder Verlag 1999, S. 56f (Auszüge).
224 Text zum Werbeplakat. Aus: Ausstellungsprospekt »Was betet ihr an?« Ausstellung im Rheinischen Landesmuseum Bonn. 2. Juni – 21. August 2005 (www.was-betet-ihr-an.de) (leicht bearbeitet).
224 Zitat »Sabrina«. Aus: Die Zeit (Hamburg), 18. 8. 2005, S. 49.
224f Schülerzitate. Aus: Schüler 2005. Auf der Suche nach Sinn. Woran Kinder und Jugendliche heute glauben, Seelze: Erhard Friedrich Verlag 2005, S. 5 f und 22 f (leicht gekürzt und bearbeitet).
225 Zitat »Lukas Hänsch«. Aus: Unveröffentlichter Ausstellungskatalog, Bonn 2005 (www.gymnasium-lindlar.de/projektanb/wettbew.pdf).
227 Wolfgang Welsch: Eine Doppelfigur der Gegenwart: Virtualisierungund Revilidierung. In: Gianni Vattino, Wolfgang Welsch (Hrsg.): München: Wilhelm Fink Verlag 1998, S. 241, 247/248
228 Aus dem Film »Angriff der Bilder – Paul Virilio im Kampf um die Wahrnehmung« von Jochen Köhler und Hanns-Christoph Koch. Aus: WDR (Köln), 17. 4. 1994, Manuskript der Redaktion Feature, Dokumentarfilme, Gespräche, Dr. Michael Rabe, S. 14 ff (gekürzt und leicht bearbeitet).
231 Andrea: Mensch. Aus: Zwischen nicht mehr und noch nicht. Im Auftrag des Humanistischen Verbandes Deutschlands hrsg. von Patricia Block, Berlin: März 2004 (9. veränderte Aufl.), S. 59.
232 f Irina Korschunow: Die Sache mit Christoph, München: Deutscher Taschenbuch Verlag 1980 (3. Aufl. 1993). S. 5 f und 10f (Auszüge).
233 Informationen über Selbsttötungen nach Angaben des Jugendhilfevereins »Neuhland«: http://www.neuhland.de/haupt/html/fa_fs.htm (Linkcheck 10. 4. 2006).
234 »Hassan segelt vor den Mangroven«. Aus: Geolino (Hamburg), Nr. 2, Februar 2005, S. 6f.
235 Zitat »The Untouch«. Aus: Leopold Neuhold: Familie, Freunde, Feuerstuhl. Was Jugendlichen heilig ist. In: Schüler 2005, a. a. O., S. 23.
235 Zitat »Nietzsche«. Zitiert nach: Viktor E. Frankl: … trotzdem Ja zum Leben sagen. Ein Psychologe erlebt das Konzentrationslager, München: Deutscher Taschenbuch Verlag 2000, 20. Aufl., S. 124.
235 Zitat »Montesquieu«. Aus: Meine Gedanken. Auswahl, Übersetzung und Nachwort von Henning Richter, München: Deutscher Taschenbuch Verlag 2001, S. 276.
235 Zitat »Kant«. Aus: Immanuel Kant: Köche ohne Zunge. Notizen aus dem Nachlass. Auswahl und Vorwort von Jens Kulenkampff, Göttingen: Steidl Verlag 1997, S. 77.
236–238 Thomas Nagel: Was bedeutet das alles? Eine ganz kurze Einführung in die Philosophie, Stuttgart: Reclam Jun. 1990, S. 80–83 (drei Auszüge; S. 192 bearbeitet).
237 Erich Kästner: Das Eisenbahngleichnis. Aus: Erich Kästner, Gesammelte Schriften für Erwachsene, Bd. 1, München: Atrium Verlag 1969, S. 257f (Auszug).
239 Nach Jörg Zirfas: Pädagogik als Lebenskunst. Über Glauben, Glück und Sinn. In: Schüler 2005, a. a. O., S. 78.
241 Johann Wolfgang Goethe: Der Zauberlehrling. In: Werke. Hamburger Ausgabe in 14 Bänden. Hrsg. von Erich Trunz, Bd. 1, München: C. H. Beck Verlag 1974, S. 276–279.
241 Dietlind Fischer: Horoskope, Heilsteine und Feng-Shui. In: Schüler 2005, a. a. O., S. 91.
242 f Francois Lelord. Hectors Reise oder die Suche nach dem Glück, München: Piper Verlag 2004, S. 142 f und 169 ff (Auszüge).
243 Zitat »Aristoteles«. Aus: Nikomachische Ethik, Buch X, Stuttgart: Reclam Verlag 1969, S. 285.
244 Hans Paasche und Franziskus Hähnel (Hrsg.): Die Wasungu. Die Briefe des Lukanga Mukara aus Kitara (1912/13), Linden: Volksverlag 1976, S. 17 f.
245 »Arm, aber glücklich?« Nach: Bundeszentrale für politische Bildung – Online-Dossier »Nichtstaatliche Akteure«, Bonn, 31. 1. 2006 (Linkcheck: 26. 2. 2007: http://www.bpb.de/themen/UV8U5U,,0.%C4rtinKirstenResch.html)
245 Erzählung über Mullah Nasreddin. Aus: Meike Wolff (Hrsg.): Oh, das kriegen wir schon hin. Von Le-

benskünstlern und unerschütterlichen Optimisten, Reinbek: Rowohlt Verlag 1985, S. 22.
246 Susanne Fülscher: Schöne Mädchen fallen nicht vom Himmel, München: dtv 2006 (gekürzt und leicht bearbeitet).
247 Laut einer Umfrage im Auftrag des »Stern«, November 2003. Zitat nach: www.stern.de/unterhaltung/buecher/514665.html?eid=514697&nv=cb (Linkcheck: 22. 2. 2007)
248 Nach Sandra Adler: »Ich bin todkrank, meiner Mutter ist das egal«. Aus: Mädchen (Osnabrück), 17. November 2004, S. 58 f (gekürzt und leicht bearbeitet).
250 Matthias Claudius: Kriegslied, 1778 (Auszug). Aus: http://gutenberg.spiegel.de/claudius/gedichte/kriegsli.htm (Linkcheck 21. 4. 2006).
251 Bertrand Russell: Wofür ich gelebt habe. Aus: Christoph Fehige, Georg Meggle, Ulla Wessels: Der Sinn des Lebens, München: Deutscher Taschenbuch Verlag 2000, S. 356 f (gekürzt).
251 Zitat »Simone Weil«. Aus: »Die Entwurzelung ist bei weitem die gefährlichste Krankheit der menschlichen Gesellschaft«. Ausstellung der Friedensbibliothek in Berlin-Brandenburg, o. J., S. 54 (vgl. Simone Weil: Die Einwurzelung, München: Kösel Verlag 1956).
251 Hans Christoph Buch: Falsche Lehren aus Europas Historie. In: Die Welt (Berlin), 9. 4. 2003.
252 Joachim Ringelnatz: Fern in den Wolken. In: Und auf einmal steht es neben dir. Gesammelte Werke, Berlin: Karl H. Henssel Verlag 1964, S. 11 f.
252 Umfragedaten auf Basis der Angaben von: Jugend 2000. 13. Shell Jugendstudie, Bd. 1. Hrsg. von der Deutschen Shell, Opladen: Leske + Budrich 2000, S. 166 f.
253 Viktor Frankl: Sinn des Lebens. Aus: Christoph Fehige, Georg Meggle, Ulla Wessels (Hrsg.): Der Sinn des Lebens, München: Deutscher Taschenbuch Verlag 2000, S. 122.
253 Epikur: Brief an Menoikeus. In: Von der Überwindung der Furcht. Hrsg. und übersetzt von Olof Gigon, München: Deutscher Taschenbuch Verlag 1991, S. 101.
254 Zitat »Rabbi Sussja«. Nach Schalom Ben-Chorin: Die Frage der Fragen. In: Richard Riess (Hrsg.), Drei Zeilen trage ich mit mir. Worte, die ein Leben begleiten, Freiburg: Herder Verlag 1995. S. 17 ff.
255 »Sie lebt, was ich nicht leben konnte«. Ein Gespräch zwischen Großmutter und Enkelin, deren Welten nicht verschiedener sein könnten. In: Die Zeit, Nr. 13, 23. 3. 2006, S. 69 (Auszüge).

Bildnachweis

Titel © ZB-Fotoreport (Hintergrund); Sebastian Schobbert, Berlin
8 www.fotoplatforma.pl
10 o.: Gerhard Medoch, Berlin; Mi.: Jahner Images /© F1 ONLINE (www.f1online.de); u.: © Werner Bethmann, Bielefeld
11 AKG-images
15 Agentur Fokus /Tom Jacobi: AK 6
16 Mi.: L. J. Bergwerff, Niederlande
19 Gerhard Medoch
20 © Caro Fotoagentur/Andreas Bastian
21 www.fotofinder.net
22 li.: © Roland Garve; re.: © Prashant Panjiar /Anzenberger
25 © Glazer-Naudé /www.atelier-glazer.de
26 o.: Avenue Images GmbH; u.: picture-alliance /akg-images/Erich Lessing (2)
27 o.: © Gonzalez /laif; u.: © Picture-alliance /empics
28 © Alexander Volkmann
29 © Okapia KG, Germany
31 Julia Sewing, Bonn
32/33 Hintergrund; picture-alliance/ASA; li.: Detail »Jeti«: Bernd Pfarr
34 picture-alliance/dpa
35 picture-alliance/dpa
36 ZB-Fotoreport
37 Ute Grabowsky/photothek.net
38 li.: Andreas Bohnenstengel; re.: argum
41 und 43 Archiv VWV
44 © Interfoto/Barth
45 Tobias Schneider, Berlin
46 Alle Wege führen zu dir. Landschaften der Liebe, Frankfurt/Main, Eichborn Verlag 2001 (Legende reduziert)
47 © Georg Schönharting /buchcover.com
48 © Emanuel Ammon /AURA (info@aura.ch)
49 © Jürgen Hofmann, Gelsenkirchen
50 © dpa

51 o. li.: Terre des Femmes; o. re.: © dpa-Fotoreport; u.: Picture-alliance /KPA (© WÜSTE Film, Fotografin: Kerstin Stelter)
52 o.: © Jürgen Hofmann, Gelsenkirchen; u.: © Christoph Eckelt, Berlin
53 © dpa-Fotoreport
54 Bernd Gerken, Borken
55 Harald Goldhahn, Marktleuthen
56 o. li.: © Ostkreuz
57 u.: © TV-yesterday
58 KNA
59 © Reuters / CORBIS
61 Gerhard Medoch
62 o.: © REUTERS /Rafiquar Rahman; u.: © dpa-Report
65 © Christa Fischer, Berlin
66 Michael Bader / transit Leipzig
68 li.: © Daniel Lainé / CORBIS; re.: © Caroline Penn /CORBIS
71 Claudia Schwimmer, Eisenach
72 Gutenberg-Gymnasium, Erfurt
74 o.: Rebekka Barth, Eisenach; u.: www.berlin-message.com
75 © Rainer Streußloff /Intro010415051342
77 © dpa–Report
78 AKG
79 Weißer Ring, © Ingrid Weber
80/81 Hintergrund © Susanne Scheffer, Berlin
82 Verein Jugendhilfe Region 10 e.V. (Kriminalpädagogisches Schülerprojekt »Fallschirm«, Ingolstadt)
84 Markus Dlouhy /Das Fotoarchiv
85 Archiv VWV
86 © Stefan Bungert /Laif
86 Bernd Gerken, Borken
87 © Missio Aktion Schutzengel
89 © akg-images
91 Gerhard Medoch
92 u.: Bildagentur-online
95 Ullsteinbild (2)
96 © Detlef Krebs, Neuss
99 Johannes Stephan Schlögl, Innsbruck
100 © Visum
104/105 (Hintergrund) © Astrofoto/ NASA; © Astrofoto /W. T. Sullivan
105 BMZ, Bonn
106 o. li.: picture-alliance /ZB; o. Mi.: © Mike Schroeder /argus; o. re.: © Mike Schroeder /argus
110 picture-alliance /dpa /dpaweb (epa afp Longari)
111 li.: © Mark Godfrey /The Image Works/VISUM; re.: © Günter Kiepke/Naturbild/OKAPIA
112 © images.com/Corbis
113 © Playboy Archive/Corbis
116 Gerhard Medoch
117 li.: Transfair (www.transfair.de); re.: Kampagne für saubere Kleidung (www.saubere-kleidung.de)
121 Laif
122 © VG Bild-Kunst, Bonn 2007
123 © dpa - Report
126 o.: © 2006 Photo Austrian Archive / Scala Florence; u.: akg-images
129 akg-images / Erich Lessing
130 akg-images
131 o.: © dpa; u.: Archiv Cornelsen Verlag
133 akg-images
134 Cinetext
135 o. re.: Cinetext Bildarchiv; u. Li.: Schmidt /images.de
137 li.: © dpa - Bildarchiv
138 Bridgeman Art Library, 18.04. 2006
139 o.: © face to face, www.facetoface.de; u.: Manfred Leiter, München
141 Bildarchiv der Österreichischen Nationalbibliothek, Wien
144 © Dan Rubinstein, Die Schöpfung
147 o. li.: Walter Zadek, Holon (Israel); o. re. und u.: AKG
148 o.: © Margrit Schmidt, Berlin
149 u.: ullstein (mit freundlicher Erlaubnis von Paul Spiegel)
150 © Cover Brunnen Verlag Gießen; © LFI D009 ITC photoselection (nur für Jesus von Nazareth)
151 Picture-alliance /akg-images / Erich Lessing
152 © Michael Füsgen, Ratingen
153 dpa-Bildarchiv
155 picture-alliance /KPA
156 akg /Erich Lessing
157 © epd-bild /Thomas Lohnes
158 Hildeburg Jaeschke, Tübingen
159 © Elfriede Begrich, Erfurt
161 li. o.: akg-images; re. o.: Topkapi Palace Museum, Istanbul
161 Martin Kloke, Berlin (privat)
163 © dpa-Bildarchiv
164 Picture alliance/dpa/dpaweb © dpa-Report
165 © cpd-Bild / version
166 o. li.: VISUM; o. re.: © dpa-Bildarchiv; u.: © Butzmann /Laif
167 © dpa-Bildarchiv
168 © Hamideh Mohaghegi, Hannover
169 Gerhard Medoch
170 o.: ullstein bild; li. u.: Archiv VWV; re. u.: AKG-Images
171 AP Photo /Ted S. Warren, Pool
172 o. re.: © Reuters; u.: Archiv VWV
173 epd /Michael Jespersen
174 o.: Wikipedia (Michael König); u.: www.relivision.com/Thomas Lohnes
175 o.: © epd-bild /Thomas Lohnes; u.: © epd-bild /Harald Krille
177 Elizabeth Roberts
178 re.: dpa-Fotoreport
178 o.: Cinetext Bildarchiv, u.: © Corbis
179 o.: © NASA/CNP/Corbis; u.: © Bettmann/Corbis
180 o.: akg-images
181 o.: akg-images, u.: picture-alliance / © dpa-Bildarchiv
182 o.: © Corbis; Mi.: akg-images; u.: © Bettmann/Corbis
183 © Corbis
184 Cinetext Bildarchiv
187 Brigitte Wiesen, Mönchengladbach
188 SPL/Agentur Focus
189 picture-alliance/dpa
190 u.: © PoodlesRock/Corbis
191 o.: akg-images; u.: picture alliance/dpa
192 Wikipedia
194 K. Henßler
195 li.: Aus: Tim und Struppi. Schritte auf dem Mond. Carlsen:

Hamburg 1998; re.: © Corbis
196 o.: Ethical Tourism /Philippe Lissac (www.relivision.com); u.: Elizabeth Roberts
200 kipkakomiks gmbh, München
201 © Corbis (3)
203 AKG
204 o.: Associated Press, AP /Samir Mizban; u.: © Sebastian Bolesch, Berlin
206 photothek
207 pa /dpa /dpaweb – dpa-Report
208 AKG
209 Gerhard Medoch
213 Elizabeth Roberts
216 o.: picture alliance/dpa; u.: imago/Horst Rudel
224 o.: fotofinder.net /Eckel, J.; u.: Poster der Sommerakademie, Rheinisches Landesmuseum Bonn, 2005
225 o.: Rheinisches Landesmuseum Bonn /Foto: S. Taubmann
226 EIDOS (3)
229 Gerhard Medoch
230 © akg-Images
233 li.: Knackfuss, Mai-Inken/Keystone; Mi.: © SUPERBILD /John Powell; re.: © SHEHZAD NOORANI /Still Pictures
234 Anzenberger/Claudia Aranda
235 © dpa-Fotoreport
237 akg-images /Erich Lessing
238 © VG Bild Kunst (Archiv Cornelsen)
239 Frank Welke, Berlin
240 © Cinetext
244 o.: Matthias Luedecke; u.: Henner Frankenfeld/VISUM
247 Von li. nach re.: picture-alliance dpa; picture-alliance / 91020 /KPA / WHA; © dpa – Report; photothek
248 © Joerg Lanteime, Kassel
249 und 250 © Sebastiao Salgado/ Amazonas images (5)
251 © dpa-Report
252 o.: Archiv Cornelsen; u.: Gerhard Medoch
254 picture-alliance /akg-images
255 Alex Trebus, Berlin

Werke der bildenden Kunst

11 Gerhard von Kügelgen, Friedrich Schiller (Porträt-Gemälde), um 1808/09, nach Schiller Bildnissen um 1795/1800 (Frankfurt am Main, Freies deutsches Hochstift)
26 li. u.: Sandro Botticelli, Die Geburt der Venus, um 1482 (Florenz, Galleria degli Uffizi); re. u.: Auguste Renoir, Badende nach dem Bad, 1876 (Wien, Neue Galerie in der Stallburg)
41 ovon li. n. Re.: Rembrandt Harmenszoon van Rijn (1606–1669), Selbstbildnis, ca. 1628. Öl auf Holz, 22,5 x 18,6 cm (Amsterdam, Rijksmuseum), Rembrandt und Saskia, ca. 1635/63. Öl auf Leinwand, 161 x 131 cm (Staatliche Kunstsammlungen Dresden, Gemäldegalerie Alte Meister; Selbstbildnis mit dem aufgelehnten Arm (Detail), 1639. Radierung, 20,4 x 16,1 cm (Staaliche Kunstsammlungen Dresden, Kupferstichkabinett); Selbstbildnis, ca. 1643/45. Öl auf Holz, 69 x 56 cm (Staatliche Kunsthalle Karlsruhe); Selbstbildnis als Zeuxis, ca. 1669. Öl auf Leinwand, 82,5 x 65 cm (Wallraff-Richartz-Museum Köln)
78 Henri Matisse, Der Tanz, 1909/10 (Sankt Petersburg, Eremitage), © Succession H. Matisse /VG Bild-Kunst, Bonn 2006
89 Rembrandt Harmenszoon van Rijn, Das Gleichnis von den Arbeitern im Weinberg , 1637 (St. Petersburg, Staatliche Eremitage)
138 Aus dem Totenbuch des Ani, ca. 1250 v. Chr., bemalter Papyrus, ca. 1297–1185 v. Chr. in Ägypten (London, British Museum)
147 Felix Nussbaum, Jaqui auf der Straße, 1944 (Sammlung der Niedersächsischen Sparkassenstiftung), © VG-Bild-Kunst, Bonn 2006
151 o. Kuppelmosaik, 11. Jahrhundert (Klosterkirche von Daphni, Griechenland)
203 René Magritte, L'empire des lumiéres (Das Reich der Lichter), 1954 (Mr. and Mrs. Ahmet Ertegun Collection), © VG-Bild-Kunst, Bonn 2006
208 Theodor Hosemann, Herkules, Kreidelithographie, koloriert 1841 (Illustration: Hellas und Rom. Erzählungen aus der Geschichte des Altertums)
230 Caspar David Friedrich, Blick aus dem Atelier des Künstlers (rechtes Fenster), um 1805/06 (Wien)
237 Joseph William Turner, Regen, Dampf und Geschwindigkeit (The great Western Railway), 1844 (London, National Gallery)
238 Ernst Fuchs, Moses vor dem brennenden Dornbusch, 1956 (Wien, österreichische Galerie)
252 Johannes Grabmayer, Jüngstes Gericht, 1493 (Klagenfurt)
254 Auguste Rodin, Der Denker, 1904 (Paris)

Illustrationen

Hans Wunderlich, Berlin (13, 14, 18, 24, 28, 30, 42, 44, 47, 64, 67, 70, 73, 76, 88, 90, 96, 101, 102, 103, 106, 107, 109, 114, 120, 136, 145, 151 u., 156, 171, 193, 198, 199, 202, 205, 211, 214, 215, 221, 225, 236, 241, 242, 243)

Fotografiken, Collagen und Karten

Gerhard Medoch, Berlin (10, 19, 61, 91, 105, 108, 116, 140, 142, 162, 172, 223, 229, 246, 252); Elizabeth Roberts, Berlin (8/9, 16, 17, 32/33, 56/57, 70, 80/81, 104/105, 122/123, 138/139, 143, 178/179, 196/197, 212/213, 218, 219, 230/231, 247)

Redaktion: Karl-Heinz Holstein, Dr. Martin Kloke
Bildbeschaffung und -recherche: Susanne Scheffer

Künstlerische Beratung: Frank Schneider
Illustrationen: Hans Wunderlich
Umschlaggestaltung und Collagen: Elizabeth Roberts
Karten und Fotografiken: Gerhard Medoch
Layoutkonzept: Wladimir Perlin
Layout und technische Umsetzung: Marina Goldberg, Uwe Rogal

www.cornelsen.de

Die Internetadressen und -dateien, die in diesem Heft angegeben sind, wurden vor Drucklegung geprüft. Der Verlag übernimmt keine Gewähr für die Aktualität und den Inhalt dieser Adressen und Dateien oder solcher, die mit ihnen verlinkt sind.

Dieses Werk berücksichtigt die Regeln der reformierten Rechtschreibung und Zeichensetzung. Ausnahmen bilden Originaltexte, bei denen lizenzrechtliche Gründe einer Änderung entgegenstehen.

2. Auflage, 1. Druck 2008

Alle Drucke dieser Auflage sind inhaltlich unverändert und können im Unterricht nebeneinander verwendet werden.

Druck: CS-Druck CornelsenStürtz, Berlin

ISBN 978-3-06-120014-5

Inhalt gedruckt auf säurefreiem Papier aus nachhaltiger Forstwirtschaft.